2009~2010年
交通运输科技成果选编

2009~2010NIAN JIAOTONG YUNSHU KEJI CHENGGUO XUANBIAN

交通运输部科技司　编

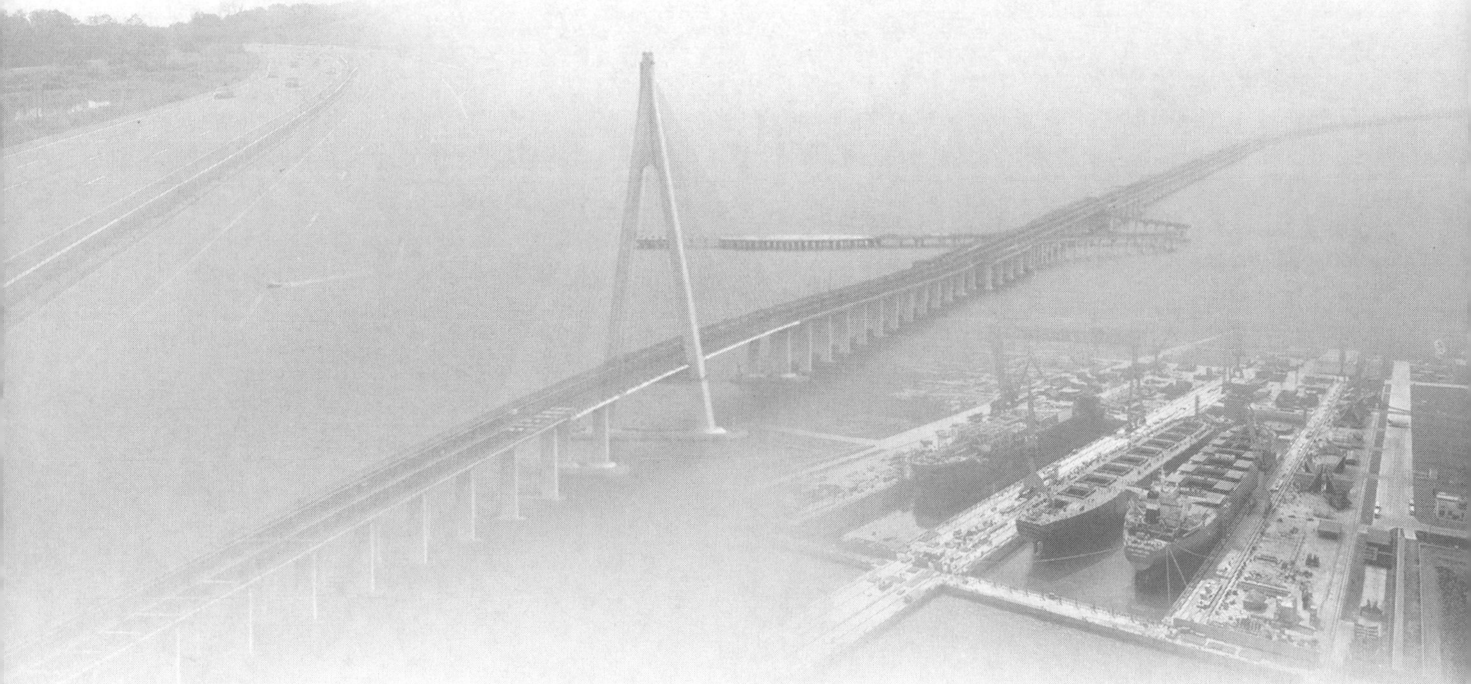

人民交通出版社
China Communications Press

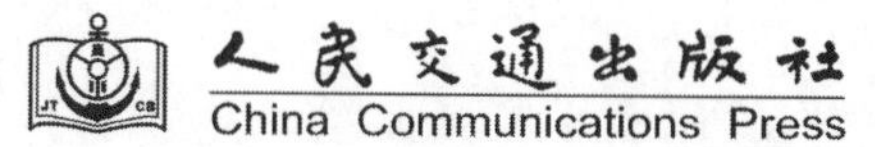

内 容 提 要

本书共收录了2009～2010年经过省部级鉴定的交通运输科技成果项目184项，其中，公路建设科研项目45项，桥梁隧道工程科研项目48项，道路运输科研项目12项，工程材料科研项目23项，水运类科研项目23项，综合类科研项目33项。这些科技成果代表了我国交通科研的最高水平，具有较好的社会、经济和环境效益，以及良好的应用前景。

本书供各级交通运输主管部门、科研单位、交通企事业单位和交通类院校相关人员学习借鉴。

图书在版编目(CIP)数据

2009～2010年交通运输科技成果选编/交通运输部科技司编. --北京:人民交通出版社,2011.11

ISBN 978-7-114-09478-1

Ⅰ.2… Ⅱ.①交… Ⅲ.①交通运输-科技成果-汇编-2009～2010 Ⅳ.①U

中国版本图书馆CIP数据核字(2011)第215570号

书　　名：**2009～2010年交通运输科技成果选编**
著 作 者：交通运输部科技司
责任编辑：岑　瑜　贾秀珍
出版发行：人民交通出版社
地　　址：（100011）北京市朝阳区安定门外外馆斜街3号
网　　址：http://www.ccpress.com.cn
销售电话：（010）59757969，59757973
总 经 销：人民交通出版社发行部
经　　销：各地新华书店
印　　刷：北京市密东印刷有限公司
开　　本：880×1230　1/16
印　　张：19
字　　数：563千字
版　　次：2011年11月第1版
印　　次：2011年11月第1次印刷
书　　号：ISBN 978-7-114-09478-1
定　　价：68.00元

《2009～2010年交通运输科技成果选编》
编委会名单

前　言

为促进交通运输行业科技成果推广应用，宣传两年来取得的优秀科技成果，在交通运输各省厅(局、委)和有关单位组织筛选、择优推荐的基础上，我司组织编辑出版了《2009～2010 年交通运输科技成果选编》。

本书共汇集科技成果 184 项，均为列入部及省厅(局、委)科技计划，且在 2009 年和 2010 年经省部级鉴定的项目。

这些科技成果的产生，凝结了交通运输行业科技人员的智慧，反映了科技管理部门及科研单位的努力，体现了科技对交通运输建设的引领和支撑作用，具有较好的社会经济效益和推广应用前景。

作为交通运输行业科技工作的主管部门，大力推广科技成果的转化应用是我们一项长期而重要的工作。希望通过本书的出版，能够大力宣传和推广这些优秀的科技成果，使其尽快转化为生产力，为交通运输行业各单位和科技及管理人员提供参考，为促进交通运输行业科技进步，推动科技成果产业化进程，搭建一个相互交流、资源共享的平台。

借此机会，我们对各有关省厅(局、委)、科研单位、广大科技工作者及人民交通出版社表示衷心的感谢！

编　者

二○一一年九月

目　录

一、公路建设科研项目

二、桥梁隧道工程科研项目

三、道路运输科研项目

四、工程材料科研项目

五、水运类科研项目

六、综合类科研项目

一、公路建设科研项目

1.高速公路沥青路面养护成套技术研究

成果所属专题编号:皖交科鉴字[2010]第16号,皖交科鉴字[2010]第17号
成果主要完成单位:安徽省高速公路控股集团有限公司、合肥工业大学
联系人:鲁圣弟
联系电话:13956980928
通信地址:安徽省合肥市望江西路520号
E-mail:ahludi@126.com
邮政编码:230088

一、主要技术内容

本课题为安徽省高速公路控股集团有限公司与合肥工业大学共同完成的研究项目,课题包含两个子项目,"高速公路沥青路面半刚性基层病害综合治理技术研究"和"高速公路沥青路面预防性养护成套技术研究",分别列入安徽省2010年交通科技信息计划项目(项目编号2010-45,2010-42)。

高速公路养护技术分为针对性养护及预防性养护两大范畴。针对性养护是指当路面出现破坏时,根据病害类型采取相应的措施;预防性养护是在路面出现病害之前或出现轻微病害的初期,在适当的时机采用技术措施对路面实施保护性养护。本项目的第一个子课题对应于针对性养护技术,第二个子课题对应于预防性养护技术。课题以合安路、合徐、合巢芜等多条养护工程为依托。在路况调查与病害分析基础上,提出适用于高速公路沥青路面的评价方法与指标;提出基层病害识别技术指标;基于病害原因分析的基础上提出大粒径沥青碎石组合基层等基层病害综合治理措施;针对路面结构内部的排水,提出科学有效的治理方案;对微表处理、雾封、超薄磨耗层等预防性养护措施进行长期使用效果观测,评价其路用性能;对预防性养护时机开展研究,建立二维指标体系模型,采用静态指标与动态指标相结合的养护时机确定方法;依据修正的路面综合评价指标及路面病害程度,判定预防性养护措施适用性的准则;依据定量化指标,提出各项养护措施的适用条件及养护措施的选用原则;完善高速公路养护工程各项技术措施的指标体系及施工工艺。最终形成安徽省高速公路沥青路面养护成套技术体系。

二、适用范围

对高速公路沥青路面采用科学合理的检测与评价,当路面出现病害或预见可能出现病害时,采用适当的治理措施,保证了修复的效果,避免返工或反复维修;同时预防性养护技术的应用,避免了病害的产生或延缓了病害发展的速度。科研成果适用于指导高速公路沥青路面养护工程的设计、施工及管理工作。

三、已应用情况

根据科研成果编写的《半刚性基层沥青路面基层病害治理养护工程施工指南》及《高速公路沥青路面预防性养护工程施工指南》已发布、实施。该课题研究成果已在合安、合徐南、合徐北、合巢芜等养护工程中得到成功应用。已完工程经检测,各项指标符合规范及设计要求。

四、效益分析

安徽省高速公路控股集团有限公司近3年投入的养护费用约为收费额的5.5%,远低于周边省份,这同该套技术的成功应用密不可分。安徽省高速公路控股集团有限公司于2008年、2009年、

2010 年在合安路、合徐南、合徐北高速公路成功应用该套技术，分别节约养护资金 3 524 万元、3 106 万元及 5 680 万元，经济效益显著。而且由于维修后路面能在较长时间保持良好的性能，减少了对资源的消耗，同时避免了再次维修产生的废弃物。从环境保护及节约能源与材料的角度，该套技术具有很好的社会效益。

2.合宁高速公路扩建工程关键技术研究

成果所属专题编号：2008-353-334-220

成果主要完成单位：安徽省高速公路控股集团有限公司、东南大学、中交第二公路勘察设计研究院有限公司

联系人：肖益民

联系电话：0551-3738941

通信地址：合肥市庐州大道 8 号

E-mail：xymjs@163.com

邮政编码：230051

一、主要技术内容

本项目是针对高速公路扩建工程关键技术的研究项目。

在路基路面拼接技术方面，本项目针对高速公路扩建工程中的弱膨胀土的性质特点，提出了针对性的性能改善措施；针对加宽路基容易造成路基整体沉降的技术难点，提出了路基拼接控制要求与合理的拼接技术措施；针对新旧路面结构差异带来的路面拼接关键技术问题，提出了适用于实体工程的路面拼接方式和优化的路面结构组合；围绕我国目前普遍存在的重载交通的问题，分析了重载沥青路面受力特性，提出了优化的结构设计建议。结合合宁高速公路排水设计现状，提出了改善拓宽后公路排水能力的设计措施；针对目前高速公路扩建过程中对于交通的困扰，提出了明确的交通优化方法，实现了通行与安全施工相协调。

在桥梁拼接技术方面，本项目针对目前较为普遍的新老桥设计规范矛盾问题，针对不同桥型提出了具体的设计规范使用建议；针对旧桥结构形式多样对新桥带来的设计困扰，验证了横向拼接的可行性，提出了相应的设计原则；针对预应力混凝土连续箱梁或连续刚构箱梁桥的拓宽，进行了拼接构造对新旧连续箱梁结构性能的影响研究，对其错孔布置提出了控制建议；为防止新桥基础沉降导致桥面拼接处混凝土开裂，针对不同桥型提出了相应的沉降控制范围和桩基设计建议；为保证桥梁拓宽的直接拼接区域施工质量和提高施工水平，对新、旧桥梁上部结构拼接区域的施工工艺进行了研究，并提出了拼接施工指导意见；利用静、动载试验对错孔布置桥梁的实际工作状况和受力状态进行了分析，以保证新老桥拼接后桥梁运营的安全性和可靠性。

二、适用范围

本项目的研究成果适用于我国高速公路改扩建工程中的路基路面和桥梁拼接，以及原水泥混凝土路面扩建为沥青路面的结构设计与施工。为高速公路改扩建工程提供了先进理论指导与技术手段。

三、已应用情况

项目研究成果不仅为合宁高速公路扩建工程提供了有效技术支撑，并在国内多条高速公路改扩建工程中得到了成功应用。具体的代表性应用情况如下：

中交二公局第六工程有限公司、安徽皖通高速公路股份有限公司、安徽省交通规划设计研究院分别

针对高速公路扩建过程中的路基路面拼接技术难题，路基加宽和桥梁拼宽设计的技术难点，以及桥梁横向拼接和施工技术困难，应用了本项目的研究成果。应用表明，项目成果与工程实际结合良好，为高速公路扩建工程设计和施工提供了有效的技术支持，具有较高的创新理论价值和实际工程应用意义。此外，中交第二公路勘察设计研究院有限公司在2008年至2010年期间设计的光清高速公路（广州庆丰至清远北江）改扩建工程、呼包高速公路（呼和浩特至包头）改扩建工程及正在设计的京港澳高速公路（河北段）改扩建工程的可行性研究和初步设计中，也直接应用了本项目的研究成果和技术，取得了良好的应用效果。同时，本项目的研究成果和技术也已成功应用于目前正在实施的京台高速公路小西冲至方兴大道段扩建工程。

合宁高速公路扩建工程完工通车近两年来，经后期跟踪观测，扩建路段路面质量优良，拼接桥梁技术状况良好，拼接部结构稳定。实践表明，项目研究成果的应用提高了拓宽路面以及拼接桥梁的安全度和耐久性，有效提升了高速公路投资业主的经济效益。

四、应用效益

本项目结合合宁高速公路扩建工程自2007年1月开展研究，并在研究的过程中及时将研究成果投入到实体工程应用中，自2008年开始，项目研究成果已经在合宁高速公路扩建工程中体现出非常明显的经济效益，2008年因技术合理应用实现工程成本节支800万元，随着项目研究成果的进一步完善和应用，2009年实现工程成本节支1 200万元，至2010年项目研究成果不仅在合宁高速公路上得到充分应用，也在国内其他高速公路改扩建工程中得到有效推广应用，共实现工程成本节支达3 000万元。因此，本项目技术研究成果在研究和应用的三年间，仅直接工程成本节支就达到5 000万元。

3. 公路沥青路面再生技术研究

成果所属专题编号：皖交科鉴字[2010]第14号

成果主要完成单位：安徽省公路管理局、江苏省交通科学研究院、安徽华泰交通工程科技开发有限公司

联系人：杨彦峰

联系电话：0551-3623460（手机：13856047270）

通信地址：安徽省合肥市屯溪路528号

E-mail：yyf@ahglj. com

邮政编码：230022

一、主要技术内容

传统的沥青路面修复方法，对原有道路面层及基层未加以利用，或者废弃，或者埋置在路基内，不仅浪费资源，而且占用土地，造成严重的环境污染。同时每次改造重新铺筑沥青混凝土路面所需的大量沥青和石料也将使我们面临巨大的资源压力。

沥青路面再生技术的研究成果显示，旧沥青面层混合料可热再生后用于路面面层，也可将旧沥青面层与老路基层进行就地冷再生或厂拌冷再生，用于路面底基层或基层。这样，既可消除原有公路病害，提高其承载能力，又可完全利用原有筑路材料，避免环境污染，减少资源开采和生态破坏。沥青路面再生技术是从根本上解决旧料问题的有效途径，因而具有显著的经济效益和社会、环境效益，符合可持续发展公路建设新理念的要求。

（1）在国内外大量调研分析的基础上，对沥青路面的各种再生技术进行了全面、系统的研究，并针对安徽省干线公路的特点，推荐出最适宜的再生方案。

（2）成功地提出了干线公路沥青贯入式、沥青碎石、沥青混凝土等沥青路面的再生利用工艺、材料组

成和质量控制措施。

(3)首次提出了全深式厂拌冷再生新理念,并在工程实践中成功应用,开拓了公路沥青路面再生技术的新方式。

(4)结合安徽省干线公路厂拌热再生回收沥青路面材料(RAP)的性能,给出了RAP的掺加比例及再生后沥青60℃动力黏度等量化控制指标。

(5)提出了抗裂性冷再生混合料配合比设计方法,并在试验路段得到检验。

(6)在多路段、多方案的应用及研究的基础上,形成了《安徽省公路沥青路面再生设计施工技术指南》。该指南内容系统、全面,适应性强,可较好的指导安徽省的沥青路面再生应用。

二、适用范围

适用于安徽省国省干线沥青路面的厂拌热再生、厂拌冷再生(包括全深式厂拌冷再生)、就地冷再生等再生利用工程项目。

三、已应用情况

项目依托安庆、宿州、池州、滁州、六安5个地市8个项目,应用了厂拌热再生、厂拌冷再生、就地冷再生3种再生技术。

G104 K1041～K1043段,全长2km,挖除沥青面层后全部厂拌热再生利用,作为新沥青路面的下面层。本项目利用RAP料5 180t,节约61%投资成本约51.17万元。

G104滁汉段,全长10.2km,旧沥青路面厂拌热再生后作为新沥青路面的下面层,RAP料添加比例为30%。本项目利用RAP料5 310t,节约25.9%投资成本约111万元。

G105太宿段,全长11km,旧沥青路面厂拌热再生后作为新沥青路面的下面层,RAP料添加比例为30%。本项目利用RAP料2 772t,节约27.6%投资成本约54.41万元。

G105朱马段,全长37.5km,旧沥青路面厂拌热再生后作为新沥青路面的下面层,RAP料添加比例为40%。本项目利用再生RAP料5 700t,节约32.22%投资成本约77.52万元。

G318殷大段,共实施厂拌热再生单幅6km,旧沥青路面厂拌热再生后作为新沥青路面的下面层,RAP料添加比例为24%。本项目利用RAP料1 244t,节约15.5%投资成本约25.26万元。

S212黄麦段,全长49.96km,厂拌冷再生后作为底基层,RAP料添加比例为25%。本项目可节省18.51%投资成本约292.18万元。

S303江苏界至宿州段,全长12.48km,就地冷再生后作为基层,本项目可节约26.83%投资成本约102.96万元。

S321朱江段,全长23.6km, RAP料添加比例为24%。本项目利用再生RAP料6 300t,节约20.61%投资成本约129.5万元。

8个依托项目总计节约844万元。

经过两年多时间的通车运营后,对沥青路面的病害、平整度及车辙进行了观测,结果表明各再生路段的路面使用状况良好,甚至优于新铺沥青路面。

四、应用效益

沥青路面再生技术是从根本上解决旧沥青混合料问题的有效途径,不仅节约沥青、石料等资源,降低工程投资,而且减少废旧沥青混合料堆放对土地的占用及对环境的不良影响,具有显著的经济效益和社会、环境效益,符合可持续发展公路建设新理念的要求。

在安徽省国省干线公路项目中,沥青再生技术可以使用30%～40%的废旧沥青混合料,节约20%～30%的工程投资。

4. 高等级路面激光检测技术及成套检测装备研究

成果所属专题编号：交科鉴字[2010]第143号

成果主要完成单位：长安大学、河南省交通厅公路管理局、陕西省交通厅、甘肃省交通厅、青海省高速公路管理局、陕西省高速公路集团建设公司

联系人：宋宏勋

联系电话：029-62630067(手机：13991832353)

通信地址：西安市南二环路中段

E-mail：songhongx@163.com

邮政编码：710064

一、主要技术内容

1. 技术特点

随着我国高等级公路里程的快速增长，公路交通的运营、养护管理和服务水平越来越受到重视。在公路建设、运营、养护管理中，对路面平整度、车辙、构造深度、路面损坏及道路两侧环境状况等质量指标的检测与评价，具有重要意义。

本项目采用激光位移传感技术进行路面平整度、车辙、构造深度检测，采用数字图像传感技术进行路表面各种损坏的检测和道路两侧环境信息的检测，采用现代专用车辆技术与激光路面检测技术、路面数字图像检测技术进行有效的集成，实现道路多项指标的高精度快速检测与评价。

本项目在国内外创新实现了平整度可以慢速、变速检测，可以随时停车，其检测结果不受影响。

2. 性能指标

(1)路面平整度、路面车辙检测用激光位移传感器的检测分辨率小于0.3mm；路面高低不平检测范围大于±130mm。

(2)路面平整度、路面车辙检测的纵断面方向采样检测间距小于70mm，同时纵向采样间距可变。

(3)激光路面平整度、车辙的检测速度达到0～120km/h。

(4)路面构造深度检测用激光位移传感器的检测分辨率小于0.02mm。

(5)路面弯沉检测用激光位移传感器的检测分辨率小于0.01mm。

(6)路面裂缝检测分辨率小于1mm。

(7)路面损坏检测宽度为一个行车道宽度。

(8)路面损坏检测速度达到90km/h以上。

(9)数据采集处理自动化。

(10)可生成满足标准规范的多种格式的报表。

本项目研究开发的激光路面平整度检测系统、构造深度检测系统、车辙检测系统、路面损坏检测系统及道路沿线环境检测系统可以集成在专用的设备搭载车上，实现道路的快速检测与评价。

二、适用范围

本项目研究成果具有集成化程度高、检测精度高、软件功能强大等独特优势，可广泛应用于高等级公路建设的路面质量检测、验收，可用于高等级公路和干线公路的养护检测与评价，同时还可用于城市道路路面质量的检测。

三、已应用情况

本项目已在陕西省、河南省、甘肃省、山东省、安徽省、福建省、江苏省等地进行了高速公路、国道省道的养护检测等，总计完成超过40 000km的高速公路、干线公路等多项指标的检测，取得了很好的社会效益和经济效益。

四、效益分析

1. 经济效益

本项目已应用超过40 000km的高速公路、国道省道养护检测，按照500～1 000元/km（车道千米）计算，已为用户创造直接检测经济效益数千万元。

本项目成果已推广应用7台套的多功能道路检测车，合同额达2 000多万元。

本项目的研究成果可以直接产业化生产并推广应用。

基于本项目取得研究成果所形成的产品主要包括：

(1)基于对称式基准传递检测原理开发的激光路面检测系统，与目前国内外同类产品比较，具有检测结果基本不受检测速度变化、车辆振动、颠簸影响的独特显著优势，不仅可用于高速公路的工程质量验收、运营公路的养护检测，还可用于国道、省道、县道、城市道路的养护检测，特别是在检测过程中可以根据道路交通状况改变行驶速度，可以随时停车，极大地方便了现场检测。

(2)基于同步闪光照明技术生产的路面损坏检测系统，具有图像拍摄清晰、质量好，检测过程不受检测速度、振动颠簸的影响，图像处理功能强大，这为我国公路养护路面状况检测提供了先进的检测手段。

(3)基于多路聚焦模块化高亮度的LED聚光照明技术进行路面检测的损坏检测系统，具有光源寿命长，照明效果好等特点。

(4)多功能道路集成检测系统，功能多，技术先进，检测不受检测速度、振动颠簸的影响，同时可以按照用户不同的需求开发不同用途、不同功能的激光路面检测系统以及路面损坏检测系统。

2. 社会效益

(1)本项目成果形成的各种道路综合检测车产品，其性能好、技术先进，国内用户普遍欢迎，这为交通行业带来了良好形象，在高速公路上检测行驶，不仅展示了我国自主创新品牌，同时也展现了交通科技的创新成果。

(2)本项目的推广应用，可以避免一代接一代引进产品，避免对国外技术的依赖，可从根本上和整体上提高我国高等级公路的检测水平。

(3)本项目研究成果中的关键技术均为自主研究开发，申请了11项发明专利，获得14项实用新型专利，其部分研究成果已纳入《公路路基路面现场测试规程》(JTG E60—2008)中。

5. 秦岭山区高速公路建设生态保护技术研究

成果所属专题编号：交科鉴字[2010]第152号

成果主要完成单位：长安大学、陕西省公路勘察设计院、陕西省高速公路建设集团公司

联系人：陈红

联系电话：029-82334432(手机：13700229619)

通信地址：陕西省西安市南二环中段长安大学公路学院

E-mail：hongchen82@126.com

邮政编码：710064

一、主要技术内容

秦岭山区是国家生态功能区和滑坡等灾害防护地区，生态系统脆弱。为保护生态环境，使公路建设对原有生态系统的破坏和影响减少到最低程度，着力于公路建设的可持续发展。本项目从生态影响的

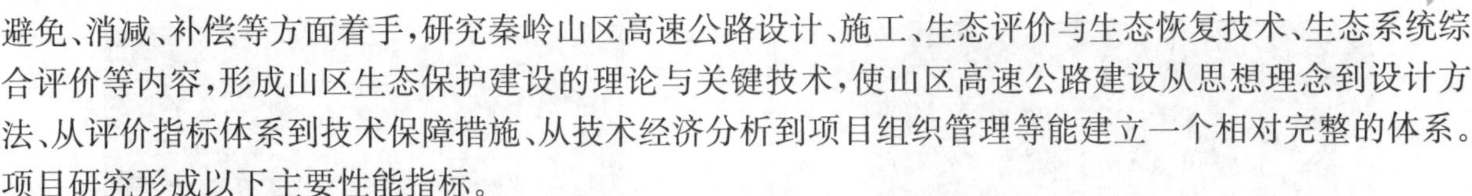

避免、消减、补偿等方面着手，研究秦岭山区高速公路设计、施工、生态评价与生态恢复技术、生态系统综合评价等内容，形成山区生态保护建设的理论与关键技术，使山区高速公路建设从思想理念到设计方法、从评价指标体系到技术保障措施、从技术经济分析到项目组织管理等能建立一个相对完整的体系。项目研究形成以下主要性能指标。

(1)建立了山区高速公路主要技术标准优化的数学模型和灵活性设计的理论方法体系。

(2)提出了山区高速公路分离式路基纵坡与坡长限制值、中间带安全侧向净距计算模型和推荐值、右侧路肩宽度指标的下限建议值；建立了驾驶员行车紧张度模型。

(3)确定了植被挡墙结构形式及设计方法；提出了不同地质条件下短隧道的最少埋深、路堑边坡的最大高度以及隧道弃渣填筑路基的设计方法。

(4)提出了对环境影响最小的施工网络编制技术；提出了不同地质条件的光面爆破方案和施工期间污水的多级沉淀池处理技术。

(5)建立了以压力—状态—响应为框架的高速公路生态评价指标体系及其评价方法；应用 GIS 等技术，提出了基于生态环境敏感性和生态服务功能重要性的生态区划方法；提出了适合动物种群活动特征的动物通道形式、规模和位置；提出了秦岭生态系统恢复和重建技术以及基于遥感数据的生态恢复效果评价方法。

(6)建立了基于综合评价指数法的高速公路建设生态环境影响综合评价技术。

(7)提交了《山区高速公路建设生态保护技术指南》。

(8)完成了西汉高速公路生态保护建设的示范工程应用。

二、适用范围

本项目研究成果可广泛应用于我国高速公路生态保护建设的各个阶段，对生态设计、施工，生态恢复和系统评价各个环节的技术应用与工程建设都具有现实的指导意义和应用价值，存在巨大市场潜力和产业化前景。

三、已应用情况

项目应用于穿越秦岭山区的西汉高速公路工程建设，示范工程的实施均取得了良好效果。项目提出的主要技术标准的优化方法以及灵活性设计方法，为西汉高速公路设计过程中技术标准的采用及优化、技术指标的合理选择提供了可操作的程序和方法。应用于西汉高速 K79＋485～K79＋641 段、SK94＋110～SK94＋245 段、K85＋830 处、K105＋890 处和 K56＋780 处典型路堑高边坡排水系统及 K100＋875 处小桥涵排水系统，通过长期的监测和调查，工程边坡稳定，防护措施完好无损，防护效果十分明显。2 号隧道施工现场污水处理的工程应用采用四级沉淀池处理污水，计算解决了每个沉淀池的建筑面积：$A_{第一级}=15.41\text{m}^2$，$A_{第二级}=20.03\text{m}^2$，$A_{第三级}=26.04\text{m}^2$，$A_{第四级}=33.86\text{m}^2$。试验数据表明，污水处理的效果较好，且实际成本较低。在生态恢复技术的工程应用方面，K162 附近通过锚杆或土钉来实现边坡坡脚的安全防护功能，并在坡谷内填土绿化使挡墙外观似一个个叠置的花池。全线弃渣场分为 3 段，共计 24 个，其中，拦沟型弃渣场 4 个，临河型弃渣场 11 个，谷坡型弃渣场 7 个，平坦型弃渣场 2 个。设计中对弃渣场采用拦渣护坡工程与植草护坡相结合进行综合护坡，弃渣场面设计采用台阶整平，整平面坡比为 2%。设置野生动物通道，适当采用修建大桥的方案代替原来铺垫路基的方案，采取路基下设涵洞的形式或桥隧相连的形式形成野生动物迁移和基因交流的自然通道。在沿线自然保护区设置保护动物标志，在隧道上方设置防护网安全设施以防止动物在通过通道时坠落到路面。采用生物型声屏障实现降噪，钢铁乡附近采用酷似土堤的声屏障降噪，纸房学校附近采用当地取材的轻质材料砌块砖与水泥混凝土板砌筑屏体，结合沿墙体纵向种植攀缘植物形成绿篱，与当地的景观融为一体。本课题实施效果见图 1～图 4。

图1　秦岭1号隧道

图2　黄草坪隧道动物通道

图3　七亩坪弃渣恢复

图4　生态柔性挡墙

四、效益分析

西汉高速公路初步设计中挖方2 811km^3，填方7 647km^3。通过项目研究若能减少侧向余宽50cm，经初步测算可减少挖方约10万m^3，减少填方约40万m^3，仅此一项指标即可节约工程造价近1亿元，经济效益显著。项目结合西汉高速公路建设的实际情况，研究成果不仅直接服务于西汉高速公路建设，也为类似工程的建设提供了参考。今后依托相关省市试点，在全国范围内的山区高速公路建设中，逐步开展应用推广工作，将取得显著的社会经济和环境效益。

6. 公路半刚性基层损坏机理分析与结构适应性研究

成果所属专题编号：2006-318-812-18

成果主要完成单位：长安大学、山东省交通厅公路局、河南省公路局、重庆交通科研设计院

联系人：沙爱民

联系电话：029-82334015(手机：13709213223)

通信地址：西安市南二环中段 长安大学

E-mail：aiminsha@263.net

邮政编码：710064

一、主要技术内容

国内已建成和在建的高等级公路中，约85%以上的道路采用半刚性材料作为基层。半刚性基层突出的优点在于能够较好地利用当地原材料，具有较高的强度和稳定性，但在半刚性基层的实际使用过程中仍然有一些问题没有得到很好地解决，其中包括：易收缩开裂，易冲刷。

本项目通过研究取得了以下成果。

(1)半刚性基层沥青路面的损坏表现出较强的地域特征,具体病害的发生与交通量、车辆荷载大小等有直接联系。半刚性基层沥青路面病害路段约占总里程的16%左右;与半刚性基层有关的沥青路面损坏占损坏总量的36 %。半刚性基层沥青路面大修前的平均使用寿命为7年。半刚性基层沥青路面结构能够适应我国当前的运输水平,可以作为我国新建公路的主要结构形式之一。

(2)从改善路面受力状态、延长路面使用寿命角度,明确了半刚性基层厚度的重要影响,具体提出了半刚性基层层位、沥青面层厚度、沥青面层模量以及半刚性基层模量的设计与控制要求。发现了半刚性基层成型季节温度和半刚性基层沥青路面使用环境温度的变化对其使用寿命的显著影响。提出了存在路面结构承载能力不受裂缝影响区域的最小基层裂缝间距。

(3)建立了量化水泥剂量、集料级配、水泥胶砂强度、含水率、集料强度等材料组成因素的水泥稳定碎石材料强度模型及试验统计换算关系,得到了材料力学模型下的抗压强度、劈裂强度和抗折强度之间的倍数换算关系,试验验证了从考虑材料组成和材料整体结构两个角度出发所得的各强度指标之间的统一性。

(4)建立了可以模拟包含面层、基层和土基在内的小尺寸路面结构受力状态室内试块试验。静载试验得到了路面结构在不同温度和荷载条件下的力学状态排序,验证了常温条件下以基层层底拉应变反映的基层抗疲劳能力与力学结算结果的一致性;动载试验得出了沥青碎石结构层在重载交通条件下使用的优越性。

(5)提出在原材料质量要求中增加基层集料0.075mm筛孔通过率、针片状含量、压碎值等控制指标,以及重视结合料用量和级配的稳定性对基层材料的强度和干缩性能的显著影响。试验得到半刚性基层的层间状态对基层力学性能、抗裂性能和疲劳性能的影响规律,以及基层采用大厚度整体施工比分层间断施工的显著优越性。

(6)提出半刚性基层沥青路面设计的破损控制模式应为裂缝和车辙。在沥青面层和半刚性基层之间设置级配碎石或沥青碎石过渡层,降低半刚性基层层位,对改善路面结构整体水温稳定性,增加路面结构整体的变形适应性和层间黏结状态,减少半刚性基层沥青路面的裂缝和车辙都具有明显效果。提出了区分不同交通情况、考虑多种环境条件、针对主要损坏模式的路面结构优化方案。

二、适用范围

本项目成果适用于半刚性基层沥青路面的设计、施工与维修。采用项目相关成果能够解决半刚性基层材料组成设计、路面结构设计中遇到的问题,同时,能够为半刚性基层的施工过程中质量控制关键环节提供借鉴和参考,有利于提高半刚性基层沥青路面整体使用性能和耐久性。

三、已应用情况

本项目在实施过程中,相关成果在青岛至莱芜高速公路,山东省荣成至乌海线新河至辛庄子段高速公路,浙江黄衢南高速公路和浙江申嘉湖高速公路等运用。根据本项目对以往半刚性基层沥青路面基层破坏的调研、分析结果,以及在理论分析和相关试验工作基础上总结出的半刚性基层修建过程中材料组成设计以及施工关键质量控制方法成果。以上几条高速公路针对具体情况对成果进行了应用。

从几条高速公路工程使用后的情况来看,在强度达到规范标准的情况下,水泥稳定碎石基层的抗裂性、抗冲刷性能得到明显提高。证明了通过调整混合料中各种材料的配比,改变混合料的结构类型能够有效地改善水泥碎石材料的强度、模量、抗裂性、抗冲刷性等路用性能。目前,这几条高速公路整体使用情况良好,达到了预期的效果。

四、效益分析

项目研究成果为目前国内半刚性基层沥青路面病害预防提供了有效控制措施，使路面寿命周期内的使用质量得以保证；项目研究成果的应用能够有效减少路面早期损坏的发生，大大减少路面建成后的养护和维修费用，创造可观的长期经济效益。项目研究成果有利于我国公路行业的发展进步，更有利于我国公路网服务质量的提高，能进一步促进我国经济的发展。因此，本项目研究成果具有重要的理论价值和实践意义，具有广阔的应用前景，应用项目研究成果能够获得显著的经济效益与社会效益。

7. 南方湿热地区高速公路沥青路面新型结构研究

成果所属专题编号：闽交科鉴字[2010]第16号

成果主要完成单位：福建省高速公路建设总指挥部、交通运输部公路科学研究院、龙岩龙长高速公路有限公司、南平浦南高速公路有限责任公司

联系人：高晓影

联系电话：0591-87077395(手机：15980669182)

通信地址：福州市鼓楼区东水路18号交通综合大楼

E-mail：122213172@qq.com

邮政编码：350001

一、主要技术内容

本项目针对南方多雨高温地区自然、交通、材料特点及沥青路面主要损坏形式，对高速公路沥青路面新型结构设计、混合料组成、施工工艺、质量控制等方面开展了系统深入的研究。主要研究内容包括：南方湿热地区高速公路新型结构研究，福建浦南、龙长高速公路新型结构沥青路面专项设计，试验路和实体工程的路面工程混合料设计与施工质量控制，新型结构基层上功能层设计与施工技术，柔性基层关键技术的研究，沥青混合料设计与施工，通车后路面性能观测。

项目的创新点主要体现在以下五个方面。

(1)设计理论创新：借鉴国外长寿命沥青路面设计思想，提出了我国新型沥青路面结构的设计理论和结构组合理论。

(2)分析技术创新：提出了多参数、多尺度、多目标的全新分析技术。其中包括：高温、重载、慢速和大纵坡等多因素耦合3D分析，8 760h荷载谱、温度谱作用下路面车辙预估分析，不同结构排水性能和抗水损坏性能分析，移动荷载、高温和动水耦合动孔隙水压力有限元分析，全寿命周期内半刚性材料模量衰减规律分析，不同结构的纵向开裂对比分析结构各层的变形随从性，不同材料的超载敏感性分析，湿热山区连续20年服役路面结构多损坏综合模拟分析。

(3)路面结构创新：提出沥青稳定碎石＋级配碎石＋水稳碎石组合式基层厚沥青层的新型结构形式和高等级公路沥青路面结构选择原则，针对福建省龙长和浦南高速公路工程实际，进行新型结构组合专项设计。

(4)路面材料创新：提出了级配碎石新型无结合粒料和沥青稳定碎石新型有机结合基层材料。

(5)成套技术体系：建立了湿热地区新型沥青路面结构设计、混合料设计、施工、检测和质量管理成套技术体系。其中包括：新型结构设计技术体系，级配碎石混合料设计、施工、检测和质量管理成套技术，沥青稳定碎石混合料设计、施工工艺、检测和质量管理成套技术，级配碎石基层上功能层的成套应用技术，提高沥青混合料性能的综合技术措施。

二、适用范围

本项目成果适用于高等级公路沥青路面的设计、施工、检测和质量管理。

三、已应用情况

2005年以来,福建省积极推广应用本技术成果,使各种成套技术在高速公路结构设计、混合料设计、施工、质量控制等方面得到了全面的推广应用。截至2010年底,项目研究成果已在福建省主要高速公路上推广应用2 450km。其中,通车1 140km、在建1 400km,规划待建的2 400km也将主要采用新型路面结构,具体情况如下:

(1)邵三高速(5km试验路),借鉴项目成果进行了试验路的结构设计,进行了级配碎石级配设计、施工以及弯沉等测定,并按照项目成果进行混合料设计和质量控制。

(2)龙长高速公路(136km)和浦南高速公路(244.4km),结合工程实际,进行了结构专项设计,并在工程建设过程中进行混合料设计、验证以及沥青混合料生产、施工和质量控制等。

(3)机场一期(20.9km)、泉三高速公路(284.5km)、莆秀支线高速公路(23.6km)、永武高速公路(195km)、福州绕城西北段(38km)、机场二期(26km)、武邵高速公路(91.7km)、渔平高速公路(56km)等已建成通车项目,积极推广项目研究成果应用,按照相关技术指南进行混合料设计、施工和质量控制。

(4)福永高速公路(66km)、南惠高速公路(56km)、南厦高速公路(98km)、松建高速公路(106.6km)、宁武高速公路(287km)、莆永高速公路(326km)、永宁高速公路(123km)、泰建高速公路(74km)等在建项目也积极应用项目研究成果进行新型结构组合设计、混合料设计、施工和质量控制。

四、效益分析

已建成通车的高速公路运营以来,路用性能良好,无结构性损坏现象,改善了行车舒适性和安全性,提高了沥青路面结构的耐久性,延长了沥青路面使用寿命,可实现使用30年无结构性大修、节约大量维修养护费用、减少维修养护对交通的干扰和废料造成的环境污染和资源浪费的目标。全寿命分析表明,新型结构应用每年可节省维修养护费用达3.96亿,30年可节约资金118.9亿。

8.福建山区公路边坡工程建造成套技术

成果所属专题编号:闽交科字[2009]第15号

成果主要完成单位:福建省高速公路建设总指挥部、中铁西北科学研究院有限公司、三明永武高速公路有限责任公司、龙岩永武高速公路有限公司

联系人:刘代文

联系电话:0591-87077391(手机:13675051311)

通信地址:福州市东水路18号福建交通综合大楼21层

E-mail:liudaiwen@163.com

邮政编码:350001

一、主要技术内容

本课题是在总结山区公路边坡工程建设工程实践经验的基础上,归纳山区公路边坡工程的特征与规律,研究山区公路边坡工程建造的关键技术问题,补充和完善山区公路边坡工程设计理论和方法,形成一套系统实用的山区公路边坡工程建造成套技术和方法。其主要技术性能指标如下。

(1)总结了福建山区公路边坡工程特征与分布规律,归纳了典型公路滑坡灾害机理,提出了公路滑坡灾害整治工程对策模式。

(2)研究了边坡开挖卸荷力学机制和作用规律,揭示了边坡开挖变形破坏机理。

(3)总结了边坡工程地质的“地质选线”总体原则和“四阶段勘察”指南,提出了路堑边坡工程坡形坡率设计及其防护加固工程设计原则和方法,进一步完善了动态设计理念和信息化施工技术。

(4)总结了路堑边坡工程实践,建立了普通防护工程对策模型、支挡加固工程对策模型和减避增强工程对策模型,提出了路堑边坡总体设计原则和方法。

(5)重点研究推广了锚筋长度检测和锚下应力快速检测方法,编制了边坡锚固工程施工技术规程和质量验收标准,补充和完善了锚固工程质量与安全控制技术。

(6)提出了高速公路边坡生态景观设计和边坡植被防护与管理技术。

(7)研究揭示了边坡开挖变形与稳定性的相关规律,以及边坡蠕变变形与稳定性的相关规律,总结提出了边坡稳定与安全的评估方法。

(8)补充和完善了路堤边坡设计原则和方法,揭示了路堤边坡滑坡的变形破坏机理,提出了路堤边坡滑坡病害治理工程的设计原则和方法。

(9)提出了边坡工程建设与养护规范化管理模式,建立了边坡工程动态信息管理数据库,开发出边坡工程管理决策支持系统。

通过推广和应用“福建山区公路边坡工程建造成套技术”,将大大提高山区高速公路边坡工程建设与管理水平,促进学科的进步和发展,产生巨大的社会效益和经济效益。

二、重要技术创新

1. 路堑边坡工程基础理论创新

创建了路堑边坡工程理论基础,被同行普遍接受和引用。

(1)首次提出二元结构边坡和土质边坡的概念,补充完善和丰富了边坡工程分类体系。图1为路堑边坡工程分类树型结构图。

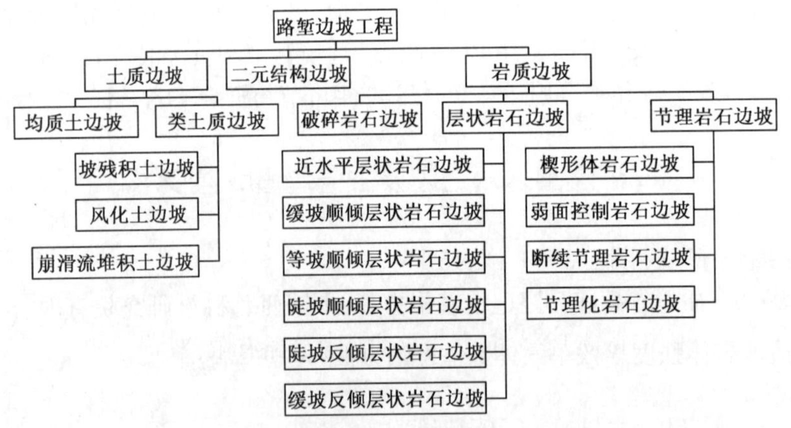

图1　路堑边坡工程分类树型结构图

(2)提出了路堑边坡坡体结构类型(图2),并总结了有关典型坡体结构类型的地质特征与工程特点。

(3)提出了边坡开挖卸荷松弛区的确定原则和方法。图3为边坡开挖卸荷松弛各影响区划分图。

(4)在总结坡体结构类型的开挖变形特征与破坏规律的基础上,揭示了几类典型边坡的变形破坏机理,以及大气降雨与河库水位升降对边(滑)坡稳定性的影响及其作用机理等。

2. 路堑边坡工程勘察设计技术进步

建立了系统实用的边坡工程勘察设计技术和方法,在边坡工程实践中大量推广和应用。

(1)提出了基于边坡类型的边坡工程地质综合勘察技术,包括“地质选线”的原则、“四阶段地质勘察”指南,以及边坡工程地质勘察主要内容和方法。

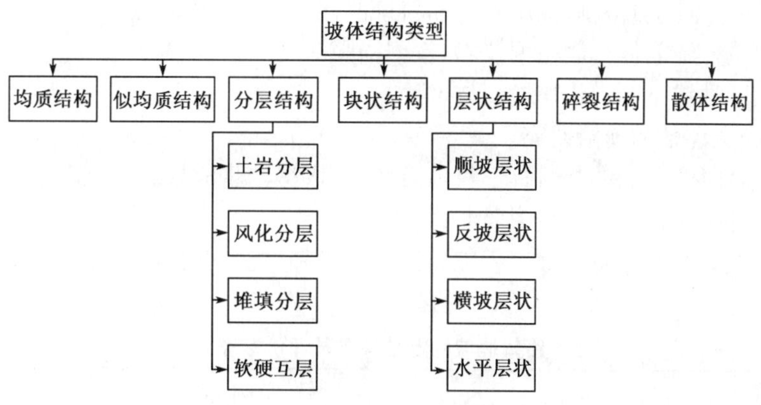

图 2　坡体结构类型框图

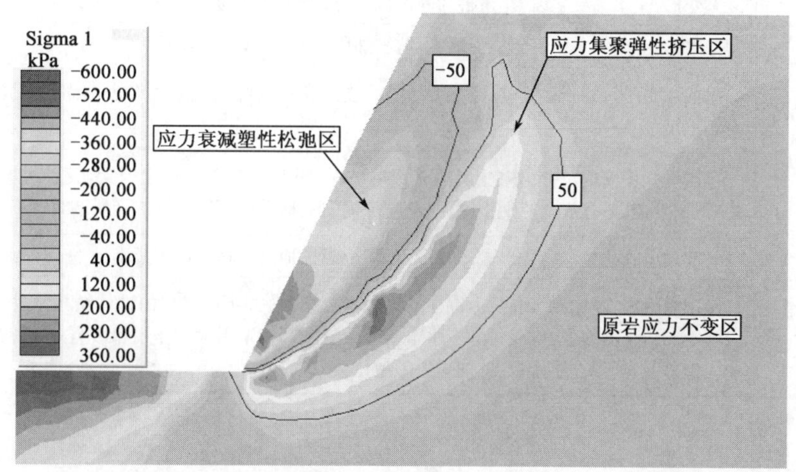

图 3　边坡开挖卸荷松弛各影响区划分

(2)提出高边坡动态设计理念与信息化施工技术。

(3)提出边坡防护加固工程对策模型。

(4)提出预应力锚索抗滑桩内力全桩解与桩头锚索预应力优化技术,并编制抗滑桩结构分析计算程序“Analypile”。

3.路堑边坡岩体强度评估方法改进

为边坡岩土强度参数评估建立了一种新的途径和方法。

(1)提出一种边坡岩体强度等效单元体数值评估方法,即用“代表单元等效体”模型评估层状岩体力学性质的方法。

(2)提出一种边坡岩体强度 Hoek-Brown 经验评估改进法,即 GSI 定量化修正和主控结构面弱化修正。

(3)提出了路堑边坡强度参数三阶段评估法,即勘察阶段、开挖施工阶段和变形破坏阶段,分阶段对其岩土强度参数进行评估确定。

4.锚固工程新结构、新技术研究开发

研究开发了多项锚固工程新技术和新方法,促进了岩土锚固技术在边坡工程中的应用和发展。

(1)开发出一种通过高压劈裂注浆提高地层锚固力的新工法。

(2)开发出一种十字叠合型承压板结构。

(3)开发出一种自锁型预应力锚索结构。

(4)开发出一种全长黏结型预应力锚杆结构。

5.锚固工程质量检测技术研究应用

填补了边坡锚固工程现场质量检测技术的空白,也是边坡工程工后评估技术的重要手段之一,并开

始应用于预应力桥梁锚下应力检测，应用效果和前景俱佳。

(1)研究开发出一种锚筋体长度检测技术，检测锚固深度。

(2)研究开发出一种锚下应力快速检测技术。

6.边坡稳定与安全评估的前沿研究

创建了边坡工后评估理论和方法，具学科前沿性，并取得初步成果。

(1)研究提出一种路堑边坡开挖变形监测评估技术。

(2)研究提出一套系统的路堑边坡工程工后评估技术和方法，并提出了路堑边坡工程稳定性等级及划分标准(见表1)。

路堑边坡稳定性等级及评价标准 表1

稳定性等级	评价标准	
	定性描述	定量指标
稳定	无变形，无不利稳定因素，防护加固设计充分，质量良好，稳固可靠	$F_s \geqslant 1.2$
基本稳定	基本无变形，无重要不利稳定因素，防护加固设计基本可行，质量可靠	$1.1 < F_s < 1.2$
基本稳定但局部稳定性差	基本无变形，局部或浅表层存在变形破坏迹象或者不利稳定因素，防护加固工程设计局部不足	
稳定性差	存在局部坡面或防护结构变形但无严重破坏，明确存在不利稳定因素，或者边坡高陡、结构复杂、工程安全特别重要，或者防护加固工程设计不足、质量一般、针对性不强	$1.0 < F_s \leqslant 1.1$
稳定性差且局部不稳定	局部坡面或防护结构变形破坏较严重，相应防护加固工程设计明显不足	
不稳定	发现较为严重的变形和破坏，存在易滑地层或岩组，或不利稳定的坡体结构条件，或岩体不利结构面发育，或坡体地下水丰富等重要不利稳定因素的作用和影响，或者防护加固工程明显不足、质量粗劣、效果较差或已失效	$F_s \leqslant 1.0$

三、适用范围

福建山区公路边坡工程建造成套技术研究完善来了当前山区公路边坡工程设计理论和方法，提高了山区公路边坡工程的建造技术，减少了边坡工程设计的人为性和随意性，加强了防护加固工程设计的合理性和可靠性，降低了边坡工程在高速公路工程建设与生产运营过程中的危害或威胁，为制订本地区或本行业边坡工程勘察设计施工及建设管理等相关规范或规定提供了依据。该课题研究内容适用于福建山区公路边坡工程建设和国内山区道路工程建设。

四、已应用情况

截至2009年，该项目研究成果已应用于福建省三福、邵三、福宁、漳龙、龙长、浦南、泉三等高速公路建设，成功设计路堑高边坡1 700余处，治理滑坡病害40余处(见表2)。

福建省山区高速公路路堑高边坡数量统计表 表2

路段名称	边坡高度				边坡数量(处)	备注
	20～30m	30～40m	40～50m	>50m		
三福	104	161	101	48	414	全长260km
邵三	62	80	54	40	236	全长132km
漳龙	47	41	21	11	120	全长117km
福宁	32	65	34	18	149	全长141km
龙长	69	109	74	18	270	全长136km
浦南	60	80	48	10	198	全长245km
泉三	47	124	75	41	287	全长264km
永武	26	82	1	1	110	全长195km

本项目成果获国家授权专利5项，申请专利3项；发表论文共55篇；编写3部本地区与行业规程、规定或指南。

五、效益分析

在福建山区高速公路建设过程中推广应用本项目成果，取得了显著的经济、社会和环境效益。节省工程造价约2.9亿元，其中近三年节约工程造价约1.2亿元。

应用本项目成果设计的路堑高边坡和滑坡治理工程普遍运行良好，先后经历了3次超强台风及历年强降雨气候考验，确保了各路段高速公路安全畅通，社会各界普遍反映良好，具有显著的社会效益。特别是泉三和浦南高速公路在植被防护与生态环境保护技术方面取得了新的进步和发展。

9.福建省高速公路沥青路面适用石料的调查与研究

成果所属专题编号：闽交科鉴字[2009]第20号

成果主要完成单位：福建省交通科学技术研究所
联系人：潘丽娜
联系电话：0591-83351604
通信地址：福州市五一中路104号福建省交通科学技术研究所
E-mail：kys604@163.com
邮政编码：350004

一、主要技术内容

通过试验，并对大量检测数据和历史资料分析，利用t分布等数理统计方法，对福建省已建高速公路的使用状况及适用石料进行深入研究，最终得出了各种石料关键路用性能指标的分布范围及相关统计值，进而推荐了福建省沥青面层适用石料种类以及石料压碎值、磨耗值、磨光值等地方标准值(根据集料性能的t分布结果按照95%置信水平，以及集料总体性能的计算结果按照95%的合格率，建议表面层集料压碎值不大于20%、磨耗值不大于20%、磨光值不小于42；中下面层压碎值不大于20%，磨耗值可以放宽到不大于25%。对于个别地方压碎值大于20%但小于28%符合规范要求的进行个案处理)，真实地反映福建省沥青路面适用石料的状况，在部颁规范的基础上有所提高，对福建省高速公路沥青路面路用石料的选择和质量控制具有重要的指导意义。

采用欧共体标准EN 1367-3及EN 1097-2试验方法对玄武岩耐候性进行试验研究，试验表明福建玄武岩满足耐候性要求。

通过调查研究不同石料、混合料结构、施工工艺的已建高速公路的使用性能差异，对比分析了集料矿物组成对沥青路面的敏感性，石料加工、沥青混合料施工工艺与质量控制之间的关系，以及集料对路面使用性能的影响，对不同岩性的石料在沥青路面中的路用性能，提出了若干重要指导性意见，绘制了福建省高速公路沥青路面适用石料的分布图。

二、适用范围

推荐的石料加工方法、集料关键路用性能控制指标以及福建省沥青路面适用石料分布图等研究成果，能为福建省高速公路建设和养护中沥青路面石料的选择、加工和质量控制提供很强的指导作用，做到优质生产，合理控制，提高路面建设质量，最终延长使用寿命，具有良好的经济和社会效益。

三、已应用情况

该成果已在福银高速公路三明、南平段和龙长、浦南、武邵等逾600km的高速公路上应用，节约了大量资金，并取得了良好效果。

福银高速公路三明和南平段上中下三个面层均使用砂岩铺筑，节约资金约 8 000 万元，且均未使用改性沥青，经过 6 年的运营，目前路况良好，无严重病害产生，使用质量丝毫不逊色于使用玄武岩的沥青路面，节约了维修养护费用约 6 500 万元。浦南高速建设期间采用该研究成果，在中下面层采用砂岩、花岗斑岩等石料，而非采用传统意义上的辉绿岩、玄武岩等石料，从石料生产单价和运距上就节约了资金约 1.2 亿元，经济效益可观。同时，自 2008 年 12 月通车运营逾两年，路面状况保持良好，路面平整舒适，投入的维修养护费用很少，有力地促进了当地经济的发展。

四、应用效益

福建省还有近 4 000km 的高速公路需要建设，至少需要面层石料 5 000 万 t。按该研究成果若采用当地石料作为沥青路面石料，平均运距不超过 30km，为经济运距，而采用玄武岩等优质石料，平均运距往往在 100km 以上。运费按 0.7 元/t · km 计算，假设 5 000 万 t 石料一半采用玄武岩等优质石料，则运费至少要多花费 13 亿元，这是个很可观的数据，还不包括开采等其他费用的增加。因此，对于玄武岩、辉绿岩等传统意义上优质石料匮乏的福建省而言，该成果具有重要的指导意义，一来可以减少对玄武岩的依赖，二来可以就地取材、降低运输成本。

应用该成果，一方面，扩大了沥青路面适用石料的选择面，可以有效地避开风景区以及居民聚集区，又不影响沥青路面适用石料的开采，最大限度地降低对自然环境的破坏以及噪声、粉尘等对人民群众身心健康的危害，又能有力促进经济可持续发展，具有显著的社会和环保效益。

另一方面，在大量数据统计分析基础上推荐的石料，其关键性能指标既真实反映了福建省石料总体概况，又能满足实际需求，可提高路面使用性能，延长服务寿命。

10. 公路地基土(路基和桥涵)承载力及其分类研究

成果所属专题编号：交科鉴字[2009]第 122 号

成果主要完成单位：交通运输部公路科学研究院、同济大学、新疆交通科学研究院、贵州省交通规划勘察设计研究院、云南省公路规划勘察设计院、长安大学

联系人：刘怡林

联系电话：010-62079367(手机：13651295151)

通信地址：北京市海淀区西土城路 8 号

E-mail：yl.liu@rioh.cn

邮政编码：100088

一、主要技术内容

本项目以贵州等 3 省区 4 条公路为依托，通过大量的技术调研(图 1)、离心模型试验和理论分析等多种技术手段，针对公路路基和桥涵地基承载力问题，取得了一系列的理论成果和实用技术。

(1)明确了公路路基和桥涵地基破坏的工程表现形式，系统提出了不同土质类型地基承载力的值域范围、受力变形特性和现场测试技术。

(2)基于弹塑性有限元分析方法、极限分析方法及离心模型试验，首次在国内外全方位研究了刚柔性基础下地基承载力特性，构建了刚柔性基础非饱和土地基承载力的计算方法。分析了地基加载时剪切破坏面上大主应力方向的变化(图 2)。

(3)通过离心模型试验和数值模拟技术，首次系统分析了公路路基的变形规律和破坏机理，揭示了公路路基地基的承载特性(图 3 和图 4)。

图 1　新疆区公路路基使用情况的现场调研

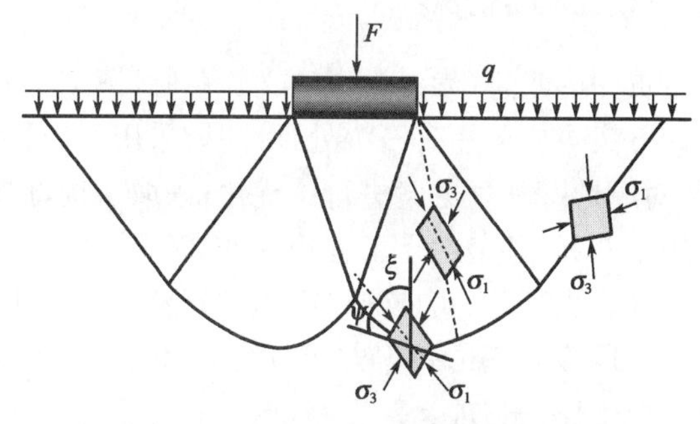

图 2　地基加载时剪切破坏面上大主应力方向的变化

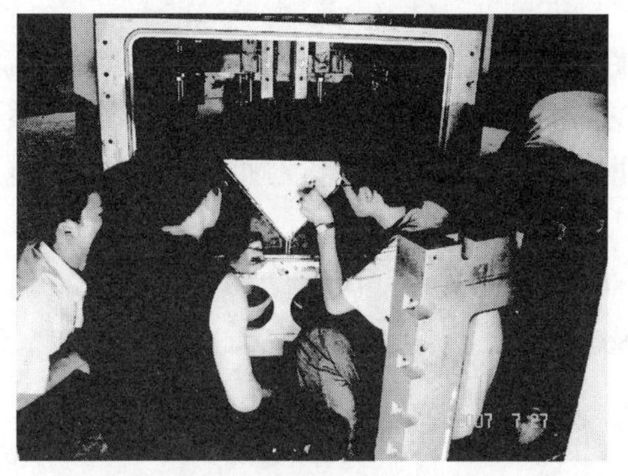
图 3　离心模型试验前的准备工作

图 4　柔性条形荷载地基破坏时的变形图

(4)首次建立了公路路基和桥涵地基承载力的评价方法和三级分类体系，提出了符合公路特点的路基地基承载力特征值计算公式。

(5)构建了公路路基和桥涵地基承载力地理信息系统(图 5)，编制了《公路路基和桥涵地基承载力评价方法指南》。

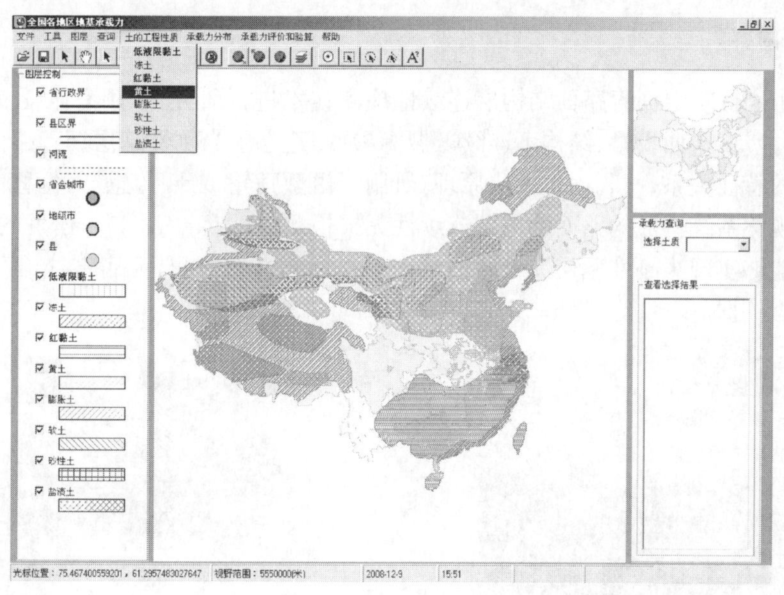
图 5　公路路基和桥涵地基承载力地理信息系统

二、适用范围

本项目的研究成果适用于公路路基、涵洞和小桥的勘察、设计和施工中的地基承载力评价及地基处理措施的选取。

三、已应用情况

贵州的崇遵(崇溪河—遵义)、镇胜(镇宁—胜境关)和云南水麻(水富—麻柳湾)高速公路建设中,原设计方案主要采用碎石桩处理地基,采用本项目路基地基承载力的评价方法,并结合路堤填土高度的不同,对原地基处理方案进行了优化,采取了局部换填、隔断渗水和加强排水等不同的措施,每平方米节约费用 250 元,共节约了工程费用 8 320 万元。

新疆大阜(大黄山—阜康)二级公路中,采用本项目路基地基承载力的评价方法,有效地降低了砾石土换填厚度 0.5m,每立方米节约费用 52.4 元,共节约了工程费用 1 434 万元。

以上路段目前运营良好,道路和桥涵各项使用性能优良,经受了几个雨季的考验。

四、 效益分析

通过项目研究成果在贵州、云南和新疆等省区四条公路中的推广应用,对原有地基处理方案进行了优化,并有效地降低了换填厚度,减少了地基处理费用,取得了 9 754 万元的直接经济效益。发表论文 25 篇,其中 SCI 和 EI 收录 11 篇。研究成果具有重大的理论意义和实用价值,对推动行业科技进步和学科发展作出了贡献。

11.沥青路面结构层连续性探测及图像可视化技术研究

成果所属专题编号:豫交科鉴字[2010]第 25 号
成果主要完成单位:河南高速公路发展有限责任公司、河南省高远公路养护技术有限公司
联系人:陈玉梅
联系电话:0371-87165087
E-mail:cym45678@126.com
邮政编码:450052

一、主要技术内容

本项目针对半刚性基层沥青路面结构层连续性检测技术进行研究,采用有限元路面结构与声耦合算法,设置了激励能量、路面模量、结构不连续区域等参数,建立了半刚性基层沥青路面结构层不连续区域与声效特征值的特征关系,并利用声效法原理,研制了由激励轮、音频传感器、位移传感器等部件及数据处理和图像可视化系统构成的路面结构层连续性无损检测仪(图 1～图 4)。研发的“沥青路面结构层连续性检测仪”,能够实现半刚性基层沥青路面结构不连续病害的检测,为病害处治和预防性养护设计提供更完善的参考依据。

图 1 沥青路面结构连续性探测仪

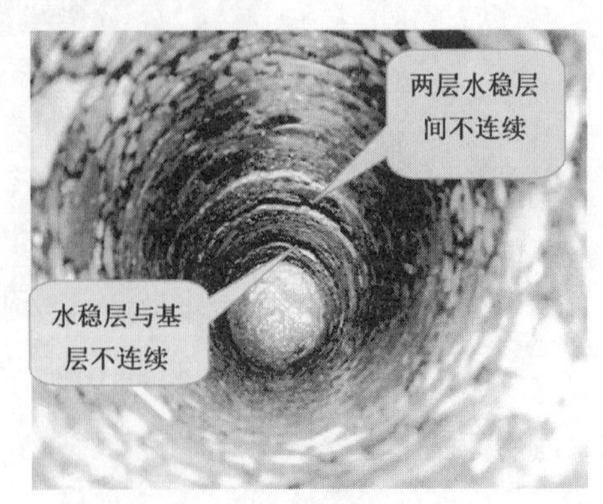

图 2 水稳层间结构不连续

图 3　水稳层疏松

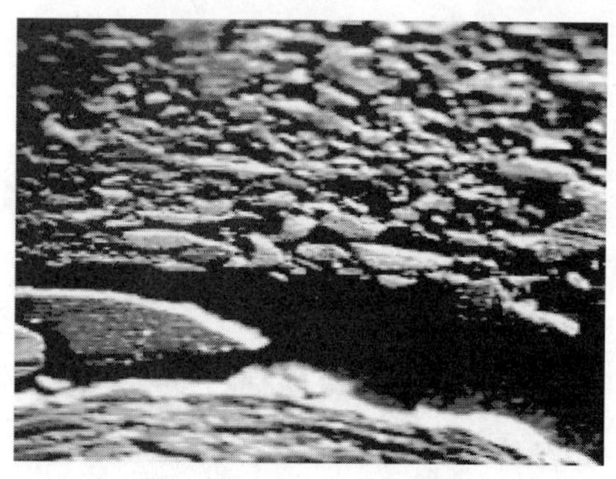

图 4　沥青路面结构不连续剖面图

项目的主要创新点如下。

(1)本研究应用振动和声效理论,利用有限元结构与声耦合算法对半刚性基层沥青路面结构进行声效特征值分析,建立了半刚性基层沥青路面结构层不连续病害与声效特征值的对应关系。即随半刚性基层沥青路面结构层不连续病害区域的增大,路面声效特征值逐渐增强,在振源处其对应关系式为:$y=-2\times10^{-6}x^3+6\times10^{-5}x^2-10^{-4}x+0.0166$ 相关系数 0.9974。研究试验表明,采用声效法检测半刚性基层沥青路面结构层不连续性是充分可行的。

(2)研究表明,半刚性基础沥青路面结构层存在不连续时,在振动条件下产生声效的能量与频谱存在一定的对应关系。

(3)通过有限元计算激励结构连续区声效表征方法,研究确定了检测半刚性基层沥青路面连续性需要的激励能量和频率,并以研究结果为基础发明了"路面结构层连续性检测仪的激励轮",发明专利申请号为 200910022278.8。

(4)编制了数据处理软件,采用数理统计的方法将半刚性基层沥青路面声效特征值数据进行分析,确定了基准值的计算方法;判断出结构不连续病害等级和位置,最后将检测结果以模拟图像的形式表现出来,使检测结果直观,判断简便。

二、适用范围

沥青路面结构层连续性探测仪,适用于探测路面结构内出现的疏松、唧浆、脱空等隐形病害,防止路面后期沉陷、坑槽等病害的产生。通过检测路面的隐形病害,并对其加以处治,可延缓路面初期病害的发展。

三、已应用情况

沥青路面结构层连续性探测技术,在许平南高速公路、新乡市南环路、西临高速等进行了推广应用,从而为沥青路面结构连续性病害处治和预防性养护设计提供了更完善的数据,有效地延长了沥青路面使用寿命。

通过应用本课题研究成果——半刚性基层沥青路面结构连续与不连续区域在受到振动激励时声效上的差别,建立了半刚性基层沥青路面结构层不连续区域的声效特征值与路面结构不连续病害的对应关系,确定了半刚性基层沥青路面振动产生声效特征所需的激励能量和频率。通过软硬件技术的研究,研制了沥青路面结构层连续性探测仪,通过数据处理软件分析半刚性基层沥青路面声效特征值的数据,确定了声效基准值的计算方法,判断出结构不连续病害等级和位置,最后将检测结果以模拟图像的形式表现出来,使检测数据更直观,判断更简便,并制订了《沥青路面结构层连续性评价标准》。项目组使用该成果对国内多条半刚性基层沥青路面进行检测(图 5 和图 6),经工程取芯验证,表明检测结果准确率达到 95%。

图5　许平南高速检测

图6　新乡南环检测

四、应用效益

目前规范中没有结构连续性检测的有关规定，单一检测方法不能准确地判断道路结构层连续情况，目前有人通过使用地质雷达与落锤式弯沉仪两种检测方法同时检测，然后再由人为主观进行综合判断。

从时间上分析，采用落锤式弯沉仪检测速度为5km/h，而沥青路面连续性探测仪为20km/h，检测速度得到明显提高。从人力角度分析，落锤式弯沉仪至少需要人员3人，地质雷达至少需要人员2人，共需5人。沥青路面结构层连续性检测仪仅需2人。综合以上方面的支出，落锤式弯沉仪与地质雷达联合检测的费用开支是：落锤式弯沉仪单车道每200m检测80～120个点，每点费用大约为50元，由此可知单车道每公里检测400～600个点，费用为2 000～3 000元/km，地质雷达使用费1 000元/km，合计3 000～4 000元/km。而沥青路面连续性检测方法仅为500元/km。从检测费用上每百公里即可节约25～35万元。该项研究成果作为一种新型无损检测技术，具有连续、高效、无损、准确等优点，能够发现道路结构连续性早期病害，为处治措施前置提供依据，从而减少后期维护成本，具有广泛的社会经济效益。

12.农村公路养护适用技术研究

成果所属专题编号：豫交科鉴字[2010]第16号

成果主要完成单位：河南省交通运输厅公路管理局

联系人：刘芳

联系电话：0371-87166295

通信地址：郑州市郑东新区农业东路100号

E-mail：liufang@hnvd.gov.cn

邮政编码：450016

一、主要技术内容

该研究成果采用定性分析与定量计算、技术性和经济性相结合的研究策略，提出了适合农村公路养护的适用技术。

（1）研究表明，河南省农村公路沥青路面损坏状况指数等级为优的占13.3%，良好的占30%，差的占20%。其结构强度指数SSI主要分布在[0.48，1.11]之间；在养护管理方面，还没有明确养护管理责任的主体，建议通过规范农村公路养护责任主体，引导农村公路养护适用技术的应用和推广。

（2）研究成果对农村公路路面使用性能评价方法进行了改进，基于公路技术状况评定标准和河南省农村公路使用及养护现况，首次提出了农村公路沥青路面透水性指数WPI和农村公路路面结构强度指数 RSSI 评价指标。建立的农村公路沥青路面使用性能评价模型和农村公路路面养护决策模型，为农村公路养护遴选最佳养护时机、处治方法提供了决策依据。

(3)提出了适合河南省农村不同地区路面类型、公路等级采用小型化设备的养护技术，即稀浆封层技术、雾封层技术、经济型碎石封层技术、分步碎石封层技术、同步碎石封层技术、灌注式水泥-沥青混合料技术等，为农村公路养护工作提供技术保障。图 1 为 MOH 材料坑槽修补车及便携式封层撒布机。

图 1　MOH 材料坑槽修补车及便携式封层撒布机

(4)结合河南省区域地理、气候、水土等特征，推荐了适宜农村公路的绿化植被；提出了规范农村公路沿线公路标志、标线、路侧防护设施、视线诱导设施、减速设施等农村公路附属设施设置方案。

(5)研发了具有快速、经济、小型化特点的不举升料斗同步碎石封层机(图 2)。主要技术指标：辅机功率 22kW，撒布宽度 3 500mm，沥青洒布量 0.2～2.0kg/m^2，石料最大撒布量 10kg/m^2，喷洒介质为热沥青、改性沥青、稀释沥青及乳化沥青，沥青罐容量 5m^3，料仓容量 7.5m^3，型号为拖挂式、25t 自卸车，外形尺寸：6 000mm×2 500mm×3 200mm，与现有同步碎石撒布车相比，成本降低 2/3。

实用新型专利证书

图 2　不举升料斗同步碎石封层机施工现场及专利证书

(6)编制了具有可操作性的《河南省农村公路养护适用技术指导意见》(建议稿)，实现了农村公路养护技术的标准化和规范化。

二、适用范围

该项研究内容，将对河南乃至全国农村公路的发展带来巨大的经济效益，其适用范围包括河南省乃至全国的县道、乡道、村道各等级农村公路。

三、已应用情况

项目研究成果，在开封市 X020 高小线、X015(图 3)栗通线、X021 通高线等多条路段，进行了应用；根据项目课题组的养护建议，采用推荐的预防性养护技术稀浆封层，试验段铺筑后，具有较好的平整度

图3　X015栗通线稀浆封层施工

和抗滑性能，整体外观效果好，经过高温多雨季节的使用，表现出良好的防水性能和抗滑性能。开封市X004谷爪线、X007兰仪线、X002孙红线等路段采用的冷料冷补技术在雨后以及冬季施工，应急处理了突发性坑槽破坏，具有施工快速、设备简单、维修人员少、施工完成后即可开放交通的优点。采用的乳化沥青价格低廉，能够显著降低施工成本。

此外，本课题的研究成果还在省内多个地市进行了应用，并取得了良好的效果。

四、效益分析

本研究针对农路公路路面推荐了一整套行之有效的预防性养护适用技术。这些技术低成本，简单易行，且具有良好的施工效果。目前我省农村公路中沥青混凝土路面约7万多公里，一年进入大修期的沥青混凝土路面有7 000多公里，如果按照旧的养护模式，每年需要养护资金5亿～8亿元人民币，而采用预防性养护技术可节省资金50%左右，既3亿～4亿元人民币。从建设角度来说，假设以年节约5%建设经费计算，按照现在投资规模，每年可节约建设经费4亿～5亿元人民币。

此外，本项目对农村公路养护需求特性进行了分析，推荐了适合农村公路养护工作的设备，与高速公路养护施工设备相比，不仅降低了采购设备的成本，还使工艺变得更加简单、适用，与传统养护技术相比，大大提高了施工效率和施工质量。以雾封层为例，高速公路采用的大型沥青洒布车市场价为50万～60万元人民币，而本项目推荐的小型雾封层洒布器成本在5万～10万元人民币，假设有10个县采购雾封层洒布设备，可直接节约养护设备采购费500万元。

农村公路的养护可以改善农村道路条件，改善农村地区的可达性，提高农村公路的服务水平，使得农村生产、生活条件得到改观，促进农民增收，实现农村公路的使用效益及效用。从目前和长远来看，课题研究成果的推广应用，产生的社会效益将是十分显著的。

13.高耐久多功能沥青路面系统优化设计及其工程应用

成果所属专题编号：鄂交科鉴字[2010]第0203号

成果主要完成单位：湖北省武英高速公路项目建设部、武汉理工大学

联系人：敖亦兵

联系电话：0713-6054693(手机：13636117582)

通信地址：湖北省黄冈市团风县总路咀镇武英高速公路项目建设部

E-mail：jzayb@sina.com

邮政编码：438816

一、主要技术内容

本项目提出了以高连通空隙结构排逸可燃性液体为主，无毒矿物阻燃材料为辅的结构与材料复合阻燃设计方法。开发出60℃黏度达到95 000Pa·s，黏韧性达到26N·m，烟气毒性达到安全二级的阻燃高黏度改性沥青、阻燃矿物填料、阻燃矿物纤维等无毒路面阻燃材料。制备出集抗滑、阻燃、降噪于一体的隧道沥青路面材料，其性能为：沥青胶浆极限氧指数达到30%以上，飞散损失仅2.23%，动稳定超过8 000次/mm，构造深度达到1.7mm，相比水泥混凝土路面，降低噪声8dB以上，并形成了抗滑、阻燃、降噪多功能沥青路面的成套施工技术。

本项目系统地分析了片麻岩沥青混合料的水损害机理，通过掺加水泥、开发沥青增黏剂、级配优化

设计的改善措施，制备出水稳定性能优良、高温稳定性能好的片麻岩沥青混凝土材料，浸水残留稳定度达到90%以上，4次冻融循环后，冻融劈裂强度比仍能达到80%以上，动稳定度达到5 000次/mm以上。

本项目提出了半柔性水泥基灌浆材料设计方法，利用废旧橡胶粉开发出分层度为1.3%，28d干缩仅为0.2%的高渗透、低收缩橡胶粉—水泥砂浆，采用高黏度改性沥青及界面改性剂制备出片麻岩灌注式半柔性路面材料，抗车辙性能大于30 000次/mm，抗剪强度高达6.12MPa，回弹模量达2 705MPa，空隙填充度达到96%。

二、适用范围

项目研究成果"阻燃、抗滑、降噪多功能隧道沥青路面"适用于隧道路面铺装；"利用片麻岩制备高等级高速公路沥青路面"及"高耐久半刚性沥青面层结构、材料设计研究"适用于高等级路面的应用。

三、已应用情况

武英高速公路在英山及罗田境内穿过大别山区，属于山区高速公路，濛濛山隧道全长超过1km，属于长大隧道，隧道内部空间封闭，一旦发生火灾，后果极为严重，且隧道内由于混响效应，行车噪声大。出于行车安全舒适性的考虑，采取集阻燃、抗滑、降噪功能于一体的多功能隧道路面。试验段长度共2 390m，其中，左幅1 205m，右幅1 185m，宽8.75m，位于YK98+430～YK99+615、ZY98+425～ZY99+630。使用本成果将大大提高隧道发生火灾时的安全性，有利于火灾受困人员的逃生与救援，同时降低交通事故发生率，减少噪声污染，提高行车的安全性和舒适性，对于提高隧道路面的服务功能和安全水平具有十分重要的意义。

武英高速公路沿线，用于制备高等级公路沥青路面的石灰石非常匮乏，但片麻岩、花岗岩等弱酸性石料分布广泛，如果从外地运输石灰岩等优质石料，不符合就地取材、节约成本的建设原则，因此采用片麻岩制备高等级高速公路沥青路面。试验段长度共2 000m，位于YK89+550～YK91+550。

四、效益分析

1.阻燃抗滑降噪隧道路面材料研究

本项目提出的AFNA每吨混合料的造价略高于阻燃SMA，但由于AFNA的空隙率在20%左右，其密度仅为2.07t/m^3，是密级配沥青混合料的85%左右，所以在相同铺装厚度下，与阻燃SMA-13相比，其铺装成本仍会降低20%左右(表1)；同时隧道内采用合理的路面结构，多功能隧道路面材料具有优良的耐久性和行车安全性，可大大节省维修费用，极大地节约了道路运营开支，长期经济效益更加显著。AFNA出色的阻燃、降噪和抗滑性能，使其具有很高的性价比，是一种具有推广潜力的隧道多功能沥青路面材料。

武英高速"濛濛山"隧道AFNA与其他隧道铺装材料经济对比 表1

材　料	AFNA-13("濛濛山"隧道)			SMA-13(溴系阻燃剂)渝合高速公路北碚隧道		
	材料品种	用量(kg)	单价(元/kg)	材料品种	用量(kg)	单价(元/kg)
沥青	阻燃高黏度改性沥青	45.8	6	SBS改性沥青	56.6	5
外加剂	阻燃矿物纤维	4	15	溴系阻燃剂	5	30
	—	—	—	聚酯纤维	3	20
石料	玄武岩	803	0.16	玄武岩	695	0.16
	石灰岩	110	0.04	石灰岩	150	0.04
矿粉	阻燃矿物填料	40	4	石灰石矿粉	100	0.14

续上表

材料	AFNA-13("濛濛山"隧道)			SMA-13(溴系阻燃剂)渝合高速公路北碚隧道		
	材料品种	用量(kg)	单价(元/kg)	材料品种	用量(kg)	单价(元/kg)
每吨材料造价(元)	627			624		
密度(t/m³)	2.07			2.50		
每平方米铺装层材料造价(元)(以4cm厚度计算)	51.9			62.4		

2.利用片麻岩制备高等级公路沥青面层混合料的研究与工程应用

目前,高等级公路路面中面层主要采用石灰岩AC-20＋重交沥青或者AC-20＋SBS改性沥青,从表2对比分析知道:采用本方案制备的片麻岩沥青混合料具有最优的水稳定性能和高温性能,石灰岩AC-20＋重交沥青的方案成本尽管比本方案便宜17.5元/t,但是其制备的石灰岩沥青混合料的高温稳定性能不足以满足武英高速设计车流量大、重超载车辆多的使用要求,而且采用外地石料涉及运输时间的问题,如果协调不好,很可能影响工程的连续性,这样造成的工程损失远远超过本方案所增加的成本。AC-20＋SBS改性沥青的方案是目前普遍认为可行的方案,其制备沥青混合料的性能与本方案相近,但是其增加的成本高出本方案34.1元/t。因此采用本方案具有良好的经济效益。

混合料经济对比分析 表2

序号	沥青混合料类型	动稳定度(次/mm)	浸水残留稳定度(%)	冻融劈裂强度比(%)	成本(元/t)	成本(元/m³)
1	本方案	＞5 000	＞90%	＞90%	277.6	41.6
2	石灰岩AC-20＋重交沥青	1 000～1 800	＞85%	＞85%	260.1	39.1
3	石灰岩AC-20＋SBS改性沥青	＞4 000	＞90%	＞90%	311.7	46.8

注:自主研发的界面增黏剂价格为19 500元/t。

采用本项目提出的开发界面增黏剂、掺加水泥、优化级配设计的优化方案制备的片麻岩沥青混凝土可以很好地解决片麻岩水稳定性能差的难题,实现本地酸性集料用于高等级路面面层建设的目的,社会效益显著。

3.高耐久半柔性沥青面层结构、材料设计研究

采用本项目提出的片麻岩灌入式半柔性路面材料用作中面层,可以提高路面的抗车辙性能及耐久性能,延长使用寿命,社会效益显著。表3为几种半柔性路面材料性能对比分析。

几种半柔性路面材料性能对比分析 表3

性能指标	单位	灌浆式半柔性路面(国外)	灌浆式半柔性路面(国内)	片麻岩灌浆式半柔性路面(本技术)
高温稳定性(60℃)	次/mm	＞10 000	＞10 000	＞10 000
低温弯曲应变(－10℃)	με	874.4	930.6	1 316.2
弯拉劲度模量(－10℃)	MPa	11 070	9 419	5 670
抗压回弹模量(15℃)	MPa	4 000～5 000	2 800～3 800	2 200～3 300
抗剪切强度σ_1	MPa	5.98	5.89	6.12
疲劳寿命(0.3应力比)	次	25 791	26 748	30 624

14. 公路边坡失稳分析及处治技术研究

成果所属专题编号:湘交科鉴字[2009]第04号
成果主要完成单位:湖南省交通规划勘察设计院、中南大学
联系人:詹燕
联系电话:0731-84367029(手机:13607431502)
通信地址:湖南省交通规划勘察设计院(长沙市芙蓉北路二段158号)
E-mail:zhyhncdi@163.com
邮政编码:410008

一、主要技术内容

该项目成果来源于湖南省财政厅博士后科研资助项目——湖南山区公路边坡失稳分析及处治技术研究,湖南省交通科技项目——山区高速公路水土保持新技术(200110)和膨胀土地区公路防排水设计研究(200303),历时8年的联合攻关,取得了以下一系列创新性成果。

1. 发展了边坡失稳基本理论

(1)基于边坡失稳的力学机制和变形过程,首次提出了简单、复合、组合三种边坡失稳模式,见图1和图2。

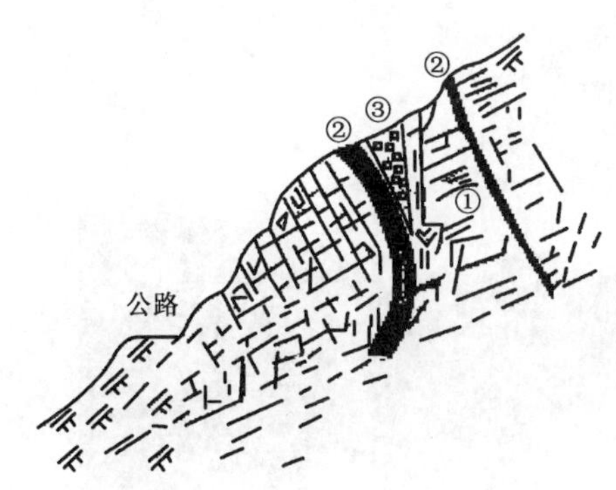

图1 变形模式空间上的组合
①-花岗岩;②-辉绿脉;③-拉裂带

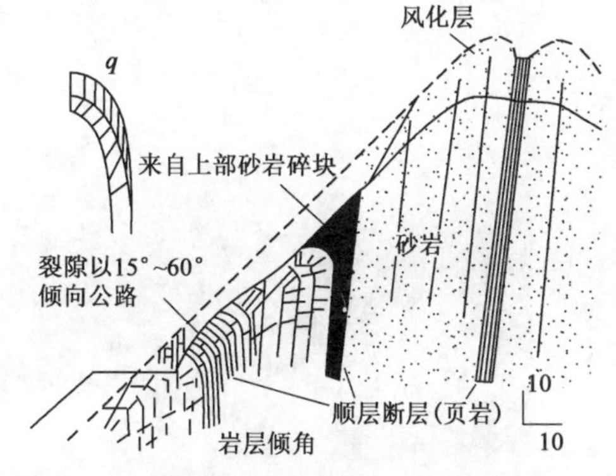

图2 变形模式时间上的组合

(2)首次提出了不同公路边坡的土壤侵蚀模数等参数,建立了公路边坡水土流失预测模型,为交通、水利行业建立国家侵蚀模数数据库提供了基础数据。

(3)确定了影响边坡稳定的17个评判因子及其权重,构建了二级综合模糊评判模型,首次将湖南省公路边坡的稳定性划分为7个稳定大区及11个亚区,见图3。

2. 形成了公路边坡失稳处治成套技术

(1)形成了基于水环境治理的公路边坡处治新技术。

(2)提出了侧翼迫动式顺层滑动和牵引—推移复合式旋转滑动组合模式。

(3)制订了《公路边坡水土保持设计指南》和《公路边坡水土保持措施通用图》。

课题组编写了《公路边坡水土保持设计指南》、《山区高速公路水土保持设计文件编制办法》和《公路边坡水土保持措施通用图》,以上成果填补了国内研究空白。

(4)基于施工过程安全控制,建立滑坡处治过程设计准则,成功处治了一系列重大滑坡。

基于施工全过程安全控制,首次建立了滑坡处治过程设计准则,并在怀新高速公路新晃五里牌(图4)和常吉高速公路朱雀洞(图5)等滑坡和边坡的处治中得到实施,既保证了滑坡的长期稳定,又保证了处治全过程的安全。

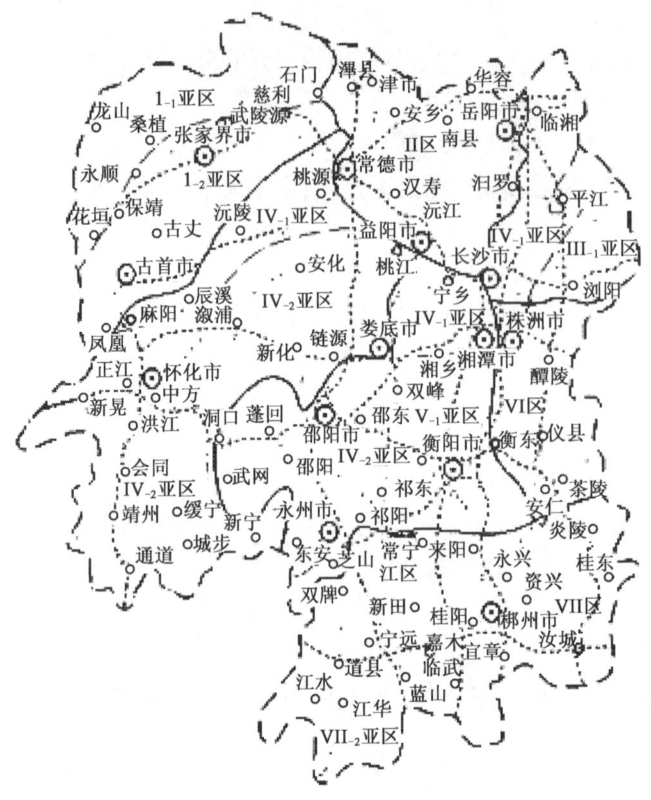

图 3　湖南省公路边坡稳定性分区

图 4　怀新高速公路五里牌滑坡处治前后实景图

图 5　常吉高速公路朱雀洞处治前后实景

二、适用范围

本研究成果适用于公路边坡的稳定性分析与处治等技术领域。

三、已应用情况

本项目成果，在浏阳铁山界至大瑶二级公路 K15＋825～K15＋926 段左侧滑坡、常张高速岩泊渡滑坡、怀新高速新晃五里牌滑坡、常吉高速朱雀洞等重大滑坡处治设计中，推广应用，取得良好的社会、经济与环保效益。项目成果应用前景广泛，在湖南省 34 条 2 200km 高速公路及在国内四川雅泸高速、贵州水盘高速、广东惠州高速、广西桂三高速等数十个近 1 000km 高速公路项目，已采用本项目成果进行相关科研、勘察设计。部分研究成果已被交通运输部作为标准规范采纳，在全国推广运用。

四、效益分析

(1)2002～2006 年度先后完成了浏阳铁山界至大瑶二级公路 K15＋825～K15＋926 段左侧滑坡、怀新高速五里牌滑坡等依托工程科研，二者分别节约工程投资 300 万元、500 万元，小计约 800 万元。

(2)2007 年度，常张高速岩泊渡滑坡依托工程节约工程投资 998.52 万元。

(3)2008 年度，完成常吉高速朱雀洞滑坡、21 标沿河边坡推广应用工程，节约工程投资 12 286 万元。

(4)通过本项目，提升了科研水平，培养博(硕)士等各类高级人才 30 多人。

(5)研究成果可用于指导边坡工程实际，所获得的新技术能用于指导工程建设，对中、西部地区工程建设将产生深远影响，前景广阔。

(6)已获国家级环境保护奖 1 项、全国优秀工程勘察银奖 1 项、省优秀工程勘察设计一等奖 2 项，发表学术论文 38 篇，EI 收录 5 篇。有利于建设资源节约、环境友好工程，落实了国家土地保护政策，节约用地 2 675 亩。

15. 内蒙古沥青路面结构组合研究

成果所属专题编号：内科鉴字[2010]第 9 号

成果主要完成单位：内蒙古自治区交通厅赤通鲁公路建设监督管理办公室

联系人：辛强

联系电话：0471-4688217(手机：15547119807)

通信地址：内蒙古呼和浩特市新华大街 3 号

E-mail：lqs2003@263.net

邮政编码：010010

一、主要技术内容

本项目针对内蒙古地区的特殊自然环境，在理论深入分析与材料性能室内试验的基础上，对不同的沥青路面结构组合(包括半刚性沥青路面、柔性基层沥青路面、全厚式沥青路面、组合式基层沥青路面)进行了合理的结构计算。通过对试验路段路用性能检测，系统分析了不同沥青路面结构组合的病害成因和防治措施，以达到从路面结构方面对沥青路面的早期损坏进行防治的目的。同时，对不同沥青路面的结构组合进行了全寿命造价分析。依此，推荐了内蒙古地区沥青路面典型结构，并总结和探讨了沥青路面的施工技术。项目研究的主要技术成果如下。

(1)沥青面层剪切变形可以导致车辙，提出了沥青面层剪应力控制标准。适当增加面层模量或降低基层模量，或更换泊松比大的面层材料均可有效降低路面内部承受的最大剪应力，有利于防止路面发生剪切破坏。

(2)提出了沥青路面结构层造价优化公式，并分析了五种沥青路面结构的造价，通过对比得知，组合式基层沥青路面在造价方面占有很大优势。

(3)在各种沥青路面结构的力学计算和病害分析的基础上，进行了造价分析研究，主要为修建公路时根据不同的经济基础，选择不同的沥青路面组合结构作参考。同时结合内蒙古地区气候和结构层材料条件，根据不同的内蒙古地区的交通量等级，提出适应不同交通量的典型路面结构组合及厚度，并有针对性地修建了试验路面，最后确定内蒙古地区典型沥青路面。

二、适用范围

本项目的研究在一定程度上解决了沥青路面结构设计与施工的技术难题，所取得的一系列研究成果适用性较强，应用方便，具有较强可操作性，可适用于内蒙古地区不同公路与交通量等级的沥青路面结构设计及施工。

三、已应用情况

本项目的研究成果先后应用于通辽—下洼段高速公路(全长 202.258km，路面宽 22.5m，设计时速 120km/h)、舍～鲁连接线一级路(全长 102.135km，路面宽 18m，设计时速 100km/h)及东来连接线二级路(全长 131km，路面宽 9m，设计时速 80km/h)部分路段。

项目研究成果应用路段路面结构路用性能跟踪检测结果表明：夏季高温稳定性能和冬季低温抗裂性能整体达到优良水平，耐久性能、水稳定性能及抗滑性能等整体达到优级水平，应用效果良好。

四、效益分析

项目研究成果的应用，为沥青路面设计、施工提供了可靠的依据，加快了内蒙古地区公路建设的步伐，对本地区经济的快速发展起到了推动作用，取得了显著的经济和社会效益。

1. 直接经济效益

本项目推荐的高等级公路沥青路面结构与内蒙古地区常用高等级公路沥青路面结构相比，可使路面造价每公里减少约 22 万元；本项目推荐的二级公路沥青路面结构与内蒙古地区常用二级公路沥青路面结构相比可使得路面造价每公里减少约 7 万元。

2. 间接经济效益

本项目推荐的高等级公路沥青路面结构与内蒙古地区常用高等级公路沥青路面结构相比可使得路面大中修费用每公里减少约 2 万元；本项目推荐的二级公路沥青路面结构与内蒙古地区常用二级公路沥青路面结构相比可使得路面大中修费用每公里减少约 1 万元。

3. 社会效益

(1)缩短施工工期，加快公路建设速度。

(2)促进当地经济发展，提高人民生活水平。

(3)减少环境污染，增加环境效益。

16. 基于层位分工的耐久性沥青路面材料设计方法与路面结构一体化研究

成果所属专题编号：津 20101652

成果主要完成单位：天津市市政工程研究院

联系人：周卫峰

联系电话：022-23359806(手机：13821175005)

通信地址：天津市河西区平山道 39 号

E-mail：zhouweifeng0000@126.com

邮政编码：300074

一、主要技术内容

(1) 通过对马歇尔设计方法、Superpave 设计方法、GTM 设计方法下沥青混合料体积参数及路用性能(包括抗车辙能力、抗疲劳能力、抗水损害能力等)对比分析，比较了不同沥青混合料设计方法之间的差异。

(2)在归纳总结不同设计方法设计的路面材料参数的基础上，采用弹性层状体系理论和计算机程序进行力学研究，确定在不同条件下的沥青面层层位分工。

(3)通过试验比较 SBS 改性沥青、SBR 改性乳化沥青、基质沥青和乳化沥青作为黏层油的黏结效果，并确定黏层油的最佳沥青用量。

(4)根据环境、荷载条件，确定以耐久性为目标，以层位分工为基础，以材料性能为依据的耐久性沥青路面结构设计及材料设计一体化，并根据荷载条件形成典型长寿命路面结构。

(5)依据实体工程，提出了适用的施工工艺及质量控制方案。

二、适用范围

本项目属于土木建筑专业的市政工程和公路工程科学技术领域，取得的成果主要针对公路建设中路面新建工程。

三、已应用情况

该成果已应用于海滨大道主线道路工程上。目前该路段路况良好，达到预期效果。

四、效益分析

1. 经济效益

该成果已应用于海滨大道主线道路工程上，采用该技术成果在保证路面质量的同时，可以大大节约沥青用量，降低工程造价；同时，可以推迟大、中修时间，节约维修养护费用。海滨大道工程应用本成果材料节约资金 1 500 万元，养护维修节约 1 600 万元，经济效益显著。

具体经济效益计算依据如表 1 所示。

经 济 效 益　　表1

年　份	工　程	单　位	材料节约资金(万元)	养护维修节约资金(万元)	共节约资金(万元)
2009～2010 年	海滨大道主线道路工程	天津海滨大道建设发展有限公司	1 500	1 600	3 100

2. 社会效益

将本成果应用于市政公路建设，社会和经济效益体现在三方面：

(1)对传统沥青路面结构进一步完善，提高了沥青路面的性能，延长了路面结构使用寿命，社会效益显著。

(2)可以减少路面的早期病害，节约维修养护费用，同时能够保证公路(道路)长期连续运营，经济效益显著。

(3)采用 GTM 方法设计沥青混合料，每吨混合料可节省沥青用量 3kg，经济效益显著。该课题首次提出了沥青路面材料设计方法必须和各层位功能相匹配的一体化设计体系，即主抗疲劳区域的底面层采用 Superpave 设计方法，主抗车辙区域的中面层采用 GTM 设计方法，功能表面层采用 GTM 设计方法，有效解决了路面结构和材料设计脱钩的技术问题，是一种十分科学的路面设计方法。

经实体工程验证，该方法能使道路的综合性能更高。

17. 山岭高速公路沥青路面混合料抗车辙剂综合应用技术研究

成果所属课题编号:云交科鉴字[2009]07 号

成果主要完成单位:云南蒙新高速公路建设指挥部、云南省公路科学技术研究所、云南省交通规划设计研究院、东南大学交通学院

联系人:周应新

联系电话:13678736668

通信地址:昆明市关平路万兴花园丁幢 3 单元 501 室

E-mail:zyx6668@126.com

邮政编码:650200

一、主要技术内容

在本课题研究中,将三种新材料主要添加于沥青路面的中面层(AC-20)和上面层(AC-16),课题的具体研究内容由以下四个子项目组成。

子项目一:添加三种新材料条件下的沥青混合料的配合比设计

(1)集料的选材标准与改性剂的配伍性研究。针对三种新材料的改性特点,对其与工程中所使用集料的配伍性和相互适应性(主要是水稳定性)进行比较试验,确定合适的选择标准。

(2)以现行《公路沥青路面施工技术规范》的配合比设计方法为基础,进行各类沥青混合料的配合比设计。

通过上述程序,完成三种新材料沥青混合料的配合比设计。在试验过程中,根据沥青层的层位功能和蒙新高速公路的实际应用情况,选取合适的设计空隙率、矿料间隙率和最佳沥青用量,并注意粉胶比和沥青膜厚度两个指标的控制。保证沥青路面具有较好的耐久性、水稳性、密水性和抗滑性等。

子项目二:添加三种新材料条件下沥青混合料的路用性能研究

在完成配合比设计的基础上,保持沥青混合料的级配不变,对添加了三种新材料条件下沥青混合料进行路用性能的检验,检验的项目有高温稳定性、水稳定性、低温抗裂性能、老化性能、抗疲劳性能等。重点放在高温稳定性的检验上,方法主要有两种:车辙试验和单轴贯入试验。采用这两种试验方法开展两个方面的对比研究工作。

子项目三:添加三种新材料条件下沥青混合料施工工艺及质量控制技术研究

(1)收集国内外添加三种新材料条件下沥青路面施工的有关资料,充分吸取其先进的施工工艺。

(2)沥青路面拌和、运输、摊铺和碾压工艺影响因素分析。

(3)沥青路面拌和、运输、摊铺和碾压等关键环节的控制。

(4)基于新的技术规范,以压实度、空隙率、均匀性和平整度为主题,完善与路面总体质量相关的施工控制指标体系。

(5)提出路面质量的检测指标和检测方法。检测项目主要有:厚度、平整度、宽度、高程、横坡度、压实度、横向偏位、渗水系数、构造深度和摩擦系数;摊铺的均匀性。每个结构层都必须进行渗水系数检测,以控制施工后的路面密水性能,并采用构造深度的大值与平均值之比不应超过 1.5mm 的指标来评定摊铺的均匀性。

(6)吸收国内外先进经验,根据施工过程的实际情况,编写了三种新材料的施工技术指南,具有很强的指导意义。

(7)考虑 SEAM 沥青铺筑过程中会有刺鼻气味和烟雾产生,应在铺筑 SEAM 沥青时及完成后,进行环境影响的监测,并作出简单的评价。

子项目四:对三种沥青混合料添加剂进行全寿命周期的技术经济比较分析

综合蒙新高速公路各个合同段、各类新材料的运用情况,计算其施工成本(包括材料费、台班费等),

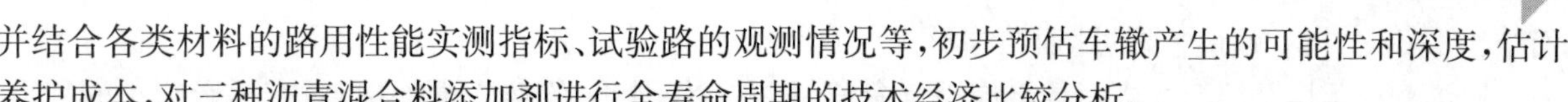

并结合各类材料的路用性能实测指标、试验路的观测情况等，初步预估车辙产生的可能性和深度，估计养护成本，对三种沥青混合料添加剂进行全寿命周期的技术经济比较分析。

全寿命技术经济分析：PR改性沥青混合料的抗车辙效果最优，但其费用也最高，而且施工温度也有所提高，燃油费用增加；SEAM改性沥青混合料在经济上有其他沥青混合料不可比拟的优势，其抗车辙性能有较大的提高，但其混合料的低温性能存在着一定的问题，对环境也有一定的影响；天然湖沥青混合料综合性能较好。从全寿命的角度看看，使用PR抗车辙剂的沥青路面前期投入略高于SBS改性沥青路面，但其路面耐高温、抗车辙效果好，因而大大减少了后期养护费用，经济性优势明显。

二、适用范围

该项目已在蒙新高速公路全线路面工程中成功推广应用，取得了显著的经济、社会及环境效益，并准备在石蒙高速公路等同类工程中进一步推广应用。为未来建设的高速公路沥青路面修筑抗车辙添加剂的应用提供技术支持，路面使用品质得以提高，延长路面的使用寿命。

三、已应用情况

蒙新高速公路分别在K35＋700～K37＋700、K26＋000～K28＋000、K57＋100～K59＋100段沥青路面的表面层和中面层中采用SEAM沥青、湖沥青和法国PR抗车辙剂作为试验路段进行了系统的应用研究。

试验路段试验研究取得成功后，选择在路面1、2合同段(K0＋000～K34＋150)的沥青路面中面层中，采用30%的TAL湖沥青进行推广应用，选择在全线沥青路面表面层除SEAM沥青和湖沥青试验段外，均采用0.3%的PR抗车辙剂进行推广应用。在路面3、4合同段(K34＋150～K84＋161.52)的沥青路面中面层除SEAM沥青试验路段外，均采用0.35%的PR抗车辙剂进行推广应用。

四、应用效益

根据云南第二公路桥梁工程有限公司、中铁四局集团有限公司、中交第三公路工程局有限公司、新疆昆仑路港工程公司在蒙新高速公路路面工程1～4合同段内路面施工中的推广运用，与同类、同规模工程相比，全线已节支沥青路面工程施工成本952万元。按全寿命经济成本分析，比SBS改性沥青路面节省资金1 675.4万元，比普通沥青路面节省资金3 954万元。

18. 云南省沥青路面柔性基层研究

成果所属专题编号：云交科鉴字[2009]08号

成果主要完成单位：云南昆安高速公路建设指挥部、招商局重庆交通科研设计院有限公司、云南省公路科学技术研究所

联系人：陈金宏

联系电话：7171565

通信地址：云南省昆明市西山区安瑞路101号

E-mail：keyanzx2009@163.com

邮政编码：650032

一、主要技术内容

我国幅员辽阔，地理气候及交通条件具有丰富的多样性，但高速公路路面结构目前90%采用半刚性基层沥青路面，存在明显的单一性。传统半刚性基层沥青路面结构存在诸如反射裂缝多、唧泥翻浆严重、基层易产生结构性破坏等问题。因此，有必要开展相应的研究，积极探索在传统半刚性基层沥青路

面结构形式之外的其他合理的路面结构形式。

厚沥青层柔性基层沥青路面具有使用寿命长，养护工作量小，维修方便快捷，对交通影响小的特点。本项目应用三维有限元分析了结构与材料参数对柔性基层沥青路面结构应力应变状态的影响，揭示了柔性基层沥青路面高温和常温环境下的应力应变分布规律；系统研究了级配碎石基层材料组成与其路用性能的关系，阐明了级配碎石基层永久变形的形成机理，首次提出了级配碎石抗车辙性能的评价指标、试验方法和标准；编写了《柔性基层沥青路面施工指南》，并在昆安路全线成功铺筑了柔性基层沥青路面。

二、适用范围

适用于新建或改建工程沥青路面的设计及施工。

三、已应用情况

云南昆安高速公路长 22.4km，全线采用了项目组提出的柔性基层长寿命沥青路面结构，并采用项目组提出的《柔性基层沥青路面施工技术指南》进行全程施工质量控制。工后的检测和分析表明，昆安高速路面工程符合长寿命路面的各项设计要求，具有长期耐久性和经济性。经过近 4 年繁重交通的考验，昆安高速路面各项性能指标表现良好，全线除极少的位置由于油污造成的表面损害外，早期病害很少，没有结构性破坏现象产生，未出现一条反射裂缝，路面养护维修费用与传统结构相比大量减少。昆安路柔性基层沥青路面的成功应用，对丰富我国高速公路路面结构形式，提高路面质量，延长使用寿命具有重要意义。

四、效益分析

1.社会效益

1)对工程建设的支撑保障作用

(1)项目提出的长寿命路面极限疲劳损坏标准、以流动数为基本参数的车辙预估模型、柔性基层沥青路面设计基本框架等研究成果为我国柔性基层沥青路面结构设计方法的完善提供了重要参考。

(2)项目提出的竖向压应力 Lorentz 函数非线性回归公式，为确定室内材料试验的竖向压应力水平提供了方便的工具。

(3)项目系统地提出了评价级配碎石抗车辙性能的车辙试验方法、评价指标、评价方法和标准要求，并推荐了一个合理的级配范围，可填补目前级配碎石性能评价方面的不足，解决现有级配范围偏细、抗车辙性能不良的问题。

2)保障路况良好、行车通畅和行车安全

柔性基层长寿命沥青路面结构，在使用寿命和维修养护的快捷简便方面具有传统半刚性基层沥青路面结构无法比拟的优势，使用寿命延长 5～6 倍，维修作业时间缩短 6～9 倍，维修养护可选择在交通影响小的夜间完成，在以下几个方面具有良好的社会效益。

(1)减少了由于路面的维修工作区隔离或交通封闭造成的车辆绕行和通行不畅，从而减小了用户时间价值的机会成本损失。

(2)减小了车辆因路况不良和堵塞而引起的燃油消耗、废气排放等，保护了环境。

(3)减小了由于路面病害或维修而引发的交通事故，保障了行车安全。

(4)提高了用户的舒适感。

2.经济效益

昆安高速公路采用项目研究成果提出柔性基层长寿命沥青路面结构后，路面性能得到极大提高，使用寿命可达到 40～50 年(延长 5～6 倍)，维修作业时间缩短 6～9 倍，可极大地节约维修养护费用，按现值法计算，可节约寿命周期费用 6 390.8 万～26 397.0 万元(折现率 0%～5%)，按等额年费计算每年节约 350.06 万～476.78 万元。

此外，柔性基层长寿命沥青路面与传统结构相比，不需要对基层进行结构性维修，不需要养生，维修方便易行，施工速度快，对交通影响很小，可节约大量的用户间接费用。试验检测见图1～图4。

图1　级配碎石车辙试件表面预处理及车辙试验

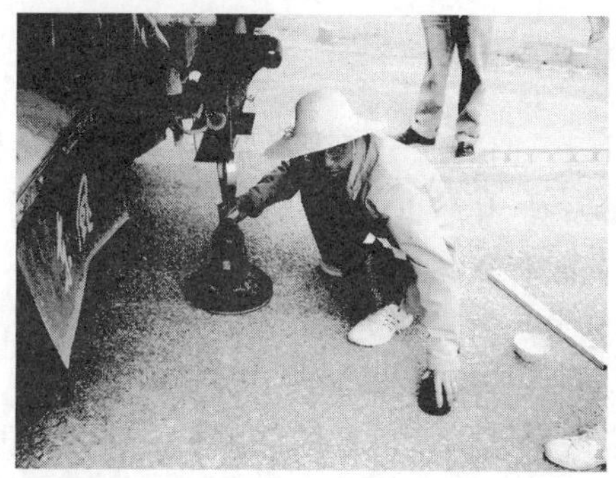

图2　级配碎石柔性基层施工及承载力检测

图3　通车2年后的试验路沥青路面应变检测

图4　局部开挖后的级配碎石集料嵌挤良好

19.高原山区高速公路建设支撑技术

成果所属专题编号:交科鉴字[2008]第132号　等

成果主要完成单位:云南省交通规划设计研究院(原云南省公路规划勘察设计院)、云南省公路科学技术研究所、云南省公路开发投资有限公司、中国铁道科学研究院、同济大学等

联系人:陈华

联系电话:0871-3127453(手机:13577168449)

通信地址:昆明市拓东路石家巷9号

E-mail:sunbird_ch@126.com

邮政编码:650011

一、主要技术内容

本项目以云南高原山区为背景,针对三大技术瓶颈(一是路基支挡困难,填方路基变形破坏严重,挖方边坡滑塌频繁,其严重性属世界罕见;二是缺乏优质的沥青国产改性材料,沥青路面车辙、开裂、水损严重;三是缺乏有效、经济的路域生态恢复技术),对路基支挡、沥青路面改性材料与施工、路基稳定与变形控制、路域生态恢复等支撑技术开展联合攻关,取得了以下4方面的主要技术创新。

1.研发了路基支挡结构与加固创新技术

高原山区公路沿线地形陡缓频繁交错,一般支挡结构支挡高度有限,特别是高于12m的轻型支挡,缺乏规范支持,且在一定高度范围内桥隧造价高,需要开发新型支挡技术。针对锚索桩板墙、锚定板挡墙、锚索框架3种新型支挡结构,一是开发高轻型新型支挡结构,建立合理的设计理论和计算方法,提出了新的设计理论和方法,首创了小截面、大高度预应力锚索桩板墙设计施工技术,提出"先锚后填"法、"先填后锚"法、"填锚结合"法,制订了严密的施工工艺和质量控制标准,编写了施工指南,成功地解决了高原峡谷区陡坡地段高路堤支挡技术,与桥梁相比,具有消耗废方,造价降低13.7%～44.4%的优点。二是建立支挡工程效果的评价方法,提出了包括结构病害分类和调查分析,技术状况评价,适宜性评价,局部工作状态评价,宏观变形迹象评价等在内的评价方法,并建立了评价工作流程。

2.自主研发了系列硅藻土沥青改性剂及其改性沥青路面施工技术

高原山区强烈的紫外线、大温差、集中降雨等复杂气候条件,加之长(最长38km)大(6%)纵坡多,对路面提出了更高的要求,需要改性提高沥青混合料性能。其技术核心,一是发明了一种改性剂及制备方法;二是研发了相应的路面施工技术。

(1)发明了硅藻土沥青改性剂及其制备方法

以往采用的沥青改性剂多采用石油基材料,价格高昂、工艺复杂。项目根据固体吸附理论,针对硅藻土10～30μm粒径、纳米级多孔结构特性,应用多孔结构能有效吸附沥青形成紧密锚固、减少游离沥青、降低沥青胶浆流动性原理,发明了以我国丰富的低品位硅藻土为原料的一种沥青改性剂,并研发了焙烧提纯制备方法和工艺,开发出满足不同要求的系列产品;从微观上揭示了硅藻土改性沥青的改性机理,首次发现硅藻土加入后其抗车辙因子$G*/\sin$比基质沥青有较大幅度的增加,玻璃化转变温度由-12.24℃降低到-17.67℃,表明硅藻土的加入使沥青抵抗高温变形、低温抗裂的能力增强。

(2)开发了硅藻土改性沥青材料性能评价方法及路面施工控制技术

硅藻土在沥青里形成的"端粒"效应,使得传统的针入度、延度已不适用于评价改性沥青胶浆性能。本项目借鉴土力学锥落试验原理,首次研发了适用硅藻土改性沥青性能评价的锥入度仪及其性能评价方法,有效解决了简易测定不同硅藻土掺量沥青胶浆抗剪切性能的技术难题。

系统的路用性能试验证明：硅改性沥青混合料可提高 1.5～3.5 倍稳定度，残留稳定度可提高至 90%以上，−10℃应变可达 3 500$\mu\varepsilon$，完全达到 SBS 改性效果，且具有更高的阻热性能和更好的抗紫外线老化、水稳定、抗疲劳性能。

针对硅藻土改性沥青具有的高黏滞特性，研究解决了改性剂添加方式、混合料配比设计、拌和工艺、路面碾压工艺等技术难题，首次提出了公路沥青路面专用硅藻土的技术标准和检验方法，编制了《硅藻土改性沥青路面设计施工指南》，填补了国内空白。

本项研究成果突破了利用低品位原矿生产路用硅藻土的技术瓶颈，奠定了我国利用丰富的地产硅藻土资源用于改性沥青路面的基础，与常用的 SBS 改性材料相比，可降低成本 60%以上，提高了沥青路面质量，解决了复杂气候条件下的优质路面材料问题。近 10 年来，已在各种气候条件下的云南、湖南、黑龙江、青海、贵州、重庆等省市各级公路稳定推广应用 1 000 多公里，计 1 000 多万平方米，建立了年产 2 万 t 的生产线。

3.创建了高原山区路基稳定性评价与不协调变形控制方法体系

陡斜坡地基、沟谷软基、填挖交界、特殊填料是高原山区高速公路路基修筑面临的突出问题。其技术核心是建立先进的评价与控制方法体系，确保路基稳定，严格控制不协调变形，科学确定红层黏土等特殊路基的回弹模量。

(1)创建了先进实用的路基边坡稳定性评价新方法(安全系数与强度参数相协调的路基稳定性评价新方法)

斜坡地基上的路基以折线形破坏为主，沟谷软基土体强度随固结时间而增长，传统的固定安全系数稳定性评价方法不再适用。本项目在揭示山区高速公路路基破坏机理的基础上，通过模型试验、数值分析 10 多条高速公路土性参数试验与稳定性计算，建立了考虑不同破坏模式和地基固结条件，安全系数与强度参数相协调的路基稳定性评价方法。成果纳入了现行《公路路基设计规范》，显著提高了山区公路路基稳定性评价的准确性和可靠性。

(2)系统构建了路基不协调变形控制指标与方法体系

高速公路路基填挖频繁，旧路拓宽必然面临新老路基结合。传统的路基设计方法以总沉降量为控制指标，未考虑路基不协调变形及对路面的影响，导致路基路面严重损坏。项目以室内足尺试验、现场测试和数值仿真为基础，揭示了山区公路填—挖交界、新—老路基结合特有的路面损坏模式——半刚性基层顶面开裂。据路面结构对路基不协调变形的力学响应分析，首次构建了以断面变坡率(≤5%)和模量比(≥2.0)为核心的路基不协调变形控制指标和标准，提出了一系列实用控制技术，包括外部控制(地基加固、支挡结构、轻质路堤)、内部控制(路基加筋、结合面处理、压实控制)和综合控制(加强排水、过渡性路面)的技术原理和应用方法。成果纳入了《公路路基设计规范》，填补了规范空白。

4.研发了公路路域环境生态恢复新技术

高原山区植物丰富，立体分布及群落特征明显，路域生态环境保护问题十分突出，需要从宏观层面和具体措施上解决生态恢复问题。其核心技术，一是构建合理的路域环境生态恢复技术体系；二是提出可行的边坡生态修复技术。

(1)创建了复杂地形和环境条件下公路路域环境生态恢复技术体系

针对高原山区公路建设高填深挖、高边坡众多、生态恢复难及立体气候明显的特点，通过思小、罗富等 10 条高速公路的试验，首次提出了路域生态恢复前期、中期、后期的植物演替理论，前期以草本先锋物种为主，中期以灌木为主，后期通过周边植物的侵入形成与周边环境协调一致的效果；通过研究草本与灌木的关系和竞争规律，首次提出了两步施工法，建立了以灌木为主，草本为辅，乔、灌、草相结合的立体生态恢复植物群落结构模式，解决了大量使用外来草种引起的退化问题；通过对不同气候带植物的调查，筛选出了适合不同路域环境生态恢复的乡土植物种类和配置，提出了种子收集和种苗繁育的方法，促进了植物种苗的乡土化。上述路域生态恢复技术体系，全面应用于高原山区公路建设，创建了云南思小高速公路路域生态恢复示范工程，受到国家领导人和交通运输部的高度评价和肯定。

(2)研发了公路边坡生态修复实用技术

高原山区以红层岩土和碳酸盐岩为主，前者呈酸性，后者岩石溴化明显。公路修建产生大量岩石边坡，现有客土喷播绿化基材难以适于高原山区特有的气候环境和土壤条件，易板结，不利植物生长。项目以云南特有的草煤土、蔗渣、褐煤等材料为基础，开发了一种适合岩石边坡的绿化基材；并通过大量的苗盘试验、人工模拟边坡试验及工程示范，提出了不同气候和岩性条件下的植物配方，研发了植生袋和生态种植毯两种工法，成功解决了酸性土壤和碳酸盐岩边坡生态修复问题。所开发的绿化基材有机质含量≥50%，有效含水率≥40%，pH 缓冲能力和抗冲刷能力强，坡面基材流失量<5%，工程成本比直接混凝土喷锚低 18.4%，比混凝土喷锚＋绿化低 27.3%，已在省内外多条高速公路得到全面应用，面积近 250 000m^2，全面支撑了高原山区高速公路边坡生态恢复工程建设。

二、适用范围

课题研究集工程地质学、土力学、土木工程学、计算机科学与生态学等多学科于一体，系统解决了山区高速公路建设中新型支挡及边坡加固技术、沥青路面改性技术、斜坡路基稳定变形协调控制技术、路域生态恢复技术等 4 项支撑技术，突破了该领域的技术瓶颈，项目所取得的设计计算理论、设计计算软件和施工工艺指南等研究成果的实用性较强，为我国大量山区公路建设提供了技术支撑。

三、已应用情况

成果已在云南省元磨、水麻、思小等 11 条和四川、贵州、广西等 6 省区 21 条 2 500km 高原山区高速公路和铁路得到推广应用，取得了 22.9 亿元直接经济效益，获鲁班奖 1 项、国家优质工程奖 7 项，具有显著经济效益。

四、效益分析

依托项目研究，培养博士、硕士 98 名和大批技术人才；出版专著 3 部、论文 45 篇(其中 SCI、EI 收录 16 篇)；成果纳入《公路路基设计规范》；编制《高路堤轻型支挡结构设计与施工技术指南》、《高陡度预应力锚索框架设计与施工技术指南》、《硅藻土改性沥青路面设计施工技术指南》等 3 套实用技术指南。项目研究成果总体达到国际先进水平，3 项分项成果达到国际领先水平；分项成果已获云南省科技进步一等奖 3 项，中国公路学会科学技术一等奖 1 项，获 2 项发明专利、4 项实用新型专利、2 项软件著作权。

成果加快了高原山区公路建设，保护了自然资源与生态环境、减少了地质灾害损失，建成了连接东南亚、南亚国际大通道，促进了老、少、边、穷地区社会经济的快速发展，应用前景广阔，社会和环境效益巨大，得到了党和国家领导人的高度评价。

20. 高速公路边坡稳定评价与安全监控技术及工程示范

成果所属专题编号：浙交科鉴字[2009]8 号

成果主要完成单位：浙江省交通运输厅、浙江省公路管理局、浙江大学、浙江省交通规划设计研究院

联系人：袁迎捷

联系电话：0571-87803719(手机：13957164763)

E-mail：ddap2006@126.com

邮政编码：310009

一、主要技术内容

针对高速公路边坡存在的问题，开展边坡灾害发育规律与防灾对策研究，解决大范围高速公路边坡

状态变化的高精度、动态监测关键技术，建立远程控制、数据自动采集和发送的监测系统，实现包含不同监测传感设备的全天候远程实时监测。建立灾害动态发展演化趋势分析模型，开发监测资料分析的系统方法，提出基于演化过程理念的边坡灾害预警预报技术体系。建立以 GIS 为基础平台的边坡灾害管理与防灾决策支持系统，利用地理信息系统(GIS)的数据资料综合管理、模型分析、制图功能等特性，进行数据资料分析，建立适合高速公路边坡状态变化的动态分析、风险评估、灾害发布及防灾决策支持的技术系统。

二、适用范围

我国是多山国家，高速公路建设形成大量路堑边坡。由于高速公路行车速度快、车流量大，边坡灾害可能造成重大的人员伤亡，已经成为当前高速公路建设和安全运营的重要制约因素。但对于大范围道路边坡潜在灾害问题，依赖人工巡视无法及时发现问题。本项目研究成果应用于保障交通安全，建立系统的道路边坡灾害监测技术体系和变形动态预测分析体系，开发相应的灾害控制决策支持分析软件系统，以期减少道路边坡灾害的发生和及时采取经济合理的处治措施。

三、已应用情况

项目研究总结国内外边坡监测方法，并就当前边坡监测的各种仪器设备和应用条件进行全面分析，针对公路边坡工程条件，提出合理的监测方案。建立边坡动态分析的技术方法体系，建立以 GIS 为基础平台的防地质灾害管理与防灾决策支持系统，提升公路边坡安全监测的技术水平。

(1)应用成果：通过系统地开展高速公路边坡地质灾害的全面调查和监测，研究边坡灾害监控的技术方法，提出边坡变形破坏预测分析方法，建立全面的道路边坡灾害监测技术体系和变形动态预测分析体系，开发相应的灾害控制决策支持分析软件系统。

(2)工程示范：选择杭金衢高速公路 K103 滑坡等多处边坡灾害，开展系统的安全稳定性评价、远程自动实时安全监控系统研究和变形动态趋势预测分析，达到工程示范目的，推动技术成果应用。

(3)推广情况：为了有效推广本项目研究成果的应用，依托项目研究建立的示范工程，积极交流推广监测研究经验。项目研究成果已先后推广到诸永高速公路、丽龙高速公路、浙江省玄武岩台地区滑坡等边坡灾害问题的监测应用。

四、效益分析

项目研究为高速公路边坡灾害安全监测综合研究方面提供可靠的理论基础和有力的技术支持，具有重要的指导意义与现实意义，取得了很好的综合效益，体现在基础贡献、经济效益、社会效益等方面。

(1)基础贡献：为有效推广项目研究成果的应用，积极交流研究经验，以论文等形式公开发表项目的研究成果，并已经在国内外多个学术期刊上发表多篇学术论文，取得很好的学术价值。

(2)直接经济效益：依据项目研究建立的边坡灾害安全监测技术和预测分析体系及相应的灾害控制决策支持系统分析，得出杭金衢高速公路 K103 滑坡坡脚抗滑桩可予取消，避免浦江—义乌段衢州方向的交通中断，减少坡脚 36 根抗滑桩加固措施，节省治理工程费用约 2 088 万元和高速公路交通中断的收益损失费用约 768 万元，从而取得直接经济效益 2 856 万元，并保障杭金衢高速公路的正常运营与安全行车。

(3)社会效益：开展边坡灾害发育规律与防灾工程对策研究，建立远程控制、数据自动采集和发送的监测系统，开发监测资料分析的系统方法，建立以 GIS 为基础平台的边坡灾害管理与防灾决策支持系统。项目研究成果已在边坡工程实践中得到应用，有效地减少边坡灾害的发生，提高了边坡灾害处置的应急水平，极大地提升了高速公路边坡监测预警能力，为边坡灾害治理与防灾对策提供可靠的决策依据，对促进社会和谐发展不仅起到积极的作用，而且具有现实的指导意义。

21. 重庆高温多雨山区高速公路沥青路面关键技术研究

成果所属专题编号：交科鉴字[2011]第129号

成果主要完成单位：重庆高速公路集团有限公司、招商局重庆交通科研设计院有限公司、交通运输部公路科学研究院、华南理工大学、同济大学、长安大学、江苏省交通科学研究院股份有限公司、重庆交通大学、重庆市智翔铺道技术工程有限公司

联系人：胡旭辉

联系电话：13594137854

通信地址：重庆市渝北区银杉路66号

E-mail：guyuejiu@163.com

邮政编码：401121

一、主要技术内容

项目紧密结合重庆"高温、多雨、山区"的实际特点，对高温多雨山区高速公路沥青路面的结构、材料、施工、长大坡路段界定等关键技术开展了针对性研究，系统地解决了高温多雨山区高速公路沥青路面修筑的众多难点问题，可有效地减少沥青路面早期损坏，提高行驶舒适性，并延长路面使用寿命。

项目具有以下主要技术特点：

(1)提出了高温多雨山区高速公路沥青路面合理结构形式，为路面结构合理确定提供了科学依据，可大幅减少病害，延长路面寿命；

(2)提出了反映沥青路面车辙特征的长大纵坡路段界定标准，开发了相应软件，为沥青路面长大坡路段的划分和差异化设计提供了依据；

(3)提出了适用于高温多雨山区高速公路的沥青混合料抗剪强度指标及标准，为沥青路面结构和材料的抗永久变形设计提供了依据；

(4)研发出"高温水煮仪"、"气压式动水压力冲刷试验系统"，并提出了相应的试验方法及评价指标，为沥青混合料水稳定性的评价提供了新方法和新设备；

(5)提出了基于抗车辙性能的级配碎石设计方法，推荐了合理级配范围，提高了级配碎石设计的科学性；

(6)对重庆本地硬质石灰岩抗滑磨耗性能的系统研究，可有效促使地方硬质石灰岩等优质材料代替外地玄武岩在抗滑磨耗层中得到合理应用，可大幅节约建设资金。

二、适用范围

项目成果主要应用于公路沥青路面工程，也可应用于市政道路和机场沥青道面工程。

三、已应用情况

项目研究成果已在重庆"二环八射"超过1 200km高速公路的建设中得到全面推广应用。

1. 高温多雨山区沥青路面施工指南的应用

项目通过研究编写了《重庆高速公路沥青路面施工技术指南》等一系列指南，指南在重庆"二环八射"超过1 200km高速公路的建设中得到全面推广应用，在绕城路、水界路等数十条高速公路的路面设计中都全面采用了该指南提出的技术标准及要求。

2. 合理路面结构的应用

项目根据研究为重庆高速公路推荐了合理的路面结构形式，重庆外环绕城路、水界路等高速公路根据相关建议优化了路面结构，其中，外环绕城高速公路将传统路面结构调整为耐久型沥青路面结构，可将路面使用寿命延长至30～50年。

3. 长大纵坡界定软件的应用

项目成果"长大纵坡界定分析软件"在重庆17条在建高速公路得到应用，对长大纵坡情况进行了系统分析，确定了需要进行特殊设计和处理的长大纵坡路段，并提供了咨询报告。根据该建议，重庆在交通量大的高速公路中面层全线采用了改性沥青；对一些近期交通量不大的路段，则在长大纵坡路段采用改性沥青，其他路段采用普通沥青。这一技术措施在2007年金融危机高速公路建设融资困难的现实背景下，起到了既节约工程投资，又有效保证沥青路面质量的作用。

4. 重庆本地硬质石灰岩在高速公路抗滑磨耗层的应用

项目对重庆本地硬质石灰岩抗滑磨耗性能的研究成果在彭武、黔彭、酉黔路等共196km长的高速公路上得到推广应用，该路段采用重庆本地硬质石灰岩代替外地玄武岩作为路面抗滑表层材料，为国家节约直接费用8 279.04万元。

四、效益分析

根据本项目的研究成果在重庆"二环八射"1 200多公里的高速公路中得到推广应用，取得了良好的经济效益和社会效益。

1. 取得的主要经济效益

(1)重庆外环绕城高速公路将传统路面结构改为耐久型沥青路面结构，可在寿命周期内平均每年节约养护及改建资金超过1 000万元。

(2)渝湘高速公路中196km长路段采用重庆本地硬质石灰岩代替外地玄武岩作为路面抗滑表层材料，为国家节约直接费用8 279.04万元。

2. 取得的主要社会效益

(1)《重庆高速公路沥青路面施工技术指南》、"长大纵坡界定分析软件"等一系列技术成果在重庆"二环八射"高速公路建设中发挥了重要作用，大幅提高了重庆高速公路的沥青路面质量，提高了高速公路的整体通行能力和行驶舒适性。

(2)在高速公路路面抗滑磨耗层中采用重庆本地硬质石灰岩代替外地玄武岩，减少了大量材料由江苏、四川等外地远运至重庆过程中产生的燃料消耗，降低了碳排放，有利于环境保护。

(3)耐久型沥青路面等合理路面结构的应用，可大幅减少路面早期损坏，延长路面使用寿命，除了取得可观的直接经济效益外，还可取得良好的间接效益和社会效益，如减少因路面养护、维修引起的用户时间延误成本；减少车辆操作损耗；减少安全事故，降低安全事故成本；提高行使舒适度等。

22. 重庆绕城高速公路关键技术研究及推广应用

成果所属专题编号：交科鉴字[2011]第137号

成果主要完成单位：重庆高速公路集团有限公司、招商局重庆交通科研设计院有限公司、重庆交通大学

联系人：胡旭辉

联系电话：13594137854

通信地址：重庆市渝北区银杉路66号，重庆高速公路集团有限公司

E-mail：guyuejiu@163.com

邮政编码：401121

一、主要技术内容

重庆绕城高速公路全长187.48km，是连接重庆主城外围组团城市的山区高速公路，两跨长江、一跨嘉陵江。项目针对建设与运营期间面临的：(1)规划与运营管理；(2)路域资源节约与环境保护；(3)交通安全保障与运营节能；(4)复杂结构物建造等问题展开了系列研究与成果推广应用。通过研究，取得

了以下成果：

(1)完善了与城市规划、区域经济发展、未来交通特点、沿线自然环境和地质环境相结合的山区组团城市绕城高速公路规划方法与技术标准。

(2)研发了涵盖服务模式、服务设施方案及其管理措施等内容服务于“城乡统筹”的绕城高速公路运营管理技术。

(3)开发了以路段为对象、以隧道为核心的高速公路路段集合式多隧道智能联动控制系统，使公路隧道的运营管理与服务水平、防灾救援能力得到显著提高，同时降低了隧道电力消耗和管理维护成本。

(4)针对目前高速公路监控设备繁多、标准不统一、系统管理和维护难度大、成本极高的突出问题，研发了高速公路区域智能监控系统信息技术及其控制软件。

(5)提出了考虑养护管理、交通安全、气候状况的照明和供配电隧道综合节能设计与产品应用方案。

(6)形成了符合山区组团城市绕城高速公路特点的土地资源、水资源、植被资源综合利用技术。

(7)提出了考虑路域自然、生态、人文，以及高速公路自身特性等诸多要素的高速公路生态恢复与景观营造的思想与方法。

(8)构建了大跨度宽桥面组合梁斜拉桥设计与施工关键技术。

(9)研发复杂环境条件下大跨度悬索桥主缆温度场一线总线式自动同步采集系统及温度场分析技术。

(10)形成了大跨度现浇钢构体外预应力桥梁设计与施工技术。

(11)提出了高温多雨山区高速公路沥青路面合理结构、厚度及材料试验方法和标准，长大纵坡界定标准与技术对策。

(12)完善了高速公路限速方法、路侧振动带设计与施工方法、桥梁船撞在线监控预警系统、隧道火灾防治及通风照明节能技术、废旧橡胶粉改性沥青的应用技术、聚合物改性水泥混凝土路面应用技术、沥青路面柔性基层典型结构参数等。

二、适用范围

本项目成果适用于山区高速公路的建设与管理，其中，规划方法与标准适用于组团城市绕城高速公路，桥梁与路面技术可应用于市政工程。

三、已应用情况

项目成果全面应用于重庆绕城高速公路的建设与管理，其中，路面、隧道、环境保护、交通安全保障等技术已用于重庆在建高速公路的建设与管理。

四、应用效益

项目成果的应用，全面支撑了重庆绕城高速公路的建设。在路域资源综合利用、运营节能、交通安全等方面，获得了良好的经济效益，节省工程建设资金和运营费用约2.88亿元。通过路线的合理规划、路域资源的综合利用、生态修复等，使重庆绕城高速公路更好地服务于重庆的“城乡统筹”与城市的发展，将公路建设对环境的破坏和影响降到最低，社会环境效益显著。

23.重庆山区高速公路安全性评价

成果所属专题编号：2006-353-350-210

成果主要完成单位：重庆高速公路集团有限公司、重庆高速公路集团有限公司渝东建设分公司、华杰工程咨询有限公司

联系人：贾嘉

联系电话：010-64997110(手机：13601146872)

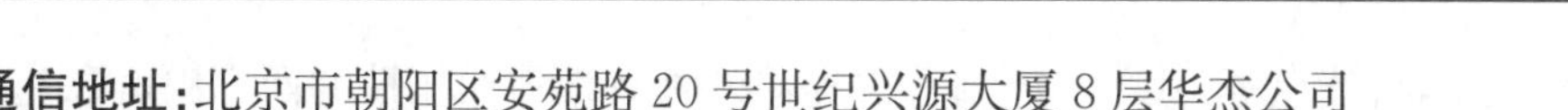

通信地址:北京市朝阳区安苑路 20 号世纪兴源大厦 8 层华杰公司
E-mail:jiajia418@126. com
邮政编码:100029

一、主要技术内容

重庆市具有典型的西部山区地形特点,由于复杂、多山的地形因素造成高速公路隧道多,且有较多隧道群;长大纵坡多;较小平曲线半径路段多;由于多雾的气象因素造成能见度差(图 1～图 4),这些都造成高速公路安全隐患,容易发生交通事故。

图 1　长陡下坡接小半径平曲线

图 2　隧道洞口的绿灯可能造成错误提示

图 3　护栏衔接设计不良图

图 4　路侧标志立柱未加任何保护

交通运输部和重庆市交通委员会领导针对高速公路安全出现的重点、难点问题,组织联合科技攻关,立项《重庆山区高速公路安全性评价》对其进行研究。《重庆山区高速公路安全性评价》研究属于公路交通安全研究与应用领域的重要研究课题。该课题立项研究充分体现了交通运输部、重庆市交通委员会等政府部门对交通安全的高度重视,体现重庆市公路建设、设计与运营管理部门在公路交通安全设计与管理方面的技术突破,体现"以人为本、安全至上"的先进管理理念,很大程度上改变了人们对待安全的态度和处理问题的思维方式,提供了事故预防和事前处理的方法。

课题研究主要针对重庆市高速公路的设计、运营阶段安全性评价方法进行研究。通过大量现场调研,采用数学统计方法和工程经验相结合的手段探索研究事故发生机理。研究内容包括:建立安全评价程序,完善安全评价方法,设计安全检查清单,提炼典型的危险路段安全改造设计方法和编制重庆市山区高速公路安全性评价指南。

通过国内外相关资料分析和重庆高速公路实地调研,分析了重庆山区高速公路的典型特点,提出 7 种重庆山区安全性评价的方法、过程及评价内容,并根据国内外相关经验、国内的实际情况及依托工程实践,整理提出了山区高速公路安全性检查清单,并针对重庆山区高速公路,提出了危险路段改造方法与工程措施。

从高速公路特点、车辆运行特点等角度，在国内首次提出6种有很强操作性的西部山区高速公路安全性评价方法和相应的评价指标、流程和模式；首次将安全性检查清单引入山区高速公路安全性评价中，并在初步设计阶段的安全性检查清单中设置了评分标准，提出了效益成本比的安全性评价方法，便于进行基于行车安全性的方案比选。

课题共取得4项主要研究成果：

(1)重庆山区高速公路安全性评价指南及研究报告；

(2)典型山区高速公路危险路段安全改造设计方法报告；

(3)依托工程实施与跟踪观测报告；

(4)重庆长梁、梁万、万开、云万、奉云、巫奉高速公路安全性评价报告。

二、适用范围

《重庆山区高速公路安全性评价指南》适用于重庆市新建和正在通车运营的山区高速公路的行车安全性评价，部分内容可推广应用到西部山区高速公路的行车安全性评价。

三、已应用情况

本课题主要针对重庆渝宜6段高速公路(长梁、梁万、万开、云万、奉云、巫奉高速公路)，采用定量和定性的方法，运用课题研究成果进行安全性评价，取得了可观、实用、有效的安全评价结果。

对于已经开通运营的高速公路，即长梁、梁万高速公路，部分采用了安全性评价报告中的建议，如提高长梁高速公路限速，对梁万高速公路的长陡下坡进行治理和改善，目前长梁高速公路和梁万高速公路交通安全状况明显改善。

对于课题研究当时处于设计、施工阶段的高速公路，即万开(现已通车)、云万、奉云、巫奉高速公路，通过同设计、施工、业主多方交流，设计施工融入了公路安全性评价的理念，部分采用相关建议，如万开高速公路铁峰山1号隧道及线接线综合安全改善方法，云万高速公路交通安全设施设计优化，奉云、巫奉高速公路的互通立交与隧道连接路段综合安全改善方法，从目前已开通万开高速公路和云万高速公路来看，交通安全水平较高。

四、效益分析

本课题改变了人们对待交通安全的态度，使人们用改变的思维方式，变事后处理为事前预防，这将深刻地推动着社会进步，长远来看，具有重大的社会效益。

安全优化特别是设计阶段的优化，能够在工程建设前期提供安全的运行环境，减少日后的危险路段，不仅能带来直接的经济效益，而且会带来很大的隐形社会效益。

根据对公路进行安全评价后所进行的安全改善之效益成本分析，设计阶段进行项目安全性评价的项目其效益成本比为3:1～242:1，对现有公路进行过安全评价的项目效益成本比为2.4:1～84:1。

可见，实施《重庆山区高速公路安全性评价指南》所带来的社会效益将是非常显著的。

24.广东省公路路面典型结构的研究

成果所属专题编号：粤交科鉴字[2010]02号

成果主要完成单位：广东省交通运输规划研究中心、交通部公路科学研究院、广东省公路勘察规划设计院有限公司

联系人：姚岢

联系电话：020-83730280(手机：13826115606)

通信地址：广州市白云路27号19楼

E-mail:ykscut2001@163.com

邮政编码:510101

一、主要技术内容

(1)系统总结了广东省近二十年来各种气候、地质、交通等级下的路面结构及其使用效果,比较全面、深入地分析了当前省内沥青、水泥路面的各种病害及其成因,对广东省高等级公路亟须解决的技术问题,从路面材料和结构设计的角度提出了切实有效的技术对策。

(2)根据广东省的交通、地质和气候特点,系统地划分了我省交通荷载等级、路基等级以及环境片区,提出适合广东省的公路路面典型结构分级、分类标准。

(3)在我国首次将可靠度设计指标引入沥青路面典型结构设计中,明确量化了路面结构安全性标准,提升了路面结构设计质量。

(4)根据广东省地方性材料的特点和多年建设经验,研究提出了适合于不同等级公路的典型结构推荐图谱(包括沥青路面、水泥路面、水泥混凝土桥面铺装、隧道铺装、旧路改建等),制订了《广东省公路路面典型结构应用技术指南》,目前已经在全省颁布实施,研究成果已广泛应用于我省公路建设中。

(5)制订的《广东省公路路面典型结构应用技术指南》,与现行行业标准、部颁规范相比,体现了几个方面特性:

①针对性强,指南缩小了规范允许范围,提高了验收标准,更适应广东省地方特点;

②及时吸纳先进成熟的研究成果,有利于迅速促进我省行业技术进步;

③源于又严于部颁规范,指南中所有技术标准均不低于国家颁布的行业标准,同时针对广东省的使用要求,一些重要的技术指标均有不同程度的提高,更好地确保了广东省路面建设质量。

二、适用范围

本项目研究成果适用于广东省内新建、改扩建、大修公路工程路面结构与材料设计。

三、已应用情况

为加快本项目成果向生产力的转化、推广,充分发挥科研成果对生产的指导作用,迅速提高广东省公路路面质量,课题组及时将先进成熟的科研成果进行总结归纳,与目前广东省公路工程建设实际结合,编制了《广东省公路路面典型结构应用技术指南》,目前已经在全省颁布实施,为广东省公路建设的路面设计工作提供设计依据。

该技术指南经过专家论证,在广东省内以地方标准形式已经颁布实施3年时间,应用范围涉及省内不同地区、不同等级、不同类型公路的路面及桥隧铺装,有新建公路也有改扩建和大修工程,如佛开高速公路谢边至三堡段、沈海高速遂溪～徐闻段、广河高速广州段、深汕西高速大修一期等重大工程建设项目及国省道和地方建设项目,累计公路里程已达2 000多公里(表1)。

本项目依托工程情况汇总　　表1

<table>
<tr><th>应用技术名称</th><th>序号</th><th>实 体 工 程</th><th>设计/完工日期(年)</th><th>应用效果评价</th></tr>
<tr><td rowspan="4">《广东省公路路面典型结构应用技术指南》</td><td>1</td><td>佛开高速公路谢边至三堡段中修工程(80km)</td><td>2007/2008</td><td rowspan="4">承载力高,能适应重载交通;抗水损害能力增强;便于施工;适合广东省交通、气候条件。
路面使用寿命延长,降低路面养护维修成本。
公路交通运输畅通、高效,避免或减少了道路交通事故发生,节省汽车行驶油耗</td></tr>
<tr><td>2</td><td>沈阳～海口国家高速公路遂溪至徐闻段(114.3km)</td><td>2007/2010</td></tr>
<tr><td>3</td><td>广州至河源高速公路广州段(70.7km)</td><td>2007/2011</td></tr>
<tr><td>4</td><td>深汕高速公路西段大修一期工程(85.2km)</td><td>2007/2009</td></tr>
</table>

工程实践检验及初步跟踪监测表明，实体工程路面结构抗重载能力、抗水损坏能力得到明显提高，且施工便捷，比较适合广东省的交通环境。同时，在实施过程中，通过信息反馈和工程使用，对指南中一些遗漏或者不足的地方予以弥补，使指南具有更强的适用性、实用性和可操作性，有力支持了广东省公路工程建设向又好又快方向发展。

四、效益分析

工程实践证明，本项目研究成果科学合理的应用，可以使我省路面质量显著改善，可减少早期损害现象，降低维修费用，提高公路运输效率，保障人车出行安全，延长路面寿命，其经济效益可观，社会效益显著。

经济效益主要体现在：节省公路工程全寿命投资造价、提高施工效率、延长养护维修周期并减少养护维修次数、减少道路交通事故、保障交通运输高效畅通、减少路面汽车行驶油耗等。就以上所应用的四个工程建设项目而言，提高施工便捷程度和施工效率，可节约公路工程设计与施工造价 1 654 万元；按延长 3 年维修周期算，可节约养护成本 3 150 万元；保障交通运输畅通、高效，可减少道路交通事故 10％～20％，减少直接经济损失约 370 万～480 万元；对一个拥有 100 辆车的运输企业而言，减少路面汽车行驶油耗每年可节约燃油费 6.48 万元。

社会效益主要体现在：促进公路行业科技发展、促进社会和谐进步、提高人们的生活水平、促进经济持续发展等。

25. 广东省公路软土地基设计、施工地方规定研究

成果所属专题编号：粤交科鉴字[2010]16 号

主要完成单位：广东省公路建设有限公司、广东省航盛建设集团有限公司、广东省公路勘察规划设计院有限公司

联系人：尹敬泽

联系电话：13503025296

通信地址：广东省广州市寺右新马路五羊新城广场 7 楼

E-mail：yinjz@vip.163.com

邮政编码：510600

一、主要技术内容

1. 主要内容

广东省软黏土分布广泛，相对国内其他地区的软黏土物理力学性质更差，公路软土地基处理技术难度高，加之对公路软土地基处理设计、施工、检测等方面还存在许多不规范之处，导致路基滑塌时有发生，部分路段工后沉降偏大，增加了工程造价和养护成本，而且延长了公路建设周期，造成车辆颠簸甚至跳车现象，降低了行车速度，危及行车舒适性和安全性。

本项目调查统计了广东省 13 条高速公路的软土试验资料、施工期和工后监测资料，15 个公路软基试验工程，通过“广东省软土分布和工程特性统计分析”、“广东省公路软土地基沉降修正系数”、“真空联合堆载预压工程卸真空效应”、“广东省公路软土地基沉降与荷载关系（堆载预压法）”、“公路软土地基沉降速率与剩余沉降关系”、“公路软土地基工后沉降组成与计算”、“公路软土地基处理施工质量控制”等七项专题研究，提出了“广东省公路软土地基设计、施工技术指南”。

2. 性能指标

(1)通过收集整理广东省软土地基土工试验资料，得到“广东省软土物理力学指标统计表”和“珠江三角洲软土物理力学指标统计表”。利用回归分析等数值分析方法，根据地区性相关关系提出物理力学

性质指标回归公式。通过拟合优度检验得到广东软土土性参数概率分布模型，进而推导了土性参数的不确定性对软基沉降影响的概率模式。

(2)根据理论分析、室内试验和工程实践，证实了真空联合堆载预压中卸真空效应的客观存在，提出了考虑卸真空效应对路堤稳定、工后沉降不利影响的分析方法和设计原则。

(3)分析了堆载预压法沉降与荷载、沉降速率与剩余沉降的关系，得到沉降与路基高度基本成正比、沉降速率与剩余沉降的平方基本成正比的结论，为超卸载设计提供了依据。

(4)分析表明，路堤压缩、路面施工产生的再压缩沉降是工后沉降的组成部分，路面养护加铺会产生工后沉降，提出了考虑上述因素影响的工后沉降计算方法。

(5)制定了《广东省公路软土地基设计与施工技术指南》，与现行行业标准、部颁规范相比体现了：

①针对性强，指南缩小了规范允许范围，提高了验收标准，更适应广东地方特点；

②及时吸纳先进成熟的研究成果，有利于迅速促进我省行业技术进步；

③源于又严于部颁规范，指南中所有技术标准均不低于国家颁布的行业标准，同时针对广东省的使用要求，一些重要的技术指标均有不同程度的提高，更好地确保了广东省公路软土地基设计施工质量。

二、适用范围

本项目研究成果主要应用于广东省公路软土地基设计与施工技术中。

三、已应用情况

1. 国道主干线广州绕城公路南环段

国道主干线广州绕城公路南环段，全长 49.32km，于 2010 年底建成通车。全线路基段软土广泛分布，厚 2～40m，软基路段主要采用 CFG 桩、袋装砂井、塑料排水板、深层搅拌桩等软基处理方法。

采用本课题的部分研究成果有：

(1)在施工过程中利用本项目关于公路软基施工质量控制措施的研究成果，从软土地基处理、路堤填筑两方面全面进行软基处理施工质量控制，有效保证了软基处理质量。

(2)施工阶段，利用课题关于工后沉降组成与计算、沉降速率与剩余沉降的关系等方面的研究成果，准确预测剩余沉降和工后沉降，为合理确定卸载时间提供了依据，并利用《广东省公路软土地基设计与施工技术指南》对不能满足卸载标准的路段采用换填轻质土的方法进行处理，减小了工后沉降，保证了工期。

2. 粤湘高速公路博罗至深圳段

粤湘高速公路博罗至深圳段，全长 62.23km，计划于 2012 年建成通车。该工程属于山区高速公路，软土分布较分散，厚度变化大，部分路段路堤填土高度较大、软土腐殖质含量大。

采用本课题的研究成果有：

(1)设计时参考了本项目研究成果，利用“广东省软土物理力学指标统计表”和“珠江三角洲软土物理力学指标统计表”，合理地确定了软土物理力学参数，使得博深高速公路软土路基处理方法优、造价合理，提高了本工程的设计质量。

(2)在本工程施工图设计中，利用广东省公路软基沉降修正系数、工后沉降组成与计算、沉降与荷载关系的研究成果合理地推算了路基沉降和工后沉降。

(3)本工程正在建设中，其软土路基处理工程严格按照本项目研究成果“公路软基施工质量控制措施”中的要求进行施工质量控制。

四、效益分析

本项目研究成果充分体现了广东省地方特色，可为国家相关规范的修订及其他省份软土地基设计施工提供借鉴，指导意义重大，《广东省公路软土地基设计与施工技术指南》进一步规范了广东省公路软土地基设计与施工技术，提高了公路软土地基工程质量，延长了养护维修周期，并减少了养护维修次数，减少了道路交通事故，保障了交通运输高效畅通，提高了行车舒适性，经济效益和社会效益显著。

26. 华南地区公路路面修筑成套技术的研究与推广应用

成果所属专题编号：粤科鉴字[2010]84号

成果主要完成单位：广东省交通运输规划研究中心、交通部公路科学研究院、广东交通实业投资公司、广东省高速公路有限公司、广东冠粤路桥有限公司、广东省公路管理局、广东华路交通科技有限公司、广东省长大公路工程有限公司、广东省公路勘察规划设计院有限公司、华南理工大学、广东工业大学、长沙理工大学、北京交科公路勘察设计研究院、湖南大学

联系人：姚岢

联系电话：020-83730280(手机：13826115606)

通信地址：广州市白云路27号19楼

E-mail：ykscut2001@163.com

邮政编码：510101

一、主要技术内容

1. 设计领域

(1)系统总结了广东省近二十年来各种气候、地质、交通等级下的路面结构及其使用效果，比较全面、深入地分析了当前广东省内沥青、水泥路面的各种病害及其成因，对我省高等级公路亟需解决的技术问题，从路面材料和结构设计的角度提出了切实有效的技术对策。

(2)根据广东省的交通、地质和气候特点，系统地划分了广东省交通荷载等级、路基等级以及环境片区，提出适合广东省的公路路面典型结构分类标准。

(3)在我国首次将可靠度设计指标引入沥青路面典型结构设计中，明确量化了路面结构安全性标准，提升了路面结构设计质量。

(4)根据广东省地方性材料的特点和多年建设经验，提出了适合于不同等级公路的典型结构推荐图谱(包括沥青路面、水泥路面、水泥混凝土桥面铺装、隧道铺装、旧路改建等)，制定的《广东省公路路面典型结构应用技术指南》，已经在全省颁布实施，研究成果已广泛应用于广东省公路建设中。

2. 沥青路面施工领域

(1)开发“沥青路面集料标准化加工技术”，技术成果能使集料加工合格率大幅度地提高，使集料级配的变异性达到极小，显著地减小施工离析现象，提高生产率，降低成本。

(2)提出间歇式拌和楼混合料级配控制措施，可减少生产矿料级配与设计级配曲线的偏离，从而减少路面离析、渗水现象，避免沥青路面早期损害现象的发生。

(3)研究并解决双滚筒连续式拌和楼在实际生产过程中应用的技术障碍，可为生产单位正确使用双滚筒连续式搅拌设备的提供有益借鉴。

(4)提出沥青混合料摊铺机防离析改进措施，形成广东省沥青混合料压实质量控制技术，均进行实体工程验证，效果良好。

(5)制定的《广东省高等级公路沥青路面施工技术指南》，广泛应用于广东省沥青路面施工中，起到了较好的指导作用。

3. 水泥路面施工领域

(1)解决水泥混凝土滑模摊铺技术在长陡坡、弯道、隧道等特殊路段应用的技术难题，确保该特殊路段路面安全耐久，行车舒适性好。

(2)改进与完善了双钢混凝土桥面滑模摊铺施工工艺。

(3)形成广东省水泥混凝土路面接缝设计施工技术。

(4)提出非均匀沉降路基上水泥混凝土路面结构设计与施工方法,切实有效地解决了路基不均匀沉陷带来的危害。

(5)形成水泥混凝土滑动封层成套技术。

(6)提出不等间距刻槽、对隧道衬砌做消声处理等降噪措施。

(7)制定的《广东省水泥混凝土路面施工技术指南》,广泛应用于广东省水泥混凝土路面施工中,起到了较好的指导作用。

4.公路养护管理政策

(1)提出了提高广东省养护工程质量水平的管理政策:建立了完善的养护法规和制度,落实合理的养护资金投入,制定科学的养护决策,采用先进的养护手段,执行严格的质量监督。

(2)提出进一步完善现行公路养护管理政策建议,包括:

①非收费公路管理体制与养护机制政策建议;

②经营性普通公路养护监管的政策建议;

③广东省高速公路养护质量监管的政策建议;

④提高公路养护质量的管理对策;

⑤养护工程管理政策建议;

⑥预防性养护政策建议;

⑦提出需补充完善的相关法规文件,并提出进一步完善的建议。

5.沥青路面养护与维修领域

(1)形成《广东省高等级公路沥青路面典型破坏形式修复技术指南》,规定各种养护技术措施的适用范围,提出各种措施的材料要求与施工工艺,形成适合广东省养护措施的质量评定标准及检测方法。

(2)提出广东省不同等级公路沥青路面预防性养护决策技术体系,形成《广东省公路沥青路面预防性养护技术手册》。

(3)形成广东省不同等级公路沥青路面大中修、罩面、改建关键技术。

(4)编制完成了广东省地方性《厂拌热再生沥青路面施工及验收技术指南》,进一步规范了广东省再生沥青混合料在工程实践中的应用,保证再生沥青路面的建设质量。

6.水泥路面养护与维修领域

(1)调查与分析广东省水泥混凝土路面使用性能及典型病害,总结和提炼广东省不同等级公路水泥路面养护与维修方面已有的经验和技术,形成广东省地方性水泥混凝土路面养护与维修成套技术,编制完成广东省地方性《广东省高等级公路水泥路面典型破坏形式修复技术指南》、《广东省水泥路面预防性养护技术手册》、《广东省水泥混凝土路面再生利用技术指南》。

(2)得出适用于广东省水泥路面加铺、大修及翻修改建的旧路评价方法、加铺改建路面设计方法及典型路面结构,总结提出加铺、大修中部分关键施工工艺。

7.交通安全保障领域

(1)查明了导致广东省二级公路超宽路段道路交通事故的主要原因。

(2)提出切实可行、行之有效的预防广东省二级公路超宽路段发生正面碰撞事故的措施,提出广东省二级公路超宽路段中央隔离设施的设置方案和实施建议。

(3)编制的《广东省高速公路路网指路标志一体化设置指南》,对促进公路运营安全、减少拥堵和树立广东省交通部门"以人为本、创建和谐交通"行业新形象将发挥积极的作用。

二、适用范围

本项目研究成果主要适用于公路工程建设管理、路面设计、路面建设、养护技术、管养政策、交通安全等。

三、已应用情况

为加快本项目成果向生产力的转化、推广，充分发挥科研成果对生产的指导作用，迅速提高广东省公路路面质量，课题组及时将先进成熟的科研成果进行总结归纳，与目前广东省公路工程建设实际结合，编制涉及设计、施工、养护、交通安全等的技术指南、施工手册十部。

该技术指南、手册通过专家论证，已在广东省内以地方标准形式颁布实施 2～3 年，应用范围涉及省内不同地区、不同等级、不同类型公路的路面及桥隧铺装的设计、施工与养护管理等，有新建公路也有改扩建和大修工程，如沈海高速遂溪～徐闻段、广河高速广州段、深汕西高速大修一期等重大工程建设项目，累计公路里程 2 000 多公里（表 1）。

"华南地区公路路面修筑成套技术的研究与推广应用"项目实体工程项目汇总 表 1

应用技术名称	序号	实 体 工 程	应用效果评价
广东省路面典型结构图谱	1	深汕高速西段大修一期（85.2km）	承载力高，能适应重载交通；抗水损害能力增强；便于施工；适合广东省交通、气候条件。 路面使用寿命延长，降低路面养护维修成本。 公路交通运输畅通、高效，避免或减少了道路交通事故发生，节省汽车行驶油耗
	2	沈阳—海口高速遂溪至徐闻段（114.3km）	
	3	广河高速广州段（70.7km）	
	4	佛开高速公路谢边至三堡段中修工程（80km）	
沥青路面集料标准化加工技术	5	广梧高速公路 7 个工程项目，累计 200km	混合料生产率得到提高，路面离析、透水现象显著减少
	6	阳茂、西部沿海珠海段，30 余万方集料	生产的集料级配变异性显著降低
	7	西部沿海高速珠海至新会古井段第 17 标	路面质量得到明显提高
	8	同三国道主干线粤境阳茂高速路面十二标	路面集料质量得到有效控制
	9	京珠高速广州至番禺第 21 合同段（26km）	路面集料质量得到有效控制
间歇式拌和楼混合料级配控制措施	10	佛山一环 1 标段	路面离析现象显著减少
	11	深汕东大修 3 标段	路面离析现象显著减少
	12	西部沿海高速珠海至新会古井段第 17 标	拌和楼生产效率得到提高，级配变异性减小
双滚筒连续式拌和楼生产质量控制技术	13	佛山一环，京珠高速广州至番禺第 21 合同段（26km）	拌和楼生产效率得到提高，级配变异性控制好
沥青混合料摊铺机防离析改进措施 沥青混合料压实质量控制技术	14	佛山一环	路面车辙、坑槽等早期损坏现象显著减少
	15	西二环十八标	
	16	西部沿海高速珠海至新会古井段第 17 标	
	17	京珠高速广州至番禺第 21 合同段（26km）	
	18	同三国道主干线粤境阳茂高速路面十二标	
	19	河龙高速	
厂拌热再生沥青路面施工技术	20	广佛高速	施工质量良好
水泥混凝土路面成套施工技术（滑模摊铺技术、接缝设计与施工技术、滑动封层施工技术、非均匀沉降路基水泥路面结构设计与施工技术）	21	佛山—开平水泥混凝土高速公路，广州市北环高速公路，深圳—汕头水泥混凝土高速公路路面施工，累计达 200 多公里	可有效减少水泥路面的早期病害，节省大量修补和养护费用，并使路面使用寿命延长 4～5 年，明显降低路面的寿命周期成本
	22	茂湛、江鹤、汕汾、粤境京珠南段、莞深、汕梅、梅河、粤赣、天汕高速公路计 500 多公里	可有效减少水泥路面的早期病害，节省大量修补和养护费用，并使路面使用寿命得到有效延长，明显降低路面的寿命周期成本
	23	106 国道英德—佛冈段、205 国道河源段、梅州段，206 国道梅州段，333 省道梅州段等水泥混凝土路面的滑模施工计 700 多公里	
	24	广深高速公路东莞北特大桥维护改造工程（15.86km）的水泥桥面铺装工程	
	25	清连高速化改造工程（217km）水泥路面	效果良好
	26	广深东莞北大桥维护工程二标（19.6km）	桥面内在质量和外观得到很大提高

续上表

应用技术名称	序号	实体工程	应用效果评价
沥青路面日常养护维修技术	27	广清高速花清段、揭普惠高速、汕汾、深汕西、佛开、惠河、开阳、新台等	有效地减少了路面病害发生的数量，延长了路面早期损坏发生的时间
高等级沥青路面预防性养护关键技术	28	广清高速花清段、揭普惠高速、汕汾、深汕西、佛开、惠河、开阳、新台等	有效地减少了路面病害发生的数量，延长了路面早期损坏发生的时间
沥青大中修、罩面及改建关键技术	29	开阳高速中修罩面，广佛高速沥青路面大修，广佛高速沥青路面改建，深汕西大修、新台中修、惠河中修	施工质量控制良好，路面质量得到明显改善
	30	沈大高速改扩建，沪杭甬高速公路浙江段	
再生沥青混合料在养护维修中的应用技术	31	广佛高速大修	效果良好
水泥路面养护关键技术及快速养护技术	32	深汕东高速公路东段	有效地减少了路面病害发生的数量，延长了路面早期损坏发生的时间
	33	佛开高速公路(K0+136～K16+600)	
水泥路面预防性养护技术	34	粤赣高速公路水泥路段	延长了路面早期损坏发生的时间
水泥路面大修、加铺及改建技术	35	深汕高速公路东段，135km水泥路面	施工质量控制良好，路面质量得到明显改善
水泥路面混凝土再生利用技术	36	梅河高速(118km)	技术成功应用，其耐磨和耐久性需后续检测和观测予以验证
广东省高速公路路网指路标志一体化设置	37	京港澳高速京港澳高速公路(广东省境至太和段)	截至2009年4月，已完成设计并通过评审，正在工程实施阶段

工程实践检验及初步跟踪监测表明，实体工程路面结构抗重载能力、抗水损坏能力得到明显提高，且施工便捷，比较适合广东省的交通环境。同时，在试行过程中，通过信息反馈和工程使用，对指南、手册中的一些遗漏或者不足的地方予以弥补，使这些指南具有更强的指导性、针对性、适用性、实用性和可操作性，将有力支持广东省公路工程建设向又好又快方向发展。

四、效益分析

工程实践证明，本项目研究成果科学合理的应用可以使广东省路面质量显著改善，可减少早期损害现象，降低维修费用，提高公路运输效率，保障人车出行安全，延长路面寿命，其经济效益可观，社会效益显著。

经济效益主要体现在：以上表中成套技术所包含的各种实用技术均能在节省公路工程全寿命投资造价、提高施工效率、延长养护维修周期并减少养护维修次数、减少道路交通事故、保障交通运输高效畅通、减少路面汽车行驶油耗等方面取得巨大的经济效益。

社会效益主要体现在：促进公路行业科技发展、促进社会和谐进步、提高人们的生活水平、促进经济持续发展等。

27. 沥青混合料冷再生上基层在高速公路大修中的应用研究

成果所属专题编号：交科鉴字[2009]第20号

成果主要完成单位：江西赣粤高速公路股份有限公司、同济大学、江西嘉和工程咨询监理有限公司

联系人：黎凯

联系电话:6139502
通信地址:南昌市西湖区朝阳洲中路 367 号
E-mail:lizzywind81@126.com
邮政编码:330025

一、主要技术内容

我国高速公路沥青路面设计寿命为15年,但因交通量增长过快、超载、设计理念等因素的影响,很多高速公路实际使用寿命仅8～10年。当前,我国有近1.6万km高速公路达到或接近设计寿命,路面损坏严重,必须大修,这部分高速公路大修最少产生8 000万t沥青路面废料,而且还将按照4 000t/年的速度增长。将废料作为垃圾处理,每年仅垃圾消纳费就将超过20亿元,并将占用大量土地,还会造成环境污染和地表水污染,因此沥青路面废料的再生利用非常必要。但是我国目前无论是理论上还是实践上均缺乏对路面大修的有效指导,尤其是在重交通条件下如何有效再生利用废旧沥青混合料,尚处于起步阶段,再生技术、设备、材料仅垄断在国外1～2家昂贵的设备供应商手中,再生费用高昂,推广应用困难,且国内仅有的实践也只是将其作为路面垫层使用,造成了巨大浪费。

针对这种状况,本研究依托福银高速公路昌九段的技术改造工程,进行了持续6年的研究,创建了沥青路面大修设计方法及冷再生混合料作为重交通路面结构上基层的完整设计理论,并进行了成功应用。首先,首次提出了既有路面结构承载潜力和再生价值的无破损评价方法和标准。通过大量现场实测和理论研究,提出了既有路面半刚性基层模量的确定方法,建立了基层完整性和其模量的定量关系,为基层完整性判别和可利用性评价提供了依据。其次,首次建立了基于性能的重交通沥青路面大修及冷再生结构设计方法。将基于性能的全寿命结构优化技术引入沥青路面大修改建结构设计中,提出了路面结构大修设计方法,同时建立了冷再生混合料试验室模量和冷再生结构层现场模量的换算关系,将冷再生材料设计和冷再生路面结构设计联系起来,明确了冷再生混合料模量的合理范围。其三,发现了冷再生混合料中沥青的被激复活现象,阐明了冷再生材料作为上基层的作用机理,建立了冷再生层压实过程中温度场的预估方法,提出了新的冷再生混合料材料设计方法。其四,通过大量室内试验和试验路铺筑,提出了施工标准工艺,并确定了质量检评验收标准,突破国外技术封锁和技术壁垒;通过简易改造国产水泥稳定设备,突破进口昂贵设备壁垒;利用乳化沥青、水泥、水对沥青废料进行再生,解决国外进口再生剂材料壁垒。国产化的实现,与应用国外同类技术相比,降低造价20%以上。最后,首次将冷再生材料成功地应用于重交通路面结构的上基层,完成了97km路面的示范工程和推广应用,经受了冰雪灾害(2008年初)和3～4年的高温重载的考验,路面状况良好。

二、适用范围

适用于高速公路沥青路面大中修及改建工程。

三、已应用情况

已应用在97km福银高速昌九段技术改造工程;25 km杭瑞高速九景段技术改造试验路工程;109km杭瑞高速九景段技术改造工程和16 km福银高速昌九南端连接线大修工程。

四、效益分析

采用本研究的冷再生技术对双向四车道高速公路沥青路面进行大修,每公里可以减少土地占用0.72亩,节约矿石0.5万t,减少沥青用量123.7t,降低重油用量35.0 t,每公里大约可以节支63.2万元。97 km福银高速昌九段技术改造工程共节支6 130.4万元;25 km杭瑞高速九景段技术改造试验路工程节约造价1 580.0万元;109 km杭瑞高速九景段技术改造工程和16 km福银高速昌九南端连接线大修工程共节支7 647.2万元。

采用本研究的冷再生技术在最大限度地利用原路面结构和路面材料的前提下，提高原路面的使用寿命和通行服务水平，实现了技术、材料、设备的全面国产化。解决沥青废料再生技术在全国大面积推广的国外封锁和壁垒，是解决我国目前半刚性基层高速公路大修柔性化转换的较好途径，尤其对国内20世纪90年代建设的"强基薄面"高速公路沥青路面大、中修或改扩建提供了良好的解决方案。符合循环经济"减量化"、"再利用"、"资源化"原则，是应对交通行业公路养护日益严重的能源与环境问题的必由之路，符合国家建设资源节约型、环境友好型社会的需要，也是人类社会实现可持续发展的必由之路。

28. 公路路基冻胀置换深度计算方法的研究

成果所属专题编号：黑科交鉴字[2010]第005号

成果主要完成单位：黑龙江省交通科学研究所
联系人：戴惠民
联系电话：0451-86670236
通信地址：黑龙江省哈尔滨市南岗区清滨路92号
邮政编码：150080

一、主要技术内容

季冻区公路，尤其是深季冻区公路在冰冻环境下路面常发生一些不同程度的冻害现象，"冻裂"与"翻浆"是指冻害的典型特征。已严重影响正常交通，给国家造成重大经济损失。分析其冻害的原因很多，也很复杂。我们认为，除有全国的普遍(共性)因素外，而路基冻胀这个特殊因素才是其冻害的主要原因。

为防治路基冻胀，目前，国内外多来用效果很好的置换技术。但因其缺少路基置换深度计算方法而无法科学应用。

为解决其计算问题，我们从1993年起就进行系统研究。通过大量调研，国内外交流与协作，室内外实验与观测，资料整理与数据分析，以及工程验证等，于2010年在国内外首次提出以路面允许冻胀变形计算路基置换深度(路面抗冻厚度)的方法(黑交研法)。该方法原理科学、依据充分、计算简便、结果符合工程实际。而且弥补了传统路面设计仅考虑交通量，而未考虑冻胀变形带来的路面冰冻稳定性问题。

"黑交研法"包含多项填补国内外空白的成果：根据路基土冻胀性的研究，提出了公路路基土季节性冻胀四季分类及其分类的判定条件；根据路面冰冻稳定性的研究，提出了水泥混凝土路面与沥青混凝土路面允许冻胀变形值；根据路基冻胀沿冻深分布的研究，提出了路面允许度下路基允许冻层厚度；根据路基冻深的研究，提出了路基设计冻深计算方法和参数等。

成果于2010年6月25日通过黑龙江省交通运输厅邀请国内同行业著名专家组成的鉴定委员会。专家一致认为：成果有重要的理论意义和工程实用价值，填补了国内外空白，为相关规范修订提供了重要科学依据，总体达到了国际领先水平。

二、技术适用范围

季冻区公路路面厚度设计，必须同时满足两个条件：其一，满足交通量要求的路面强度厚度；其二，满足冰冻要求的路面稳定性厚度。后者往往又是深季冻区路面厚度设计的控制指标。本研究提出的"黑交研法"恰为其设计提供了重要技术支撑。

三、已应用情况

"黑交研法"已用于庆安冻土科学实验场水泥混凝土路面与沥青混凝土路面，哈大高速公路一期23K+000～23K +150、52K+ 900～53K+ 050和二期51K+ 000～52K+000三段水泥混凝土路面厚度设计。

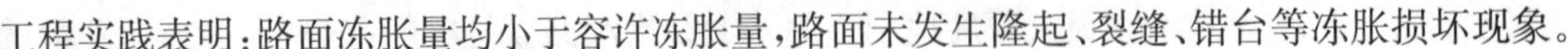

工程实践表明:路面冻胀量均小于容许冻胀量,路面未发生隆起、裂缝、错台等冻胀损坏现象。

四、效益分析

“黑交研法”计算的季冻区路基置换深度,即路面抗冻厚度,既避免了因置换深度过大造成的浪费,也防止了因置换深度不足造成路面损坏而产生的更大损失。因此,鉴定委员会认为有重大的经济与社会效益。

29.寒冷地区沥青路面层间处治技术研究

成果所属专题编号:黑科交鉴定[2009]第023号

成果主要完成单位:黑龙江省交通科学研究所、黑龙江省高速公路建设局、哈尔滨工业大学、北京路桥中咨科技有限公司

联系人:王兴隆

联系电话:0451-86665932　(手机:13704515582)

通信地址:黑龙江省哈尔滨市南岗区清滨路92号

E-mail: xinglongwang@163.net

邮政编码:150080

一、主要技术内容

针对目前寒冷地区半刚性基层沥青路面的各种常见损坏类型(反射裂缝、疲劳开裂、低温开裂等),通常的研究重点是加厚沥青面层厚度或增铺面层以加强对拉应力或拉应变的抵抗能力,或者在路基、路面材料及其结构组成方面进行优化和改进,但实际上如果忽视寒区半刚性基层沥青路面层间的黏结、防水、应力吸收以及耐久性等问题,沥青路面的损坏状况仍难以得到根本解决。本项目经研究提出的寒区层间处治的评价方法和质量控制指标,适于寒区半刚性基层沥青路面的乳化稀释沥青透层材料,以及稀释沥青透层与同步碎石封层的层间结构组合,可有效提高寒区半刚性基层稳定性并缓解寒区半刚性基层沥青路面反射裂缝的发生。

二、适用范围

该项目属公路工程技术领域,主要适于对寒冷地区半刚性基层沥青路面进行层间处治。

三、已应用情况

本项目依托国道111线齐齐哈尔至讷河段开展研究与应用,并陆续在黑龙江省公路建设“三年决战”高速公路工程项目中推广应用。项目成果应用于寒区半刚基层沥青路面,在提高抗低温开裂能力、改善寒区半刚基层稳定性方面表现出显著优势。

四、效益分析

项目于2007年在国道111线齐齐哈尔至讷河段开展研究与应用。观测结果表明:路段竣工后整体路况良好,现场取芯表明,层间连接状态良好,封层沥青与碎石裹覆状态较好。以渗透性较好的稀释沥青作为透层材料,然后铺筑同步碎石封层更有助于防止裂缝的产生和发展。通过对路段的裂缝观测与对比分析,此路段平均每30m一条裂缝,而相邻的正常修筑路段平均17～18m(因观测年份不同)一条裂缝,显著缓解反射裂缝的发生,平均裂缝间距延长41%。每千公里可节省裂缝修补养护资金130万元以上。

总结施工经验和现场试验观测,结合室内研究成果,提出了寒冷地区沥青路面层间处治技术应用指

南，为后续推广应用提供了方便。

在寒冷地区，半刚性基层等开裂结构层上加铺沥青混凝土面层结构中，裂缝对应的沥青混凝土面层处不仅承受车辆荷载产生的集中应力作用，还承受温度荷载产生的集中应力作用，而且裂缝形成后，使得路面积水通过裂缝进入到半刚性基层中，还降低了基层和路基抗水与冰冻稳定性，使得这一地区的反射裂缝等早期损坏更为严重。

在我国现行的沥青路面施工规范中，对沥青路面层间、基层顶面的处治工艺的规定比较简单，缺少有效的质量控制指标和检查方法等。在实际工程中，施工单位及建设单位只能简单的套用规范，从而导致在我国实际道路工程建设中的层间处治问题层出不穷。与发达国家相比，我国可供选择的黏结材料种类少、性能差。各种情况几乎采用相同的层间结合料，这种情况反映了公路建设单位对层间黏结的忽视，也为工程质量埋下了隐患。

应用本项目成果，可改善寒区半刚基层水稳定性与冰冻稳定性，有效防止或者延缓反射裂缝的出现和发展，很大程度上解决了层间结合质量差的难题。对于指导寒冷地区沥青路面的层间结合处治、提高公路路面施工质量、延长使用寿命、促进经济与社会发展意义重大，将有力促进寒区半刚基层沥青路面技术的应用与发展，达到节约资源、降低全寿命周期成本、赢得良好社会反响，推广应用前景广阔，具有显著的社会和经济效益。

30.黑龙江省农村公路小尺寸混凝土板路面结构研究

成果所属专题编号：黑科交鉴字[2010]第 006 号

成果主要完成单位：黑龙江省公路局、哈尔滨工业大学

联系人：于文、侯相深

联系电话：13945670775

通信地址：黑龙江省哈尔滨市南岗区一曼街 169 号

邮政编码：150001

一、主要技术内容

所谓小尺寸板是指平面尺寸小于规范所给定的正常尺寸范围内的水泥混凝土路面板，其合理范围、受力特征、破坏标准等可能有别于正常尺寸的水泥混凝土板。目前，农村公路中已修建的正常尺寸水泥混凝土路面，因路基、基层技术标准较低，不均匀变形较严重，致使部分路段出现了纵向开裂、横向断板等较严重的损坏现象。小尺寸混凝土板路面不仅能够较好地解决正常尺寸混凝土板路面所出现技术问题，同时也可以比较显著地降低农村公路的建设成本，有效地缓解农村公路建设的资金压力，并降低后续的养护资金。

公路水泥路面设计规范的适用范围，并不包括本项目所涉及的水泥路面板的尺寸范围。因此，本项目致力于解决小尺寸水泥路面板的设计方法和施工控制标准问题，经过几年的努力，取得了以下主要研究成果：

(1)根据对小尺寸水泥混凝土路面板可能发生的几种破坏形式的计算分析，认为小尺寸水泥混凝土路面板不会发生土基的剪切破坏和翻板破坏，在合理的施工条件下也可以避免因车辆水平荷载作用下发生面层、基层连接失效的情况，因此，农村小尺寸水泥混凝土路面的主要破坏模式为水泥混凝土板体的断裂。

(2)根据小尺寸水泥混凝土路面板的弹性薄板和地基假定，通过对轮迹横向分布曲线和各种常见车型的轮距进行分析，确定出小尺寸水泥混凝土路面的板宽可以采用 1.75m 或者 1m 形式，其标准荷载为标准轴载的一半，即单侧双轮荷载；分别建立并验证了相应的小尺寸水泥混凝土路面的有限元模型，确定了有限元模型的临界荷位为板体底面侧边缘中部。

(3)通过有限元计算分析,总结了在路面板厚度、板长、基层模量、基层厚度以及土基模量等不同影响因素作用下荷载应力的变化规律,其中板厚是对荷载应力影响最为敏感的因素。

(4)通过对小尺寸水泥混凝土路面温度应力产生原因的分析,并结合相关文献数据,确定不同板厚时各公路自然区划最大温度梯度推荐值,总结了在路面板厚度、板长、基层模量、基层厚度等不同影响因素作用下,温度应力的变化规律。

(5)提出小尺寸水泥混凝土路面结构设计方法应以行车荷载和温度梯度综合作用产生的疲劳断裂作为设计的极限状态,并采用极限断裂进行验算,给出了若干结构的极限轴载参考值,提出了轴载限载15t的建议。

(6)通过对相同结构的轴载作用下小尺寸水泥混凝土路面和轴载作用下普通水泥混凝土路面的荷载应力、温度应力、综合疲劳应力对比分析,小尺寸水泥混凝土板路面结构的各项应力均小于普通水泥混凝土路面的,其疲劳寿命也优于普通水泥混凝土路面的。亦即,在相同的疲劳寿命下,小尺寸水泥混凝土板路面对路基与基层的技术要求更低。

(7)给出了小尺寸水泥混凝土路面的设计计算表和基层顶面当量回弹模量控制参考值,为该路面的推广应用奠定了坚实的技术基础。

(8)通过试验路的近2年的通车使用,试验路路面总体状况良好,可以得出试验路是成功的基本结论。

二、技术适用范围

适用于我省在建和即将建设的广大农村地区的农村公路。

三、已应用情况

黑龙江省抚远县浓桥镇至抓吉镇(沈抓公路),试验路段3 100m,路基宽4.5m,路面宽3.5m。路面结构采用4个方案,面层均采用水泥混凝土,基层采用天然碎石16cm,区别在于面层厚度及路面板的尺寸。经过2年的使用,试验路总体状况良好,可以满足当地交通量的需要。小尺寸混凝土板具有更好的变形适应性,可有效地控制路面板不规划裂缝的发生。

四、效益分析

农村公路小尺寸水泥路面板结构具有充分利用地产材料、设计施工简单、造价低廉的特点,适用于我省在建和即将建设的广大农村地区的农村公路。按目前的测算,采用课题推荐的路面结构,与一般的路面结构相比,不仅可以节约7%～20%的建设资金,更可以节约养护资金,可以广泛应用于交通量较少的农村公路支线。特备是水泥路面修筑过程中的压缝工艺,可以使每公里的切缝费用控制在1 000元左右,更具有较好的推广应用前景。编制的农村公路小尺寸水泥路面板及路面结构设计与施工技术指南,为进一步的推广应用奠定了基础。

31.乳化沥青厂拌再生沥青路面技术研究

成果所属专题编号:陕交验字[2010]第34号

成果主要完成单位:陕西省高速公路建设集团公司、长安大学

联系人:刘军营

联系电话:029-87832055

通信地址:西安市友谊东路428号

E-mail:liujy@sxgs.com

邮政编码:710054

一、主要技术内容

将废旧路面材料再生循环应用于公路基础设施建设和养护，变废为宝，形成一个符合循环经济模式的产业链，可以避免废弃材料堆放，对土地的占用和对环境的污染，可以减少对石料、沥青、水泥的需求，降低筑养路成本，是实现公路交通可持续发展的重要举措。伴随着我国大量公路沥青路面的返修、重建和改扩建，沥青路面冷再生技术逐步在公路建设和养护工程中广泛应用。

本课题针对沥青路面乳化沥青厂拌冷再生技术进行了系统和全面的研究，较好地解决了目前乳化沥青厂拌冷再生技术中存在的问题和技术难点；总结了乳化沥青与铣刨旧料RAP的作用机理、乳化沥青冷再生混合料的强度形成原理与影响因素，改进了乳化沥青冷再生混合料配合比设计方法；提出了根据最佳流体含量确定再生混合料拌和用水量的基准值，通过混合料裹覆试验修正再生混合料的实际拌和用水量；推荐了乳化沥青冷再生混合料的细料级配系数应小于0.6，级配形状系数应大于0.91；建立了不同材料组成下乳化沥青再生混合料的疲劳方程；总结归纳了乳化沥青厂拌冷再生混合料施工技术和质量控制的具体方法内容，在此基础上编制了《厂拌乳化沥青冷再生基层施工指南》。

研究表明，乳化沥青冷再生混合料具有良好的结构承载力和路用性能，可用于高等级公路的基层或下面层，具有显著的经济效益和社会效益。项目研究成果为我国沥青路面厂拌冷再生提供了理论支持和技术保证，促进了沥青路面厂拌冷再生技术在我国的使用和进一步推广。

二、适用范围

与传统的沥青路面养护维修方法相比，乳化沥青厂拌冷再生技术具有降低建设成本、节能环保、施工方便、对交通影响小等诸多优点。该技术可用于沥青路面车辙、荷载类裂缝和非荷载类裂缝等病害的处治及路面大修工程。乳化沥青使用简单，且经乳化沥青稳定的材料柔性较好，具有较强的抗疲劳和开裂性能。在工程应用中，乳化沥青冷再生混合料结构层可用于高等级公路的基层和下面层，以及其他等级公路的各结构层。

三、已应用情况

课题与依托工程结合紧密，其研究成果指导了陕西乳化沥青再生基层沥青路面的设计与施工，在西户高速和铜黄高速大修工程中进行了乳化沥青再生层的铺筑应用。

西户高速大修工程，选取主线K292＋000～K292＋900右幅和涝峪立交中的涝峪至户县K0＋000～K0＋425.27段进行厂拌乳化沥青冷再生试验段铺筑。对K280＋175～K282＋180段代表弯沉大于39.1(0.01mm)路段，铣刨原沥青路面并对底基层顶面局部裂缝病害处理后，铺设25cm厚水泥稳定碎石下基层＋10cm厚乳化沥青再生混合料上基层＋8cm厚AC－25C粗粒式沥青混凝土下面层＋6cm厚AC－20C中粒式SBS改性沥青混凝土中面层＋4cm厚AC－13C细粒式SBS改性沥青混凝土上面层。

铜黄高速大修工程，采用乳化沥青冷再生技术，对道路病害严重路段(K132＋020～K150＋068下行线)统一进行重铺处理。铣刨原沥青路面并对底基层顶面局部裂缝病害处理后，铺设10cm厚乳化沥青冷再生混合料上基层＋6cm厚中粒式SBS改性沥青混凝土AC－20C下面层＋4cm厚细粒式SBS改性沥青混凝土AC－13C上面层。

从施工及运营后各项监测数据可看出，乳化沥青冷再生基层表现出良好的结构强度与稳定性稳定性，大幅度提高了公路整体质量。至今为止，两条道路使用性能仍较为完好，未发现严重的松散、车辙、推移、泛油以及开裂等病害。上述再生工程的实施，为今后厂拌乳化沥青冷再生技术推广积累了宝贵经验。

四、效益分析

采用再生技术不仅能提高沥青路面使用性能，延长路面使用寿命，而且可节省新集料和沥青资源，降低工程成本，节约材料费超过50%，路面造价降低约25%，沥青节省约50%。以铜黄高速大修工程为例，采用重铺维修，铺设8cm厚密级配沥青碎石需投入的材料费用约为654.4万元，而采用冷再生技术铺设10cm厚的乳化沥青冷再生结构层需投入的材料费用约为389.3万元，可节省成本约265.1万元。从这些具体数字中可以一目了然地了解到沥青稳定再生技术所带来的巨大经济效益。

乳化沥青冷再生混合料的施工采用传统的沥青混合料摊铺和碾压设备即可。施工过程中不需加热材料，不会产生有毒、有害气体，不易燃烧，避免了施工人员烧伤、中毒等安全事故的发生。该技术可以大大改善施工条件，有利于安全生产，具有很好的社会效益。

同时，乳化沥青冷再生技术可以循环利用沥青和石料等资源，降低燃料的使用，从而缓解因废弃旧沥青路面材料、开发新的自然资源和使用大量燃料所引起的环境污染问题，具有重大的环保效益。

32.西安绕城高速公路成套技术研究

成果所属专题编号：陕交验字[2007]第13号　陕交验字[2007]第14号　陕交验字[2009]第08号　陕交验字[2009]第05号

成果主要完成单位：陕西省交通建设集团公司、长安大学、西安公路研究所

联系人：杨育生、王选仓、袁卓亚、徐培华

联系电话：029-88350402(手机：13991326699)

通信地址：西安市高新区唐延路6号

E-mail：sxzyz2000@yahoo.com.cn

邮政编码：710075

一、主要技术内容

西安绕城高速是我国西部当时设计标准最高的首条六车道高速公路，获2006年度国家优质工程银奖。首次全线应用了改性沥青、三灰碎石基层、下封层、FYT桥面防水层及抗车辙沥青混合料，2003年通车至今效果良好。本课题从高速公路三灰碎石路面基层应用技术、高速公路沥青路面下封层施工技术、高速公路沥青混凝土桥面铺装施工技术、重载大交通量高速公路沥青路面抗车辙技术四方面，取得了以下主要创新性成果。

(1)深入研究了三灰碎石的强度形成机理、微观结构、强度增长规律和材料组成，确定了最佳水泥掺量，系统分析了三灰碎石材料的力学性能、抗裂性、稳定性及耐久性等路用性能，确定了三灰碎石抗裂性能评价指标与方法，首次推荐了三灰碎石基层的设计参数，提出了三灰碎石基层的施工工艺和质量控制指标。

(2)通过试验，系统分析了普通热沥青、改性沥青、乳化沥青和改性乳化沥青四种不同下封层(碎石封层)黏结料的路用性能；建立了一套完整的下封层材料性能、技术参数、施工工艺和施工质量控制应用技术体系，提出了适用于不同类型半刚性基层的下封层技术要求，建立了一套完整的下封层应用技术体系，编制了《高速公路沥青路面下封层施工技术指南》。

(3)系统分析了沥青混凝土桥面铺装受力状态，确定了材料性能控制指标，深入研究了温度、荷载、界面粗糙度、冻融循环对防水黏结性能的影响，确定了最佳涂膜材料用量，首次提出了“两油一料”层间处治技术，确定了其上、下层最佳沥青用量和石料撒布量，提出了沥青混凝土桥面铺装的施工工艺和质量控制指标。

(4)推荐了模拟路面现场条件的车辙试验方法，提出了以疲劳强度和抗压强度为控制指标、动稳定度为验证指标抗车辙能力显著的沥青混合料配合比设计新方法，提出了模拟路面现场条件的车辙试验

方法，推荐了重载大交通量沥青路面的性能要求、指标参数及结构设计新方法，并提出了重载大交通量沥青路面施工质量控制方法。

二、适用范围

该课题的研究成果适用于高等级公路沥青面层、半刚性基层、下封层和沥青混合料桥面铺装的设计和施工。

三、已应用情况

课题的研究成果成熟，目前研究成果成功应用于西安绕城高速，2003年通车至今效果良好。

西安绕城高速公路项目是我国西部当时设计标准最高的首条六车道高速公路，被评为优良工程，并获得2006年度国家优质工程银奖。

四、应用效益

西安绕城高速公路应用本项目研究成果，实施方案初期造价节约110.92万元/km；实施方案养护费用节约190.02万元/km；实施方案总费用节约300.94万元/km。西安绕城高速公路全长44.905km，桥面铺装全长23 301.44m，实施方案总费用节约23 701万元。

应用本项目研究成果，有效防止了高速公路沥青路面早期损坏的产生，可推迟养护维修3～5年，缩短了工期，并延长了高速公路使用寿命；增强了桥面铺装层的耐久性，能在较长时间保持较高的服务能力；具有更好的抗疲劳、抗车辙等性能，同时降低了造成交通事故的机会，大大提高了高速公路运营的安全性，有力地推动了经济发展，提高了居民生活水平。另外，实现了粉煤灰“变废为宝”的转变，兼收社会、经济和环境效益，造福人类。

综上所述，应用本项目研究成果，具有显著的经济、社会和环境效益。

33.特重交通下设置层间功能层的双层钢筋网混凝土路面结构研究

成果所属专题编号：晋科鉴字[2010]第060号

成果主要完成单位：山西省公路局、长安大学

联系人：赵玉生

联系电话：0351-7582121，13803407375

通信地址：太原市师范街20号山西省公路局建设处

E-mail：zyfei2004@sina.com

邮政编码：030006

一、主要技术内容

(一)重载交通钢筋混凝土路面合理基层类型研究

(1)分析了半刚性基层、柔性基层和刚性基层的特点。

(2)对贫混凝土基层各组成材料(包括水泥、粉煤灰、集料、水和外加剂)提出了相应的技术要求。

(3)提出了贫混凝土配合比设计的要求(包括强度和工作性)和方法(包括经验公式法和试验法)。

(二)钢筋混凝土路面层间功能层沥青混合料研究

(1)分析了刚性基层水泥混凝土路面的刚度协调问题。

(2)针对层间功能层的材料组成及路用性能，进行了室内试验研究。

(3)基于水泥混凝土路面层间功能层的设计特点，提出针对层间特殊性的功能层设计流程和性能验证指标。

(4)通过对沥青混合料功能层作用的分析,建议沥青混合料层间功能层的合理厚度为3～5cm。

(三)基于层间功能层的双层钢筋混凝土路面结构分析

(1)运用ANSYS建立了标准轴载作用下钢筋混凝土路面应力计算的三维有限元模型。

(2)分析了路面结构各类参数的变化对钢筋混凝土路面荷载应力的影响。

(四)双层钢筋混凝土路面板底脱空受荷分析

应用ANSYS分析了单轴双轮组和双轴双轮组作用下不同脱空面积的板角应力;分析了各参数变化对板角脱空的双层钢筋混凝土路面受力的影响;分析了配筋率及配筋位置对板底受力的影响。

(五)双层钢筋混凝土路面温度应力分析

建立ANSYS有限元模型,分析了参数变化对钢筋混凝土路面结构的温度应力和位移的影响规律,其中配筋率、混凝土线膨胀系数对结果的影响较大。

(六)基于层间功能层的双层钢筋混凝土路面结构协调设计

探讨了双层钢筋混凝土路面结构的设计方法,主要针对纵向钢筋的设计参数和设计方法进行了详细的阐述,利用有限元分析软件ANSYS对双层钢筋混凝土路面的结构形式和配筋进行计算。

二、适应范围

适用于特重交通公路建设项目,在对特重交通项目立项时就进行路面使用状况调查与分析,考虑钢筋混凝土路面荷载及温度等应力,结合特重交通的要求,对路面的配筋进行优化设计,确定路面面层合理尺寸、基层合理类型以及面层与基层层间功能层的设计尺寸,提出钢筋混凝土路面的结构设计方法。

适用于解决双层钢筋混凝土路面施工中的关键技术问题——钢筋网的制作、定位与安装,采用钢筋支架法进行钢筋的固定,为双层钢筋混凝土路面施工提供有益指导。

三、已应用情况

2007年6月至2008年8月在山西省大同孙吴运煤专线(二级公路)铺筑试验路段,通过设置层间功能层的特重交通双层钢筋网混凝土路面结构与未设置沥青功能层结构或单层钢筋网结构对比,无论基于力学分析还是工程实践,都是一种更为合理的结构形式。该结构具有承载力大、稳定性好、行车舒适、公路养护维修少和使用寿命长等特点;与常规路面结构相比,尽管早期投入费用高,但长远考虑其具有显著的经济效益。同时,施工工艺较简单,施工效率高,容易掌握,易于在道路交通量大、重载和超载现象严重的地区推广。

四、应用效益

经济效益:水泥混凝土路面平均使用寿命为15年,15年改建1次,采用该成果的路面结构后,平均使用寿命30年以上,不改建。综合原设计费用及大中修、改建费用与残值。当社会贴现率为6%时,改建路段:原成本为290万元/km,较试验段高34.82万元/km,新建路段,原成本350.34万元/km,较试验路段高55.97万元/km。实践中,改建铺设试验路1km,新建铺设试验路2km,铺设3km试验路的经济效益为146.76万元,若60km全用该成果,可节约2 000万～3 300万元。

社会效益:该成果的应用可显著改善水泥混凝土路面的长期使用性能,提高行车的安全性与舒适性,延长路面的使用寿命,改善山西出省通道的交通运输条件,提高晋煤外运能力,推动地方经济和各项事业的发展,完善路网建设。该成果还可为其他省份修建钢筋混凝土路面提供有力技术支持,对于减少水泥混凝土路面的早期损坏,合理利用当地资源,建设节约型社会,落实公路建设的科学发展观,实现公路建设的可持续发展具有重要理论意义和重大实用价值。

34. 动荷载对不平整路面破坏的研究

成果所属专题编号:豫交科鉴字[2009]第36号
成果主要完成单位:河南省交通运输厅公路管理局
联系人:刘芳
联系电话:0371-87166295(手机:13613806335)
通信地址:郑州市郑东新区农业东路100号
E-mail:liufang@hnvd.gov.cn
邮政编码:450016

一、主要技术内容

本项目对道路在动荷载下因路面不平整而破坏进行了相关研究,包括理论分析、数值模拟与现场试验。其研究成果不但具有理论意义,也具有实用价值。

主要研究成果:

(1)建立了车辆—路面相互作用的动力响应模型,得到了车辆动荷载响应解析解,并分析了路面参数、载重、车速等因素对车辆动荷载响应系数的影响。

①路面波长、波幅不变,汽车以不同的速度在此波形路面上行驶,当车辆—路面系统频率与车辆模型固有频率相等时,车辆—路面系统产生共振,此时车辆对路面的动荷载值最大。

②路面波长、振幅不变,最大动荷载系数随着载重量的增加而减小,但动荷载值还是随着载重量的增加而增大。

③车速、路面波长及载重不变,在振幅改变的情况下,最大动荷载系数随着路面振幅的增大而增大。

④车速、振幅及载重不变,在路面波长改变的情况下,汽车的最大动荷载系数不是随着路面波长的增加而无限增大的,而是随着波长的增加先出现峰值,在峰值以后随着波长的继续增加,动荷载系数将逐渐趋近于1。

(2)通过现场试验验证了车辆动荷载对路面结构动态应力应变响应规律。

(3)基于不同路面损伤模型,建立了动静荷载作用下沥青路面使用寿命评价体系;分析了动静荷载下沥青路面使用寿命的差别,验证了不平整路面引起的动荷载加剧了路面破坏。

综上所述,本项目研究成果对于路面结构的设计、施工、养护以及行车安全等具有重要的现实意义。

二、适用范围

该项目通过理论分析、现场试验与数值计算的方法,深入探讨了不平整路面上车—路相互作用的机理,分析了路面不平整、载重、车速与车辆所产生动荷载间的相关关系,建立了不平整路面上由于车辆所产生动荷载对道路损伤及剩余寿命评估模型。以动载理论指导道路设计可以更加接近实际,提高了道路的设计水平,节约了建设资金。利用该研究成果还减缓了车—路之间的相互作用与损伤,预测道路的使用寿命,给出最佳的养护时间,节省了维修资金,延长了道路使用寿命,使得道路的设计、建设与养护更加科学合理,应用前景十分广阔。

三、已应用情况

动荷载对不平整路面破坏的研究在济邵高速公路建设上得到应用,在原设计的基础上考虑了车辆动载的作用。根据此研究成果考虑动荷载作用以后,对路基设计作了部分修改,做了200m试验路段。按照新的方案施工路基节约了大约15%的费用,现在该工程通车3年多,没有发现任何质量问题。

四、效益分析

众所周知，路面不平整所引起行驶车辆的振动，会导致车辆通过路面时路面疲劳损伤量的增加，从而引起路基的损伤。由于路基损伤造成的重特大事故在国内外都屡见不鲜，由此造成的经济损失与社会影响更是无法用金钱来计算。

河南省交通运输厅公路管理局近年来投资新建了大量的公路路段，同时还管辖着众多已建公路。相应的新建公路的设计、施工与验收以及已建公路的养护、维修任务日趋繁重，而路面不平整直接影响着道路的养护费用、道路的使用寿命以及路上通行的各种车辆的维修费用。路面不平整所引起的车辆与路面相互作用而导致的道路破坏效果非常显著。当汽车行驶在不平整路面上，车轮将对路面产生附加动荷载，这种动荷载将加速路面平整度的衰减，而路面平整度的变差又将使得车轮对路面产生的附加动荷载增加。在此背景之下，河南省交通运输厅公路管理局联合大连理工大学进行了关于路面不平整引起的动荷载及其对道路的损伤研究。其目的是通过理论分析、现场试验与数值计算的方法，深入探讨不平整路面上车—路相互作用的机理，分析路面不平整、载重、车速与车辆所产生动荷载间的相关关系，建立在不平整路面上由于车辆所产生动荷载对道路损伤及剩余寿命评估模型，以提高道路的设计水平，减缓车—路的相互作用与损伤，预测道路的使用寿命，给出最佳的养护时间，节省了建设与维修资金，延长了道路使用寿命，使得道路的设计、建设与养护更加科学合理。

该研究成果的经济效益和社会效益主要体现在以下几个方面：

(1)本项目依托实际沥青混凝土道路结构为试验实体，将实际不平整路面转化为对路面结构最不利的正弦波形路面，通过对路面不平整引起动荷载的机理研究，建立了行驶汽车振动荷载数学模型。通过该模型的应用，深入地了解了车速、路面波长、路面振幅以及车辆载重对车辆动荷载的影响，探明了不平整路面上车—路相互作用以及道路损伤的机理，为道路的合理设计、施工与养护提供了更加科学的依据。

(2)依据弹性层状理论，按着真实路面结构，建立了路面结构三维有限元模型。通过编制 ANSYS 程序，对试验路段在车辆动荷载作用下的动应力进行了有限元数值计算，并与试验实测值进行比较，证明了路面结构动力计算有限元模型的正确性。应用该模型详细系统地分析了不同车况、不同路况条件下，不同路层结构内部的动力响应情况，从而减少了对道路有损检测的损伤，进而提高了设计精度(设计上的不足造成道路寿命的缩短与养护费用的增加以及设计过于保守导致材料的严重浪费)，优化了养护方案，使道路的相关检测、养护、验收及设计等更加科学合理，最终提高道路质量，延长使用寿命，节省了养护资金。

(3)针对路面的疲劳、开裂因素，根据路面或结构层材料承受荷载重复次数与重复应变(或应力)大小之间的关系，建立了路面疲劳开裂的数值计算模型。随着时间的推移，道路的使用性能逐渐降低，可以利用该模型对路面的使用寿命进行预估，对路面的损伤提出预警，对道路的维修及养护提出最佳的时间建议，从而延长道路的使用寿命，避免发生交通事故，节省大量的再建资金。

总之，本项目研究成果应用于道路工程设计、施工和维修，不仅节约建设资金，降低维修费用，同时还可以减少交通事故的发生；为路面设计理论和方法的完善提供了依据；提高了在道路检测、验收及养护等环节中的科学性及合理性，达到了延长我国道路的使用寿命，提高资金利用率的目的。本项目的现场试验和道路数值模型，对于以后的相关科学研究提供了有益的指导与帮助。综上所述，该研究成果具有较好的经济价值与社会效益，值得大力推广与应用。

35. 半干旱区高速公路路堑边坡生态防护技术研究

成果所属专题编号：鲁交科鉴字[2010]第15号

成果主要完成单位：山东高速公路股份有限公司、浦华环保有限公司、中勘冶金勘察设计研究院有限责任公司

联系人:刘航
联系电话:0531-89260081（手机:18653160081）
通信地址:济南市文化东路29号七星大厦A903室
E-mail:yhjjb@163.com
邮政编码:250014

一、主要技术内容

以我国北方半干旱区高速公路路堑边坡生态防护工程为对象，依托国家G2高速公路山东济青南线路堑边坡生态恢复试验工程，坚持高速公路生态环保建设理念的同时，针对半干旱区高速公路坡面生态植被恢复的技术难题展开一系列细致的试验与实践研究，主要技术内容包括：

1.多层次保水涵水关键技术

采用客土层内(高倍短效速放和高倍长期缓放保水剂)和客土层外(生物材料和水保型植生带覆盖养生)双重保水涵水技术，缓解土壤水分季节性供给压力。技术指标:外层覆盖层厚度1～10mm，内层保水剂吸水倍率100倍以上。

2.长效绿化基质配方关键技术

调控缓释有机肥、土壤改良剂、多功能复合肥等关键配方的成分组成与比例，实现植物快速覆盖坡面，确保养分恢复自然和生态植被长期稳定。技术指标为:有机质含量大于200g/kg，N、P、K总含量大于10g/kg。

3.多样性植物优化配置关键技术

提出三种护坡植被类型及筛选多种优势物种，特别开发出适用于半干旱区的以灌木植物为主的多样性植物配方技术，可实现2～3年内路堑石质边坡快速多样性植被恢复，由单一的以草本或灌木植物为主的植被类型向以灌木植物为主，草本植物和灌木植物相结合的综合植被类型演变，以及由外来型物种向乡土型物种演替过程。技术指标:灌木种子占总量比例达60%～70%以上，灌木与草本配比为2∶1以上。

4.基于生态防护的路堑边坡稳定性评估方法

基于现有边坡稳定性理论，遴选主要影响因子，通过模拟计算根系与土体的相互作用，经参数率定和验证后提出不同植被类型的稳定性计算模型和评估方法，并计算半干旱区稳定有效的路堑边坡客土层厚度为8～10cm。

5.生态护坡综合效益评估方法

采用生态补偿替代法，提出恢复半干旱区高速公路路堑边坡生态植被效果判别标准和经济、社会及生态等三大综合效益评价方法，可节省工程造价超过10%，实现植被覆盖度70%～80%以上。

6.边坡生态防护优化设计指标体系

对生态护坡的自然(水、土、生)和人为因子进行分类，建立并量化相关气候、坡率、岩土类型、植被类型等参数设计指标，采用最优判别法，构建完成半干旱区高速公路边坡生态防护优化设计指标体系。

二、适用范围

半干旱区高速公路路堑边坡生态防护技术可适用于北方半干旱区的公路边坡生态恢复工程，还适用于水利、铁道、能源、矿山等领域的边坡植被恢复工程，尤其适用于以岩石边坡为主的困难立地条件边坡植被恢复工程。

三、已应用情况

1.路堑边坡生态护坡试验工程

2007 年在济莱高速公路选定试验区域进行路堑边坡生态防护试验工程，共完成面积近 4 万 m^2，覆盖度能达到 80%以上，取得良好的边坡植被恢复绿化效果。

2. 路堑边坡生态护坡推广工程（济南—莱芜高速公路）

山东高速公路股份有限公司应用本项目研究开发的三项关键技术，于 2009 年在济南—莱芜高速公路沿线 70 余个路堑石质边坡推广实施客土喷播技术，完成边坡生态防护工程面积超过 16 万 m^2，取得良好的生态护坡效果。

3. 路堑边坡生态护坡推广工程（青岛—莱芜高速公路）

山东省公路局应用本项目研究开发的三项关键技术，于 2008 年在青岛—莱芜高速公路沿线路堑边坡推广，共计完成边坡生态防护工程面积约 15 万 m^2，取得良好的生态护坡效果。

四、效益分析

根据山东省的实际工程造价情况，按客土喷播与浆砌片石防护综合单价作为成本节支计算标准，节支总额＝面积×节支单价＝1 039 万元。边坡生态防护技术不仅稳定路基边坡，减少水土流失危害，有力保障公路主体工程安全，美化绿化公路，促进地方经济，还可创造包括减少碳排放、涵养水源、保持肥力、制造氧气、净化环境等生态效益，仅济南—莱芜高速公路路堑边坡全线生态防护工程就可创造生态效益约 44 775.68 万元。

36. 高等级公路沥青路面改造典型结构的研究

成果所属专题编号：交科鉴字[2010] 第 8 号

成果主要完成单位：山东省交通运输厅公路局、东南大学、山东大学

联系人：毕玉峰

联系电话：0531-85693215

通信地址：山东省济南市舜耕路 19 号

E-mail：biyf@163. com

邮政编码：250002

一、主要技术内容

本课题研究成果按不同交通量分级提出了针对不同旧路处治方案的加铺典型结构，充分利用了 LSPM(Large Stone Porous asphalt Mixes)结构层材料的优异性能，对 LSPM 结构进行了深入的抗疲劳优化和调整，充分考虑了旧路材料的疲劳特征，创新应用二次疲劳试验获取旧路材料的剩余疲劳寿命指标，从而保证了加铺结构整体的疲劳性能；结合现场取样蠕变试验，验证了旧路沥青材料的蠕变性能，建立了车辙的计算与预测方法，对建立的加铺典型结构库从抗车辙方面进行了深入比较和优化，验证了 LSPM 优良的抗车辙性能，保证了加铺改造路面结构的抗车辙特性；结合粉土路基含水量和强度衰变规律，针对粉土地区路基上加铺结构进行了特殊设计，保证了山东省内粉土路基应用 LSPM 典型结构的安全；对旧路顶面典型病害的强度特征进行了现场测试，明确了旧路面加铺的下承层强度特征，并结合以上研究，提出了旧路加铺的新结构设计方法。

根据沥青路面结构病害发生的机理，将病害类型分为 3 大类 13 种典型病害，建立了病害数据库；为分析原路病害对加铺结构的影响，首次对存在裂缝、坑洞时的旧路模量等力学参数进行了实测和力学分析；结合旧路改造特点，提出了考虑旧路改造前后交通量变化规律的新型交通量预测方法，并利用已有交通量数据进行了验证；首次综合考虑了每车道、每日平均大客车及中型以上的各种货车交通量和累计标准轴次，将交通等级划分为 4 级标准；在研究了一般路基条件下旧路性能衰减规律和黄泛区特殊路基强度衰减规律的基础上，系统地提出了 3 类 10 种新型加铺路面结构，经应用实践证明，反射裂缝率几近

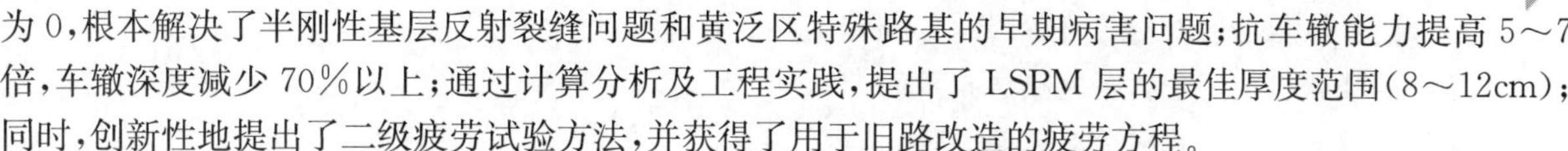

为0,根本解决了半刚性基层反射裂缝问题和黄泛区特殊路基的早期病害问题;抗车辙能力提高5～7倍,车辙深度减少70%以上;通过计算分析及工程实践,提出了LSPM层的最佳厚度范围(8～12cm);同时,创新性地提出了二级疲劳试验方法,并获得了用于旧路改造的疲劳方程。

基于新型大粒径透水性沥青混合料LSPM路面结构形式,在积累和总结近10年工程实践应用的基础上,对一般路基和黄泛区特殊路基条件下旧沥青路面结构进行了路用性能试验和理论分析,提出了系列典型结构形式,为旧沥青路面的加铺改造工程提供了一整套解决方案。本课题研究成果已纳入山东省地方标准,形成了较完善的技术配套条件,为该技术的推广应用奠定了基础。

二、适用范围

本研究成果直接适用于高等级公路沥青路面改造的工程实践中,为高等级公路沥青路面改造提供适宜的结构方案,确保改造后的路面使用寿命与使用效果,节省维修养护费用,并对新路面结构的病害预防及结构选择也有一定借鉴意义。

三、已应用情况

本课题研究成果已在高等级沥青路面改造典型结构——东港高速公路大修改造工程、泰莱高速公路大修工程、S83枣庄连接线高速公路大修工程和临沂高速公路大修工程中应用,并在省内老路加铺改造、新建路面结构设计中广泛应用;且在辽宁、陕西、浙江、安徽、广东、湖南等省得到推广应用。反馈意见较好,获得了很好的经济效益和社会效益,受到了国内同行应用单位的高度评价,具有广阔的应用前景和推广价值。

四、效益分析

该研究成果在新建高速公路工程和公路改造工程中均得到了广泛应用,应用总里程已超过2 000km。跟踪调查表明,工程应用效果良好,减少了路面结构病害,降低了公路养护管理成本,极大减少了日常道路病害养护对公路通行的影响,树立了良好的公路运营形象,产生了巨大的经济效益和社会效益。且在国内得到推广,受到了国内同行高度评价。

山东省LSPM试验路实际通车年限已达7年,至今为止,最早施工路段未支出除日常养护以外的养护费用。实践和理论分析表明,应用本课题提出的高等级沥青路面改造新型结构,每公里4车道高速公路在一个设计周期内(15年),可节约费用186.8万元。本课题提出的LSPM新结构从2004年开始在山东省进行大规模推广,至2007年,以三年累积推广里程计算得到的实际节约工程费用为12.234亿元。以现有典型路段每年因道路维修堵塞为基准,考虑道路畅通工程可产生间接经济效益达10亿元。

37.广西区农村公路工程关键技术标准研究

成果所属专题编号:桂科鉴字[2009]第242号

成果主要完成单位:广西壮族自治区公路管理局、交通部公路科学研究院、重庆交通大学
联系人:苏应全
联系电话: 0771-2115830,13707710126
通信地址:广西南宁市云景路3号
邮政编码: 530028

一、主要技术内容

项目研究属交通运输工程道路工程领域,研究的主要内容包括:

(1)广西壮族自治区农村公路等级划分的控制要素研究；

(2)广西壮族自治区农村公路路线技术研究；

(3)广西壮族自治区农村公路路基、路面技术研究；

(4)广西壮族自治区农村公路桥涵结构、隧道及综合排水技术研究；

(5)广西壮族自治区农村公路交通工程及沿线设施研究。

通过项目研究，确定针对广西部分地区农村公路建设等级无法达到部颁规范四级公路标准的实际情况，补充制订了广西壮族自治区农村-I级、农村-II级公路工程技术标准，并针对农村公路中常用等级公路的技术指标，提出了与部颁标准内容体系相近的广西壮族自治区农村公路工程技术标准，以利实际推广使用。通过路线技术研究，提出了广西壮族自治区农村公路工程设计、施工指南，从农村公路的路线技术指标、路基路面材料及结构形式、特殊地区(膨胀土地区、大石山区、天然砂砾广泛分布地区)的筑路材料的利用、隧道的结构及断面、排水设施断面及尺寸、桥涵结构形式及交通标识、标志等方面提出了完整的技术指标体系，对于广西地区农村公路的建设将起到积极的推进作用。

研究形成的《广西壮族自治区农村公路工程关键技术标准》及相应的设计、施工指南，是结合广西地方特色的集成创新性的研究成果，具有自主的知识产权。课题研究公开发表学术论文数篇，已编制形成《广西壮族自治区农村公路工程关键技术标准》(试行)。

二、适用范围

该课题制订的农村公路工程关键技术标准适用于广西地区农村公路。

三、已应用情况

广西区农村公路工程关键技术标准研究成果的应用，将产生显著的经济效益，其中，膨胀土包边路堤技术的应用可降低工程材料造价约 60.5%，天然砂砾石替代级配碎石用作路面基层可节约工程材料造价约 35.7%，大石山区路面结构的优化设计方案将降低工程材料造价约 20%。根据 2008 年和 2009 年广西区农村公路建设规模，对应的研究成果应用情况分算如下：

2008 年节支项目为：膨胀土地区路基 96km×21.774 万元/km＋天然砂砾应用 64km×3.375 万元/km＋山区路面结构 55km×3.84 万元/km＝2 517.504 万元；

2009 年节支项目为：膨胀土地区路基 117km×21.774 万元/km＋天然砂砾应用 61km×3.375 万元/km＋山区路面结构 62km×3.84 万元/km＝2 991.514 万元

其中项目总投资为估算指标，对应膨胀土地区路基土方、天然砂砾基层及山区路面面层。

四、效益分析

该课题研究成果，已在多条试验路使用，取得了较为显著的经济效益和社会效益。

课题组研究提出了一整套广西区农村公路建设的纲领性文件，包括《广西壮族自治区农村公路工程技术标准》、《广西壮族自治区农村公路工程路线设计施工指南》、《广西壮族自治区农村公路工程路基路面设计施工指南》、《广西壮族自治区农村公路工程桥涵设计施工指南》、《广西壮族自治区农村公路工程隧道设计施工指南》、《广西壮族自治区农村公路工程综合排水设计施工指南》、《广西壮族自治区农村公路工程交通安全实施设计施工指南》、《广西壮族自治区农村公路工程质量检验评定标准》、《广西壮族自治区农村公路工程膨胀土地区路基结构形式研究报告》、《广西壮族自治区农村公路工程大石山区农村公路典型路面结构形式研究报告》、《广西壮族自治区农村公路工程天然砂砾石在路面基层中的应用研究报告》、《广西壮族自治区农村公路工程设计、施工指南可视化系统》等，对于统一全区公路建设标准，提高全区农村公路建设质量，具有突出的作用，必将取得显著的社会效益。

38. 广西公路沥青路面实体结构技术参数和结构形式合理选定试验研究

成果所属专题编号：桂科审字 201091029
成果主要完成单位：广西交通基建管理局、广西公路管理局、重庆交通大学
联系人：黄世武
联系电话：13907818908
通信地址：广西南宁市滨湖路 66 号
E-mail： huangsw1968@163. com
邮政编码：530021

一、主要技术内容

课题结合广西壮族自治区沥青路面性能和使用气候分区特点，对沥青路面原材料性能及混合料路用性能进行了大量的试验研究；通过调研分析了沥青路面不同结构的典型破坏形式、特点以及破坏机理，分析研究了沥青路面的不同结构形式特点，提出了适用于广西地区的沥青路面典型结构；最后研究了沥青路面结构的施工及养护技术。

课题组在对广西地区公路自然条件、沥青路面使用现状等调查研究的基础上，利用归纳演绎原理建立了广西区公路自然三级区划和沥青路面典型结构；采用多级嵌挤级配设计方法提出了具有骨架嵌挤结构的沥青稳定碎石基层的级配组成；采用三维有限元方法研究具有沥青稳定碎石柔性基层的全厚式沥青路面和混合式基层沥青路面结构受力特性和设计方法；采用自制专用试验检测设备对刚柔复合路面的层间黏结技术进行研究，提出了刚柔界面的层间抗剪强度和拉拔强度标准值，优选出了保证层间黏结能力的技术措施。研究成果在坛百高速公路等实体工程上进行示范，使用效果良好；对广西今后沥青路面设计、施工等具有重要的指导意义。

二、适用范围

项目属于交通运输领域中沥青路面结构、材料和施工技术范畴。

三、已应用情况

(1) 项目研究提出的广西公路自然区划等级、沥青与集料选择建议值、柔性基层、复合式路面及广西地区沥青路面典型结构等相关成果，在广西各地均得到了应用，其中，广西南宁(坛洛)至百色高速公路新建沥青路面和复合式路面、广西南宁至百色二级公路路面改造影响力最大。

2007 年，招商局重庆交通设计科研院中标广西隆林至百色高速公路设计标时，在该路的第三设计标中采用了本研究的成果。

(2)本研究在广西南宁(坛洛)至百色高速公路实施了 12.7km 复合式路面，是广西目前在新建高速公路上唯一一段，有“白加黑”和“黑加白”两种形式，“白加黑”路面表面层沥青混凝土厚度只有 4～6cm，只有一层，是全国目前最薄的新建路面加铺层。

该段路面往百色方向是“黑色”路面，往南宁方向是“白色”路面，重载交通量达到 15 000 辆/昼夜，是广西最重要的矿业运输通道。自广西南宁—百色高速公路全线通车后，与广西早先已建成通车的广西南宁至坛洛高速公路、广西百色至罗村口高速公路相接，就长期存在三种不同类型的路面：沥青路面、复合式路面、水泥混凝土路面。

目前，试验段中的“黑加白”路面基本没有破坏，“白加黑”路面仅有少量轻微车辙，原先推测可能出现推移、起庖、深车辙、剥离、水损严重的情况，至今通车接近 3 年，未见出现。由于该段试验路的初步成功，2009 年初广西交通厅、广西交通投资集团有限公司同意广西隆林—百色高速公路 105km 全线采用

复合式路面结构。

四、应用效益

本研究成果是广西路面结构的合理选型重要的依据，将对广西今后的公路路面建设产生深远的影响。

39. 膨胀土坡地路堤地基处治技术研究

成果所属专题编号：桂科审字 201091205

成果主要完成单位：广西信达高速公路有限公司、重庆交通大学

联系人：黄世武

联系电话：13907818908

通信地址：广西南宁市滨湖路 66 号

E-mail：huangsw1968@163.com

邮政编码：530021

一、主要技术内容

本研究课题要解决的问题是：道路的路堤填方使用符合规范的非膨胀土填筑，填方的底部是有纵向坡度、横向坡度的膨胀土地基，路堤在建设期或建成通车后存在开裂、滑移的问题。如何解决这类问题？也就是地基如何处理和确定填方最大高度两大问题。主要科技内容如下：

(1)病害因素分析。在广西南宁至百色高速公路项目上对百色盆地膨胀土的道路病害状况开展专题研究，从宏观地质特征方面入手，揭示了宏观地质特征和道路病害状况的内在联系因素——膨胀土土层之间的层间滑动、膨胀力、填方高度与坡度。

(2)寻找处治手段。根据病害发生的条件，结合膨胀土的宏观地质特征和膨胀土工程特性，经理论分析和实践，提出了填方坡脚处理、填方范围的台阶处理、极限填高等经济的处理方法。

(3)推广应用。把路堤地基处治的方法加以推广，应用到上边坡、路堑、结构物等工程中去。

二、适用范围

本项目属于交通运输领域，亦属土木建筑、环境保护领域。

三、已应用情况

推广应用至广西隆林至百色高速公路、广西南宁至百色二级路病害处理、广西南宁至友谊关病害处理当中。用含水量的变化来推断膨胀土土层的分层和范围，为勘察工作提供了手段，在工程界是首创；揭示了宏观地质特征和道路病害状况的内在联系，为设计、施工提供了思路；为修订膨胀土地区路基设计、施工技术规范提供了文献资料，促进行业科技进步，特别是避免了广西及类似地区新建公路重复出现类似问题，极大节约了资源。

四、应用效益

研究成果在广西南宁至百色高速公路 K96～108 段和 K159～K189 段中的百色东立交进行了试验应用，效果良好，效益明显，节省处治费用约 3 000 万元。

在广西南宁至百色高速公路 K159～K189 段部分病害路段参考本研究成果施治，效果较好。

40.环长白山旅游公路资源保护研究

成果所属专题编号:吉交科鉴字[2010]12 号
成果主要完成单位:吉林省高等级公路建设局、交通运输部科学研究院
联系人:陆旭东
联系电话:010-58278213(手机:18910055839)
通信地址:北京朝阳区惠新里 240 号
E-mail: Lxudong@126.com
邮政编码:100029

一、主要技术内容

1.环长白山旅游公路对资源环境的影响研究

公路建设对植物资源的影响是重点,首次研究了长白山区公路对森林内部生态因子、植物多样性以及群落组成的影响规律,确定了公路建设对植物资源的影响范围和程度。

2.环长白山旅游公路植物资源保护研究

研究提出了公路建设中植被分级保护、植物就地保护、植被自然生态恢复等多项植物资源保护技术,创新地提出"一种路基清表分布施工法",已申请国家发明专利(申请号:201010251039.2)。

3.环长白山旅游公路水资源保护研究

研究了公路建设对水文水系和水质的影响。首次采用乡土材料,根据长白山地区公路桥面径流污染特征,研发了火山石生态过滤池污水处理系统。

4.环长白山旅游公路景观保护与协调技术研究

研究了公路建设对景观格局的影响,阐明了环长白山旅游公路建设对沿线区域的景观破碎化影响程度规律,研究提出了提高旧路利用率、降低路基高度等景观资源保护技术。首次系统提出了公路观景台选址、设计、施工及管理技术方案。

5.环长白山旅游公路动物资源保护技术研究

研究了公路路域野生动物本底分布特征,确定了典型野生动物穿越环长路的集中路段和受公路影响较大的动物为两栖类。研究提出了长白山区野生动物通道设置技术方案。

二、使用范围

本课题研究成果使用于旅游公路、高速公路及其他线形工程技术设施建设中的生态环境影响评价、公路勘察设计、施工及运营中资源环境保护。

三、应用情况

1.环长白山旅游公路应用情况及效果

本课题研究与工程实践紧密结合,研究成果在环长白山旅游公路全线得以成功实施,避免了公路建设走"先破坏,再恢复"、"先污染,再治理"的弯路。

(1)采纳本项目研究提出的基于资源保护的道路线形优化方案,充分利用了旧有林道,一次调整线位方案 37.8km,旧有林道利用率由 46%提高为 74.6%,路基高度降低 0.8m,减少占用林地 47hm^2(公顷)。

(2)针对传统公路建设一次性清表,采纳本项目创新性成果"路基清表分步施工法",保留了路基边线至征地线之间的原生树木 16.8 万~33.6 万棵树木。

(3)针对传统公路建设人工绿化的情况,环长路采纳本项目创新性成果"利用表土中的天然种子库进行自然生态恢复技术”，减少人工绿化面积约 120 万 m^2。

(4)采纳本项目提出的植物资源“就地保护”技术，保留了路侧大量景观优美、树龄较长、规格大、经济价值高的大树至少 60 棵，使环长白山旅游公路获得了良好的景观效果和生态效果。

(5)采纳本项目研发的火山石生态滤池技术，在环长白山旅游公路在 K5＋590 段应用。既达到了处理桥面径流的效果，保证饮用水源的安全，又节约了投资，并且创造了自然湿地景观。

(6)采纳项目研究成果，充分利用了沿线景观资源建设观景台 5 处，营造了风景优美、舒适安全的行车环境，最大限度地发挥了公路的旅游功能。

(7)采纳本项目提出的环长白山旅游公路动物保护交通工程配套技术，并应用于 K5～K45 段，达到了保护野生动物的目的。根据监测显示 K10～K25 段，以及 K35～K70 路段涵洞利用率较高，可减少公路运营带来的中国林蛙等野生动物致死，有效减小公路运营造成的林蛙致死，保障林蛙种群的稳定性。

2.其他公路应用情况及效果

研究成果在东北地区多条高速公路中得到应用，如：吉林省图们至珲春高速、通化至新开岭高速、营城子至松江河高速、鹤大高速小沟岭至抚松段和通化至靖宇段、集双高速东丰至通化段，以及黑龙江北安至黑河高速公路等，成果推广里程超过 1 000km。通过成果推广应用，有效避绕了环境敏感区，大大减少了生态景观破碎化，节约了土地资源，保留树木 4 万棵以上。

四、效益分析

科研成果在环长白山旅游公路全线推广应用，旧有林道利用率提高 38.6%，路基高度降低 0.8m，节约了大量土地资源，保护林地 47hm^2(公顷)，保留乔木 16 万棵以上，创造直接经济效益 1.6 亿元以上，间接生态效益 38 万元/天以上，成果推广应用超过 1 000km 高速公路，创造直接经济效益 3.1 亿元以上。同时，促进了公路与环保、景观等多学科的融合，推动了路域生态学的学科发展；改变了传统公路的建设理念，转变了传统公路的建设方式，促进了“资源节约、环境友好”、“低碳”型交通行业的发展。

41.沥青路面就地冷再生技术研究与应用

成果所属专题编号：鄂交科鉴字[2009]0205 号

成果主要完成单位：湖北省公路管理局、交通部公路科学研究院、北京新桥技术发展有限公司

联系人：李旺提

联系电话：027-68820126(手机：13995579188)

通信地址：武汉市黄孝河路 47 号

E-mail：liwang_t@sina.com

邮政编码：430015

一、主要技术内容

沥青路面再生技术早在 20 世纪 30 年代便已经开始应用，70 年代，欧美日等国家与地区开始大规模推广。沥青混合料的再生工艺有热再生和冷再生两种方法。就地冷再生是指对旧路面进行冷破碎、翻松，添加乳化沥青及其他外加剂，拌和、摊铺、压实形成新路面的施工方法。

沥青路面就地冷再生技术是利用专门机械对旧有破损路面(或基层材料)进行铣刨破碎，必要时加入部分新集料，同时混拌一定数量的添加剂对原路面材料加以再生，然后在自然环境温度下对再生混合料进行摊铺碾压，作为上基层或中、下面层，所有操作都在现场连续完成，达到对原有路面进行维修和重建的目的，需要时在再生层上面加铺磨耗层(面层)。

二、适用范围

沥青路面冷再生技术主要适用于一般公路、等外公路、部分城市道路及其他场地的维修改造。对于低等级公路，特别是乡村公路，这种经过冷再生的路面可作为路面的表面层；对于高等级公路，这种路面可作为高等级公路的基层适用。

三、已应用情况

武汉市目前应用的主要是以水泥为结合料的沥青路面全深式就地冷再生技术，应用可以分为试验、研究、推广三个阶段。

1. 试验阶段

2006年，市公路处结合公路养护年度大中修工程项目，先后在318国道蔡甸区段K985＋000～K988＋000、K994＋000～K995＋000、K996＋000～997＋000三个路段进行了5km的再生试验，再生层作为上基层使用。

2. 研究阶段

2007年，根据省公路局的统一安排，市公路处与交通运输部科研所、武汉理工大学等单位和院校进行课题合作研究，以大修项目为依托，在318国道蔡甸区段、318国道新洲区段、106国道新洲区段、汉沙线汉南区段、武赤线江夏区段等线路进行试验研究，采用的是水泥为结合料的全深式就地冷再生技术，冷再生里程达21.33km，再生层除318国道蔡甸区段作上基层外，其余线路均作下基层使用。

3. 推广阶段

2008年，冷再生技术在全市公路大修项目中得到广泛应用，318国道蔡甸区段再生里程8.7km、汉沙线汉南区段8.4km、阳福线新洲区段14.37km、武赤线江夏区段4.8km、檀黄线8.4km、龚侏线8.0km、土桐线3.6km，年度冷再生里程达56.27km。

2008年，与相关单位合作，开展了以泡沫沥青为结合料的全深式就地冷再生技术试验，试验段选择在318国道蔡甸区段。

四、应用效益

沥青路面就地冷再生技术具有缩短工期、保护环境、节约原材料以及不封闭交通等特点，具有明显的经济效益和社会效益。

从三年的工程效果来看，再生层结构稳定，除早期整体强度偏低取芯困难外，其余各项指标均能满足现行规范标准要求。尤其是在使用过程中，再生层反射裂缝数量明显少于传统的半刚性基层因于结合料的理化反应而产生的裂缝，降低了后期养护成本。同时，还具有以下明显的比较优势。

1. 节约了资源、保护了环境

按路面宽度为9m、补强层厚度20cm的二级公路大修标准计算，每公里可节约1 900m^3碎石，三年大修里程82.60km，共节约碎石15.69万m^3。减小了由于开采矿石给环境造成的破坏，在地材不足，材料供应困难的地方是极为有效的施工方法，并实现了路面改造的“零弃方”。

2. 降低了工程成本，经济效益明显

按加铺同等厚度的基层进行计算，我市平均每公里预算价格为34.2万元，冷再生每公里造价22.5万元，每公里节约11.7万元，三年累计节约966.42万元。同时，还避免了由于路面高度增加而对里程碑、标志牌、路肩缘石等公路附属设施进行全面调整的费用支出。

3. 修复原有缺陷，优化工程质量

采用就地冷再生技术，在基层或底基层再生施工过程中，通过破碎拌和、整形、碾压后，不仅可以消除原路面裂缝、轻度沉陷坑槽等病害，还可以解决旧路的偏拱，对纵坡进行微调，明显提高了改造工程的质量。冷再生后不单纯只是道路面层的翻新，而且提高了道路的整体结构强度。

4.施工速度快,对交通影响相对较小

冷再生施工过程时间短,而且能在很短的时间开放交通,在无法完全中断交通的施工路段是首选的施工方法,并可在相对阴湿或低温季节作业,加快施工进度,缩短工期。

5.工艺技术较为系统,适用范围广

高等级公路以及大城市街道翻修若采用冷再生施工可掺入泡沫沥青或乳化沥青以增加基层的强度和稳定性,减少路面面层的铺装厚度,达到与原路面层相同的效果。

42.红层堆积体高边坡病害机理及防治技术

成果所属专题编号:川科鉴字［2010］第012号

成果主要完成单位:四川省交通厅广巴高速公路工程建设指挥部、西南交通大学

联系人:魏瑞

联系电话:13808220888

通信地址:成都市二环路西一段90号四川高速大厦A0513室

E-mail:weirui626@126.com

邮政编码:610041

一、主要技术内容

在我国广泛分布的红层地区存在大量的红层堆积体边坡,由于这种坡体具有特殊的地质特征,经常造成道路边坡工程病害甚至滑坡灾害,给工程建设造成了巨大的困难。本成果密切结合此类坡体的水理性、风化性、开挖自稳性差等特殊性质,按坡体地质构造特征分类揭示其病害机理,在此基础上结合生态环境保护,提出坡体稳定性分析方法和病害防治技术和坡面防护措施,具体主要技术内容如下。

1.红层堆积体高边坡坡体结构分类体系

按照坡体结构特征将红层堆积体高边坡分成4大类(9个亚类),即块石土堆积体、层状堆积体、黏土层下卧块石土堆积体和块石土中夹杂大孤石堆积体。

2.红层堆积体高边坡灾害机理

基于水理性的病害机理,即开挖卸荷造成坡体变形→坡体内形成松动区→地表水入渗→岩土体崩解软化强度降低→在坡体内形成贯通滑面→松动区岩土体沿贯通滑面发生失稳破坏。

基于风化性的病害机理,即裸露坡体受阳光照射形成高温热应力使浅层膨胀→降雨使温度急剧降低消除应力浅层收缩时产生大量裂纹→雨水沿裂纹入渗使岩土体崩解→坡体干燥后崩解的岩土体不断剥落并堆积于坡脚→崩解体剥落完后露出新鲜坡面→新鲜坡面,重复上述过程再次风化。

3.红层堆积体高边坡开挖稳定性分析方法

提出红层堆积体高边坡基于稳定系数和卸荷效应的开挖松动区的概念,在边坡应力分析的基础上,根据开挖松动区的特性,可采用点稳定性和面稳定性相结合的方法进行开挖边坡稳定性分析。

4.边坡新型支挡结构设计计算方法

提出了顶板与数个(9个及以上)微型桩体固定连接的顶板连接式微型桩组合抗滑结构和前后排桩间用横梁固定连接的门型桩结构的抗滑机理,依据横向桩土相互作用原理,考虑排间岩土体对桩体的三角形分布压力作用特征,受荷段采用平面刚架模型和锚固段采用弹性地基梁模型,设计计算微型桩和门型桩抗滑结构。

5.红层堆积体高边坡坡面生态防护技术

植被防护具有消除雨水对红层堆积体坡面冲蚀、改变浅层的温度和水环境条件功能,提出了红层堆积体高边坡客土配制、土质改良和植物选型措施,以及能有效应用于红层堆积体的植被护坡工程技术,包括挂三维网喷播植被护坡、挂铁丝网有机基材喷播植被护坡、栽植灌木防护等方法。

二、适用范围

(1)红层堆积体高边坡工程；

(2)红层堆积体滑坡治理工程；

(3)红层堆积体地区道路修建工程；

(4)红层堆积体地区道路沿线生态环境保护工程。

三、已应用情况

本项目成果在广元—巴中高速公路的K51、K63、K74、K78等几十处红层堆积体高边坡工程中得到成功应用，确保了施工的顺利进行，未出现施工病害，不留工程隐患，同时节省了投资，为该工程的顺利建成作出了贡献。另外，还在梁平—长寿、成都—南充等高速公路以及遂—渝、洛—湛等铁路建设中应用。为解决实际工程中存在的红层堆积体高边坡疑难问题发挥了重要作用，为这些高边坡工程治理提供了科学依据和成功范例，取得了良好的技术经济效益和环境效益。

四、效益分析

本项目研究在红层堆积体高边坡成灾机理分析、稳定分析理论和防治技术等方面取得了创新性成果，全面提升了红层堆积体高边坡工程稳定分析和灾害防治的技术水平，在红层堆积体高边坡工程中取得了显著的经济效益。

结合广巴高速公路工程，及时把科研成果应用到实际工程建设中，指导了红层堆积体路堑高边坡工程的设计施工。按本项目科研成果设计施工的工程边坡，在施工中未发生重大坍滑事故，不但保证了工程的顺利建成，而且减少了通车运营后的病害隐患及养护维修工作量，产生了较好的社会效益。

根据不完全统计：

(1)K51工点采用本研究所提出的微型桩结构加固路堑边坡方案，较传统的抗滑桩方案节省投资90万元，而且微型桩比抗滑桩在施工方面对人员有很强的安全保障。

(2)K63＋960～K64＋070工点采用本研究所提出的门型桩结构加固路堑高边坡方案，较传统的两排抗滑桩方案节省投资105万元。

(3)K63＋470～K63＋560工点采用本项研究提出的“工程措施＋植被护坡”综合防治技术，直接节省投资约150万元。

(4)GK88＋265～GK90＋743.5工点采用基于本项研究提出的系列优化整治方案后，节省投资约380万元。

(5)K66＋010～K66＋400工点采用基于本项研究提出的调整坡率优化方案后，直接节省投资约160万元。

(6)K72＋259.8～K72＋524.2工点采用基于本项研究提出的综合优化治理方案后，直接节省投资约230万元。

(7)K78＋060～K78＋280工点采用基于本项研究提出的边坡治理优化方案后，直接节省投资约120万元。

(8)K87＋130～K87＋410工点采用基于本项研究提出的抗滑桩优化方案后，直接节省投资约200万元。

(9)K110＋200～K110＋375工点采用基于本项研究提出的深层支挡结合坡面绿化的综合优化方案后，直接节省投资约180万元。

(10)K122＋232～K122＋433工点采用基于本项研究提出的清方结合抗滑桩加固优化方案后，直接节省投资约270万元。

(11)K139＋060～K139＋150工点采用基于本项研究提出的坡体加固综合优化方案后，直接节省投资约130万元。

广巴高速公路这些工点采用本课题研究成果，共计节省工程投资2 015万元。

本研究成果已在广巴、梁长、成南等高速公路及遂渝铁路等红层堆积体高边坡工程中推广应用，为解决这些工程中存在的疑难问题发挥了重要作用，取得了良好的社会经济效益。

43. 江苏省高速公路沥青路面技术集成研究

成果所属专题编号：苏交技鉴字[2010]41号

成果主要完成单位：江苏省交通工程建设局、江苏省交通科学研究院股份有限公司、东南大学

联系人：单彦贤

联系电话：025-84469031，13601463978

通信地址：南京市石鼓路69号

E-mail：syx@jsneinfo. com

邮政编码：210004

一、主要技术内容

1. 提高沥青路面抗水损害能力技术集成研究

从路面结构、原材料、混合料、施工控制等方面对提高沥青路面抗水损害能力的技术进行集成研究。

路面结构方面：层厚与集料最大公称粒径的匹配，减少沥青路面的离析；摒弃AC－II型和原半开AK型沥青混合料类型，采用密级配类型；黏结层，加强层间黏结，提高整个结构的水稳定性；二灰碎石基层转变为水泥稳定碎石基层、柔性基层，提高了基层的抗水损害能力；桥面铺装结构。材料方面：原材料的变革(沥青、集料、添加剂)；沥青面层混合料的变革和技术发展。施工控制方面：沥青路面的压实控制；沥青路面的离析控制；沥青路面的渗水控制；沥青路面的施工管理。

2. 提高沥青路面抗车辙能力技术集成研究

路面结构方面：面层结构设计中，增加了面层厚度，增强了路面承载能力，贯彻“结构设计、材料设计一体化”思路，根据各层性能要求选择合适的混合料类型，重视中面层对结构整体抗车辙能力的贡献，并采取措施提高中面层混合料的抗车辙能力。原材料方面：由普通沥青到改性沥青的大规模应用；沥青指标的优化；改善集料质量，优化集料指标；提高混合料抗车辙能力外加剂的使用。混合料设计方面：设计方法的引进与开发；对传统级配的改良；设计指标的改进。

施工控制方面：沥青路面的压实控制；沥青路面的离析控制沥青路面的施工管理。

3. 提高沥青路面抗反射裂缝能力技术集成研究

从路面结构、材料、防裂措施等方面对提高沥青路面抗车辙能力的技术进行集成研究。路面结构方面：沥青路面厚度的变革，提高了路面的抗反射裂缝能力；基层类型的变革，水泥稳定碎石基层级配优化控制，减少水泥稳定碎石基层的裂缝；低剂量水泥稳定碎石基层和抗裂嵌挤型水泥稳定碎石基层的应用，开发新型设计方法，采用振动成型技术设计骨架嵌挤型水泥稳定碎石基层，具有更为良好的抗裂性能。材料方面：改性沥青混合料的广泛应用，封层材料的变革，提高抗反射裂缝的能力。

4. 高速公路沥青路面典型路段、试验路段的调查评价

江苏省2001年后通车的高速公路沥青路面质量总体良好，行驶质量得到了大幅度的提高，基本解决了曾经长期困扰国内道路界，在江苏省也曾非常严重的沥青路面早期病害。大部分高速公路沥青路面在交通量较大的情况下经过几年的运营，目前仍然保持着良好的路用性能。此外，江苏省非常重视新技术在高速公路中的应用，针对不同的科研项目，修建了大量的试验实体工程。为了更好地总结高速公路沥青路面技术的成功经验，系统了解分析试验段的路用变化情况，课题对江苏省高速公路沥青路面及

各试验段进行性能验证和评价。

5. 经济社会效益评价

比较分析江苏省高速公路沥青路面技术进步所产生的巨大经济效益和社会效益。

二、适用范围

课题从提高沥青路面抗水损坏、抗车辙、抗反射裂缝性能等方面开展了一系列的研究和应用，这些研究成果和技术的成功应用，从根本上提高了沥青路面的使用性能，多项成果被国家、行业规范吸纳，产生了巨大的经济和社会效益，有力推动和促进了我国沥青路面技术的进步。课题从原材料选择、混合料设计、施工质量控制和质量管理等方面形成了系统的沥青路面修筑技术，更好地为今后江苏省高速公路沥青路面的建设服务，同时也为全国其他省份沥青路面修筑提供参考。

三、已应用情况

从提高江苏省高速公路沥青路面抗水损坏性能、抗车辙性能和抗反射裂缝性能等方面总结江苏省高速公路沥青路面技术，系统梳理高速公路沥青路面成套技术，有利于进一步提高江苏省高速公路沥青路面的建设水平和质量，也有利于江苏省沥青路面技术的全国推广，其成果应用在2001年以来江苏省高速公路沥青路面，使高速公路沥青路面的早期破损问题，如拥包、松散、剥落、推移、坑塘等病害，得到了基本的解决。高速公路沥青路面的使用质量得到了明显的提高，达到了高速公路沥青路面“十年不大修”的目标。

四、效益分析

对2001年前及2001年后通车高速公路在运营5年后的养护费用进行对比分析，2001年前修建的高速公路，通车5年后路面养护费用是2001年后修建高速公路的7倍，可见，由于沥青路面技术的进步而带来了非常可观的经济效益。以汾灌、锡宜、沿江和宁杭高速公路为例，相比于早期通车的京沪、广靖、锡澄等高速公路而言，每年累计能节省路面养护费大约6 805万元。分析江苏省全省的高速公路，因沥青路面技术进步带来的高速公路养护费用每年大约节省5.0亿元。从江苏省与外省的养护费用对比情况来看，经济发展水平、交通量组成、气候环境类似的其他省份每年针对路面养护所投入的资金要多于江苏省。江苏省高速公路在运营中，积极采用沥青路面新技术，对于早期修建的高速公路进行大中修改造，一方面提高现阶段路面使用性能，另一方面能够较好地提高路面使用寿命，延缓下一个大中修改造周期时间。和其他省份相比，因技术进步，江苏省高速公路沥青路面大大减少了养护费用。以2008年为例，江苏省高速公路沥青路面每公里的养护费用仅为经济发展水平、交通量组成、气候环境类似的其他省份的8%～33%。

44. Superpave沥青路面技术集成研究

成果所属专题编号：2008-353-332-120

成果主要完成单位：江苏省交通科学研究院股份有限公司

联系人：唐建亚

联系电话：025-86576818，13813892767

通信地址：南京市诚信大道2200号

E-mail：tjy@jstri. com

邮政编码：211112

一、主要技术内容

课题总结提炼了 Superpave 技术研究成果和工程实践经验，在 Superpave 原材料技术指标、混合料设计方法、施工工艺和质量控制技术方面集成系统的成果，主要技术内容包括如下几个方面：

1. 原材料技术体系集成研究

对我国相关的沥青路面 Superpave 原材料和应用技术成果进行研究总结，其中对 PG 等级优选、棱角性测试方法、集料压碎值等指标进行了深入分析。融合我国现有的原材料技术指标体系，形成了 Superpave 原材料体系与我国现有技术体系互为补益的原材料指标体系，包括沥青技术指标体系和集料技术指标体系。

2. 沥青混合料设计方法技术集成

结合我国的气候、交通条件对 Superpave 设计指标进行了分析，总结课题研究应用成果，研究适用于我国的 Superpave 的设计指标和混合料设计方法流程，包括适于国情的 Superpave 设计压实次数、补充完善控制点限制区辅助的 Superpave 级配范围、更为全面的性能验证体系等。

3. 施工工艺与质量控制技术集成

对 Superpave 沥青路面的施工工艺进行了全面的研究和总结，并在江苏、浙江、安徽、河南、重庆、内蒙古、宁夏、青海、云南等省份的高速公路应用经验中不断验证。从 Superpave 路面质量指标体系、施工关键工艺技术、施工质量控制标准、施工质量管理体系等进行归纳总结，提出 Superpave 沥青路面施工技术与质量管理体系。

4. Superpave 路用性能跟踪观测

早期应用 Superpave 工程迄今已通车约 10 年的时间。为评价 Superpave 是否具有预想的使用效果，课题对江苏、浙江、重庆、河南、青海等省份 14 条应用 Superpave 技术的路面进行性能后评估。结果表明应用 Superpave 技术路面的车辙状况和损坏状况均要优于 AC 型路面，说明 Superpave 技术对于提高路面结构的使用性能和使用寿命起到了积极的作用。

二、适用范围

根据交通运输部发展规划，至 2015 年我国高速公路将达到 10.8 万 km，公路网总里程达到 450 万 km，沥青路面需求量巨大。本课题的研究表明，Superpave 沥青路面使用性能明显优于传统 AC 型路面，在不增加初期投资的情况下，提高了道路使用性能、延长了道路使用寿命，Superpave 路面可广泛用于我国各个等级公路的建设。

三、已应用情况

课题研究成果在减少沥青路面早期损害，延长路面使用寿命方面的作用已被国内外工程实践所证实。全国 18 个省份 7 636km 公路上实施 Superpave 技术并从中获益，路面修筑质量得到显著提升，根据测算这些工程应用每年可节约养护费用 7.6 亿元。同时，Superpave 技术体系通过对我国现有混合料技术体系的影响和改进，提高了我国的沥青路面修筑技术水平，对提升路面的修筑质量更是具有广泛而深远的意义。

四、效益分析

从我国各个省份应用 Superpave 路面的调查情况来看，在初期投资不增加的情况下，道路使用性能明显提高。据统计，采用 Superpave 沥青路面年节省养护费用在每公里 10 万元，我国 Superpave 路面通车里程为 7636km，相当于每年节约养护资金达 7.6 亿元，取得了显著的经济效益。

由于 Superpave 沥青路面增加了混合料的均匀性、减少离析现象，提高了路面抗车辙和抗水损害能力，有效地遏制了高速公路的早期损害现象。江苏省在广泛采用 Superpave 路面的情况下，率先在全国

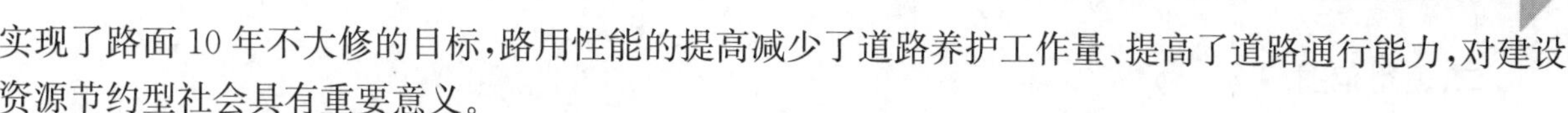

实现了路面10年不大修的目标，路用性能的提高减少了道路养护工作量、提高了道路通行能力，对建设资源节约型社会具有重要意义。

45.半干旱区高速公路路堑边坡生态防护技术研究

成果所属专题编号:鲁交科鉴字[2010]第15号

成果主要完成单位:山东高速公路股份有限公司、浦华环保有限公司、中勘冶金勘察设计研究院有限责任公司

联系人:刘航

联系电话:0531-89260081（手机:18653160081）

通信地址:济南市文化东路29号七星大厦A903室

E-mail:yhjjb@163.com

邮政编码:250014

一、主要技术内容

以我国北方半干旱区高速公路路堑边坡生态防护工程为对象，依托国家G2高速公路山东济青南线路堑边坡生态恢复试验工程，坚持高速公路生态环保建设理念的同时，针对半干旱区高速公路坡面生态植被恢复的技术难题展开一系列细致的试验与实践研究，主要技术内容如下。

1.多层次保水涵水关键技术

采用客土层内(高倍短效速放和高倍长期缓放保水剂)和客土层外(生物材料和水保型植生带覆盖养生)双重保水涵水技术缓解土壤水分季节性供给压力。技术指标:外层覆盖层厚度1～10mm，内层保水剂吸水倍率100倍以上。

2.长效绿化基质配方关键技术

调控缓释有机肥、土壤改良剂、多功能复合肥等关键配方成分组成与比例，实现植物快速覆盖坡面，确保养分恢复自然和生态植被长期稳定。技术指标为:有机质含量大于200g/kg，N、P、K总含量大于10g/kg。

3.多样性植物优化配置关键技术

提出三种护坡植被类型及筛选多种优势物种，特别开发出适用于半干旱区的、以灌木植物为主的多样性植物配方技术，可实现2～3年内路堑石质边坡快速多样性植被恢复，由单一的以草本或灌木植物为主的植被类型向以灌木植物为主，草本植物和灌木植物相结合的综合植被类型演替，以及由外来型物种向乡土型物种演替过程。技术指标:灌木种子占总量比例达60%～70%以上，灌木与草本配比为2∶1以上。

4.基于生态防护的路堑边坡稳定性评估方法

基于现有边坡稳定性理论，遴选主要影响因子，通过模拟计算根系与土体的相互作用，经参数率定和验证后提出不同植被类型的稳定性计算模型和评估方法，并计算半干旱区稳定有效的路堑边坡客土层厚度8～10cm。

5.生态护坡综合效益评估方法

采用生态补偿替代法，提出恢复半干旱区高速公路路堑边坡生态植被效果判别标准和经济、社会及生态等三大综合效益评价方法，可节省工程造价超过10%，实现植被覆盖度70%～80%以上。

6.边坡生态防护优化设计指标体系

对生态护坡的自然(水、土、植被)和人为因子进行分类，建立并量化相关气候、坡率、岩土类型、植被类型等参数设计指标，采用最优判别法，构建完成半干旱区高速公路边坡生态防护优化设计指标体系。

二、适用范围

半干旱区高速公路路堑边坡生态防护技术，可适用于北方半干旱区的公路边坡生态恢复工程，还适用于水利、铁道、能源、矿山等领域的边坡植被恢复工程，尤其适用于以岩石边坡为主的困难立地条件边坡植被恢复工程。

三、已应用情况

1.路堑边坡生态护坡试验工程

2007年在济莱高速公路选定试验区域进行路堑边坡生态防护试验工程，共完成面积近4万m^2，覆盖度达到80%以上，取得良好的边坡植被恢复绿化效果。

2.路堑边坡生态护坡推广工程(济南—莱芜高速公路)

山东高速公路股份有限公司应用本项目研究开发的三项关键技术，于2009年在济南—莱芜高速公路沿线70余个路堑石质边坡推广实施客土喷播技术，完成边坡生态防护工程面积超过16万m^2，取得良好的生态护坡效果。

3.路堑边坡生态护坡推广工程(青岛—莱芜高速公路)

山东省公路局应用本项目研究开发的三项关键技术，于2008年在青岛—莱芜高速公路沿线路堑边坡推广，共计完成边坡生态防护工程面积约15万m^2，取得良好的生态护坡效果。

四、效益分析

根据山东省的实际工程造价情况，按客土喷播与浆砌片石防护综合单价作为成本节支计算标准，节支总额=面积×节支单价=1 039万元。边坡生态防护技术不仅稳定路基边坡，减少水土流失危害，有力保障公路主体工程安全，美化绿化公路，促进地方经济，还可创造包括减少碳排放、涵养水源、保持肥力、制造氧气、净化环境等生态效益，仅济南—莱芜高速公路路堑边坡全线生态防护工程就可创造生态效益约44 775.68万元。

二、桥梁隧道工程科研项目

46. 公路隧道施工安全控制新技术研究与应用

成果所属专题编号:皖交科鉴字[2009]第4号
成果主要完成单位:安徽省交通投资集团有限责任公司、武汉广益工程咨询有限公司、西南交通大学、安徽省交通规划设计研究院
联系人:段海澎
联系电话:0551-5371809,13965007887
通信地址:合肥市香樟大道180号
E-mail:hfdhp@163.com
邮政编码:230011

一、主要技术内容

针对目前特长隧道、大跨度隧道日益增多,施工方法多变,隧道周边位移测量困难,及常规测量无法监控隧道在偏压和围岩整体下沉时的不安全因素,通过研究提出快速、精确、适应性强的三维绝对位移非接触测量方法,并建立了隧道施工安全控制基准,以达到确保隧道安全施工的目的。

本项目研究保障隧道的科学施工,最大限度保证隧道施工安全,极大地减少大坍方事故发生;提高隧道施工进度,保证隧道施工工期;降低隧道工程投资;减少隧道施工对周围环境的影响;研究成果填补了交通行业公路隧道施工规范中的技术空白。

项目的主要研究内容包括:

1. 公路隧道施工阶段围岩分级方法研究

(1)公路隧道施工阶段围岩定性指标定量化分级方法研究;

(2)公路隧道施工阶段围岩亚级适用工法及支护参数研究。

2. 位移非接触测量技术的应用研究

(1)公路隧道非接触测量三维绝对位移控制基准及施工安全管理基准研究;

(2)公路隧道复杂施工环境下大断面分部开挖法非接触测量精度和误差控制方法研究。

本项研究的特点是:针对目前特长隧道、大跨度隧道日益增多,施工方法多变,隧道周边位移测量困难,及常规测量无法监控隧道在偏压和围岩整体下沉时的不安全因素,通过研究提出快速、精确、适应性强的三维绝对位移非接触测量方法,并建立了隧道施工安全控制基准,以达到确保隧道安全施工的目的。

通过本课题研究,取得了四项创新性成果:

(1)首次建立了岩质双车道公路隧道和土质三车道公路隧道分部开挖法位移控制基准及安全管理基准。

确定了公路隧道三维绝对位移控制指标,即台阶法或全断面法竖直位移为拱顶位移,水平位移为边墙位移。CRD法竖直位移为拱顶(CRD1,CRD3)位移,水平位移为上部中隔墙位移。

建立了大断面隧道分部开挖时的位移分段非线性拟合技术,对隧道位移进行预测。

通过对现场16座隧道共245个位移监测断面进行回归分析,同时采用数值分析相结合的方法,综合确定了岩质围岩双车道公路隧道绝对位移控制基准。通过对现场86个三车道公路隧道位移监测断面进行统计分析,确定了三车道公路隧道位移控制基准。

通过对3项定量指标(位移、位移速率、位移加速度)和2项定性指标(支护结构裂缝状态、地下水状态)的综合分析,确定了公路隧道施工阶段安全管理基准。

(2)首次提出了公路隧道复杂施工环境下大断面分部开挖非接触测量误差控制新方法,从而保证了隧道三维位移非接触测量精度。

通过试验,建立了隧道三维绝对位移非接触测量误差控制方法,保证了在隧道复杂施工环境下三维绝对位移非接触测量精度。

建立了大断面分部开挖法三维绝对位移非接触测量体系,保证了隧道在复杂施工方法下的现场三维绝对位移监测的快速、准确。

开发了公路隧道三维绝对位移非接触量测分析系统软件,保证了隧道现场三维绝对位移监测数据的及时分析、预测和判定。

(3)首次提出了围岩定性指标的量化分级方法,为隧道施工阶段围岩级别的准确确定提供了客观的修正手段。

提出了采用岩石坚硬程度、岩体完整程度和地下水状态三项指标定性值确定围岩质量定量值的量化分级方法,并制定了相应的施工阶段围岩量化分级判别卡,实现了现场施工阶段围岩量化分级的简便、快速判别。

开发了施工阶段围岩量化分级软件系统,实现了施工阶段围岩量化分级的自动化,使施工阶段围岩量化分级更加具有可操作性和实用性。

(4)首次建立了公路隧道施工阶段围岩亚级适用工法及相应的支护参数。

通过模型试验和数值分析,对公路隧道围岩稳定性进行了分组,根据分组结果,确定了各级围岩的亚级划分。根据围岩各亚级对应的稳定性,确定了各亚级围岩条件下隧道的开挖方法、支护类型、结构形式、预加固参数,同时确定了支护设计参数。

二、适用范围

研究成果不但可以推广应用于安徽省其他公路隧道工程建设,同时可以推广应用于全国公路隧道建设中,对铁路隧道、地下铁道、水工隧道也有重要的参考价值,促进了行业技术进步。

三、已应用情况

本项目的主要依托工程是安徽省六安至武汉高速公路安徽段,工程路线全长 90.9km ,沿线共有 8 座隧道,左、右线合计总长度 18 390m。在进行公路隧道施工阶段围岩分级方法研究中,为了保证围岩样本采集的代表性,除了在主体试验依托工程采集样本,同时在四川省、黑龙江省、福建省等地的部分隧道也进行了采集,非接触测量技术应用主要依托安徽六武高速公路的隧道工程,在福建省三车道公路隧道也进行了现场试验。

(1)利用研究成果,对六安至武汉高速公路沿线隧道的施工阶段围岩进行了判别检验,通过开发的隧道施工阶段围岩判别软件系统的现场应用,综合符合率达 85.06%,不符合样本一般与实际围岩级别相差不超过一个亚级。对六武高速公路隧道现场围岩级别进行动态判定,对隧道内 2 914.5m(约占总长度的 16%)的围岩级别进行了动态修正,保证了隧道施工的安全,降低了工程造价。

在研究中应用成果监控六安至武汉高速公路安徽段隧道工程和福建省三车道公路隧道工程,根据现场位移监测断面测量信息,通过正确判定围岩一支护结构的危险等级,即时发送相应的险情(异常)报告,通过现场采取合理的工程措施,有效的预防坍方的发生,减少了现场工程事故。六武高速公路安徽段隧道工程施工中监控测量共发送异常报告 18 份,险情报告 3 份;福建省翔安三车道公路隧道施工中共发送异常报告 51 份,险情报告 7 份,由此保证了施工的质量与安全,最大限度的减少了隧道坍塌事故的发生。

(2)研究成果在安徽黄塔桃高速公路 15 座单线总长度 27 034m 的隧道群中推广应用,确保了该工

程隧道施工中的快速安全，施工过程中对隧道内3 717m的围岩级别进行了动态修正，降低了工程造价。

(3)研究成果在安徽绩黄高速公路总长度8 812m的4座隧道中推广应用，确保了施工围岩级别的有效、快速判别，并经过设计反馈对隧道的围岩级别和支护方案进行客观、科学的动态设计修改，保证了施工安全、减少了施工事故和工程投资。

(4)研究成果在内蒙古绥满国道主干线博克图至牙克石高速公路单线隧道总长约15km的2座隧道中应用，确保了工程施工安全和进度，节约了工程费用。

(5)根据课题研究成果，安徽省质量技术监督局于2009年12月7日发布安徽省地方标准《公路隧道施工非接触测量规程》(DB34/T 1087—2009)和《公路隧道施工阶段围岩分级规程》(DB34/T 1088—2009)，随着地方标准的推广，该成果将得到更广阔的应用和创造出更大的社会经济效益。

四、效益分析

研究成果在安徽六武、安徽黄塔桃、安徽绩黄及内蒙古博牙高速公路及厦门翔安海底隧道中成功应用，已节省建设经费1.743亿元，取得了显著的经济和社会效益。

在六武高速公路隧道施工中，利用研究成果，对六武高速公路隧道现场围岩级别进行动态判定，对隧道内2 914.5m(约占总长度的16%)的围岩级别进行了动态修正，保证了隧道施工的安全，降低了工程造价，节省投资5 591.359 5万元。

在安徽黄塔桃高速公路15座单线总长度达27 034m的隧道群中应用，施工过程中对隧道内3 717m的围岩级别进行了动态修正，节省投资5 372.39万元。

在安徽绩黄高速公路总长度达8 812m的4座隧道中应用，保证了施工安全、减少了施工事故，并减少了工程投资，节省投资2 467.119万元。

在福建厦门翔安(海底)隧道(单线总长度达18 000m)的隧道中推广应用，降低了工程造价，节省投资2 630.272万元。

在内蒙古绥满国道主干线博克图至牙克石高速公路单线隧道总长约15km的2座隧道中应用，确保了工程施工安全和进度，节约了工程费用，节省投资1 369.00万元。

本课题研究成果填补了交通行业《公路隧道施工技术规范》的技术空白，制订了西部地方标准，其成果提高了隧道的施工质量和人员的生命安全，减少大坍方事故的发生，并解决了隧道施工测量困难的难题，培养了2个博士生和3个硕士生及锻炼提高了一批公路建设管理人员的技术水平和管理能力。

技术转让方式：可以合作开展研究，针对具体工程的地形地质条件，应用本研究成果，进行系统研究，以解决工程实际问题，促进共同进步。

47.大、中跨径混凝土桥梁预应力检测技术研究

成果所属专题编号：交科鉴字[2009]第147号

项目主要完成单位：长安大学、招商局重庆交通科研设计院有限公司、哈尔滨工业大学、中交第一公路勘察设计研究院有限公司、陕西省公路局

联系人：贺拴海

联系电话：13909258128

通信地址：西安市南二环中段长安大学科技处

E-mail：keji_1@chd.edu.cn

邮政编码：710064

一、主要技术内容

针对在役大中跨径桥梁中预应力筋普遍存在的4种代表性的缺损状况特点，开展相关的检测技术研究，编制了一整套包含混凝土劣化、预应力筋定位偏差、锈蚀及有效预应力衰减的检测技术指南，可以掌握我国在用预应力混凝土桥梁的技术状况，制订相应的技术对策，延长桥梁的使用寿命，提高投资效益；同时，也可以避免安全事故出现，避免、减少新建桥梁的缺陷，减少浪费和降低投资风险。

本项目的主要研究内容包括：

(1)国内外混凝土桥梁预应力检测技术研究现状调研；

(2)预应力筋定位检测方法、设备及评价技术研究；

(3)预应力管道压浆状况检测方法、设备及评价技术研究；

(4)预应力筋锈蚀状况检测方法、设备及评价技术研究；

(5)预应力筋有效预应力检测方法、设备及评价技术研究；

(6)缺损预应力混凝土桥梁综合评价方法研究；

(7)实桥检测应用研究；

(8)制订在用大、中跨径混凝土桥梁预应力检测技术指南。

项目取得的主要研究成果如下。

1.研究报告

(1)大、中跨径混凝土桥梁预应力检测技术研究总报告；

(2)分报告之一：调研分析报告；

(3)分报告之二：预应力筋定位检测技术研究报告；

(4)分报告之三：预应力管道压浆状况检测技术研究报告；

(5)分报告之四：预应力筋锈蚀状况检测技术研究报告；

(6)分报告之五：预应力筋有效预应力检测技术研究报告；

(7)分报告之六：预应力混凝土桥梁综合评价方法研究报告；

(8)分报告之七：实桥检测应用研究报告；

(9)分报告之八：预应力钢索张力测试仪研制报告。

2.技术指南

大、中跨径混凝土桥梁预应力检测技术指南。

3.专利

发明专利一项，新型实用专利一项。

4.软件登记

完成软件开发三项。

5.理论创新成果

(1)建立了预应力混凝土梁的力学参数与预应力的数学关系模型。

通过预应力混凝土模型梁的静力参数指标(混凝土应变、钢筋应变、结构竖向位移)及动力参数指标(基频)与预应力的试验回归关系，建立了应用混凝土应力状态刚度测试及有效刚度代换法获得结构有效预应力的检测方法。

(2)建立了复杂预应力体系桥梁钢束有效预应力沿程分布预测模型及其分析评价方法。建立了复杂预应力体系桥梁钢束有效预应力衰减预测模型及其分析方法，实现了在获知有限测点应力的基础上对于各类在役桥梁钢束有效预应力不同衰减程度的有效模拟，同时依托截面分析的方法实现了基于预应力度储备值的有效预应力衰减状况整体化分级预测。

(3)构造了预应力混凝土桥梁安全性、适用性及耐久性评价及其综合性能评价模型，提出了评价方法。

结合目前国内外预应力检测技术的研究成果，分析了预应力混凝土桥梁评价中预应力钢束位置偏差、管道压浆状况、锈蚀及有效预应力等重要指标对结构产生的影响，给出了各个评价指标的分级标准，并对评价指标的分析标准进行了敏感性分析。利用模糊数学的方法构造了正态关联函数，对评估模型中各个元素或构件对各个评价等级的关联度进行了分析，利用不确定型AHP的最优传递矩阵法确定评价的权重，提出了安全性、适用性及耐久性评价及综合性能评价方法。

6.技术创新成果

(1)开发了接触式直接法检测预应力束有效预应力技术。基于钢绞线静动力指征数据的接触式直接法量测，提出了"静力检测法"(SPLM)和"动力检测法"(MPIM)两套具有不同适用性的有效预应力实用测试技术，开发了相关检测设备——预应力钢索张力测试仪(型号:LCZL-50)。

(2)给出了钢绞线锈蚀程度分级评定标准。通过收集不同锈蚀程度的钢绞线样本，对样本进行表观分级、除锈、称重及预应力钢束拉伸试验等，研究其表观特征与各种力学性能的关系，建立了预应力钢束表观锈蚀程度分级评定标准。

(3)开发了预应力混凝土桥梁的应力释放法检测技术。依托大量室内构件及模型试验对混凝土取芯应力释放技术及普通钢筋应力释放技术进行了可行性及相关关键工艺的探索研究，将直接获取梁体普通钢筋释放应变的检测技术作为应力释放法检测的推荐技术，并在此基础上建立了以释放应力推算预应力束有效预应力的预测方法与整体化评价分析，并使其程序化。

7.实用技术创新

(1)预应力管道位置检测技术。在考虑多个影响因素的基础上，通过预应力混凝土足尺模型，以探地雷达、扫描式冲击回波、超声波等设备对预应力管道位置进行了深入的定量检测试验研究。研究结果表明，天线阵探地雷达能对管道的位置进行定量检测，并在实桥上进行了应用。

(2)预应力管道灌浆状况检测技术。在考虑多个影响因素的基础上，通过预应力混凝土足尺模型，应用扫描式冲击回波、探地雷达、超声波等设备对预应力管道灌浆状况进行了深入的定量检测试验研究。研究结果表明，扫描式冲击回波法能定量检测出管道内灌浆状况，并将研究成果在实桥上进行了应用。

(3)开发了预应力筋拟摩阻损失等效参数(PresPS V1.0)、截面应力释放值分析(StrAN V1.0)及预应力混凝土桥梁评价系统 V1.0 软件。

二、适用范围

项目研究的预应力管道位置检测技术、管道内灌浆状况检测技术、预应力钢束锈蚀程度的分类评判技术、有效预应力检测技术、《大、中跨径混凝土桥梁预应力检测技术指南》、新开发的有效预应力检测设备以及预应力混凝土桥梁耐久性、安全性、适用性和综合性能评价技术，通过实桥工程的应用，基本达到实际应用阶段，可以面向众多的桥梁工程建设、施工、养护和管理单位进行推广应用。

三、已应用情况

(1)由我局管理的辽宁沈阳柳河大桥是一座预应力混凝土简支梁桥，在长期的运营过程中，进行了加宽改造，新加宽部分的承载力高于原桥承载力。由于经济的发展，交通量的增加，原桥已不能满足交通要求，由长安大学进行了检测、承载力评估及结构加固。长安大学利用其科研成果对该桥进行了全面的检测、承载力评价、结构加固设计及施工，提高了结构的承载力，运营5年以来，该桥结构良好，运营安全。

针对红庙子大桥等混凝土桥梁，长安大学利用结构外观裂缝及桥梁基频进行了桥梁结构的承载力及刚度的评估，其评估结果与承载力荷载试验结果符合良好，该成果在张荒地大桥、对坨大桥等十余座桥梁上得到了应用，共节约资金上千万元，取得了良好的社会经济效果。长安大学提出的混凝土桥梁承载力及刚度评价方法、结构加固设计方法实施简单方便，省时省力且精度较高，能满足工程建设需求，有很好的推广价值。

(2)石嘴山黄河公路大桥属于国道109线,位于宁夏回族自治区石嘴山市东郊渡口,是连接宁夏与内蒙古的交通枢纽。石嘴山黄河公路大桥于1989年12月建成通车,主桥为四跨带挂梁的T形刚构,横断面为单箱双室,跨径组合为60m+2×90m+60m。主桥部分为空心薄壁桥墩。桥梁设计荷载为汽车—20级,挂车—100。大桥已运营多年,桥梁出现不同程度的病害。长安大学利用混凝土桥梁安全检测技术研究成果,于2008年7月对石嘴山黄河公路大桥从桥面系,箱梁混凝土裂缝,保护层厚度、强度、碳化厚度,以及普通钢筋和预应力钢绞线锈蚀、预应力钢束有效拉力、管道灌浆等进行了全面检测,同时进行了静动荷载试验和预应力钢束有效拉力分布规律研究。对大桥的结构性能综合评价与桥梁养护规范法评定结果一致。

石嘴山黄河公路大桥检测综合评价表明,长安大学的混凝土桥梁安全检测技术研究成果具有评价因素全面、重点突出、结果可靠等优点,尤其对预应力钢束拉力检测和分布规律分析更为突出。本桥预应力检测项可节约资金近十万元,经济效益显著,值得推广。

(3)济宁运河跃进大桥,位于济宁市西南京杭大运河上,20世纪50年代建成通车。主桥为三跨变截面钢筋混凝土连续梁,横断面为单箱三室,主跨50m。桥梁原设计荷载为汽车—13级,拖车—60。大桥已运营多年,桥梁出现不同程度的病害。长安大学于2002年对依托工程运河跃进大桥主梁采用粘贴钢板、外腹板加厚、增设竖向预应力、增设桥面铺装受力加强钢筋等多项技术集成措施,实施全桥承载力加固。运河跃进大桥加固后运营使用表明,结合本桥结构特点所采用的综合加固技术能取长补短,加固效果良好,延长了旧桥的使用期,节约资金,具有良好的社会经济效益。

(4)由于长期运营,国道107线河南新乡境内的牧野大桥、孟姜女大桥结构出现了混凝土裂缝、表面缺陷、结构振动加剧等病害。长安大学利用混凝土桥梁结构检测及承载力评估研究成果对该桥面进行了全面的检测、承载力评价、结构加固方案设计,为两桥进一步采取对策提供了科学依据,与一般的承载力评估方法相比,每座桥节约资金近十万元。长安大学提出的混凝土桥梁承载力及刚度评价方法,简单方便,费用低廉且精度较高,能满足桥梁结构的检测、承载力评价等工程需求,有良好的推广价值。

(5)玉皇阁特大桥位于铜川市耀州区,地处铜川新区与铜川工业区之间。桥梁全长1 276m,其中主桥75m+4×140m+75m=710m,预应力混凝土连续刚构体系。

长安大学承担了本项目的关键预应力束状态研究,利用其专利产品——预应力钢索张拉测试仪(LCZL-50型)对不同类型的预应力钢束有效值进行了直接测量,通过对普通钢筋应力释放获得了控制截面的应力分布状态。实际应用结果表明,该项技术可以很好地检测预应力钢束有效张拉力和箱梁截面有效预应力合力,为工程应用解决了一个技术难题,希望尽早推广。

(6)宁德大桥是同三国道主干线福鼎至宁德高速公路上的一座特大桥,起止桩号K151+089.858～K152+215.622,桥梁长度2 081.018m;桥梁设计荷载:汽车—超20级,挂车—120,桥面全宽24.5m,设计时速80km/h。

宁德大桥因受桥下火灾的影响,76号墩处墩身及箱梁表面产生较为严重的损伤,中交第一公路勘察设计研究院有限公司针对宁德大桥的病害现状,已对箱梁及墩身进行了临时加固处理,保证了大桥的正常通行。随后协同福建省建筑工程质量监督检测中心对宁德大桥进行了详细的预应力检测,依据检测结论对结构计算分析,以提出合理的加固方案。

其中,预应力钢束检测由中交第一公路勘察设计研究院国家西部交通建设科技项目课题组采用国家西部交通建设科技项目——大众跨径混凝土桥梁预应力检测技术研究中预应力筋锈蚀状况的检测方法,设备与评价技术结论,对宁德大桥的预应力钢束进行分级评定,评定等级为二类。可见,预应力筋锈蚀为斑点状,对结构具有一定的安全隐患。课题组还进行了永存预应力检测试验。

以上结论作为该桥加固方案设计的支持性数据,与计算结论相符,目前加固方案设计通过专家评审,加固施工已经完成,桥梁运营良好。

(7)平寨大桥是沪瑞国道主干线(贵州境)镇宁至胜境关公路上的一座双向四车道分离式桥梁,跨越山谷。桥梁全长1 382m,全宽为24.5m,上部结构为8×40m+130m+3×235m+130m的预应力混凝土连续刚构,设计荷载为汽车—超20级,挂车—120。

交通运输部西部建设科研项目——“大、中跨径混凝土桥梁预应力检测技术研究”课题组于2007年11月7日组织人员赶赴桥梁现场,对该桥的预应力钢束进行了有效预应力检测,检测结果表明,有效预应力满足规范及设计要求;同时根据课题组提出的预应力钢束锈蚀程度分级判断标准,对陶家沟大桥的预应力钢束进行评定,评定等级为一类,状况良好。

(8)重庆交通科研设计员承担了西部交通科技项目“大、中跨径混凝土桥梁预应力检测技术研究”,该单位使用意大利IDS公司RIS-K2型探地雷达和美国Olson公司扫描式冲击回波系统,对我单位建设的武隆县鹅项颈大桥(55m+100m+55m连续刚构)进行了实桥预应力管道定位检测和管道灌浆密实度检测,仪器使用效果良好。

(9)重庆交通科研设计员承担了西部交通科技项目“大、中跨径混凝土桥梁预应力检测技术研究”,该单位使用意大利IDS公司RIS-K2型探地雷达和美国Olson公司扫描式冲击回波系统,对我单位建设的武隆县白笋溪桥(2×25m+2×20m预应力混凝土空心板桥)进行了实桥预应力管道定位检测和管道灌浆密实度检测,仪器使用效果良好。

四、效益分析

本项目研究成果不仅对保证我国在役预应力混凝土桥梁运营中的可靠性具有重大的应用价值,而且面向众多的桥梁工程建设、施工、养护和管理单位,对大、中跨径预应力混凝土桥梁工程的检测、评定具有广阔的推广应用前景。新开发的有效预应力检测设备以及预应力混凝土桥梁耐久性、安全性和正常使用功能评价方法的实际应用,可使在用预应力混凝土桥梁的检测与评估有据可依,避免盲目判断,并节省时间和人力资源,充分延长其使用寿命,避免发生不必要的破坏,并节约桥梁维护资金,产生巨大的经济效益。项目成果的应用,不仅可以提高我国对预应力混凝土桥梁的设计及施工水平,而且可以减少桥梁建成后的养护投资和工作量,使我国桥梁建设投资发挥尽可能大的效用。

全国现有57万座桥梁,在80%的混凝土桥梁中,预应力混凝土桥梁约占30%,从实桥应用研究情况来看,使用本研究所提出的检测方法,每座桥梁至少节约1万元检测资金,若一半预应力桥梁使用本研究所提出的方法,则可节约经费12亿元。

另外,通过本项目的研究,锻炼培养了一批研究人员,特别是提高了西部地区研究人员的研究水平,培养了一批博士、硕士研究生,为交通建设输送了一批高素质人才。

48. 海底隧道长距离浅埋大跨软弱富水围岩CRD工法施工技术研究

成果所属专题编号:闽交科鉴字[2009]第6号

成果主要完成单位:福建省交通建设质量安全监督局(原名:福建省交通基本建设工程质量监督检测站)、中铁隧道股份有限公司

联系人:魏聿前

联系电话:0591-87077693(手机:13799385896)

通信地址:福建省福州市东水路18号交通综合大楼东楼18层

E-mail:zjz7693@163.com

邮政编码:350001

一、主要技术内容

厦门翔安海底隧道是世界第一座钻爆法大断面三车道海底公路隧道,全长6 050m,其中,海域段长

4 200m，概算投资39.8亿元，隧道最大开挖断面170m²，最大宽度17.2m(图1)，最大水深35m；主行车道Ⅴ级围岩(软弱)占56％以上，翔安端1 510m砂层、淤泥且含高岭土(膨胀性)，700m超浅埋、浅埋；厦门端1 180m杂填土、黏质砂土、土石交界层(300m)和全强风化花岗岩，600m超浅埋和浅埋，且穿过环岛路、军事设施、桥梁、民房等极其复杂的水文地质条件，工程施工难度极大，风险高。国内采用的CRD工法施工长度一般不超过200m，而翔安海底隧道延长到5 000m以上，为国内首例。CRD工法课题的研究成果为大型不良地质水底隧道特别是海底隧道建设项目提供了工程范例，研究成果整体上达到国际先进水平，其中同等条件下安全快速施工技术达到国际领先水平。

图1 厦门翔安海底隧道

(1)课题对CRD工法的结构形式进行了优化创新，使工法中各断面分割更合理，可使用大型机械设备，同时使初期支护的钢架受力更合理，对控制围岩收敛变形更加有利，从而显著提高施工进度。

(2)课题根据超前地质预报变化的工程地质水文情况，创造性地提出长大管棚、短小管棚、长短小导管、超前预注浆组合的新型超前支护体系结构，有效解决了复杂多变地质水文条件下的世界级施工技术难题，成功战胜了涌水、突泥、坍塌等灾难性安全事故的施工风险。

(3)课题在施工中根据地质水文变化情况及时调整辅助工法的施工参数，提出了具有针对性的超前支护体系，创新采用了新工艺和新技术，提出了喷、网、钢拱架、锁脚锚管组成的新型初期支护体系，为及时支护，提高围岩承载力，将湿喷混凝土工艺改为潮喷混凝土工艺，使软弱围岩收敛变形得到有效控制，确保了施工安全和工程质量。

(4)课题对CRD工法的开挖方法、开挖顺序和施工步距、封闭长度、初期支护参数与工艺、施工工艺、辅助施工技术、特殊地段处理技术、环境保护、机械设备配套等进行了优化创新。研究成果有效地克服了风险，控制了围岩沉降和收敛，确保了隧道结构安全，保证了工程质量，避免了因隧道施工产生地表沉陷造成民用建筑和交通设施等损坏而带来巨大的经济损失，为成功建设特大型水底隧道提供了适用性强、安全有效、质量可靠的方法。

(5)课题针对长距离CRD工法的特点进行了设备选型和配套施工技术研究，合理匹配开挖、出渣、进料等施工机械设备，提高了施工进度，实现了平均45m/月，最高达到60m/月以上进度的快速施工，保证了施工工期。为推动我国海 、水底隧道的技术发展及今后类似工程提供了可靠的技术借鉴，取得显著的经济和社会效益。

(6)课题通过理论分析、现场量测和检验，提出了软弱围岩隧道CRD工法临时支撑拆除合理时机和合理长度，为安全、快速施工提供了技术支持。

(7)课题经过对CRD工法进行风险控制及安全质量管理研究，大大提高了该工法的安全性、可靠性和可操作性。

二、适用范围

本科研课题成果可以直接应用于长距离、大断面、大跨径、超浅埋、富水软弱等复杂地质条件下，海底、水底、地铁、山岭隧道及其他地下工程的安全快捷施工，能够有效地避免或减少工程质量安全事故的发生。同时，为已进入可行性研究阶段的琼州海峡海底隧道工程及正规划研究论证的台湾海峡隧道提供了可靠的成功经验和强有力的技术支撑。

三、已应用情况

实践证明：采用创新型 CRD 工法共 10 次成功穿越翔安海底隧道风化深槽、两个行车主隧道(6.05km×2)12.1km中的Ⅴ级围岩共计 5 000m，获得圆满成功，顺利实现了预定的安全、质量和工期等控制目标，积累和形成了一整套具有借鉴和指导意义的海底隧道修建技术体系，安全生产 1 700 多天，创造了海底隧道安全施工零死亡事故的世界奇迹。

本研究课题开发形成一套完整的海底隧道长距离浅埋大跨软弱富水围岩 CRD 工法施工技术，其研究成果可直接运用于厦门翔安海底隧道富水软弱围岩浅埋段施工，有利于保证施工质量和安全，为厦门翔安隧道安全优质建成提供技术保障，并为今后类似工程的设计和施工服务。我省龙长高速移炉隧道、绕城高速鼓山隧道、福厦扩建工程弄尾隧道，青岛胶州湾海底隧道、大连湾海底隧道、湖南浏阳河隧道、广东台山核电站海底隧道等业主曾多次组织相关单位来翔安海底隧道考察学习。

四、应用效益

1. 社会效益分析

厦门翔安海底隧道是我国第一座海底隧道，连续安全生产 1 700 多天，零死亡事故，创造了一个世界隧道施工的奇迹，交通运输部、安全监管总局交质监发[2010]202 号文对厦门翔安海底隧道安全生产工作给予表彰。其长距离 CRD 工法在浅埋大跨富水软弱围岩的应用及经验总结，为国内类似工程施工提供了宝贵的借鉴经验；相关科研成果不仅提升了海底隧道的建设质量、进度和安全，填补了我国在跨海隧道工程施工零安全事故的空白，对我国海底隧道建设有极深远的影响。同时，本工程的建成，将大大缩短厦门岛至内地的路程，行车时间由 2.5h 缩短到 10min，社会效益显著。

该课题不仅为厦门翔安海底隧道建设提供了技术保障，同时也培养了一批高水平的设计、科研、咨询、施工、监理、管理、监督等隧道人才，提升了我国参与国际隧道工程建设的核心竞争力及交通运输行业创新能力，为未来诸多大型海、水底隧道建设项目提供了支撑及示范，产生巨大的社会和经济效益。

厦门翔安海底隧道作为国内首条海底隧道，它的建成将展示我国工程技术的发展和实力，对推进隧道建设技术的进步，缩小与世界海底隧道先进修建技术的差距，起到里程碑式的作用，其政治、社会效益巨大，影响深远。

2. 经济效益

通过该课题新型 CRD 工法一整套技术的研究，将 CRD 工法施工进度由 25m/月提高至 45m/月，施工进度提高了 1.5～2.0 倍，缩短不良地质段施工工期近 20 个月，据统计，降低工程风险、加快工程进度、降低管理成本、节省工程投资近 6 000 万元；厦门五通端浅埋段处的多处军用通信设施、管道，民房建筑 80 多座约 2 万 m^2，环岛东路距隧道拱顶仅 17m 左右，未发生军用通信故障、路面开裂或中断交通；横跨环岛路跨线桥基础的摩擦桩底距隧道拱顶仅 8m 左右，由于新技术的应用确保了已有工程结构的安全，节省工程投资 0.2 亿元；新技术、新工艺、新材料、新设备的应用为厦门翔安海底隧道工程节约投资 0.6 亿元，合计产生直接经济效益 1.4 亿元。长距离浅埋大跨度软弱富水围岩 CRD 工法关键技术研究成果还可供今后类似地下工程借鉴参考及培养企业人才等，产生显著的间接经济效益，并因提前通车和结构耐久性能的提高，增加了巨大的社会和经济效益。

49. 钢桥设计施工成套技术研究

成果所属专题编号：交科鉴字[2010]第134号
成果主要完成单位：交通运输部公路科学研究院、同济大学、北京交通大学、西南交通大学、中交公路规划设计院有限公司、重庆市公路局
联系人：张子华
联系电话：13911707737
通信地址：北京市海淀区西土城路8号
E-mail：zh.zhang@rioh.cn
邮政编码：100088

一、主要技术内容

钢桥不仅是大跨径桥梁的主要结构形式，而且是高速公路和城市立交桥的主要结构形式，特别是在弯、坡、斜等特殊桥梁中有广泛的应用前景。本项目通过对国内外的设计规范和研究成果进行总结、消化和吸收的同时，结合我国的公路桥荷载特点和钢桥的设计、制造工艺、施工安装技术水平等，对我国公路钢桥的设计原则、理念、方法、制作工艺、安装技术、质量控制及防腐技术等进行系统的研究，对指导公路钢桥的设计、施工、检测及防腐，推进公路钢桥技术的发展，及修订《公路钢结构桥梁设计规范》提供理论和试验研究及工程应用的依据，研究成果对提高公路钢桥的技术水平，提高公路钢桥运营的安全性、可靠性和经济性，对加快桥梁建设具有重要意义。

项目取得的主要研究成果有：

(1) 通过广泛的数据搜集和调研分析，完成了公路钢桥结构极限状态方程中随机变量的概率统计分析，明确了各统计参数概率分布模型。对钢桥结构的作用、抗力效应的整体统计分析为钢桥可靠度设计方法奠定了基础。提出了我国公路钢桥设计目标可靠指标的建议值，确定了极限状态设计表达式中的分项系数取值方法，给出了实现钢桥概率极限状态设计方法的设计表达式，承载能力极限状态和正常使用极限状态使用极限状态的验算表达式。结合本研究其他有关设计方法的研究，编写了《公路钢桥设计指南》

(2)采用了嵌入板壳子结构的整体杆系有限元模型，提出了考虑钢箱梁轴力、弯矩、剪力共同作用的桥梁结构箱梁整体与局部稳定分析方法，该方法力学概念明确，简化及假设条件少，边界条件更加符合实际，计算精度更高，适用于普通钢箱梁正交异性板设计中的受力分析。

(3)本项目进行了较大比例U肋加劲桥面板、外腹板、横隔板的极限承载力试验研究，提出了大跨斜拉桥扁平钢箱梁横隔板吊机荷载分配率的分析方法，对明确箱梁结构的受力特性具有指导意义。

(4)采用弹性稳定理论和压溃试验结果，提出了基于欧拉应力计算的不同宽厚比钢箱梁腹板和横隔板极限承载力的简化计算方法。

(5)分析了国内外钢桥疲劳破坏的实例，提出了公路钢桥疲劳设计的相关建议，提出了建议规范采用的基本原理、设计荷载、疲劳设计计算方法和疲劳细节分类方法，为拟订公路钢桥抗疲劳设计规范提供了技术支持。

(6)进行了矩形截面及带切角矩形截面的钢桥塔模型试验研究，提出了钢桥塔壁板局部失稳破坏状态的分析方法。对钢桥塔模型进行了考虑材料、几何双重非线性的第二类稳定变形与应力分析，分析与试验结果得到了验证，为钢桥塔截面选型和分析提供了依据，编制了《公路钢桥塔设计施工技术指南》。

(7)进行了钢箱梁、钢桁梁制造和施工技术研究，提出了提高制造工艺水平的建议；开展了钢斜拉桥、悬索桥施工技术研究，提出了大跨径钢桥施工监控的关键技术，制订了用于我国钢桥建设的《公路钢桥制造与施工技术指南》。

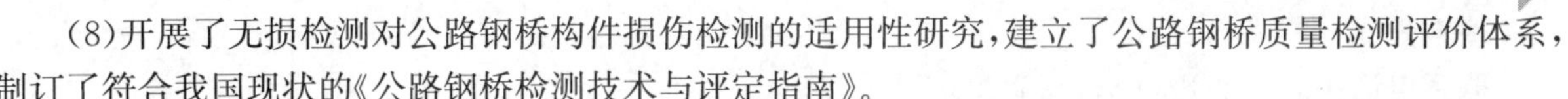

(8)开展了无损检测对公路钢桥构件损伤检测的适用性研究，建立了公路钢桥质量检测评价体系，制订了符合我国现状的《公路钢桥检测技术与评定指南》。

(9)改进了超细、高活性锌粉双组分水性无机富锌涂料的性能，提高了钢桥的防腐蚀性能，制订了基本适合的《公路钢桥防腐涂装技术指南》。

二、适用范围

钢桥设计施工成套技术成果为公路钢结构桥梁设计规范的修订和补充完善创造了基础条件，可指导公路钢桥的勘测、设计、施工、防腐、检测及养护管理。

三、已应用情况

本项目在执行过程中，结合工程应用，总计完成了7项大比例结构模型试验，包括U肋加劲桥面板极限承载力试验、外腹板极限承载力试验、横隔板极限承载力试验、整体节点性能试验、锚拉板索梁锚固结构性能试验、耳板节点性能试验、钢桥塔轴压试验，还有涂料产品设计和耐久、耐候过程试验1项，相关的试验验证了理论分析成果，既服务于工程建设，又对修订和完善《公路桥涵钢结构设计规范》的部分条款起到重要支撑作用。

同时，本项目通过公路钢桥设计专题研究，为《公路钢结构桥梁设计规范》的修订奠定了基础。公路钢板梁桥、正交异性板、钢箱梁桥、钢桁梁桥构造与设计方法研究成果，抗疲劳与防断裂设计理论与方法的研究成果，提高了结构构造的合理性和结构的耐久性，形成的《钢桥塔设计指南》与《钢桥塔施工及防护指南》为钢桥塔的应用提供了技术支持。

本项目对钢桁梁节点构造与连接技术的研究，缩短了重庆菜园坝长江大桥、重庆朝天门长江大桥的设计和制造周期，提高了工厂制造效率及精度，使两座特大型桥梁分别提前20d和35d完成工厂钢梁制造任务，分别节省费用约200万元和300万元。钢箱梁制造与安装技术的研究成果，可使一个梁段的平均制造周期缩短3d，分别使湛江海湾大桥和苏通长江大桥的钢箱梁制造费用节省260万元和350万元。建立的大型钢斜拉桥分段吊装及张拉过程施工控制及数值跟踪体系，成果直接服务于苏通长江大桥的建设，不但使我国掌握了千米级钢斜拉桥的施工控制技术，而且使大桥建设总工期缩短约1年。大跨度悬索桥施工技术与监控方法研究成果，服务于舟山西堠门大桥的建设，使大桥建设提前9个月建成。

研制改进的水性无机富锌涂料已经在潮州电厂锅炉支架防腐工程、厦门快速公交系统(BRT)、东莞东江大桥钢箱梁内壁防腐等多个大型工程得到了应用，效果良好。

四、效益分析

本项目的研究成果，用概率极限状态设计方法代替过去规范中的容许应力法，在保证结构安全的前提下，将大大减少材料消耗，更加节能环保。本项目对公路钢板梁桥、正交异性板、钢箱梁桥、钢桁梁桥构造与设计方法研究成果，抗疲劳与防断裂设计理论与方法的研究成果，提高了结构构造的合理性和结构的耐久性。

研究成果对我国公路钢桥的设计、施工、检测、防腐及养护技术具有重要的理论和实践的指导意义，可见，本项目研究成果具有显著的社会效益。

50. 钢管混凝土拱桥健康监测与检测关键技术研究

成果所属专题编号:豫交科鉴字[2010]第29号

成果主要完成单位:河南省交通运输厅京珠高速新乡至郑州管理处、河南省交通科学技术研究院有限公司、郑州大学

联系人:胡锋
联系电话:0371-68988368;15238395522
通信地址:郑州市航海中路219号
E-mail:hf@hntri.com
邮政编码:450006

一、主要技术内容

(1)采用有限元方法,研究了吊杆损伤对主桥静力、动力特性的影响规律,为桥梁健康状态评估和吊杆损伤检测提供了依据。

(2)提出了考虑吊杆弹性支承、附加质量等复杂边界条件下的计算模型,理论推导并给出了基于振动法的拱桥中、短吊杆索力的实用计算公式,并通过试验,验证了该公式的准确性和可行性。

(3)根据依托工程环境振动试验数据,采用子空间分析法(SSI)对主桥频率、振型等动力特性进行了识别,获得了当前桥梁的实际频率和模态。在此基础上给出了实体工程的基准有限元模型。

(4)提出了基于广义残余力向量法的结构损伤识别方法。通过算例及试验验证,显示该方法与同类其他方法相比具有明显的鲁棒性。

(5)给出了钢管拱桥健康监测流程和健康档案的建立方法。

研究成果与国内外同类研究相比,提出的复杂边界条件下吊杆力计算的模型与实用公式和基于广义残余力向量法的结构损伤识别方法,具有创新性,达到国际先进水平。

二、适用范围

本项目成果可应用于中、短吊杆索力的检测;中下承式拱桥结构损伤识别及相似结构的损伤识别;拱桥信息化、数字化健康档案的建立。

三、已应用情况

2007年至2009年,该项目成果已应用于京港澳高速公路郑州刘江黄河大桥主桥的健康监测,对大桥384根索力先后进行两次检测,解决了简化索力公式带来误差过大的问题,取得了良好的效果。

该项目成果还应用于漯河市彩虹桥、澧河斜拉桥、平顶山湛河一桥、二桥、三桥,共检测吊杆约2 000根·次。

四、效益分析

在对京港澳高速公路郑州刘江黄河大桥进行检测过程中,及时对吊杆索力进行了检测,并对可疑吊杆进行了排查。采用环境振动法对主桥动力性能进行监测,并用广义残余力向量法进行结构损伤识别,对其安全性能做出评价。相对于封道5h对该桥进行静载试验的评价方法,直接减少因过路费征收带来的局部经济损失约100万元,减少京港澳沿线区域经济损失(保守估计1 000万元)。另一方面因该方法保证了道路运输畅通,增强了社会形象。

51.变截面钢管混凝土桁架拱桥建造技术系统研究

成果所属专题编号:豫交科鉴字[2009]第35号

成果主要完成单位:河南省交通规划勘察设计院有限责任公司、河南省交科院工程测试咨询有限公司、郑州大学
联系人:张晓炜　13703716768;0371-68810359
第一完成单位联系方式:0371-68810470

一、主要技术内容

本成果以二广高速公路蒲山特大桥主桥为依托，根据变截面三拱肋钢管混凝土桁架拱桥的结构特点(图1)，建立了变截面三拱肋钢管混凝土桁架拱桥的空间有限元计算模型，用理论分析、现场监测和科学实验相结合的方法，对桥梁静力性能、稳定性、设计优化、施工优化与仿真、施工监控、质量评价等建造的关键技术问题进行系统研究，主要研究内容如下。

图1　三拱肋变截面钢管混凝土桁架拱桥实景

1.变截面三拱肋钢管混凝土桁架拱桥空间力学性能研究

基于钢管混凝土系杆拱桥的结构特点，建立三拱肋变截面钢管混凝土桁架拱桥空间有限元精细计算模型(图2)，进行桥梁空间力学性能分析和施工过程仿真，计算桥梁在施工过程中的结构受力性能，预测桥梁施工过程中的应力和变形发展情况，研究桥梁的空间受力特点，为该类桥梁的设计优化、施工工序优化和施工监控提供依据和理论指导。

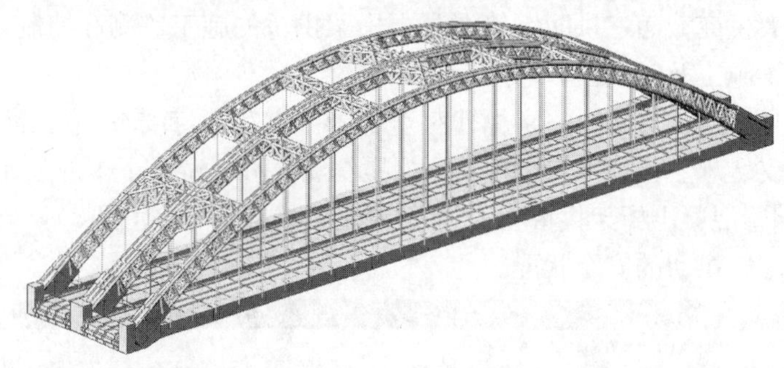

图2　三拱肋变截面钢管混凝土桁架拱桥空间有限元精细计算模型

2.拱脚设计和构造优化

采用数值模拟方法，建立拱脚处的空间块体有限元细化计算模型，研究钢筋混凝土拱脚的应力分布和抗裂性能，优化拱脚设计和构造。

3.变截面三拱肋钢管混凝土桁架拱桥空间稳定性研究

考虑支架设置，建立包括支架在内的桥梁空间有限元精细计算模型，分析多种荷载工况下桥梁结构的整体稳定性，确定桥梁的合理施工状态，确保桥梁施工安全。

4.变截面三拱肋钢管混凝土拱桥的吊杆张拉力优化方法研究

考虑四排吊杆张拉时的相互影响，采用逆序法和影响矩阵法计算所需要的吊杆初始张拉力，进行桥梁施工过程和成桥状态吊杆张拉力优化，分析吊杆张拉力优化后的桥梁结构的受力情况，给出出现偏差的索力调整方法，用以指导桥梁施工，一次调整就可以达到理想的效果，使桥梁结构在调索过程中处于合理的状态，避免反复进行吊杆张拉调整的施工工序。具体调整过程为：首先测定各根吊杆的实际索力

[T_0]，同时与设计所要求的索力[T]进行比较，得出各根吊杆所需的索力调整值[ΔT]，由[A]×[T']＝[ΔT]求出吊杆施工所需的张拉调整力，其中：[A]为吊杆内力影响矩阵；[T']为吊杆施工所需的张拉调整力。优化了系梁预应力束和吊杆张拉顺序，给出了合理的桥梁施工顺序。

5.蒲山特大桥主桥施工监控

利用结构有限元分析方法，对桥梁各个主要施工阶段进行仿真模拟，得到各施工阶段的内力和位移计算值；制定蒲山特大桥施工控制方案，对桥梁各施工阶段进行施工控制，包括线形控制、应力监控及吊杆索力监控等，用以指导桥梁施工和确保施工安全。

二、适用范围

本项目成果主要应用于大跨度钢管混凝土拱桥的设计优化、施工优化与控制、建设质量评价和管养领域。

(1)应用本项技术成果，可对桥梁结构特性及受力性能进行分析，有针对性地改进桥梁设计，优化桥梁性能，保障桥梁结构安全，降低工程投资。

(2)桥梁建造技术是桥梁建设的关键环节，为了确保大跨度桥梁施工过程中的结构安全，使成桥内力符合设计要求，线形平顺，施工中必须就建造技术进行系统研究，项目研究成果对同类桥梁的施工工序优化和施工监控具有一定的指导意义。

(3)本项目研究的总体思路和原则也可推广应用于其他类型桥梁的建造中，如吊杆、系杆的张拉优化计算方法可直接用于斜拉桥拉索的张拉优化。

三、已应用情况

(1)指导了变截面三拱肋钢管混凝土桁架拱桥的设计。进行拱脚局部受力和抗裂性能研究，根据分析结果采用劲性钢骨架等构造措施分散局部应力集中，对拱桥拱脚的构造优化和抗裂性设计方法进行了优化。

(2)完成了蒲山特大桥变截面三拱肋钢管混凝土桁架拱桥的施工监测和控制，较好地解决了施工中的技术难题，保证了桥梁施工及安全。

针对施工单位提出的用14道临时一字撑代替全部米字撑和K字撑情况下灌注混凝土的施工过程进行了研究，提出了先安装米字撑和K字撑后灌注混凝土的建议，避免了事故发生，保证了施工安全。

第一次在变截面钢管混凝土桁架拱桥上设置太阳能无线遥测系统(图3)，全天候监测拱肋的应力应变，随时掌握钢管混凝土拱肋的安全状况。

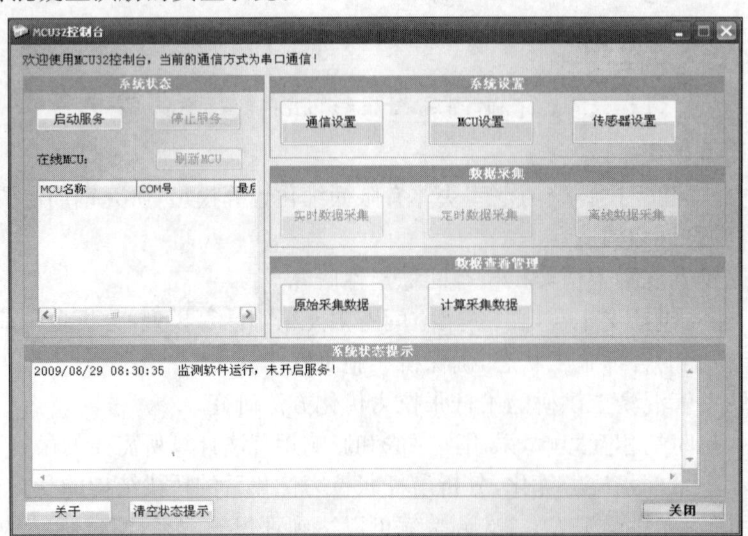

图3　太阳能无线遥测系统界面

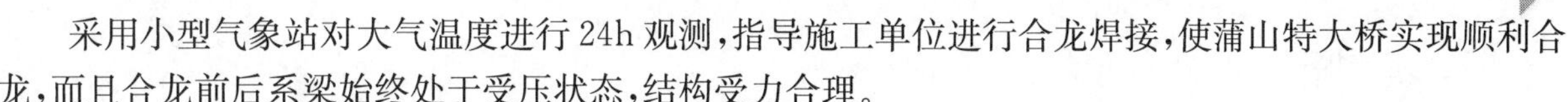

采用小型气象站对大气温度进行24h观测，指导施工单位进行合龙焊接，使蒲山特大桥实现顺利合龙，而且合龙前后系梁始终处于受压状态，结构受力合理。

(3)根据理论分析、施工监控和试验研究成果，编制的《变截面三拱肋钢管混凝土桁架拱桥管理养护指南》，很好地指导了蒲山特大桥的管理养护及运营工作。

四、应用效益

本项目通过在蒲山特大桥的实际应用，解决了蒲山特大桥225m跨径变截面三拱肋钢管混凝土桁架拱桥设计、施工、监控、评价、后期管理和养护中的诸多技术难题，确保了桥梁建造过程中的安全，降低了工程成本，缩短了施工工期，确保了大桥建设整体质量。

采用本项目研究成果，为蒲山特大桥创造直接经济效益1 729万元；蒲山特大桥的建设过程中，对桥下焦枝铁路防护支架进行验算和严密监控，焦枝铁路在蒲山桥建设期间没有发生一次中断事故，确保了焦枝铁路的安全畅通。蒲山特大桥的建成，标志着洛阳至南阳高速公路全线贯通，对带动当地经济发展和缓解南阳城市交通压力具有重要的社会意义。

52.武英高速公路钢箱梁桥面新型铺装层材料与结构设计及其工程应用

成果所属专题编号：鄂交科鉴字[2010]第0204号

成果主要完成单位：湖北省武英高速公路项目建设部、武汉理工大学

联系人：敖亦兵

联系电话：0713-6054693(手机：13636117582)

通信地址：湖北省黄冈市团风县总路咀镇武英高速公路项目建设部

E-mail：jzayb@sina.com

邮政编码：438816

一、主要技术内容

本课题从界面黏结层着手，通过采用高温可再次熔融黏结的环氧树脂黏接剂作为钢桥面板与HV-SMA沥青混凝土铺装层之间的界面黏结材料，开发与钢板具有高界面抗剪强度的抗疲劳、抗车辙环氧灌入式沥青桥面铺装材料和开发高强、高韧自密实轻集料混凝土三种方式，提高了铺装层与钢板之间的抗剪能力，防止了钢桥面铺装层推移、开裂。

(1)采用聚酯纤维和自主开发的高黏度改性沥青复合增强技术配制出了适宜于钢箱梁桥面铺装的SMA沥青混合料。其中，SMA10性能指标为：60℃动稳定度≥8 000次/mm，70℃动稳定度≥4 000次/mm，浸水残留稳定度≥90%，冻融劈裂残留强度比TSR≥90%，−10℃弯曲应变≥4×10^{-3}。

(2)提出了采用耐高温增韧的日本环氧树脂黏层油和灰绿岩碎石颗粒(2.36～4.75mm)对钢板表面进行粗糙化处理，拉拔强度大于2.3MPa，防水黏结层疲劳寿命高达97万次；SMA10与粗糙化的防水黏结层之间的60℃剪切强度≥1.2MPa，有效防止了沥青铺装层发生滑移、开裂病害。

(3)提出了3cm高黏度改性SMA10下面层与4cm高黏度改性SMA13上面层的双层SMA铺装方案，制订了钢箱梁桥面铺装层抗滑移技术方案的施工工艺，提出了钢箱梁桥面铺装层抗滑移技术方案的施工关键技术。

二、适用范围

本项目提出的铺装方案及材料设计可以提高铺装层与钢板之间的抗剪能力，防止了钢桥面铺装层推移、开裂，研究成果适用于钢箱梁桥面铺装层材料。

三、已应用情况

本课题的研究成果在国家重点工程武英(武汉—英山)高速公路周浦互通两座钢箱梁桥面和武汉市青菱至郑店高速公路路面铺装工程成功应用。本研究对于掌握钢箱梁桥面铺装层抗滑移铺装的施工工艺及关键技术具有十分重要的意义,对于推动我国高速公路大跨径钢箱梁桥面铺装的建设水平进步也具有积极的作用,社会经济效益显著。

1.武英(武汉—英山)高速公路周浦互通钢箱梁桥面

钢桥面铺装面积共2 045m^2。设计技术方案为钢板+防腐层(厚度70～100μm环氧富锌底漆)+防水抗滑层(洒布量为0.4kg/m^2,高温可再次熔融黏结的环氧树脂黏接剂;2.35～4.75mm的玄武岩碎石颗粒)+下面层3cm厚HV-SMA-10高黏度改性沥青混合料+上面层5cm厚HV-SMA-13高黏度改性沥青混合料。

使用本成果将大大提高钢桥面板与HV-SMA铺装层之间的黏结性能和抗剪性能,从而达到有效防止钢箱梁桥面铺装层滑移开裂的目的,保证了钢箱梁桥面行车安全性和舒适性,提高了钢箱梁桥面的使用寿命。

2.武汉市青菱至郑店高速公路桥面铺装工程

武汉市青菱至郑店高速公路钢箱梁桥位于B匝道K0+605处,钢桥面铺装面积共1 700m^2。铺装方案采用本项目发明的再钢桥面上应用高韧性轻质混凝土与HV-SMA-13沥青混凝土组合的铺装新方法。具体方案为:在钢板上设置剪力件,绑扎钢筋网,并浇筑5cm厚的C50高韧、高强自密实轻集料混凝土,并洒布高黏沥青应力吸收层,然后再铺装一层厚4cm的高黏改性HV-SMA-13。高韧、高强自密实轻质混凝土能够与钢板协调一致变形,既能够降低钢箱梁的自重荷载,又能够防止混凝土的疲劳脆性破坏。采用高黏度改性HV-SMA,桥面行车舒适性好。桥面从2007年12月通车至今,未发现推移、拥包等病害的产生,有效解决了桥面铺装层易发生推移、拥包、开裂的技术难题。

四、效益分析

采用国内外现在普遍采用的钢箱梁桥面铺装方案,或多或少存在技术、经济、施工等方面的缺点,且不适应湖北地区夏季高温多雨、重载车多等恶劣的气候环境。本课题组针对钢箱梁桥面铺装技术存在的开裂、推移、拥包、车辙等世界性难题以及对铺装材料和施工工艺要求高的特点,提出适合于本项目的铺装方案及铺装层材料设计。不同桥面铺装材料组合性能对比分析及经济分析见表1。

不同桥面铺装材料组合性能对比分析及经济分析 表1

铺装方案	全厚式车辙试验(次/mm)	60℃界面抗剪试验(MPa)	组合疲劳试验(万次)	成本(元/m^2)
双层SMA	5 698	0.38	98	130～150
树脂基界面功能层+HV-SMA-10+HV-SMA-13(方案一)	8 379	1.43	189	230～260
灌入式环氧沥青下面层材料+HV-SMA-13(方案二)	8 296	1.62	203	500～600
剪力键+轻集料混凝土+高黏沥青应力吸收层+HV-SMA-13(方案三)	8 460	>2	279	400～450
双层环氧沥青混凝土	32 800	1.70	255	1 200～1 400
浇筑式沥青混凝土	1 250	1.16	299	1 000～1 200

以铺设武英高速跨径30m+45m+30m、宽25m,服役年限为10年的钢箱梁立交桥为例,采用双层SMA钢箱梁桥面铺装技术的总造价为55万元,采用浇筑式沥青混凝土铺装技术的总造价为468万元,

采用双层环氧沥青混合料技术的总造价为380万元，而采用本项目开发的方案一钢箱梁桥面铺装技术总造价仅为108万元，方案二钢箱梁铺装技术总造价为129万元，可节约工程造价近200万元，而且良好的桥面耐久性，可以避免频繁维修造成的交通堵塞。据调查，目前在建和计划建造的钢箱梁桥有300余座，若全部采用本项目的研究成果，预期可为国家节省近3亿元。随着我国经济建设的快速发展，越来越多的城市道路和公路建设将采用自重小、架设便捷、跨越能力大的钢箱梁桥。因此，本项目的研究成果将产生显著的经济效益和社会效益。

53. 武神公路隧道综合施工地质预报系统研究

成果所属专题编号：鄂路计[2009]610号

成果主要完成单位：武神公路十堰段改扩建工程项目部、中国地质大学(武汉)

联系人：徐慧

联系电话：13986918788

通信地址：十堰市人民北路60号市公路管理局

E-mail：www. yugshi@sohu. com

邮政编码：442000

一、主要技术内容

武神公路全线隧道工程地质条件与水文地质条件复杂，断裂构造发育，围岩破碎。椿树垭隧道穿越区域构造带、断层破碎带、风化底层、向斜构造地层、岩溶发育地层等，给施工带来一定的安全隐患。

本项目针对公路隧道施工地质预报综合系统的构成、方法、系统实施及相关理论进行研究和探讨，在预报上遵循地质灾害发生的机理指导预报方法的原则，做到长期预报与短期预报相结合、物探方法与地质调查推断分析方法相结合，及时反馈预报成果，为修改施工方案，为隧道动态设计和动态施工提供必要的地质参数，预防地质灾害的发生，指导隧道安全施工提供依据和参考。

二、使用范围

公路隧道综合施工地质预报系统提高了隧道超前地质预报的广度和精度，为动态设计和施工提供了可靠的基础资料，优化了设计和施工，为安全、快速、经济施工提供了保障。适用于隧道工程地质条件与水文地质条件复杂，断裂构造发育，围岩破碎，可引起诸如涌水、塌方、岩溶、岩爆等对施工危害极大的地质灾害的情况。

三、已应用情况

本项目研究于2009年3月开始与武神公路隧道施工同步进行，在现场进行了施工地质预报的试验工作，对隧道开挖揭示的实际围岩情况进行跟踪记录，并与预报情况进行分析、研究。同时将综合施工地质预报方法应用到现场，及时为施工提供了未开挖段的工程地质条件情况，防止了围岩塌方、岩溶涌水等地质灾害的发生，确保了武神公路各条隧道施工的顺利进行。隧道施工中累计变更围岩839m，占隧道总长的30.2%，未发生任何人员伤亡或设备财产损失，椿树垭隧道等武神公路沿线的长隧道，施工工期不同程度提前了1～3个月。

四、应用效益

本项目为隧道动态设计和施工提供了工程地质条件依据，尤其是提出了综合施工地质预报方案优选方法、围岩动态分级方法和施工地质预报成果综合分析方法等，确保了综合施工地质预报的经济性、准确性和高效性。确保了武神公路全线隧道施工安全顺利，长隧道的施工工期平均提前了2个月，同时避免了隧道塌方、岩溶用水等隧道资质灾害事故的发生。总体上,直接和间接降低隧道建设成本 15%,以平均每米隧道 3 万元计算,武神公路十堰段 2 778m 隧道直接和间接降低成本 1 250 万元。

54.服役石拱桥安全性评估与加固改造技术研究

成果所属专题编号:交科鉴字[2009]第 106 号

成果主要完成单位:湖南省交通科学研究院、重庆交通大学、华东交通大学、湖南大学、湖南省公路管理局、湘西土家族苗族自治州公路管理局

联系人:胡柏学

联系电话:0731-85523860(手机:13707483492)

通信地址:湖南省长沙市芙蓉中路三段 472 号

E-mail:boxue－hu@163. com 或 13707483492@139. com 或 820197975@qq. com

邮政编码:410015

一、主要技术内容

(1)归纳出了服役石拱桥八种典型病害及产生的机理,并在材质、设计、施工上提出了具体措施和要求。

(2)提出了采用悬索线为空腹式石拱桥拱轴线的计算理论,并导出了悬索线无(平)铰拱弹性中心法求解的常系数,考虑弹性压缩的附加内力,温度变化及拱座位移作用下的内力求解公式。

(3)提出了考虑连拱和拱上建筑联合作用下,运用平铰拱理论分析石拱桥内力,并有效地运用于服役石拱桥加固改造工程。

(4)建立大转动、小应变条件下的几何非线性单元切线刚度矩阵,使平铰理论和有限元及非线性问题得以结合。

(5)利用研究的平铰拱理论,开发了基于平铰拱理论的石拱桥专用计算软件 SAB;编制了跨径为 20～80m的石砌板肋拱设计图一套。

(6)研究了石拱桥安全性评估理论和方法,应用改进的变权层次分析法和强度储备比汇总分析法对石拱桥进行了安全性评估、模糊层次分析法分析石拱桥加固方案决策模型。

(7)原创提出了桥梁加固设计恒载应力、组合应力和极限承载力三个准则。并有效地应用于石拱桥钢筋混凝土套箍封闭主拱圈加固、增设复合钢筋混凝土拱板(肋)加固、基于平铰拱理论分析调整全桥内力加固和综合整治加固等。

(8)原创提出了桥梁加固改造效果评价指标:恒载应力变化率 α_D、承载力提高率 α_L、荷载置换率 α_T、加固层利用率 α_M 四个强度指标和总挠度变化率 β_L(或 β'_L)、恒载挠度变化率 β_D、挠度置换率 β_T 三个刚度指标。

二、适用范围

研究成果除适用于服役石拱桥的安全性评估与加固改造及圬工拱桥的内力分析外,对其他各种桥型的安全评估也有借鉴作用。

三、已应用情况

取得的安全评估研究成果已成功应用于乌巢河大桥、观音桥、鹭鸶湾桥等 600 余座桥安全性评估,为这些桥梁的养护和加固改造决策提供了科学的依据;加固研究成果已成功应用于金山桥、峡南溪大桥等上百座桥的加固改造工程,取得了良好效果,节约了大量资金;基于平铰拱理论开发的石拱桥专用计

算 SAB 软件和板肋石砌拱设计图已运用于数十座桥的设计。

四、应用效益

研究成果的应用已带来巨大的经济效益和社会效益。主要体现在如下几方面。

(1)采用平铰拱理论使很多 20 世纪 70~80 年代修建的、荷载等级低的石拱桥不需加固就能满足新标准荷载等级运营安全要求,为国家节约了大量资金。

(2)变权层次分析法成果对服役石拱桥进行更准确的安全性评估,一可减少盲目养护和加固改造造成的经济损失,二可准确、及时地发现桥梁存在的安全隐患,消除桥梁垮塌对人民生命财产带来的危害。

(3)用取得的理论成果和加固技术对有问题的石拱桥采取有效的加固,可节约可观的直接成本。

(4)通过安全性评估和有效的加固改造,不但排除了桥梁垮塌事故给社会带来巨大的负面影响,而且延长了桥梁的使用寿命,提高了桥梁的承载能力,从而也产生了巨大的间接经济效益和社会效益。

据不完全统计;本项目成果在应用过程中已产生 3.8 亿元的直接经济效益。

图 1～图 4 为应用示范工程照片。

图 1　安全评估依托工程—乌巢河大桥

图 2　安全评估依托工程—观音大桥

图 3　加固依托工程——金山桥

图 4　加固依托工程——沙担沟大桥

55.雪峰山特长公路隧道关键技术研究

成果所属专题编号:交科鉴字[2011]第102号

成果主要完成单位:湖南省交通规划勘察设计院、湖南省高速公路管理局、湖南省交通科学研究院、招商局重庆交通科研设计院有限公司、中南大学、成都理工大学、中交第二公路勘察设计研究院有限公司

联系人:詹燕

联系电话:0731-84367029(手机:13607431502)

通信地址:湖南省交通规划勘察设计院(长沙市芙蓉北路二段158号)

E-mail:zhyhncdi@163.com

邮政编码:410008

本项目来源于交通运输部西部交通建设科技项目,项目编号:200331879802。依托国家重点工程——上瑞高速公路邵阳与怀化段雪峰山特长公路隧道,重点针对雪峰山特长隧道的施工地质勘察、信息化设计与施工、隧道通风与防灾、隧道监控管理技术,以及区域地下水影响几个方面的关键技术进行研究。

一、主要技术内容

(1)紧密结合雪峰山隧道工程,以地质分析为主线,通过现场监测测试、探测,配合室内岩石力学试验、数据处理和数值模拟等手段,建立了一套越岭长大公路隧道地质预报技术方法体系,并对雪峰山隧道复杂围岩段(断层带、涌水地段、岩爆段)进行了有效的地质预报。

(2)开发了一套隧道围岩收敛变形非接触量测系统,能快速自动量测隧道支护结构及围岩的三维位移,并通过该系统直接应用于雪峰山隧道信息化设计与施工中,依托工程得以"优质高效"建成通车。

(3)通过大比尺物理模型试验及流体力学计算分析,结合通风动力配置、污染物控制及运营安全控制等目标,实现了复杂通风组织条件下的设备与设施的合理配置,解决了雪峰山等长大公路隧道复杂的"三段两单元"送排式通风难题。

(4)通过防灾研究,找出了导致隧道火灾的高发诱因;提出了雪峰山隧道交通事故预防、处理对策;开发了专用于隧道疏散设计与模拟的数值模拟软件TUNEV程序,研究了依托工程中人员疏散的安全性;结合隧道火灾时实际情况,研发了具有新功能理念的隧道防火门,并应用于依托工程中(图1和图2)。

(5)提出了"以洞口为目标,以速度为核心"的控制理念及其组合式交通异常自动检测算法,提出了交通异常自动检测优化组合配置方法及EED车辆识别法,提出了不同交通灾害时的应对程序与措施。

(6)通过对雪峰山隧道地下水环境影响的研究,预测了施工涌水量,有效指导了施工,并通过隧址区土壤和水环境成分的监测,总结了隧道施工对影响区土壤环境和水环境变化的规律,得出了雪峰山隧址区的地下水环境影响范围,并提出了相关应对措施。

二、适用范围

本成果适用于特长越岭隧道的设计、施工和运营管理,尤其适用于越岭隧道的施工地质勘察;地下工程施工中的信息快速收集和处理;特长公路隧道多段式通风与防灾;公路隧道运营监控管理。成果中能承受爆炸气流,且能双向启闭组合式防火门,可适用于交通、电力等行业中的特殊通道门设计。

实用新型专利证书

局长 田力普

2007年10月10日

图 1　防火通道门专利

图 2　隧道防火门应用于雪峰山隧道

三、已应用情况

湖南省邵怀高速公路中的雪峰山特长公路隧道应用此项成果，共节约 10 350 万元。

湖南省衡炎高速公路中的大面山隧道、由义隧道、云阳山特长隧道应用此项成果，共节约 4 169 万元。

湖南省常吉高速公路岩门界特长隧道应用此项成果，共节约 3 686 万元。

中交第一公路勘察设计研究院在山西忻州至保德的高速公路工程、山西太原至佳县的高速公路工程、西部大通道阿荣旗至北海公路达州（罗江）至川陕界的高速公路工程、河北保阜高速公路工程及甘肃兰州至海口高速公路工程中应用了本项目的隧道防灾门与超前地质预报成果。

浙江省交通规划勘察研究院在其承担设计的诸暨至永嘉高速公路的白鹤隧道、云和至景宁高速公路的西周岭隧道等特长公路隧道工程设计中应用了本项目的部分成果。

四、效益分析

本项成果应用于特长越岭隧道的建设中，可取得巨大的经济和社会效益。其中，“越岭长大公路隧道地质预报技术方法体系”，可以对复杂围岩段（断层带、涌水地段、岩爆段）进行有效的地质预报；“隧道围岩收敛变形非接触量测系统”，能快速自动量测隧道支护结构及围岩的三维位移。这些成果的应用，可以有效指导隧道施工，减少隧道施工中的涌水、塌方事故。成果中的“通风技术成果”解决了长大公路隧道复杂的“三段两单元”送排式通风难题，“防灾技术成果”研发了具有新功能理念的隧道防火门，“运营监控管理技术成果”提出了长大公路隧道中降低运营费用和提高管理效率及运营安全的方法，这些成果的应用，可以提高隧道运营的安全性，具有很高的经济和社会效益。

本项成果技术转让费为 188 万元。

56. 桥梁高性能混凝土制备与应用技术研究

成果所属专题编号：200731800003（专题 4）

成果主要完成单位：四川省交通厅公路规划勘察设计研究院、四川雅西高速公路有限责任公司、路港集团有限责任公司、武汉理工大学、泸州东南高速公路建设有限公司、邛崃市

公路桥梁工程有限责任公司

联系人:牟廷敏

联系电话:028-85527452(手机:13608183074)

通信地址:成都市武侯横街1号

E-mail:moutm@vip.sina.com

邮政编码:610041

一、主要技术内容

我国基础设施发展速度快,水泥混凝土用量大,质量问题多。在此背景下,项目在广泛调查已建混凝土桥梁病害成因、混凝土制备现状、浇筑工艺和养护等环节的技术现状后,依托主跨460m的巫山长江大桥(拱桥)、主跨318m的云阳长江大桥(高低塔斜拉桥)、主跨162m的南充仪陇新政嘉陵江大桥(连续梁桥)、主跨255m的四川汉源大树大渡河大桥(连续刚构桥梁)和雅西高速公路纳黔高速公路10余座特殊大桥等工程,组织科研等单位联合攻关,用新概念、新理论、新方法、新工艺,形成了混凝土配合比设计、制备、浇筑工艺和后期养护成套技术,编制了桥梁高性能混凝土制备与应用技术指南,为提高桥梁建设品质、延长桥梁使用寿命和满足现代桥梁建设环境条件提供了技术保证。该项目共分为9个专题开展全面系统研究,形成了9份册技术报告(合订本)、1份试验报告、1份技术指南和究总报告。

成果的关键技术包括:

(1)提出了桥梁"结构防裂"和"结构整体强度"的理念;

(2)建立了"密实骨架"配合比设计方法;

(3)提出了桥梁箱形结构、大体积结构、水下桩基、自密实钢筋混凝土和清水混凝土的制备方法和技术指标;

(4)开发的钢管混凝土聚合物外加剂,实现了混凝土膨胀性能的可控性;

(5)开发的高效减水保塑增黏外加剂与高活性矿物掺和料的复合技术,提高了箱形结构的抗裂性能;

(6)开发的HEC、PAM、SF外加剂的复合技术,提高了水下混凝土抗分散能力;

(7)开发的脱模剂,以及复合外加剂技术,实现了清水混凝土的饰面效果;

(8)编制的"桥梁高性能混凝土制备与应用技术指南",填补了行业空白。

二、技术适用范围

本成果适用于山区大气环境条件下桥梁高性能混凝土制备、施工和混凝土质量验收,包括大体积混凝土、箱形结构混凝土、桩基混凝土、桥面铺装混凝土、钢管内混凝土和清水混凝土等不同部位、不同环境条件下桥梁混凝土的生产应用。

三、应用情况

项目成果的桩基混凝土、大体积混凝土、箱形结构混凝土、自密实钢筋混凝土、自密实钢管混凝土、清水混凝土分别应用到拱桥、斜拉桥、连续刚构桥、连续梁桥、简支梁桥等工程上,节约工程直接造价6 695万元,见表1。

四、应用前景和效益分析

1.应用前景

根据统计,四川在建高速公路桥梁用C30以上等级混凝土约$5\times10^7 m^3$,全国高速公路桥梁用混凝土约在20倍以上。而现有混凝土制备与施工技术相对落后,混凝土桥梁病害多,因此,该项目开发的研究成果将具有广阔的应用前景。

应用情况　　表1

序号	应用工程名称	联系人	应用时间(年)	效益(万元)
1	重庆巫峡长江大桥	肖乾定:13896950018	2003～2004	1 480
2	重庆云阳长江大桥	任昌远:13983555190	2004～2006	620
3	仪陇新政嘉陵江大桥	李长联:13908205216	2005～2006	185
4	四川雅泸高速公路腊八斤大桥	朱如荣:13281805069	2007～2010	305
5	四川雅泸高速公路黑石沟大桥	朱如荣:13281805069	2007～2010	270
6	四川雅泸高速公路唐家湾大桥	余信箭:15983501177	2007～2010	85
7	四川雅泸高速公路富春大桥	张　建:13881616577	2007～2010	55
8	四川雅泸高速公路流沙河大桥	张　建:13881616577	2007～2010	50
9	四川雅泸高速公路青杠咀大桥	罗　丁:13551550388	2007～2010	120
10	四川雅泸高速公路田坝头大桥	罗　丁:13551550388	2007～2010	35
11	四川雅泸高速公路观音岩大桥	梁朝勇:13795863507	2007～2010	320
12	四川雅泸高速公路苏村坝大桥	范朝雄:13402850908	2007～2010	220
13	四川雅泸高速公路干海子大桥	武旭升:13981631731	2009～2010	260
14	四川合江长江一桥	韩　玉:15883053866	2009～2010	1 520
15	武汉市后湖大桥	鲁万钦:13871569977	2006～2007	300
16	浙江岱山江南特大桥	付长江:13618129822	2007～2008	90
17	四川合江长江二桥	裴宾嘉:13880288201	2009～2011	780

2.经济效益

(1)项目成果已应用在拱桥、斜拉桥、连续梁桥、连续刚构桥和简支梁桥等不同桥型中，特别是在同类桥梁世界最大跨度钢管混凝土拱桥和最高的钢管混凝土组合桥墩上应用，解决了技术难题，节约了工程直接费约 6 695 万元。

(2)取得直接效益约 20～50 元/m^3，全省高速公路桥梁用 C30 混凝土约 $5\times10^7 m^3$，按 20 元/m^3 计算，可以节约工程造价 10 亿元。

(3)成果应用桥梁最长已使用近 6 年，经多次检查没有发现裂纹，大大减少了后期养护费用。按现有维修加固桥梁工程款计算，减少加固费用约 3.5 亿元/年。同时，正常营运使用产生的社会经济效益无法计算。

3.社会效益

(1)多次开展技术交流和论文交流，提高了行业材料人员技术能力。

(2)减少了桥梁裂缝，延长了桥梁寿命，降低了营运成本，发展了区域经济，对社会稳定作出了贡献。

(3)提高了桥梁安全度，保证了行车、行人及施工中人员安全。

(4)依托该项目，在国内外学术期刊上发表学术论文 30 余篇，其中，发表国际学术论文 3 篇，出版专著 2 册，并有 12 套研究生毕业论文；培养了博士后 1 人、博士研究生 3 人、硕士研究生 8 人。此外，先后有 10 名研究人员由工程师晋升为高级工程师，项目组 4 人获得四川省级劳动模范、学术和技术带头人或后备人选等称号。

57.山区大跨径钢筋混凝土箱形拱桥的设计及施工技术研究

成果所属专题编号:200331878011

成果主要完成单位:四川省交通厅公路规划勘察设计研究院、交通部公路科学研究院、四川攀西高

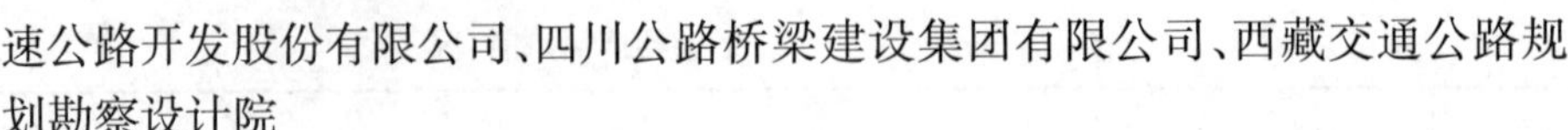

速公路开发股份有限公司、四川公路桥梁建设集团有限公司、西藏交通公路规划勘察设计院

联系人：牟廷敏

联系电话：028-85527452(手机：13608183074)

通信地址：成都市武侯祠横街1号

E-mail：moutm@vip. sina. com

邮政编码：610041

一、主要技术内容

该项目包括7项子课题和2项辅助课题。

7项子课题为：

(1)山区大跨径钢筋混凝土箱形拱桥现状调查分析试验研究；

(2)山区大跨径钢筋混凝土箱形拱桥的合理布置和结构选型研究；

(3)山区大跨径钢筋混凝土箱形拱桥合理计算理论和实用计算方法研究；

(4)山区大跨径钢筋混凝土箱形拱桥施工监控技术研究；

(5)山区大跨径钢筋混凝土箱形拱桥的模型试验及实桥现场试验研究；

(6)高强混凝土、钢—混凝土组合结构箱形拱桥调查试验研究；

(7)山区大跨径钢筋混凝土箱形拱桥设计及施工技术指南。

2项辅助课题为：

(1)攀枝花白沙沟大桥施工监控报告；

(2)攀枝花白沙沟大桥静动载试验报告。

最后完成了研究总报告、科技查新报告和用户使用报告。

该项目以调查国内外同类桥梁使用现状、技术性能为出发点，通过对存在问题的大量总结分析，探讨适合山区复杂地形地质条件和恶劣交通运输条件下，修建大跨钢筋混凝土箱形拱桥的先进技术为背景，通过消化和吸收，开展了在此基础上的应用开发技术研究。依托西(昌)～攀(枝花)高速公路白沙沟大桥等6座依托工程桥梁，开发应用了具有创新性的悬臂节段浇筑成套工艺技术、钢—混凝土组合箱形拱桥等技术，完善了钢筋混凝土箱形拱桥设计、施工和养护技术，提高了桥梁耐久性。同时，该项目研究模型试验多，测试数据量大，成果科学合理，创新技术成果丰富是本项目又一突出特点。项目专家验收意见评价为："成果总体上达到同类技术的国际领先水平"。

二、适用范围

该项目是山区大跨度钢筋混凝土箱形拱桥设计施工成套技术成果，开发的单箱双室拱箱截面构造、位移计算理论及软件技术、拱箱节段悬臂浇筑技术、悬浇侧桁挂篮、双重调索低应力夹片锚固体系、新型岩孔锚碇等成果，适用于钢筋混凝土拱桥设计、施工等领域，对提高钢筋混凝土箱形拱桥使用寿命、节约工程造价具有重大贡献。

三、已应用情况

该项目的钢筋混凝土箱形拱桥参数计算方法、位移计算理论、结构构造和缆索吊装国家工法和开发的悬臂节段浇筑拱圈等成果，分别应用于主跨150m的白沙沟大桥、主跨176m攀枝花市新雅江大桥(箱板拱)、主跨188m金阳通阳金沙江大桥(箱板拱)、主跨120m的巴中通江县纪红大桥(箱肋拱)、主跨130m海螺沟青木坪大桥(箱板拱)、主跨182m的攀枝花市新密地金沙江大桥(箱肋拱)等工程，使用效果良好。项目编制的"钢筋混凝土箱形拱桥设计与施工指南"，系统性强，科学合理，易于设计与施工等技术人员掌握，已广泛推广应用。

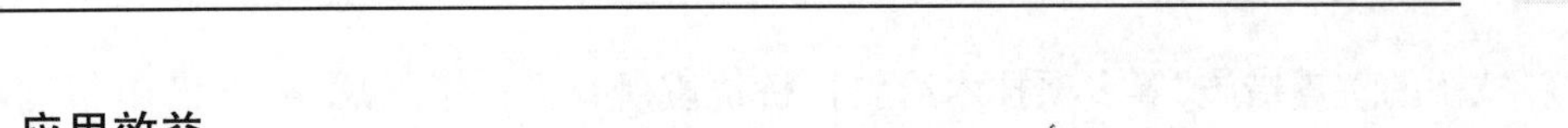

四、应用效益

1. 经济效益

开发的悬臂节段浇筑技术应用于攀西高速公路白沙沟大桥和攀枝花市新密地金沙江大桥，节约直接工程费约 1 278 万元；课题研究成果分别应用到其他 4 座桥梁，改善桥梁使用性能，节约直接工程费约 319 万元。项目研究产生直接经济效益为 1 597 万元。

2. 社会效益

我国幅员辽阔，尤其西部地区山高、沟深，高速公路的建设不可避免要建设多座大跨度混凝土箱形拱桥。因此，项目成果有效提高了钢筋混凝土箱形拱桥使用性能和耐久性能，避免了不良病害，取得的社会效益巨大。项目开发的悬臂节段浇筑工法，在山区复杂地形地质条件、恶劣交通运输环境下和城市地物密集条件下，为修建钢筋混凝土箱形拱桥提供了技术途径，实现了环境保护，落实了科学发展和资源节约。

项目开展后，先后以研究成果为题材，在国际学术会议论文集、全国学术期刊和专题论文集上发表 40 余篇，发表国际学术论文 2 篇，并有 14 套博士、硕士毕业论著；培养了博士后 1 人、博士研究生 4 人、硕士研究生 9 人。

58. 拱形独塔斜塔双索面大跨度斜拉桥设计与施工控制研究

成果所属专题编号：津 20100818

成果主要完成单位：天津市市政工程设计研究院

联系人：谢斌

联系电话：022-27815311(手机：13389958762)

通信地址：天津市和平区营口道 239 号

E-mail：sgstrs@sohu.com

邮政编码：300051

一、主要技术内容

本课题的研究以河北大街立交主桥和西安浐灞河 2 号桥为研究对象，是对拱形独塔斜塔双索面斜拉桥的一次深入探索，主要研究成果有以下几个方面。

(1)首创“主塔竖转法和主梁支架法有机组合的施工工法”进行斜拉桥施工，突破了传统斜拉桥的施工工艺，大大缩短了施工周期，减小了施工难度。

(2)钢桥面铺装研究、分析、比较了大量国内外钢桥面铺装的成功、失败经验及原因，进行归纳总结。自主研发应用于中小跨径斜拉桥的钢桥面铺装方案，取得了良好的使用效果和显著的经济效益，填补了国内外针对该类钢桥面铺装研究的空白。

(3)项目组借鉴以往的成功实例，结合近年来在多座斜拉桥结合段设计中的经验，首创新型钢混接合段构造。其结构简单、应力传递均匀，解决了国内外该节点加工制造复杂、施工操作困难、抗疲劳性差的难题。

(4)国内首次使用拱形斜塔，首创拱形钢塔的竖转施工，并总结出一套完整的桥塔施工工艺。采用该项技术，西安浐灞河 2 号桥节省工程造价 200 万元，缩短工期 2 个月。

(5)在国内斜拉桥中首次实现了施工监控、成桥静动荷载试验和运营期一年监测的全过程关键数据采集整理，不仅保证了河北大街主桥的全过程信息化施工，验证了设计的合理性和结构安全性，更为进一步系统研究拱形独塔斜塔双索面大跨度斜拉桥体系结构特点和受力特性积累了宝贵资料，成为天津市桥梁健康监测的成功样例。

(6)“高震区斜拉桥的抗震措施”等多项技术给斜拉桥抗震研究提供了新思路，并已申报国家专利，均为国际首创。

经上网查询和科技查新，本课题的研究成果在国内外均为首次采用。

二、适用范围

本课题适用于中小跨径斜拉桥的桥梁工程领域，为该类工程设计、施工、质量控制提供技术支持。

三、已应用情况

课题成果全部应用在市重点工程“快速路河北大街立交”和“西安浐灞河 2 号桥”中。

课题成果已推广至团泊新桥斜拉桥、鄂尔多斯市乌兰木伦河 4 号景观大桥（主跨 450m 双塔斜拉桥）、潍坊斜拉桥、本溪斜拉桥等 5 座斜拉桥，应用推广效果良好。

四、效益分析

“快速路河北大街立交”采用该技术节省工程造价 3 000 万元，缩短工期 5 个月。“西安浐灞河 2 号桥”采用双层改性沥青 SMA 铺装节约直接投资 400 万；桥塔采用竖转技术节约造价 200 万元；主桥采用支架法节省造价 3 000 万元，缩短工期 4 个月。

59. 天津集疏港公路一期工程上跨津山铁路桥主桥转体施工工艺研究

成果所属专题编号：津 20090616

成果主要完成单位：天津市政建设发展有限公司、天津滨海新区投资控股有限公司、中铁六局集团有限公司

联系人：韩承志

联系电话：022-23062920（手机：13920328648）

通信地址：天津市和平区衡阳路 4 号

E-mail：hangchengzhi_0920@126. com

邮政编码：300050

一、主要技术内容

2008 年 8 月 26 日上午，由中铁工程设计咨询集团有限公司设计的天津集疏港公路一期工程跨津山铁路桥转体成功。

中铁六局北京铁建公司承建的天津集疏港公路一期工程跨津山铁路桥为双幅后张预应力混凝土 T 形钢构跨线桥，采用平面双幅同步同时转体施工工艺，整个转体过程历时 35min，单幅桥转体长度为 65m＋65m，转体半径 65m，转体角度为 75°，大桥精准就位后，与桥面设计中心线误差仅 1mm。单幅长 130m，宽 27m，转体质量为 13 300t。该转体桥是天津市首座转体施工的桥梁，也是目前全国最大的软土地基施工的转体桥。转体体积和吨位均创京津地区同类工程之最。

2008 年 9 月 4 日上午 11 时 20 分左右，由中铁工程设计咨询集团有限公司桥梁院设计的石家庄市环城高速公路跨石太铁路转体斜拉桥成功转体，与铁路两侧的桥梁实现完美对接。该转体斜拉桥转体质量达 16 000t、转体角度达 75. 74°，在短短的 100min 里创造出两项全国之最，已成为国内目前总质量、旋转角均最大的转体桥。该桥完成转体标志着石环公路主线主体工程全部完工，为石环公路主线全线通车打下了坚实的基础。

跨石太铁路分离式立交桥是河北省第一座公路转体斜拉桥，是整个石环公路西环主线上的重要节点。该转体桥主桥全长 260m，转体部分长度 142m，跨越石太铁路 6 条既有线路和两条客运专线预留线

路。该桥为 45m＋85m＋85m＋45m 四跨连续单索面预应力混凝土曲线斜拉桥，曲线半径为 1 250m，主塔为倒 Y 字形结构，塔顶距地面 53m，距离桥面 38.6m。

由于跨越的石太铁路位置是铁路编组站咽喉区，交通作业十分繁忙，长时间封锁铁道线将造成巨大的经济损失。中铁咨询集团桥梁院在设计过程中充分考虑这些因素，克服重重困难，反复进行技术攻关，提出转体设计方案，最大限度地减少对行车密集的石太铁路既有线的行车影响。由于曲线半径小、转体质量大，设计人员对桥梁结构受力采用了先进的结构分析软件进行科学研究，多种手段全方位复核计算，确保了大桥结构的安全。他们还与监控单位一起对桥梁施工的关键工序进行控制，对施工中的问题及时提出有效建议，确保转体的施工安全。

跨石太铁路转体斜拉桥的成功转体，充分展示出中铁咨询集团过硬的技术实力。随着我国列车密度和行车速度越来越大，公路上跨铁路桥对铁路的影响将成为决定桥式方案的主要因素之一，转体工法施工桥梁将被越来越多的工程所采用。

二、适用范围

本科研项目无保密等级，在全国可进行推广应用。

三、应用情况

京津塘高速公路二线是京津城市走廊带上能够有效缓减港城交通矛盾最便捷的对外集疏港通道，起于北京五环西直河，止于天津东疆港岛疏港二线，全长 143km，共设主线收费站 3 座。其中，北京段长 35km，按双向八车道实施。天津段长 108km，京津市界至武清曹子里（京津联络线）段 38km，按双向八车道实施。武清曹子里至疏港二线段长 70km，按双向六车道实施。集疏港公路一期工程是“三横一纵”的重要组成部分，即京津塘高速公路二线收费站至海滨大道约 10.8km 的联络线。一期工程始于京津塘高速二线主线收费站，穿越杨北公路后，从北塘变电站的西南角经过，然后高架跨塘汉公路、森林公园、京山铁路、新北公路、开发区洞庭路、黄海路、中央大道后落地，接海滨大道至疏港二线。沿线建设杨北公路立交、中央大道立交和疏港二线、三线组合立交三座互通立交。京山铁路以东设置地面辅道，高架桥在京山铁路两侧设置上下坡道与地面道路衔接。主要按城市快速路标准建设，双向六车道（可以通过标线划分调整为双向八车道）。一期工程建设完工后，可在东疆保税港封关运作后使用，确保 2008 年奥运会使用，确保高标准实现京津塘高速公路二线运营使用。一期工程只修建进入疏港二线的匝道，实现高速公路快速进港，同时保证近期大件运输。疏港三线建设时，海滨大道和相关立交及匝道可同时实施。港岛客运专线为地面道路，建成后可作为大件运输通道。经济效益：节支总额 10 796.32 万元。

四、应用效益

转体桥累计间接节省费用 10 796.32 万元。转体施工法是修建上跨铁路高架桥比较安全可靠的方法。经研究已经证明了转动体自身的稳定性，而且桥面基本处于封闭状态，不会有任何物品落下危及行车安全，转体实施过程中可以维持正常行车，可为施工单位带来巨大的社会效益和经济效益，应用前景十分广阔。

60. 公路隧道纵向排烟模式与独立排烟道集中排烟模式模型试验研究

成果所属专题编号：浙交鉴字［2010］51 号

成果主要完成单位：浙江省交通规划设计研究院、中南大学

联系人：李伟平

联系电话：0571-85156936-1318（手机：13867497613）

通信地址：杭州市环城西路 89 号

E-mail:zjliwp@163.com
邮政编码:310006

一、主要技术内容

本项目采用模型试验研究、数值模拟和理论分析,开展隧道纵向排烟和独立排烟道集中排烟两种模式下的隧道火灾烟气蔓延特征和温度场分布规律进行了研究,对独立排烟道集中排烟模式下的排烟阀和排烟道流速的分布规律、排热效率、排烟效率和合理纵向诱导风速进行了研究,获得了不同因素(火灾规模、通风风速、隧道几何特征)对烟气蔓延及控制效果的影响规律,获得了排烟阀设置方式(排烟阀的数目、尺寸和间距)对独立排烟道系统排烟效果的影响规律,获得了独立排烟道集中排烟系统的关键设计参数,以及排烟组织方案,解决了独立排烟道集中排烟模式系统设置的关键技术问题。

在特长公路隧道火灾中,独立排烟道集中排烟模式具有显著的排烟优越性,国内外对独立排烟道集中排烟模式的关键技术缺乏系统试验研究、数值模拟和理论分析,缺乏研究成果的支持,限制了集中排烟模式在我国特长山岭隧道的推广应用。

本项目主要技术性能指标包括:

(1)获得纵向排烟方式下隧道火灾温度场分布规律;

(2)获得独立排烟道集中排烟方式下隧道火灾温度场分布规律;

(3)获得纵向排烟方式下隧道火灾烟气蔓延规律;

(4)获得独立排烟道集中排烟方式下隧道火灾烟气蔓延规律;

(5)探讨隧道几何特征及通风排烟速率对隧道火灾烟气蔓延及控制效果的影响规律;

(6)探讨不同排烟阀设置方式对独立排烟道系统排烟效果的影响;

(7)获得集中排烟模式下排烟阀流速和排烟道流速分布规律;

(8)获得不同排烟方式、不同排烟阀设置方式对集中排烟模式下排热效率和排烟效率的影响规律;

(9)获得集中排烟模式不同火源位置下不同排烟方式的合理纵向诱导风速;

(10)获得集中排烟模式下合理的排烟系统设置方案和方法及排烟组织方案。

二、适用范围

本科研成果可适用于新建或改造的各类等级的公路隧道,包括高速公路、一级公路、二级公路等;适用于不同车道数的公路隧道,包括双车道、三车道、四车道隧道;适用于各种工法的公路隧道,包括山岭隧道、水下沉管法隧道和盾构法隧道。

三、已应用情况

钱江隧道工程是钱江通道及接线工程的控制性工程,越江隧址左岸位于浙江海宁市辖地,右岸位于绍兴市辖地,为双向六车道高速公路,设计速度80km/h,设计使用年限100年。隧道建筑长度4 450m,其中左线隧道长度3 949m,右线隧道长度3 946.334m。江中段采用盾构隧道过江(隧道内径13.7m,外径15m,盾构段分别长3 245m、3 242.683m),该盾构隧道直径15m也是目前世界最大之一。盾构段横断面空间包括三层:中间的车道层、上部的排烟道、下部的电缆通道和逃生通道。

该项目施工图预算投资35亿元,为BOT项目,项目业主为杭州建元隧道发展有限公司。隧道通风排烟系统借鉴和采用了本科研成果,即隧道正常通风采用竖井+射流风机组合的纵向通风模式,火灾时采用独立排烟道系统的集中排烟模式。该隧道设计火灾功率50MW,独立排烟道在盾构段全长设置,排烟道横截面积约16m^2,排烟风阀单个面积5m^2,纵向间距60m。

四、效益分析

该科研成果的采用,完善了钱江盾构隧道的防灾体系,弥补了人行、车行横通道设置的不足,提高了

火灾时人员逃生与消防救援的安全性。

本课题填补了国内外对独立排烟道集中排烟进行系统试验研究的空白，获得了烟气蔓延规律及控制方法和关键技术参数，解决了集中排烟模式在系统设计、结构防火以及实际应用的关键技术问题。对提高公路隧道防灾救灾水平，以及公路隧道消防工程设计、规范修订和工程实际应用等提供了科学技术支持和参考，对推广这种有显著排烟优越性的排烟模式的工程应用具有重要支撑作用。

61.《杭州市江东大桥空间自锚式悬索桥设计与施工成套技术研究》子课题：关键节点的构造与工艺试验研究

成果所属专题编号：浙交鉴字[2009]36号

成果主要完成单位：杭州市高速公路管理局、上海市政工程设计研究总院

联系人：赵益民

联系电话：0571-28118668(手机：13357162888)

通信地址：杭州市钱江路639号新城大厦

E-mail：hzsggj@126.com

邮政编码：310016

一、主要技术内容

主要研究内容：

1.塔顶鞍座

塔顶鞍座构造设计不但影响鞍座本身的强度和稳定，而且和主缆的受力很有关系，对体系转换过程中的施工控制也有较大影响。对该关键节点应重点研究以下几方面的内容：

(1)鞍座形式方案研究。

(2)建立空间仿真模型，分析塔顶鞍座的应力分布规律，验算结构强度、刚度和稳定性。

(3)加工及施工工艺研究。

(4)鞍座构造及施工工艺模拟试验研究，即编缆、移缆、顶缆工艺。

2.锚固端横梁

(1)节点总体布置。

(2)建立锚固端横梁节点空间仿真模型，分析节点应力分布规律，掌握锚固力的传力机理和传力路径，验算锚固节点的强度、刚度和稳定性。

(3)钢锚碇：重点研究钢锚碇的构造设计、铸造工艺、焊接连接设计与工艺等。

3.吊索连接

(1)吊索方案比选。根据双向适应性的要求，对销接式和骑跨式两种吊索形式进行深入比选后，选用新开发的新型销接式吊索。

(2)疲劳荷载下吊索上、下节点的性能考核。

(3)在吊索恒定的工作荷载下，吊索上、下节点的转动疲劳性能考核。

(4)吊索上、下节点的极限强度试验(附索夹吊耳强度试验)。

4.索夹和主缆的摩阻(夹持)力测定试验

组合一段主缆，按设计要求装上索夹，测定索夹在切向力和横向力作用下与主缆的摩擦阻力系数能否符合预定要求。

5.吊索与箱梁的锚固节点

建立三维有限元模型，仿真计算分析节点的强度及变形。

主要研究结论：通过空间有限元理论分析和关键构造试验研究，提出了空间缆索重要部位的特殊构

造，包括：具有空间转向构造的主索鞍、能适应空间变形的新型销接式吊索；首次采用铸焊结合钢锚碇，既解决了国内常用混凝土锚碇钢构造复杂、施工难度大、质量不易保证的问题，也避免了全焊钢结构锚碇焊接变形和焊接应力难以控制的问题；通过塔顶鞍座及主缆编制、横向滑移及鞍座顶推工艺试验，对架缆试验鼓丝和扭转现象进行了分析与对策研究，在国际上率先提出了长短丝法加工预制索股和辅助工具索鞍的技术；总结的主缆索股加工架设技术要求，妥善合理地解决了空间缆索鼓丝和扭转等关键技术难题，确保了施工顺利进行，取得了重大技术突破，经成桥试验，各项指标满足规范和使用功能要求。

二、适用范围

空间缆索体系的悬索桥结构。

三、已应用情况

杭州市江东大桥空间自锚式悬索桥，采用双塔独柱、空间缆索、宽桥面、分离式钢箱梁、单跨悬吊的自锚式悬索桥，该桥主跨260m，桥面宽度达47m，缆索倾角达19°，主缆横向矢跨比为22/260，在桥型和结构上大胆创新，突破了常规的设计与施工技术。该桥型结构形式特殊，塔顶鞍座、主缆锚固端横梁、吊索连接、索夹与主缆连接及吊索锚固箱五大节点受力集中、构造复杂、工艺要求高，是自锚式悬索桥构造的关键部位。对该桥关键节点的设计构造与工艺试验研究，所获得的研究成果及时指导了设计及施工，并已应用于工程中。

四、效益分析

课题成功解决了空间缆索架设的关键技术难题，已取得“销接式吊索”(ZL200820058532.0)和“一种用于悬索桥塔顶的索鞍”(ZL200820056266.8)两项发明专利，“长短丝法加工预制索股”和“一种辅助工具索鞍”两项专利正在申请办理过程中；这些专利成果具有创新性，也为其他相似工程提供了宝贵经验。本项研究成果对今后自锚式悬索桥，特别是空间缆索体系的悬索桥具有极高的参考价值。

62.杭州湾大桥远程智能单点多控技术研发与应用

成果所属专题编号：浙交鉴字[2010]11号

成果主要完成单位：杭州湾大桥工程指挥部、宁波澳普网络通信设备有限公司
联系人：陈振杰
联系电话：13325886596
通信地址：宁波市江北区长阳东路165弄6号(姚江新都商务楼15、16层)
E-mail：leo@aupul.com
邮政编码：315020

一、主要技术内容

远程智能单点多控技术，是项目组在全面分析、研究、探讨、总结国内外照明控制技术的基础上，独特创新，研制开发的一种新型智能照明控制技术，主要有以下三部分组成：①远程控制中心；②路段智能控制模块；③终端智能控制模块。远程智能单点多控技术可根据不同时间段所照明道路的行人、车流量、治安和交通的安全性等因素，实行分时段控制，合理调整路灯的运行功率，真正实现道路按需照明。每个端口可在中心控制，采用降功率节能功能模式运行，节约电能30%以上(最高可节约电能65%)。终端能自我调节电压电流，提高节能效率并有效保护灯具的使用寿命，使光源寿命延长1.5倍以上。

二、适用范围

广泛适用于城市道路照明、城市亮化和泛光照明、夜景灯光照明等市政照明项目和高速公路、工矿

企业、机场、码头等非市政照明项目。

三、已应用情况

该项目首次在世界第一跨海大桥杭州湾跨海大桥投入使用，并取得了很好的使用效果，之后在南京三桥照明改造工程、湖北利川城市照明改造工程等一系列项目中得到广泛应用，取得用户好评。

在对南京长江第三大桥照明系统的改造中，实现最高节约电能60%以上；减轻了照明系统的维护量；使灯泡的寿命延长2倍，损坏率有效的控制在0.5%。

在对湖北省利川市胜利路和滨江路进行照明系统改造后，平均节电率达35%，最高节电率达60%，且灯光照度无闪烁，节电稳定，路灯损坏率为0.48%。

四、效益分析

2008年全长36km的杭州湾跨海大桥1 844盏路灯和1 844盏雾灯采用远程智能单点多控技术，建设期节约铺设线缆90km以上，穿线管72km以上，直接节约建设投资700余万元；运营期平均每天节约功率150W运行8h，采用自行编组控制方式降低50%路灯使用量，平均控制时间4h，年节约电能达121万W·h；同时有效保护光源使用寿命，两年灯泡损坏率仅为1.6%。

63. 树脂沥青组合体系(ERS)钢桥面铺装技术在江东大桥的应用研究

成果所属专题编号：浙交鉴字[2010]66号

成果主要完成单位：杭州市高速公路管理局、中交第三公路工程局有限公司、江苏省交通科学研究院股份有限公司

联系人：赵益民

联系电话：0571-28118668(手机：13357162888)

通信地址：杭州市钱江路639号新城大厦

E-mail：hzsggj@126.com

邮政编码：310016

一、主要技术内容

课题对ERS钢桥面铺装技术在江东大桥的应用进行了较为全面的研究，开展了三阶段力学计算、桥面铺装设计方法研究、ERS钢桥面铺装关键材料研究以及ERS钢桥面铺装施工工艺及验评标准等几个方面的初步研究，主要取得了如下的结论：

(1)钢桥面铺装是功能层，不是承力层。桥面铺装的主要作用是传递荷载，改善行车的舒适性，兼而保护钢板。

(2)ERS钢桥面铺装设计的基本思路在于，通过一切手段保证铺装层与钢板一起协同受力。

(3)利用三阶段力学计算方法，分析了桥面铺装在整体变形条件下、局部变形条件下以及承受较大水平荷载作用下，铺装产生的最大拉应变和最大剪应力。

(4)桥面铺装设计应本着因地制宜、经济适用的特点，依据力学计算获得的关键指标，从界面温度性、抗疲劳性能、高温性能、防排水设计和行车舒适性角度进行结构设计和材料选择。

(5)ERS铺装体系中EBCL作为防水抗滑层，要求具有优良的强度和变形性能，要求具有良好的施工和易性和耐久性。

(6)结合钢桥面铺装中EBCL层的受力特点和受力要求，开发了专门的针对环氧类材料的性能评价方法和评价指标。

(7)提出了利用胶料指干时间和强度增长率两个指标进行评价RA05胶料质量的评价体系。

(8)复合件斜剪试验结果表明:EBCL+RA05 复合件的 45°斜剪试验破坏界面均发生在 EBCL 与钢板界面,说明 EBCL 和 RA05 之间的界面有极好的抗剪切能力。

(9)RA05 层隔热试验结果表明,无论是在 SMA10 摊铺过程中还是在桥面铺装使用过程中,RA05 层均可以有效地减少热量的传递。

(10)江东大桥采用了单层 4cm 厚 SMA10 作为铺装表面功能层,将表面功能层的高温性能和密封防水性能集中于一层解决,该种方案对高温重载还是比较敏感的,使用过程中需要慎重。

二、适用范围

适用于钢桥面铺装工程。

三、已应用情况

主要研究成果已成功应用于江东大桥钢桥面铺装工程。EBCL 作为防水抗滑黏结层,RA05 作整体化层,SMA10 作表面功能层,各层功能分工明确。

江东大桥通车两年来,钢桥面铺装经历了夏季高温和超载的使用条件,目前整体使用情况良好。

四、效益分析

ERS 钢桥面铺装在江东大桥成功铺筑 26 000m^2,成功解决了江东大桥钢桥面铺装施工期间气温偏低的难题,较原设计方案环氧沥青铺装建造费用节省 45%,约 1 500 余万元。ERS 钢桥面铺装技术是一项原始性创新技术,该钢桥面铺装技术所用铺装材料和主要施工技术均为国产,具有完全的自主知识产权。该技术首次在国内大跨径钢桥面铺装中得到应用,改变了国内主要钢桥面铺装材料主要依靠进口的现状,节省了桥梁建设的费用,为国内钢桥面铺装提供了一条新路,具有非常良好的推广应用前景。

64.特大跨径悬索桥新型分体式钢箱梁关键技术研究

成果所属专题编号:浙交鉴字[2009]12 号

成果主要完成单位:浙江省舟山连岛工程建设指挥部、中交公路规划设计院有限公司、同济大学、西南交通大学、中铁大桥局集团武汉桥梁科学研究院

联系人:蒋杰

联系电话:0580-8052920(手机:13505806591)

通信地址:浙江省舟山市定海区金塘镇沥港码头旁

E-mail:jajay@yeah. net

邮政编码:316032

一、主要技术内容

本项目以西堠门大桥为研究背景。该桥主跨 1 650m,是世界上最大跨径的钢箱梁悬索桥,由我国自主研究、设计和建造,建设规模宏伟,技术含量高,施工难度巨大,前所未有。

西堠门大桥跨越的水道水深流急、海床基岩裸露,采用主跨 1 650m 的悬索桥一跨跨越,避免了巨大的施工难度和风险。然而,大桥地处我国唯一的沿海高风速带中的浙江省舟山群岛,7 月至 9 月台风影响频繁,11 月至次年 3 月季风盛行(风力可达 11 级),风环境非常恶劣。工程区域基本风速为 41. 12m/s,成桥状态颤振检验风速高达 78. 74m/s,世所罕见,使得国内外桥梁界公认的特大跨径悬索桥的最关键问题——成桥和施工状态抗风稳定性问题更为突出。自从美国的塔科玛大桥发生风毁以及丹麦的大带桥施工过程中发生严重的涡振事件后,大跨径桥梁的抗风性能研究受到高度关注。

本项目开展的研究工作有:

(1)经与钢桁梁和整体式钢箱梁的综合经济技术比选,提出了抗风性能好、经济指标优的新型分体式钢箱梁方案,并通过风洞试验发现了颤振临界风速随中央开槽宽度变化的新规律及其机理,最终确定了槽宽为6m。

(2)基于数值模拟与风洞试验相结合的方法,对影响颤振和涡振综合性能的气动外形进行了系统优化,确定了分体式钢箱梁的几何形状;研发了可进一步提高抗风性能的组合稳定板和导流板等气动控制措施。

(3)基于空间受力分析和大尺度悬吊模型试验研究,揭示了分体式钢箱梁受力规律和传力机理,从而确定了分体式钢箱梁的关键构造。

(4)采用三维颤振分析和全桥模型试验相结合的方法,探明了分体式钢箱梁悬索桥施工状态颤振稳定性的演化规律,从而确定合理的梁段架设方案,并研发了满足施工阶段抗风要求的梁段间新型临时连接件。

二、适用范围

对抗风性能要求高的特大跨径钢箱梁悬索桥的建设可以应用本成果。

三、已应用情况

研究成果已成功应用于西堠门大桥,为安全、优质、高效地建成西堠门大桥提供了重要的技术支撑。大桥在梁段安装期、合龙后的施工期及运营期的抗风性能满足要求,结构安全可靠,经受了韦帕、罗莎、蔷薇等超强台风的考验。

四、效益分析

应用本项目研究成果节省西堠门大桥直接投资2.327亿元,社会效益巨大,实现了桥梁技术的跨越式发展,促进了行业科技进步。研究成果为今后建设2 000m以上跨径的钢箱梁悬索桥奠定了坚实的基础,如:琼州海峡大桥、渤海海峡大桥、直布罗托海峡大桥等,市场需求度高,对我国乃至世界大跨径桥梁的建设具有重要的推动作用和深远影响,具有广泛的推广应用价值和国际竞争优势。

65.《杭州市江东大桥空间自锚式悬索桥设计与施工成套技术研究》子课题:自锚式悬索桥施工监控技术研究

成果所属专题编号:浙交鉴字[2010]26号

成果主要完成单位:杭州市高速公路管理局、中铁大桥局集团武汉桥梁科学研究院有限公司
联系人:赵益民
联系电话:0571-28118668(手机:13357162888)
通信地址:杭州市钱江路639号新城大厦
E-mail:hzsggj@126.com
邮政编码:310016

一、主要技术内容

主要研究内容:

(1)钢箱梁分幅顶推施工控制研究;

(2)空间主缆成型控制研究;

(3)主缆扭转角度的有限元计算研究;

(4)空间主缆吊索索夹安装控制研究;

(5)空间缆索体系转换施工控制研究。

主要研究结论：

通过对大跨度空间缆索体系自锚式悬索桥的施工控制技术，尤其是上述五大关键技术的前期研究，使大桥施工过程安全及质量控制得到了优化和完善，同时为大桥施工控制提供了技术支持和理论依据。

通过研究，提出了对设置预拱度曲线的钢箱梁顶推施工时采用接触单元法和强制位移法相结合的优化临时墩高程调整方法，达到了施工应力和线形控制的目的，提高了工效。

在设计院提出的专利“采用临时索的空间主缆体系转换方式”的前提下，项目组通过计算分析研究并提出了具体的优化体系转换方案；首次提出了主缆的扭转计算模式，并进行了实桥主缆的扭转试验研究。研究课题组首次提出了江东桥施工过程中索股的扭转效应问题，并对主缆扭转效应，尤其是主缆的扭转和索夹的安装预偏角度的研究，对后续施工过程中主缆鼓丝的分析、结构体系转换的方案比选等提供了研究指导数据，系统分析了主缆扭转的主要因素，提出了计算空间索面悬索桥主缆扭转的方法，实现了对主缆扭转状态的控制。

二、适用范围

对于采用顶推法施工的空间索面自锚式悬索桥具有一定的适用性和参考借鉴价值。

三、已应用情况

课题通过理论计算与试验研究相结合的方法，对空间缆索体系自锚式悬索桥施工过程中的钢箱梁分幅顶推施工应力和线形控制、尾端锚固横梁成型施工控制、空间缆索体系转换施工控制、主缆扭转计算方法、索夹安装控制及空间缆索体系转换施工控制等关键技术进行了研究，研究成果成功地应用于江东大桥的施工监控工作。

四、效益分析

经研究制订的体系转换方案不仅保证了施工中的安全性，同时节省工期约30天，为该桥的按计划运营通车提供保证，带来了直接经济效益约120万元。

66. 超长大规格高强悬索桥主缆索股制造技术研究

成果所属专题编号：浙交鉴字[2010]07号

成果主要完成单位：浙江省舟山连岛工程建设指挥部、上海浦江缆索股份有限公司

联系人：周颂

联系电话：0580-8052926

通信地址：浙江省舟山市定海区金塘镇沥港码头

E-mail：zsldzgb@126.com

邮政编码：316032

一、主要技术内容

西堠门大桥的主缆材料和材料强度两项技术指标均为国内第一，本项目针对超长大规格高强度主缆索股编制技术、超长大规格高强度主缆索股锚固技术以及水平收放索技术的智能化收放索装置展开研究，主要技术内容包括：

1. 超长大规格高强度主缆索股编制技术研究

PPWS主缆索股的长度与规格是悬索桥向更大跨径发展的关键技术之一，针对如何解决大规格高强度PPWS主缆索股的编制技术难题，本研究主要从PPWS主缆索股的编制技术改进入手，寻找制约

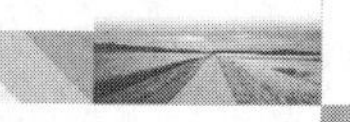

机理。进一步改进编索工艺，为保证单根索股169根钢丝的相对长度达到1/15 000，针对4 250m以上长度的索股无法实际测量的特殊情况，对索股外层六角的6根钢丝，采用制作标准丝的方法，每根进行测量，在编索的过程中加以验证。

2.大规格高强度主缆索股锚固技术研究

大规格高强度镀锌钢丝在主缆索股锚头内与锌铜合金的黏结强度和锌铜合金浇注的密实度是PPWS索股编制的关键技术之一，针对如何解决大规格高强度镀锌钢丝的锚固技术难题，本研究从锚固机理入手，主要通过改善锚头锚腔浇注散热条件，减少热浇铸过程对高强度钢丝的影响，使169规格索股的锚固性能满足1 860MPa等级的要求。进行单丝和索股静载试验，验证索股的破断强度，使其达到95%的标称破断强度，断丝的位置不能发生在锚口处。

3.智能水平收放索装置研究

西堠门大桥由于其跨度大，单根PPWS单元索股的重量很大，长度达到了2 880m，在运输和架设过程中，若采用传统的收卷工艺利用大直径钢盘收卷，水平排线的技术(简称为成盘)，但对于成盘工艺，一般索股长度超过1 500m，在放索时容易出现"呼啦圈"现象，根据经验，在索股形状保持良好的前提下，采用成盘工艺，在放索时出现"呼啦圈"现象，严重时直接影响到现场施工进度和索股质量。在西堠门大桥上采用了有效克服"呼啦圈"现象的水平成圈技术，降低了运输储存成本，提高了索股架设质量，但水平收放索装置是完全由人工操作的，需要有一定技能的人员去操作。本研究针对研制和改进水平成圈和放索工艺。研制大吨位智能水平放索装置，使其可承载索股120t以上，可圈索股4 250m以上，实现智能化控制，放索速度可控可调(10～60m/min)，索股放索可上下自由调节。

二、适用范围

适用于大跨径桥用缆索。

三、已应用情况

本项目研究成果已经在国内外成功运用，包括浙江西堠门大桥、柳州红光桥、美国旧金山海湾桥、南京四桥及贵州北盘江大桥。得到了用户的一致好评。

四、效益分析

本项研究真正实现大跨度悬索桥1 770MPa级主缆索股的国产化，打破1 770MPa级主缆索股被国外企业垄断的局面。降低西堠门大桥主缆的恒载，减少西堠门大桥的造价。改进架设时放索的方式，提高架设进度与质量。其中直接经济效益：从1 670MPa到1 770MPa，钢丝的强度提高了5.9%，可以减少主缆索股1 270t，节省资金1 494万元；由于主缆直径减小，从而减少了索夹、鞍座等的用钢量，大大减轻了大桥的恒载。又可以减少主塔、锚碇、基础的造价，估计可以至少节省约2 000万元；与采用进口原材料的主缆索股相比较，国产1 770MPa主缆索股的价格每吨可节约1 900元，假设国产化率为50%，可以节省约2 044万元(同期采用进口1 670MPa的主缆索股造价比国产1 770MPa的还要高)，合计可节省约5 538万元。1 860MPa级超长大规格主缆索股技术研究填补了国内外空白，使中国在此方面技术研究达到了国际领先水平，为国内外特大跨径悬索桥建设提供技术支持。另外水平成圈放索技术的运用，使主缆索股在运输盘具制作和运输费用上都节约了成本(与传统成盘工艺相比，盘具费用节省80%，运输费用节省40%)。社会和经济效益十分显著(支持了民族工业，发展了自主知识产权的技术)。

67.300m索塔监测与控制技术研究

成果所属专题编号：交科鉴字[2009]10号

成果主要完成单位：中交第二航务工程局有限公司、河海大学、江苏省苏通大桥建设指挥部

联系人：田唯
联系电话：027-83920812
通信地址：武汉市东西湖区金银湖路11号
E-mail：mimikid_gg@163.com
邮政编码：430040

一、主要技术内容

本课题属土木工程领域，主要解决大风、多雾、温变等复杂条件下钢（钢锚箱）混（混凝土）桥塔施工监测与控制难题。

1.索塔施工控制技术研究

1）总体施工控制体系研究

研究适合于300m索塔施工控制的总体方法和体系，主要包括：

（1）综合分析环境、主要影响参数对索塔施工精度的影响与限制，提出采用追踪棱镜修正环境影响的钢筋混凝土和钢锚箱混凝土塔柱施工控制方法，实时修正环境的影响，实现索塔全天候施工放样，确保高精度完成索塔混凝土节段的几何控制。

（2）研究提出索塔施工控制的主要参数识别系统、误差分析和调整系统。

（3）研究建立索塔施工控制的组织系统、数据的传输系统。

建立索塔监测数据库，结合索塔变形监测数据及温度、应力、环境因素，研究建立索塔动态监控模型。

2）索塔施工控制实施技术研究

依托本工程，进行索塔施工控制技术的研究及其效果验证，主要包括：

（1）进行钢筋混凝土中下塔柱施工控制技术研究。

（2）进行钢锚箱制造控制技术研究和现场安装施工控制技术研究，解决环境干扰下首节钢锚箱和其他节段钢锚箱的精密安装技术与方法，以及误差纠正手段和方法。

（3）结合钢锚箱安装进行上塔柱混凝土节段施工控制方法的研究，形成钢混结构的施工控制方法。

（4）通过索塔温度采集与索塔周日变形监测试验，进行索塔温度场研究，分析温度影响下索塔变形的规律。

2.索塔测量技术研究

1）索塔形态测量技术研究

研究及解决索塔形态测控技术，确保索塔位置及体形的准确定位，主要包括：

（1）索塔施工测量控制标准的研究，包括现代误差理论分析、结构物竣工几何误差的分析、施工各阶段测量控制指标的反演、形成索塔施工测量控制指标体系。

（2）精密三角高程测量技术研究，包括三角高程测量的原理与误差分析、苏通大桥南北索塔区域大气折光系数的变化规律试验研究、折光改正的三角高程测量的技术研究。

（3）全站仪竖直高程传递技术的研究，包括技术分析与误差分析、高程传递时棱镜装置的研制、全站仪高程传递的实施程序。

（4）钢锚箱精密三维定位技术研究。

2）索塔变形自动监测技术研究

研究索塔在日照、温度、风压等因素作用下的索塔变形监测技术，主要包括：

（1）基于测量机器人的索塔变形监测技术，包括索塔自动监测系统和配套软件的研制、索塔整体变形监测与分析、索塔周日变形监测与分析。

（2）索塔GPS实时动态监测技术，包括数据采集系统的布置与GPS索塔自动监测系统的研制。

（3）基于测量机器人及GPS集成的远程实时动态几何监测系统的研制，包括以上两种测量技术的

集成与应用。

本课题依托苏通大桥，实现了以下主要指标：

(1)首次在国内对超高索塔进行施工控制，形成详细的超高索塔控制和测量技术与方法，获取详细可信的原始数据，修正环境因素的影响，实现索塔全天候施工放样，并保证苏通大桥索塔施工精度：索塔垂直度达到1/4 200，且塔顶轴线偏差7mm，其余节段均在20mm以内；大高度高程传递精度达到或优于二等水准精度。

(2)首次在桥梁施工控制中提出动态测量的概念和理论、实践方法，实现对索塔不同周期变形的监测与分析，及时反映结构的静力位移和动力响应，各测点中心位置精度为±5mm，动态特性的振幅确定精度优于±5mm，频率确定偏差优于±5%。

二、适用范围

适用于300m以上的超高索塔，研究解决高塔施工控制技术与形态测控技术，是确保工程顺利实施和优质的前提条件。

三、已应用情况

本项目的研究成果直接应用于苏通大桥上部结构的施工与控制，对于保障施工质量及施工的顺利实施起到了至关重要的作用，直接保障了苏通大桥在2007年台风期来临前(比计划工期提前4个月)实现全桥合龙，成桥线形平顺，实现主梁轴线偏差不大于$\pm L/47\ 511$，主梁跨中高程误差不大于±262mm，索力相对误差不大于±10%。各项指标均达到了苏通大桥控制精度要求，且高于现行规范要求。确保了上部结构施工的质量和工期，取得了良好的社会经济效益，直接经济效益累计为1 437.2万元。并为在建的鄂东长江公路大桥、上海崇明越江通道长江大桥等超大跨斜拉桥建设过程中所借鉴并应用，取得了良好的效果。本项目撰写论文23篇，申请专利8项，其中已授权实用新型专利6项，已发布地方标准1项，专著3本，为该成果的进一步推广应用打下了良好的基础。

四、效益分析

1.直接经济效益

随着我国综合国力的增强，相应交通的建设步伐势必将加大和加快，在跨越大江或跨海项目中，千米级的斜拉桥设计方案将面临极大的挑战。本课题对大跨度桥梁索塔的施工具有重要的指导作用。通过成果的应用，为确保世界一流的苏通大桥主桥塔、梁、索结构的施工质量和按期完工发挥了巨大作用(主桥合龙在2007年台风来临前完成，比计划提前近2个月)，取得了显著经济效益。

1)施工控制技术成果的经济效益分析

索塔施工中系统地采用施工控制技术，建立自动化与人工采集相结合的数据采集和传输系统，建立施工控制组织系统，快速有效地形成“评估—预测—误差修正—测试”的控制流程，提高信息反馈速度；采用基于“追踪棱镜”的现场控制方法，实现无大风大雨条件下全天候施工，改变了过去规避环境而采用夜间作业的方式，使得现场作业有效时间大为增加。课题系统地采用几何控制技术以及动态测量技术，使以往前场的反复调位工作转化到后场，使前场作业效率大为提高，由此节约的人工费、设备及场地占用费共计454.6万元。

2)钢锚箱安装定位及调位技术成果的经济效益分析

由于施工中先进行钢锚箱安装，后进行混凝土浇筑。一旦钢锚箱位置确定后，混凝土浇筑节段的位置即确定，必须进行钢锚箱线形精确控制。钢锚箱安装阶段需要进行误差分析和优化调整，国外施工经验多采用的待安装钢锚箱底边打磨的方法较为费时，课题采用加设打磨垫片的方式完成钢锚箱线形控制，且通过后场的精确计算和合理安排工序，整个钢锚箱安装阶段只进行了两次调整。由此节约的人工费、设备及场地占用费共计257.6万元。

综上所述，课题研究成果在苏通大桥工程中应用所产生的直接经济效益约712万元。此外，由于节约了近2个月的工期(主要指大桥现场施工工期)，减少了对长江黄金水道通航的影响，由此产生了巨大的经济效益。

2.社会效益

通过本课题研究成果在苏通大桥中的示范，一方面提升了企业的核心竞争力，另一方面提升了中国桥梁核心技术的发展，推动了世界桥梁技术进步，有利于提高中国桥梁在国际上的地位。填补了超大跨度桥梁索塔施工监测与控制技术研究的空白，将对国家重大工程——苏通大桥的建设起到积极的支撑作用，并为我国正在修建的其他大跨度斜拉桥提供理论依据和实用技术，也为国内外规划中的跨海大桥提供技术支持，对促进和推动桥梁技术的发展和全面进步，具有重要意义与不可忽视的作用。

68.四渡河深切峡谷悬索桥关键技术研究

成果所属专题编号：交科鉴字[2009]第128号

主要完成单位：湖北沪蓉西高速公路建设指挥部、中交第二公路勘察设计研究院有限公司、路桥华南工程有限公司、长江科学院、同济大学、华中科技大学

联系人：邓涛

联系电话：027-84214098(手机：13607135638)

通信地址：武汉经济技术开发区创业路18号

E-mail：tommydeng@vip. sina. com

邮政编码：430056

一、主要技术内容

项目以湖北沪蓉西四渡河特大悬索桥为依托工程，分"隧道锚试验及数值分析研究"、"山区风环境及悬索桥抗风抗振研究"、"桁式加劲梁悬索桥非线性仿真研究"及"山区大跨度悬索桥施工及架设技术研究"四个子专题，对山区深切峡谷桥隧相连下悬索桥的设计施工关键技术问题进行了系统研究。

(1)建立了悬索桥隧道锚设计体系。形成了锚体尺寸拟订、预应力锚固系统选择、岩体力学模型概化方法、隧道锚承载能力量化判定、隧道锚与公路隧道相互作用最小安全间距取值等系统成果。

(2)提出了基于大比例隧道锚模型试验及隧道锚围岩多块体极限平衡分析为主的隧道锚岩体力学特性及承载能力评价综合研究方法，为大型隧道锚设计与论证提供了新的研究方法和手段。

(3)设立了山区复杂地形全天候测定深切峡谷风特性的联网风观测塔，并结合地形模型风洞试验进行山区风特性研究，填补了山区桥梁抗风设计研究的空白。

(4)首次采用特征正交分解方法(POD)，实现了与规范设计反应谱相容的多点激励人工地震波模拟。提出了一种改进型的特征正交分解(CPOD)型谱表示法，提高了结构的线性和非线性抖振动力时程分析精细化水准。

(5)首创火箭远程抛送软索新技术，建立了火箭抛送系统飞行阻力计算模型、弹道参数修正计算模型，创建了悬索桥主缆先导索施工的新工法。

(6)首创悬索桥锚碇单根可换式预应力技术，实现了悬索桥锚碇的可检测、可维护性，改善了耐久性。

(7)首次完成悬索桥锚碇大吨位锚垫板锚下传力试验，改进了传统的锚垫板形式。

(8)成功研制并实施900m跨缆索吊技术，填补了1 000～1 500m悬索桥施工技术空白。

二、适用范围

国际上对山区深切峡谷悬索桥的研究处于空白状态，其研究工作也较少，缺乏系统性和实用性。项

目研究成果成功解决了西部山区深切峡谷悬索桥的设计关键技术问题，形成一套在西部深山峡谷中修建桥隧相连情形下悬索桥的设计方法，适用于山区大跨度桥梁。

三、已应用情况

自2004年沪蓉西高速公路开工建设以来，项目的研究成果在依托工程四渡河大桥工程中得到全面应用。继四渡河大桥隧道锚成功应用以来，已有贵州坝陵河、湖南矮寨特大悬索桥相继采用。悬索桥先导索火箭抛送技术，已成功应用于四渡河大桥先导索施工，并在贵州贵都高速公路一座桥梁上获得使用。项目试验、研究及大桥施工过程中，多次接待相关指挥部、公路、铁路学会和工程技术人员的参观，取得的成果已为类似桥梁所借鉴。

四、应用效益

依托工程四渡河悬索桥隧道锚，节省工程费用和山体开挖与防护费用，共计13 160万元；研究采用了较轻型的钢桁架加劲梁和钢—混凝土组合桥面系，节省工程费用和桥面维护费用，共计11 900万元；成功研制大跨度缆索吊和架设技术，节省工程费用和时间成本，共计1 690万元；累计节约26 750万元。

69.厦门快速公交系统(BRT)预制节段拼装箱梁施工综合技术研究

成果所属专题编号：沪交鉴字[2009]第(1001)号
成果主要完成单位：中交第三航务工程局有限公司厦门分公司
联系人：伊左林
联系电话：0592-5686302
通信地址：厦门市湖里区华昌路189号三航大厦
邮政编码：361006

一、主要技术内容

厦门市快速公交系统一号线路全长15.35km，全高架。三航局承建其中QG标段预制箱梁和QB标段。桥梁的上部结构为三跨或四跨预应力混凝土连续箱梁结构体系，采用预制节段拼装先简支后连续的施工工艺，箱梁节段接缝采用环氧树脂接缝。具有技术先进、工程质量标准高、工期短、箱梁的匹配预制及桥梁线形控制难度大等特点。该技术研究在以下几方面取得突破，并现成多项专利技术，确保了工程的顺利实施。

(1)在国内首次采用长线短线法节段箱梁匹配预制工艺，流水化程度高，线形控制直观，测量易于控制，成桥后混凝土收缩徐变对桥梁线形及结构影响较小。

(2)采用TPX35/600下行式节段拼装架桥机拼装箱梁的工艺技术，使得整机结构紧凑，工作重心降低，在施工中对桥下交通影响很小，提高了施工中道路交通的安全性。

(3)应用三维数字控制软件(GCP)技术，根据监控点的三维数据可计算出监控点的预埋位置偏差；预制箱梁拼装架设时，可直接根据换算后的监控点的理论坐标和高程，作为实地节段箱梁线形控制依据，确保了拼装后的桥梁整体线形顺滑、准确，节段间衔接严密、外观完美。

二、适用范围

预制节段拼装钢筋混凝土箱梁技术在国内还处于起步阶段，采用长线短线法匹配预制节段箱梁的工艺尚无工程实例。采用新型的TPX35/600下行式节段拼装架桥机进行拼装的施工技术，解决了长期困扰箱梁拼装施工的关键技术难题。

三、已应用情况

应用于厦门市快速公交系统(BRT)一期工程QG标(预制节段箱梁混凝土)，工期6个月；QB标段(一号线总长2 374.5m、联络线长2 096.79m的预应力混凝土连续箱梁桥及高架车站等项目)工期5个月。工程于2008年5月20日竣工，8月31日正式通车。施工单位在工程工期紧、场地狭小、交通组织困难、工程建设标准高的情况下，解决了复杂条件下箱梁的匹配预制及桥梁线形控制等施工关键技术难题，整孔拼装效率达到1.5d/孔，确保了桥梁线形质量的高水平控制。

四、效益分析

该施工综合技术的开发和应用，确保了工程施工的安全、质量、工期和环保要求。自正式通车以来，极大缓解了厦门市城市交通运营的压力，社会效益十分显著。

70.公路隧道智能联动控制技术研究

成果所属专题编号：交科鉴字[2010]第151号

成果主要完成单位：重庆高速公路集团有限公司、西南交通大学、招商局重庆交通科研设计院有限公司

联系人：胡旭辉

联系电话：023-89138749(手机：13594137854)

通信地址：渝北区银杉路66号

E-mail：guyuejiu@163.com

邮政编码：401121

一、主要技术内容

“公路隧道智能联动控制技术研究”项目是交通部西部交通建设科技项目，项目编号：200631800058。项目研究综合采用理论分析、数值模拟、仿真测试、现场测评等手段进行，将研究开发的公路隧道监控软件系统作为联动控制实施平台，嵌入了公路隧道智能通风、照明及防灾救援等控制方法，实现了公路隧道的智能联动控制。

本项目研究取得了以下创新性技术成果：

(1)通过对公路隧道交通事件机理的分类及对策、联动控制流程及方案、运营状态自动检测及识别技术、前馈式为主体的智能通风照明与灾害救援控制、联动控制与联网控制系统平台技术的研究，形成公路隧道智能联动控制的全套新技术，具体内容有：

①从通风、照明、防灾救援、监控等多个方面对公路单体隧道、毗邻隧道和隧道群进行了系统的分类和定义。

②探明西部山区高速公路隧道群及毗邻隧道交通事故的发生机理及主要影响因素，建立隧道安全风险评估体系。

③提出以路段为对象的高速公路隧道群及毗邻隧道智能联动控制预案的制定原则、控制策略以及控制流程，建立了以路段为对象的营运控制预案体系，实现路段与隧道的整体联动。

④开展了等比例火灾自动报警设备隧道环境适应性对比试验，建立了公路隧道限速模型及安全预警模型。

⑤开发了隧道群及毗邻隧道前馈式智能通风控制系统，提出了以视觉心理主观感受为标准的隧道群及毗邻隧道照明智能控制方法，制定了高速公路隧道群及毗邻隧道的防灾救援通风方案。

⑥开发并实施了以路段为监控对象、以隧道群及毗邻隧道为核心的高速公路隧道区域联动及联网控制统一平台。

(2)通过实现对特长单体隧道、公路隧道群及毗邻隧道前馈式为主体的智能通风照明控制技术，在满足现行有关规范的情况下，对3 000m以上的特长隧道较通常情况节约10%～20%的电力消耗。

(3)通过对特长单体隧道的交通事件分类，应用运营状态的自动检测及识别设备的优化、智能联动控制的实现，针对西部交通量的实际情况，将全长采用非分段式纵向通风的适应长度增加，在本项目的依托工程中，部分有条件的隧道达到或超过6 000m。

本项目研究成果总体达到国际先进水平，在隧道群及毗邻隧道防灾救援体系、隧道智能通风照明控制、监控系统软件统一平台等方面达到国际领先水平。

二、适用范围

项目研究成果既可以直接在新建高速公路隧道中采用，也可以对既有高速公路隧道进行改造升级，还可在以汽车为主要交通流的市政公路隧道、双向交通的公路隧道等工程中应用。隧道越长、隧道群及毗邻隧道越多，应用项目研究成果所取得的效果越显著。在重庆、四川、贵州、云南、浙江、广东等山区省市，修建高速公路不可避免地带来越来越多的公路隧道及隧道群，这为研究成果的推广应用提供了良好的条件，并具有广阔的应用前景。

三、已应用情况

本项目科研成果已全部应用到重庆市全境高速公路路段上的150余座隧道的监控系统中，这些路段包括：万州至开县高速公路、水江至界石高速公路、武隆至水江高速公路、彭水至武隆高速公路、洪安至酉阳高速公路、石柱至忠县高速公路、云阳至万州高速公路、忠县至垫江高速公路、重庆绕城高速公路、黔彭高速公路及遂渝高速公路等。以上路段于2006～2010年间陆续通车。从实际营运效果看，联动控制软硬件系统性能稳定，隧道内驾驶条件优良，提高了隧道运营管理与服务水平。同时，研究成果的应用有效地预防了交通事故的发生，并极大地降低了隧道营运期间的电力消耗和管理维护成本，取得了极为显著的直接经济效益。

四、效益分析

南山隧道(4 900m)、铁峰山2＃隧道(6 080m)、武隆隧道(4 897m)、共和隧道(4 779m)、中兴隧道(6 105m)、庙梁隧道(4 922m)、谭家寨隧道(4 865m)、施家梁隧道(4 267m)等依托工程隧道中因取消竖井的修建，节约工程造价约69 600万元。此外，由于采用了智能化的通风照明控制方法，以及隧道群的联动控制模式，节约了电力消耗及营运管理成本，以上路段每年在隧道营运方面节约的费用为4 155万元。综上所述"公路隧道智能联动控制技术研究"成果通过在万开高速公路隧道群等工程中的实施，已经产生74 780万元的直接经济效益。

重庆境内有数量巨大的高速公路隧道，由重庆高速公路集团有限公司负责已建和在建的隧道有150余座，特长公路隧道32座。在新建隧道中推广采用了该项目研究成果，其中4 000～6 000m之间的14座特长隧道，已经全部采用了万开路隧道群通风建设模式，同时隧道机电智能监控软件系统已经在全部在建隧道的设计中得到应用，将在实际营运控制中发挥重要作用。按万开隧道群的水平，仅火烧庵隧道(4 740m)、骡坪隧道(4 578m)、大风口隧道(4 985m)、财神隧道(4 914m)、凤凰梁隧道(4 714m)、分界梁隧道(5 077m)等6座隧道因不设竖井将节约的一次性建安费估算约5.22亿元。同时，在降低能耗、减少综合管理成本、节约机电设备维护费用方面，项目成果在重庆市其他路段推广采用后，还可实现4 500万元/年以上的经济效益。

71. 广梧高速公路隧道群安全保障与节能关键技术研究

成果所属专题编号：粤科成登字 201100172
成果主要完成单位：广东省长大公路工程有限公司
联系人：方建勤
联系电话：13609636104
通信地址：广东省广州市广州大道中 942 号
E-mail：fjq.700617@163.com
邮政编码：510620

一、主要技术内容

采用工程地质学、力学及机械原理，提出了反井钻机法施工先导井，再钻爆凿岩扩孔开挖，最后滑模施工衬砌成井的总体施工方案，编制了"公路隧道竖井机械化施工工法"；采用理论分析、调研、现场测试等方法，实现了集综合超前地质预报、不良地质及灾害预警、隧道开挖及支护技术、综合处治预案于一体的保障隧道施工安全的整套技术。编制了系列标准和指南：《公路隧道施工标准化》、《不良地质及地质灾害处治技术指南》、《二衬及仰拱合理支护时机确定指南》。

通过资料调研、大比例物理模型试验、数值模拟仿真和现场测试等方法，对各种交通事故因素的重要程度进行分析，建立了公路隧道防火抗灾分级方法与防火抗灾设计规模，编制了系列标准和指南：《公路隧道防火抗灾技术指南》、《公路隧道火灾自动报警系统技术条件》。

通过理论创新、调研、实验提出了基于交通异常自动检测 ED 车辆识别法的设计原理与实现步骤；解决了以洞外亮度、速度与交通量为控制参数的模糊闭环控制整套关键技术，编制了《公路隧道照明设计指南》。

二、适用范围

可应用在新建长大隧道竖井施工、新建隧道施工、新建高速公路智能监控、新建隧道或改建隧道的照明系统等项目。

三、已应用情况

(1)隧道群施工安全与预警处治在广贺高速公路、罗定和岑溪等隧道施工中得到推广应用，实现了安全快速施工；本项目 18 座隧道 72 个竖井洞口同时施工，整体工期缩短 0.5 年，实现了零安全事故。

(2)竖井机械化施工方法在本项目石牙山隧道竖井施工中得到应用。工程应用实现快、准与安全的统一，减少工期 127 天，误差控制在 0.5%以内，无安全事故。

(3)隧道防火标准体系在本工程与四川省雅泸高速公路中得到推广应用，根据安全等级进行防火设计，实现按需设防。

(4)一体化监控与安全预警成果用于本工程隧道监控，减少监控站 2 处，减少征地 23 亩，大大节省了后期管理费用。

(5)照明设计与照明控制在本工程与上海长江隧道中推广应用。与高压钠灯相比，1 座 3.1km 的隧道，减少建设投资 113 万元，节能率达到 62%。

四、效益分析

(1)经济效益。本课题经济效益见表 1。

经济效益统计表 表1

总经济效益合计3.03亿元		
成　果	应　用	效　益
竖井机械化施工	石牙山隧道	节省直接投资186万元
一体化监控	本工程	减少征地23亩,减少2个管理机构的建设与管理费用,按20年计可节省1.8亿元
隧道照明节能	鹅公髻隧道、上海长江隧道	鹅公髻隧道减少投资113万元(11.5%),综合节能62%,20年设计周期内,照明节能成果应用与在上海长江隧道推广应用预计节约运营费用1.2亿元

(2)社会效益和环境效益。本课题社会效益和环境效益见表2。

社会效益和环境效益统计表 表2

	项　目	效　益
社会效益	复杂地质隧道群平行施工管理法与隧道施工安全集成化同步动态控制	推广应用项目实现了安全快速施工,提高了公路建设管理水平
	竖井机械化施工工法	改善了施工环境、降低了作业劳动强度、减少了对井口生态与环境的破坏,提高了施工安全,促进了隧道机械化施工的标准化
	基于先评估后防范的防灾减灾方法	针对性强,有利于减少火灾危害
	EED检测与一体化监控	提高了隧道的安全性
	短隧道的分类法、基于等效亮度的照明方法与智能闭环冗余照明控制法	有利于节能减排
环保效益	20年设计周期内,照明节能成果应用与在上海长江隧道推广应用预计减排4.2万t标准煤,按400元/t标准煤国家补助计,共计1 680万元	

72.已建大跨径梁桥长期下挠的对策研究

成果所属专题编号:粤交科鉴字[2007]第17号

成果主要完成单位:广东省佛开高速公路有限公司、同济大学桥梁工程系、铁道科学研究院铁道建筑研究所

联系人:杨琪

联系电话:13822166859

通信地址:广东省佛山市禅城区张槎二路1号

E-mail:yangqiphd@sohu.com

邮政编码:528051

一、主要技术内容

随着大跨径预应力混凝土梁桥跨径的增大和使用时间的增长,其主跨的持续下挠、腹板斜裂缝、底板裂缝、横隔板裂缝等问题突出;严重影响大跨径预应力混凝土梁桥的使用安全,导致加固维修费用大幅增加。

“已建大跨径梁桥长期下挠的对策研究”以佛开高速公路上的大跨径连续梁桥为背景,针对其主梁长期下挠的问题,分析大跨径预应力混凝土梁桥主梁下挠原因,研究该类桥梁的长期下挠特性及下挠后定量评估方法,并在此基础上有针对性地提出加固和改造建议。主要研究方法如下:

(1)基于现有的预应力混凝土桥梁设计理论,提出了这一病害发生和发展的机理:从理论上看,预应

力反向弯矩与荷载弯矩不匹配必然造成混凝土梁桥的长期变形;过量下挠的主要原因是由于恒载超重和预应力过量损失,徐变的存在使之形成了“变形—预应力损失—变形—再预应力损失”的循环链,且试验也表明徐变系数将随应力水平的提高而增加;当预应力不能抵消外荷载产生的拉应力时,梁体将出现裂缝,裂缝的出现将加剧下挠量。

(2)开发了基于应力释放原理的在役混凝土桥梁应力状态测试方法,可用于判定已建桥梁混凝土的应力状况。

(3)开发了基于位移影响线测试的桥梁实际刚度识别方法,可用于对在用混凝土桥梁的抗弯刚度及分布特点作出定量评估,并由此推断截面的裂缝情况。

(4)建立了基于动态称重系统的梁桥承载能力全概率评价方法,研究了目前国内高速公路车辆荷载特性,为修正我国公路桥梁的荷载模型提供了基础。

(5)探索了利用空间有限元方法分析混凝土梁裂缝的简化方法,可以对开裂过程引起结构内力再分布过程进行模拟,提供了一种实用桥梁状态评估方法。

(6)在对大跨径预应力混凝土梁桥长期过量下挠与开裂机理分析的基础上,提出了相应的加固对策和原则,并给出了病害处治的流程。

(7)明确了箱内施加体外预应力、箱外施加体外预应力、增加斜拉索、置换主梁跨中梁段、后期桥面铺装采用轻质混凝土减载等加固方法及其组合方案的有效性。

(8)建立的成套技术在背景工程汾江大桥、潭州大桥的病害处治、状态评估和加固中得到系统应用。

二、适用范围

已建大跨径梁桥长期下挠的对策研究适用于大跨径预应力混凝土连续梁桥及连续刚构桥,主要针对公路桥梁和已建的出现过量下挠情况的桥梁。

三、已应用情况

广东佛开高速公路汾江大桥(65m＋100m＋65m 连续梁桥)、潭州大桥(75m＋125m＋75m 连续梁桥)于 1996 年底建成后,出现了较为严重的跨中下挠和开裂,部分桥跨长期向下挠度超过 20cm。根据研究成果,对汾江大桥和潭州大桥进行了分析和评估,其中汾江大桥采用了施加体外预应力和更换轻质混凝土减载的方法进行了加固,效果良好。

四、应用效益

技术成果主要应用于大跨径混凝土连续梁桥、连续刚构桥的长期下挠的预防、下挠后的分析、评估及加固。课题明确了大跨径预应力混凝土连续梁桥长期下挠和开裂的机理,从设计、施工、成桥运营等环节解决下挠和开裂问题。成果可为高速公路同类桥梁的安全使用和检测加固,减少建设管理单位建桥后长期的管养难度和成本;延长桥梁使用寿命和使用效率。

由于目前大跨径混凝土梁桥的长期下挠已成为国内外工程界面临的主要难题,本课题研究成果对于指导我国大跨径预应力混凝土梁桥的设计、施工及加固项目的建设具有广阔的应用前景,必将取得良好的经济、社会和环境效益。课题提出的加固对策已应用于广东省佛开高速公路汾江大桥、潭州大桥等已出现明显下挠和开裂病害的桥梁上,产生经济效益 10 000 万元。

73. 赣江公路大桥锚碇基础关键技术研究

成果所属专题编号:赣交科鉴字[2010]第 5 号

成果主要完成单位:赣州赣康高速公路有限责任公司、同济大学

联系人:李玉英

联系电话:0797-8289693,13970702820
通信地址:赣州市红旗大道60号
E-mail:1007150@qq.com
邮政编码:330009

一、主要技术内容

《赣江公路大桥锚碇基础关键技术研究》科研项目是赣州赣康高速公路有限责任公司与同济大学建筑设计研究院合作完成,针对赣南风化岩石特点与对国内外各种类似工程调研的基础上,着重对风化软岩地基上的锚碇与地基的相互作用进行现场试验研究和数值模拟分析。具体内容包括:

1.混凝土与岩石接触面摩擦系数的现场试验研究

通过现场试验,可以获取混凝土与风化岩石的接触面摩擦系数的设计参数,以提供给设计人员作为设计依据。

2.齿坎接触面承载力分配比例的现场试验研究

通过试验,可以获得齿坎水平接触面摩擦力和齿坎正面岩石抗力的承载分配比例,以便给设计决策时参考。

3.弱风化泥质粉砂岩的流变现场试验研究

通过试验,可以获得弱风化泥质粉砂岩的受力变形特性随时间变化的规律。

4.锚碇基础与岩石地基相互作用的数值模拟

通过模拟锚碇基础和岩石地基不同相互作用的工况,揭示锚碇与岩石地基在不同工况下内部应力和外部变形的发展规律,以便全面把握锚碇基础周边介质的应力分布状况。同时也与现场试验结果进行相互印证。本研究的结论将给设计人员提供理论指导。

二、应用效益

本研究成果应用价值体现在如下方面:

(1)通过现场直剪试验获得了混凝土—赣南泥质砂岩胶结面的摩擦系数,使赣江公路大桥锚碇基础的混凝土—基岩胶结面摩擦系数取值由0.4提高到0.45以上,对于承受抗水平力的工程如挡土墙工程、大坝基础工程及重力式锚碇工程等具有重要借鉴意义和参考价值。

(2)对于赣南泥质砂岩流变特性及长期强度的规律性探讨,对于类似赣南地质条件工程的长期安全性的判断提供了依据。

(3)现场试验研究方法和手段有所创新,即首次将野外伺服液压加载系统应用于现场直剪试验,解决了野外试验的分级加载难题,可为类似工程试验研究提供借鉴。

74.寒冷地区隧道保温排水合理结构

成果所属专题编号:黑交科鉴字[2010]第011号
成果主要完成单位:黑龙江省公路勘察设计院
联系人:聂玉东
联系电话:0451-86606588
通信地址:哈尔滨市南岗区清滨路90号
E-mail:qiaolsjb@163.com
邮政编码:150080

一、主要技术内容

寒冷地区隧道的冻害现象有:衬砌渗漏水、挂冰,隧道内路面冒水、积冰、冻胀,衬砌开裂、酥碎、剥

落，洞门开裂等。冻害不仅仅影响到安全、正常运营，而且会引发衬砌与路面的强度降低甚至破坏，因此必须予以防范治理。

冻结点以下的温度和一定的水量是形成隧道冻害的必要条件，衬砌背后的水以及衬砌开裂形成的渗漏水，在一定的温度条件下，就会产生冻融或冻胀现象。因此，本课题对寒区隧道渗漏水成因机理进行分析研究，提出防治方法，确定寒区隧道合理排水结构。对寒区隧道温度场特性分析研究，给出寒区隧道围岩温度场、洞内外温度年变化及日变化的一般规律。对依托工程的两个隧道（一个为土质隧道，另一个为岩石隧道）进行现场试验，建立了10个测试断面，对隧道内部的温度，保温层温度，衬砌表面温度及衬砌背部围岩的温度进行观测，揭示了隧道温度场的变化规律。并且利用回归分析法对现场测试的温度场数据进行大量的规律性研究，总结出洞外气温、隧道内气温、施加保温层后衬砌及围岩内部温度的变化规律。

通过对各种防冻隔温层的材料性能进行比较，选择性能最佳的材料。对防冻隔温层的厚度计算中分别采用了等效厚度换算法、气象解析法、有限元模拟计算法，并根据现场实测数据对几种方法进行分析比较，选取适用于工程实际的计算方法。

二、适用范围

隧道保温层和排水系统结构可以应用在新建隧道工程中，也适用于对已建隧道冻害的整治工程，可以增强隧道的使用效果，提高隧道结构的耐久性。

三、已应用情况

目前本科研成果已经应用于黑龙江省绥满公路雾松岭隧道和哈尔滨环城高速公路天恒山隧道中。经后期使用阶段的不间断观测，冬季天恒山隧道排水系统处温度在零度以上，冬季雾松岭隧道排水系统工作正常，隧道外保温排水出口出水正常，使用效果良好。

四、应用效益

将本科研成果应用到黑龙江省公路隧道的建设上，避免隧道在春融期出现渗漏，避免由渗漏引发的各种冻害（如洞顶吊冰柱、边墙挂冰溜和路面结冰等），避免冻害影响安全行车、威胁结构稳定和安全，减少渗漏和冰冻给公路隧道带来的经济损失。

75.下承式系杆拱桥吊杆可更换技术研究

成果所属专题编号：苏交科鉴字［2010］34号

成果主要完成单位：江苏省交通工程建设局、东南大学

联系人：单彦贤

联系电话：025-84469031（手机：13601463978）

通信地址：南京市石鼓路69号

E-mail：syx@jsneinfo.com

邮政编码：210004

一、主要技术内容

（1）提出了更换吊杆的无支撑法及其成套技术，该方法适用条件为：①系杆拱桥设计采用了刚性系杆拱、刚性拱肋；②吊杆设计采用了可更换式的吊杆；③桥梁设计中已经考虑后期采用无支撑法更换吊杆对结构受力、变形的影响。

（2）在理论研究以及施工工艺研究基础上，提出在系杆拱桥设计阶段应考虑采用无支撑法更换吊杆

对结构的影响。

(3)考虑吊杆采用无支撑法更换时,设计上可仅对更换吊杆所在的单个拱片进行内力、应力和挠度验算,一般情况下无需对横梁、风撑、桥面板进行验算。

(4)四分点吊杆与跨中吊杆拆除对吊杆更换过程中的系杆受力安全起控制作用。设计上可仅针对这两根吊杆拆除工况进行验算,调整系杆截面和预应力筋设计。

(5)在吊杆设计中应将吊杆设计为可更换的构造形式。建议吊杆拉索优先采用成品钢丝索作为索体,采用冷铸锚作为锚具;并采用工厂定制成品索、全封闭防护方式。

(6)对于经计算确定能够采用刚性吊杆的下承式系杆拱桥,采用刚性吊杆既增加了结构整体刚度,又减小了活载作用下拉索的应力增量,而且在防腐、防撞、防火烧等预防危害方面具备较好的性能,施工阶段吊杆张拉也较为便利,因此设计中可优先考虑采用。

(7)理论研究得出了分阶段张拉双吊杆体系的可更换吊杆设计思路、方法。

(8)在如海运河大桥上成功应用了课题研究的考虑吊杆可更换的设计方法,并且采用无支撑法完成了吊杆更换。

(9)系杆拱桥设计中应考虑支架体系变形对施工阶段以及成桥结构内力的影响,对少支架体系变形、基础沉降等作出明确的量值要求,并将该量值作为重要参数进行结构设计验算。

(10)系杆拱桥设计中应考虑系杆拱度对桥梁施工阶段、使用阶段的内力、变形影响,应根据系杆纵曲线、预抛高建立曲线系杆以反映系杆和拱片的真实受力状况,并在结构设计中作优化调整。

二、适用范围

从目前国省干线道路、高速公路、地方道路的桥梁建设状况来看,下承式系杆拱桥由于其自身的优势仍可考虑采用,今后还有可能建设大批的系杆拱桥。课题研究成果具有良好的推广应用前景,可推广应用于同类桥梁的设计工作,对于下承式系杆拱结构更为安全、可靠、长久地利用在桥梁领域具有重要的工程意义和理论价值。

三、已应用情况

该课题依托江苏省江海高速公路如海运河大桥,进行了吊杆更换试验,验证了课题研究成果,形成了完整的考虑吊杆可更换的系杠拱桥设计思路与方法,无支撑法更换吊杆施工工艺以及吊杆更换的监控、评价方法。

四、效益分析

本课题提出在系杆拱桥设计中考虑无支撑法更换吊杆影响的设计方法,与当前提倡在桥梁设计中从全寿命角度考虑的新理念相吻合,吊杆设计为可更换且采用无支撑法以便于更换,大大省去了以往更换施工采用的临时支架、临时吊杆等辅助支撑。经过对以往吊杆更换案例以及本课题吊杆更换实桥试验的对比,单根吊杆采用无支撑法更换所投入资金仅为以往有支撑法更换的20%～30%。在对试验桥梁更换吊杆的过程中,结构始终处于安全、可控状态,从设备调试、人员就位至新吊杆张拉结束,两根吊杆的更换施工仅1天时间,而以往采用有支撑法更换相同数量的吊杆往往需要5～7天,甚至更长的时间。无支撑法施工明显减小了吊杆更换对交通的影响。

76. 黄土隧道支护设计与关键施工技术

成果所属专题编号:陕交科鉴字[2010]第04号

成果主要完成单位:陕西省交通建设集团公司吴子建设管理处、长安大学

联系人:陈建勋

联系电话:029-82334887(手机:13909276511)
通信地址:陕西省西安市南二环路中段长安大学330信箱
E-mail:chenjx1969@163.com
邮政编码:710064

一、主要技术内容

(1)为了检验锚杆在单洞两车道黄土隧道中的作用,在国内外首次对不同围岩条件(Ⅳ、Ⅴ、Ⅵ级围岩)有、无系统锚杆作用的黄土隧道结构力学状态和稳定性进行了现场对比测试及分析。通过分析,发现拱部系统锚杆受压,表明系统锚杆对隧道结构的稳定性作用不大,提出将黄土隧道初期支护由"系统锚杆＋喷射混凝土＋钢筋网＋钢架"改为"钢架＋喷射混凝土＋钢筋网＋锁脚锚杆(管)",即取消系统锚杆,采用钢架接头处锁脚锚杆。

(2)探讨了黄土隧道拱部系统锚杆受压的机理,从土体的变形分析了黄土隧道拱部系统锚杆的力学状态。

(3)通过对单洞两车道黄土隧道施工过程中变形的监测,揭示了黄土隧道变形的规律,发现拱部沉降的量值要远远大于净空收敛的量值。黄土隧道的变形规律符合对数函数规律。提出在黄土隧道的施工中,必须秉承"快挖、快支、快封闭,仰拱和二次衬砌边墙基础紧跟,二次衬砌适时施作"的原则,采取加强初期支护、施作锁脚锚杆的措施,避免拱部围岩发生过大的沉降,确保隧道的稳定性。

(4)在黄土隧道中取消系统锚杆,有利于隧道施工安全和结构稳定,可明显降缩短工期和降低工程造价,有着特别显著的经济效益和社会效益。

二、适用范围

适用于黄土地区隧道设计与施工,也可推广应用于土质隧道设计与施工。

三、已应用情况

该项目的依托工程是吴子高速公路黄土隧道群。吴子高速公路自2007年10月建成通车3年多以来,项目组又曾多次对隧道试验段进行现场测试。测试数据表明,隧道结构受力除随季节性气温变化而变化外,基本保持稳定不变。外观检查也未发现任何开裂渗水现象,证明隧道结构是安全可靠的。

黑龙江省哈尔滨市天恒山隧道原设计采用复合式衬砌结构,初期支护以系统锚杆、型钢钢架、钢筋网及喷射混凝土组成联合支护体系。在施工过程中,由于高含水量黏性土锚杆施工成孔困难,加之注浆效果差,严重影响着工程进度。在高含水量黏性土隧道中设置系统锚杆,不仅费时费力,而且很难达到预期效果。鉴于以上原因,参考黄土隧道系统锚杆作用效果研究成果,提出将天恒山原设计初期支护(系统锚杆＋钢架＋钢筋网＋喷射混凝土)结构调整为钢架＋喷射混凝土＋钢筋网＋锁脚锚管组合支护体系,即取消系统锚杆,用钢架拱脚连接处的锁脚锚管代替。2009年10月天恒山隧道已建成通车,现场监测结果表明,隧道围岩稳定,结构安全可靠。采用该项研究成果,确保了工程如期完成,经济效益和社会效益非常显著。

四、应用效益

研究成果有力支持了依托工程建设,并应用于郑西铁路客运专线36座黄土隧道建设,节省投资2 000多万元;应用于哈尔滨绕城公路天恒山隧道建设,节省投资4 137万元;应用于丹(东)拉(萨)国道主干线西宁过境公路大有山隧道建设,节省工程投资1 270万元;已应用于山西省太原至佳县高速公路3座黄土隧道建设,节省工程投资1 080万元;还应用于青兰高速公路16座黄土隧道、河南桃花峪隧道中推广应用,经济及社会效益特别显著。

77. 钢板—混凝土组合加固混凝土桥梁的方法及质量评价技术研究

成果所属专题编号：9612011Y0086

成果主要完成单位：西安公路研究院、长安大学、陕西西铜高速公路有限公司

联系人：石雄伟

联系电话：13571912680

通信地址：西安市文艺南路 39 号

E-mail：shixiongwei123@163. com

邮政编码：710054

一、主要技术内容

本项目通过模型梁试验、理论及数值模拟分析、实桥应用，对钢板—混凝土组合加固混凝土桥梁受力性能、加固设计计算方法、施工工艺与质量评价技术标准进行系统研究，提出了一套比较完整的、适用于公路混凝土桥梁的钢板—混凝土组合加固关键技术体系，指导了西铜高速公路耀州高架桥火灾后的抢修加固设计与施工，为火灾后西铜高速公路保通提供了强有力的技术支持。经过一年的运营观察，耀州高架桥组合加固桥跨结构工作性能与使用状态良好，表明钢板—混凝土组合加固技术先进、安全可靠，社会经济效益显著。本项目的研究成果包括：

(1)进行了钢板—混凝土组合加固钢筋混凝土矩形梁的抗弯性能试验研究、数值分析，建立了钢板—混凝土组合加固钢筋混凝土矩形梁极限抗弯承载力理论计算公式。

(2)在国内外，率先进行了钢板—混凝土组合加固钢筋混凝土 T 形梁的抗弯性能试验研究、数值分析，首次建立了钢板—混凝土组合加固钢筋混凝土 T 形梁极限抗弯承载力理论计算公式。

(3)在国内外，首次开展了钢板—混凝土组合加固钢筋混凝土 T 形梁的抗剪性能试验研究、数值分析，率先提出了钢板—混凝土组合加固钢筋混凝土 T 形梁极限抗剪承载力理论计算公式。

(4)首次将钢板—混凝土组合加固技术应用于火灾受损混凝土连续小箱梁桥的加固抢修；开展了组合加固后火灾受损混凝土桥梁的刚度、应力与承载力的精细化数值分析，首次提出了混凝土箱梁组合加固后承载力理论计算公式。

(5)建立了系统的钢板—混凝土组合加固混凝土桥梁的设计计算方法体系、施工工艺与质量评价技术标准。

二、适用范围

钢板—混凝土组合加固方法是一种新颖实用的桥梁加固方法，具有承载力高、刚度大、自重增加较小、施工快捷等优点，适用于桥梁现有承载能力不足或桥梁需提高设计荷载等级的加固维修情况。

三、已应用情况

钢板—混凝土组合加固方法在西安—铜川高速公路耀州高架桥加固项目中进行了应用。该桥因火烧导致混凝土强度降低，承载能力下降，采用钢板—混凝土组合加固方法对 5 片箱梁进行加固。箱梁长度 150m，造价 145. 6 万元，平均每延米 9 706 元。

检测结果表明，钢板—混凝土组合加固方法能够有效提高结构的强度与刚度，大幅提升桥梁的承载能力，使结构受力更加均匀。

四、效益分析

2010 年，西安—铜川高速公路耀县高架桥加固工程中采用了钢板—混凝土组合加固方法对箱梁进

行了加固。钢板—混凝土组合加固是在钢—混凝土组合梁基础上发展起来的一种新型加固技术，也是加大截面加固法及粘钢加固法的有效组合。它不仅成功地继承了两种方法的优点，更有效地避免了其固有的缺点，是对结构加固技术的一种创新与发展，经实践验证是一种经济有效的加固方法，能够缩短工期并节省工程费用。

78.秦岭终南山特长公路隧道关键技术研究

成果所属专题编号：交科鉴字[2009]第144号

成果主要完成单位：陕西省公路局、长安大学、西南交通大学、重庆交通科研设计院、陕西省铜川市公路管理局、厦门市路桥信息工程有限公司、陕西省交通运输厅交通工程定额站、陕西省秦岭终南山公路隧道有限责任公司、中国铁路工程西南科学研究院有限公司

联系人：杨晓炜

联系电话：029-88408470(手机：13709218619)

通信地址：西安市含光北路110号

E-mail：kjcyangxw@163.com

邮政编码：710068

一、主要技术内容

(1)特长公路隧道通风技术研究。该课题通过现场测试、物理模型试验、系统仿真、理论分析等，构建了复杂通风网络技术理论，开发了仿真计算机软件、通风设计平台，首次确定了我国在用汽车排放因子及影响排放各因素的修正值。对秦岭终南山特长公路隧道的通风方案比选、需风量和供风方式的确定和通风系统结构优化做了大量研究，为工程实施提供了技术支撑。

(2)秦岭终南山特长公路隧道防灾救援技术研究。该课题建立了我国第一座隧道火灾模型试验场，并通过理论探讨、模型试验、数值分析，建立了双洞隧道火灾网络通风控制基准，首次用网络通风技术解决火灾模式的网络通风计算，系统地解决了防灾救援设计方法及首次给出了火风压、节流效应、烟流阻力的具体计算方法。该课题首次建立了隧道火灾数据库，并为秦岭终南山公路隧道提供了防灾救援的多个实用性文件。

(3)秦岭终南山特长公路隧道监控技术研究。该课题通过对隧道监控设施配置原则与方法、交通控制技术、通风照明控制系统、通信控制网络、供电自动管理系统及隧道监控系统软件开发等方面的研究，首次提出了监控系统规模功能设计法、模糊综合判断的交通异常自动检测算法，基于交通量、车速、照度的隧道照明控制模型和组合式模糊表格法的通风控制模型，配电控制系统的网络模型、地理信息系统的功能要求等。研究成果已直接应用于秦岭终南山的监控设计。

(4)秦岭终南山特长公路隧道环境保护研究。一是对竖井和洞口排风污染环境影响进行评估，对隧道工程通过自然保护区的环境要求提供技术保障。二是对低噪声抗滑水泥混凝土——露石水泥混凝土路面设计、施工技术进行研究，研发了露石剂，提出了露石水泥混凝土性能检测方法、评价指标，研发试验仪器和施工机具，对隧道路面及水泥混凝路面的发展具有重要指导意义。

(5)秦岭终南山特长公路隧道管理与养护系统研究。该课题以安全运营为重点，对超特长公路隧道的管理进行了开创性的工作。首次将系统工程理论和方法应用于公路隧道管理，在隧道机电系统中引入"功能位置"概念，建立了机电维护闭环控制体系，研发了特长公路隧道管理与养护系统(TMMS)，建立了"编目、任务、管理"三个阶段体系的通用管理模式，并基于GIS.VR等信息技术，开发了管理系统软件，实现隧道管理的立体展示、数据联动、三维定位和快速查询。为依托工程提供了成套的管理手册等实用性文件。

此外，围绕秦岭终南山特长公路隧道的工程设计、施工及科研，还开展了相关信息资料的研究工作，并进行了施工定额的研究工作。

二、适用范围

秦岭终南山特长公路隧道关键技术研究成果，涵盖隧道通风、监控、防灾救援、管理养护等方面，能够为我国公路隧道的设计、施工、运营提供强有力的技术支撑。本项目的研究成果在公路隧道及其相关领域具有广泛的推广应用前景。可应用于公路隧道设计规范及公路隧道通风照明设计规范的修订。其技术方案、各种实用手册可作为特长公路隧道设计，管理的参考。研究成果中的计算方法，软件可用于特长公路隧道通风、防灾救援、监控及管理养护系统的设计。

三、已应用情况

(1)通风技术研究课题组通过模型试验及计算机三维数值模型仿真计算等手段提出的设置三竖井纵向分段式通风方案，设计中经综合比较，采用了此通风方案；提出了污染物排放标准和相应的卫生标准，设计中结合科研成果对排放量在规范的基础上进行了折减，对卫生标准在规范的基础上进行了一定程度的调整；通过通风模型试验，确定了通风系统的部分局部阻力系数和汇流、分流处分隔板的高度，设计中均予以应用。

(2)防灾救援技术课题组提供了设计中需要的长大隧道火灾情况下，温度、压力、风速分布规律，并解决了各种火灾规模下的计算方法；针对长大隧道发生火灾，编制了复杂网络通风的适用计算程序，解决了长大隧道火灾情况下通风网络计算，并给出了设计方法；设计提出了通风组织方式和措施、救援措施，制订了针对终南山长大公路隧道142条火灾救援预案并在防灾设计中应用。

(3)监控管理课题研究提出分段布设的思想，已用于本工程的设计中；研究报告中提出现场总线采用工业以太网，系统结构采用双钎余自愈环以提高系统的可靠性成果，也应用到设计中。对火灾报警、区域控制等关键设备进行了对比研究，研究成果已应用于设计中。消防设备配制的建议在秦岭终南山公路隧道中采用。

(4)研究成果在其他工程中的应用。汽车动态排放参数、公路隧道污染物浓度控制标准、环境影响、通风技术、防灾救援技术、监控技术的研究成果已经较广泛地应用于其他公路隧道设计之中，由本项目研究人员参与设计、咨询的项目多达数十项。低噪声抗滑水泥混凝土路面在陕西南山峁隧道(长度374m)、西藏嘎啦山隧道(长度2 500m)成功应用，G110二级公路呼集段路面应用近10km。

四、应用效益

秦岭终南山公路隧道建成后，使该路段(西安至柞水)146km的公路里程缩短60km，大大降低了车辆运输成本及燃油消耗，工程评价期内平均每年节约燃油10 454t。并且使西康公路跨越秦岭的高程降低1 000m以上，成为全天候公路运输通道，服务水平得到较大程度的提高，保护了生态环境。陕西省社会科学研究院报告：2007～2009年分别降低运营成本效益23 812.80万元、30 386.56万元、37 805.52万元；节约时间效益1 962.88万元、2 412.82万元、2 884.60万元；减少事故效益458.98万元、508.66万元、553.98万元，累计效益达到10.08亿元，预测项目未来20年效益183.25亿元。这些巨大社会经济效益的取得，都与保证本工程成立的秦岭终南山特长公路隧道关键技术研究项目成果的技术支撑密不可分。

79.大跨径预应力混凝土梁桥健康监测技术的研究

课题所属专题编号：晋交科鉴字[2009]第094号

成果主要完成单位：山西省交通科学研究院、山西忻州高速公路有限责任公司、石家庄铁道大学

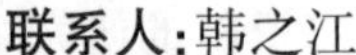

联系人:韩之江
联系电话:0351-7433208(手机:13934604277)
通信地址:山西太原学府西街79号山西省交通科学研究院
E-mail:sxjk-qls@163.com
邮政编码:030006

一、主要技术内容

课题组针对大跨径预应力混凝土梁桥的特点,进行了适用于大、中跨径预应力混凝土梁桥健康监测方法、监测配套设备、测点优化布设的研究;进行了健康监测系统的构成设计研究;数据采集系统的设计研究;数据分析与处理系统的研究;桥梁健康状态评估系统的研究。自主研发了具有动、静挠度测试功能的连通式光电液位挠度仪,对大跨径预应力混凝土梁桥的变形提供了一种新的、准确可靠的监测方法;开发了网络数据采集与处理软件和数据库管理软件,软件可移植性好,并具有意外停机后的自动回复能力;研制了一套基于以太网技术,适合超远距离信号传输的多通道高效实时的网络数据采集系统;提出了基于准静态识别的桥梁诊断评估方法,并将其应用到预应力混凝土梁桥健康状态的评估中。在上述研究成果的基础上,完成了对新原高速公路小沟特大桥长期健康监测系统的建立,并实现了超远距离桥梁状态的控制,桥梁状态参数可自动采集、自动传输显示,超载后自动报警,自动入库分析等多项功能,实现对小沟桥健康状态的技术评价。

二、适用范围

我国现有各类桥梁近百万座,其中预应力混凝土梁式结构占到桥梁数量的95%以上,我课题组开展的大跨径预应力混凝土梁桥健康监测技术的研究,主要是针对这类型桥梁,监测系统的建立可及时了解和掌握桥梁的整体工作性能和损伤情况,为桥梁的养护、维修及管理提供科学的依据,可提高检测效率,节省养护维修费用,保证车辆的运营安全,因此,有着广阔的推广应用前景。

三、已应用情况

新原高速公路小沟特大桥为左右分离桥幅形式,桥跨组成为:30m(引桥)+(55m+5×100m+55m)(主桥)+(7×30m)(引桥)。该桥主桥采用刚构连续组合结构体系,上部结构为单箱单室双向预应力变截面箱梁,主桥下部结构采用钢筋混凝土薄壁空心墩,钻孔灌注桩基础。设计荷载汽车—超20级,挂车—120级。为了全面了解和掌握桥梁在运营期间内,在活载及长期荷载作用下的实际工作状态,主要针对以下几方面内容实施了健康监测:①汽车荷载监测;②环境温度监测;③挠度变形监测;④振动监测;⑤应力监测。

小沟特大桥健康监测评价系统自2006年建成开始使用以来,经过几年运行,证明系统工作可靠。健康监测评价系统的实时在线测量,可获得准确的车辆荷载及桥梁使用状况信息,根据这些信息,及时采取相关措施,控制超载车辆,减少了桥梁结构超负荷工作的次数,大大延长了桥梁的使用寿命。

四、应用效益

本研究成果已先后在新原高速小沟特大桥、风陵渡黄河公路大桥及国省道多座桥梁的检测项目上进行了应用,及时了解桥梁健康状态的多种物理参数的变化情况,掌握桥梁的整体工作性能和损伤情况,可提高检测效率,为桥梁的养护、维修及管理提供科学的依据,节省养护维修费用,累计产生直接、间接经济效益5 000万元以上。

80. 高烈度地震区特高桥设计的研究

成果所属专题编号:晋科鉴字[2009]第 101 号
成果主要完成单位:山西省交通规划勘察设计院
联系人:崔兰
联系电话:0351-5669919;13934636587
通信地址:山西省太原市并州南路 69 号
E-mail:cuilan318@163.com
邮政编码:030012

一、主要技术内容

本项目针对桥墩高度超过 30m 的高墩桥梁地震灾害进行研究,以山西省境内具有钢筋混凝土简支梁桥、钢筋混凝土连续梁桥、预应力钢筋混凝土连续刚构桥等结构形式的 11 座高墩桥梁为依托,采用数值计算、模型试验等方法和手段,对高烈度地震区特高桥在地震灾害发生时的力学变形以及破坏机理进行深入研究,提出大跨径、特高桥梁抗震设计的从建模分析计算到抗震构造措施的一套实用设计方法。

1. 主要研究内容

(1)高烈度地震区常用桥型特高桥地震反应动力特性的研究。

(2)高烈度地震区常用桥型特高桥地震荷载的实用计算方法。

(3)高烈度地震区常用桥型特高桥结构抗震的实用设计方法。

(4)高烈度地震区常用桥型特高桥抗震构造措施的研究。

2. 主要研究手段

(1)现场调查、资料研究。

(2)平面、空间结构分析及仿真技术。

3. 主要成果

(1)对桥梁地震灾害进行归类总结,得出桥梁地震灾害的一般特点及病害产生的原因。

(2)基于国内外高墩桥梁抗震分析的研究现状,提出实用的高墩大跨径桥梁的地震反应分析方法。

(3)通过对山西省境内的 11 座高墩桥梁进行平面、空间结构分析,得出各类常用桥型地震反应的一般动力特性及其影响因素。依此为依据,提出高度、大跨径桥梁抗震设计的从建模分析计算到抗震构造措施的一套实用设计方法。

二、适用范围

适用于高烈度地震区高墩桥梁的设计。

三、已应用情况

本课题研究成果已在青兰国道主干线离石至军渡段高速公路锄沟大桥设计中得到充分应用。

为了提高桥梁整体抗震能力,根据本课题研究成果,不同高度的桥墩采用了不同厚度的双薄壁桥墩形式,即矮墩墩壁厚为 1.2m,高墩墩壁厚为 1.8m,使高矮桥墩抗推刚度基本匹配。通过计算分析,与以往不同高度的桥墩采用相同结构尺寸的设计理念相比,桥梁抗震性能有了很大提高,同时也节省了工程成本,降低造价 204 万元。

四、效益分析

本课题结合高墩桥梁的抗震特点及我省桥梁的建设、发展状况,开展“高烈度地震区特高桥设计的研究"课题，对我省大运高速公路11座具有不同特点的大中桥梁进行分析，并对其在地震作用下振型、反应特点、破坏机理进行深入研究，提出桥梁设计应采取的结构处理措施，以提高桥梁的抗震能力，有十分重要的现实意义。本课题的成果为我省高墩桥抗震分析及设计提供了科学依据，为我省既有高墩桥梁的抗震性能评估提供了分析方法。同时，也为我省进一步开展交通设施领域的科研工作提供了很好的借鉴模式。

从锄沟大桥的建设，我们看出本课题研究成果的运用可以使桥梁结构尺寸更趋合理。和传统设计理念相比，不仅节省了工程成本，降低了造价，有明显的经济效益；更重要的是桥梁的抗震性能有了很大提高，保证了桥梁的安全和正常使用，对于保障生命线的畅通、人民生命财产的安全都有非常重要的意义，推广应用前景广阔。

81. 桥隧下伏采空区处治关键技术研究

成果所属专题编号：晋科鉴字[2009]第100号

成果主要完成单位：山西省交通规划勘察设计院、中国地质大学（北京）、太原理工大学、山西省离军高速公路建设管理处

联系人：崔兰

联系电话：0351-5669919，13934636587

通信地址：山西省太原市并州南路69号

E-mail：cuilan318@163.com

邮政编码：030012

一、主要技术内容

高速公路桥隧下伏采空区潜在危害性评价及其处治技术研究，是目前高速公路建设中亟待解决且具有挑战性的技术难题。

自2006年3月起，本项目以青岛至银川高速公路山西柳林段下伏采空区"四隧两桥"工程为背景，采用现场勘察、室内试验、理论分析、数值模拟和现场监测综合集成研究方法，对桥隧下伏采空区稳定性评价技术、三维可视化技术、治理与检测技术和采空区剩余变形预测技术、覆岩垮落与离层实测技术等展开攻关，成功解决了制约相关高速公路桥隧下伏采空区处治方面的诸多关键技术难题，最终形成了"桥隧下伏采空区处治关键技术研究"科研成果。

桥隧下伏采空区处治关键技术研究的主要成果包括：

（1）构建了桥隧下伏采空区三维计算模型，进行地表建筑物和下伏采空区覆岩相互作用分析，揭示不同工况条件下地表变形程度，确定地表沉陷盆地特征及沉陷盆地中心位置，对建筑结构变形及结构受力进行关键部位预测，为注浆处治设计和结构加强支护提供理论依据和指导。

（2）基于现场钻孔记录数据，构建建筑物下伏采空区隐蔽工程三维可视化模型，确定采空区地层类型、空间规模及分布形态特征，通过分析采空区冒落状况的量化信息，对合理评价采空区冒落程度、危害性评估提供了依据，实现在建筑物下伏采空区处治实体建模与信息可视化技术方面的创新。

（3）通过室内相似模拟试验，分析了桥隧下伏采空区覆岩垮落、移动和地表沉陷变形特征；揭示了煤层回采后，采空区覆岩离层与"八"字形裂缝内侧有大量未闭合的离层裂隙和竖向裂缝，该裂隙带的空间分布特征，结合数值计算圈定的地表变形关键部位，对制定采空区最佳处治方案有重要指导意义。

（4）建立了采空区处治质量验收标准及采空区的监测及注浆处治效果检测标准。对经济合理提高采空区上覆岩体的刚度，以控制地表剩余变形满足桥隧结构规范要求有重要意义。

（5）结合现场大量实测数据，基于双曲线模型和灰色模型，采用误差绝对值加权和最小的准则，创

建了新的采空区地表沉陷预测模型和计算公式，并得到了工程验证。新模型的提出，不仅为采空区地表剩余沉降变形的预测分析和灾害评估，提供了可靠的理论依据，而且为采空区地表剩余沉降变形预测提供了新的思路和方法。

二、适用范围

适用于公路桥隧下伏采空区危害性评价及其处治技术研究。

三、已应用情况

青岛至银川高速公路山西省离石至军渡段，位于山西省柳林县境内，全长38.542km。线路途经的“四隧两桥”工程（大雨亮隧道、矾水沟大桥、师婆沟隧道、闫家条隧道、康家沟大桥和庙梁隧道），下伏青龙煤矿采空区、同德煤矿采空区、师婆沟煤矿采空区和康家沟煤矿采空区共计四个煤矿采空区，受采空区影响的左右公路线累计里程5.6km。项目研究成果在现场的应用，实现了零安全事故，确保了“四隧两桥”优质高效施工和按期正常运营。

大同南郊兴旺庄—王家园二级运煤专用公路香炉寺隧道，该项目路线全长9.7km，其中香炉寺隧道长1 160m。隧址处分布有5层采空区，分别为2号、3号、7号、9号及10号煤层，各煤层间距30～50m，煤层厚2～3m，煤层间的岩石为侏罗系中、厚层石英砂岩。隧道穿越了2号煤层采空区，3号煤层分布于隧道底板以下30～80m，经稳定性分析和专家论证，最后只做了2号、3号煤层采空区的处治，其他以下各层均未做处理。该隧道经多年运营，状况良好。

四、效益分析

离军线的两桥四隧工程分别下伏四个煤矿采空区需做处治，本项目研究方案，与采用改线避绕采空区方案和穿过未采煤区压覆资源方案相比，分别节省直接投资3 700万元和3 200万元，减少了拆迁安置、扰民压煤等社会影响，获得了较好的经济效益和社会效益。

我省是煤炭资源大省，十余年的高速公路建设证明，公路建设很难完全避开大面积分布的采空区，包括桥隧下伏采空区的情况也逐渐增多。因此，本项目研究成果，为今后桥隧下伏采空区的处治及类似工程提供了很好的理论基础与工程经验，同时也很好地解决了因局部避让采空区，过多的增加公路里程、压覆煤炭资源、增加工程造价这一特殊难题。研究成果的推广与应用有着较好的前景。

82. 隧道半导体照明（LED）综合节能技术研究

成果所属专题编号：皖交科鉴字［2010］第43号

成果主要完成单位：安徽省交通投资集团有限责任公司、安徽省交通规划设计研究院、安徽省通途信息技术有限公司

联系人：段海澎

联系电话：0551-5371809（手机：13965007887）

通信地址：合肥市香樟大道180号

E-mail：hfdhp@163.com

邮政编码：230011

一、主要技术内容

2007年9月28日安徽省铜黄高速公路建成通车，全路隧道单洞长35.3km，仅隧道供电总容量达10 925kV·A，若正常开启照明一年消耗电能将高达2 000万kW·h，用电开支近1 800万元。隧道照明

费用已成为公路隧道运营中的一笔沉重负担。为此，安徽省交通投资集团公司委托安徽省交通规划设计研究院开展“高速公路隧道照明节能技术”研究，通过对高速公路开展大量的实地调查、研究、试验与设计，结合当前国家总体政策、行业内的新氛围、控制技术的发展以及新产品的出现，进行了一系列的隧道洞内亮度研究、隧道照明模式研究、高速公路隧道 LED 照明技术标准、LED 灯具技术标准、LED 照明无极调控等科研工作，并将科研成果应用于正在建设的黄塔(桃)高速公路，在项目建设中发挥了重要的作用。

通过系统研究，课题组编制了高速公路隧道 LED 照明技术标准(企业标准)和高速公路隧道 LED 灯具技术标准(企业标准)，开发了隧道 LED 照明节能控制软件，提出了隧道用 LED 灯具的招标用技术标准。

1. 项目的主要研究内容

(1)隧道照明模式研究，包括：

①短隧道照明模式研究；

②中长隧道照明模式研究。

(2)高速公路隧道 LED 灯具技术标准(企业版)研究，包括：

①LED 照明灯具常规技术参数的研究；

②用于隧道照明的 LED 灯具所要求的技术参数研究；

③在以上两点的基础上对隧道 LED 灯的光源、电源、灯具、亮度控制装置检验等领域进行系统研究。

(3)高速公路隧道 LED 照明技术标准(企业版)研究，包括：

①现行《公路隧道通风照明设计规范》(JTJ 026.1—1999)条款对隧道 LED 照明适用性的研究；

②针对 LED 隧道灯的特点进行 LED 照明技术的研究。

(4)隧道照明节能控制软件研究，包括：

①隧道照明节能控制模型的研究和建立；

②隧道照明节能控制方法的研究；

③隧道照明节能控制软件的研制。

(5)隧道照明主体节能配套设施技术要求研究，包括：

①隧道内装饰；

②隧道洞门形式及减光措施；

③隧道交通安全设施的辅助诱导。

本项研究的特点是：课题组依托黄塔桃、六武高速公路，提出了整套综合节能技术，取得了丰富的创新性成果，对山区高速公路隧道照明综合节能具有重要意义，社会经济效益显著。

2. 项目的主要创新点

(1)提出了全新的隧道照明模式，丰富了隧道照明形式；

(2)制定了高速公路隧道 LED 照明灯具技术标准(企业版)，填补了国内针对 LED 隧道灯评价体系的空白；

(3)制定了高速公路隧道 LED 照明技术标准(企业版)，弥补了现行规范的不足；

(4)研制了全新的隧道照明控制方式及软件，优化了传统的开关回路控制策略；

(5)隧道主体设施与照明节能综合考虑，统筹实施，提供了更大的节能空间。

二、适用范围

该成果可推广应用于所有公路隧道照明工程，对地铁等地下工程照明领域和道路照明领域也有参考价值。

三、已应用情况

项目已在黄塔桃高速公路的建设中成功应用，取得很好的效果，大幅度降低了集团公司的运营成本。本项目的研究方法与相关技术已推广应用到了安徽省六武等高速公路，该研究成果符合国家节能减排政策，技术相对成熟，具有大面积推广的条件，推广应用前景广阔。

四、效益分析

经过对应用该成果的黄塔桃高速公路和六武高速公路隧道照明的经济分析，隧道照明节能综合效益如下：

(1)隧道照明全部采用LED灯，与原设计方案(高压钠灯)比较，灯具安装功率约减少55%(黄塔桃)和70%(六武)，并且洞内照明亮度和舒适度有所提高，行车安全性提高。

(2)采用LED灯照明减少了灯具总功率，供电电缆、配电箱等设备相应降低指标，不仅可以减少投资，而且可以简化供电设备，减少线路损耗，降低供电损失。

(3)采用回路控制模式，在典型气象日，隧道照明LED灯可比高压钠灯节能32.4%～50%。

(4)对于山区高速公路(或开通初期的路段)由于交通量小，有很多时间段隧道没有车辆通过，以致一天之中大部分时间的隧道照明是“无效的”。针对LED灯具的瞬间开关和无极调光性能，本课题研究开发了一套按需提供照明的智能照明节能控制软件，做到车来灯亮、车走灯灭，进一步扩大了节能空间。对于开通营运初期的隧道，节能可达到40%～80%。

(5)由于安装功率降低，供配电系统优化，与采用高压钠灯照明方式相比，在照明系统建设成本不增加的前提下，两个高速公路项目年节约电费分别达到420万元(黄塔桃)和500万元(六武)。

技术转让方式：可以合作开展研究。

83. 承压舟及承压舟浮桥检验规定研究

成果所属专题编号：鲁交科鉴字[2009]第26号

成果主要完成单位：山东省济南船舶检验局、哈尔滨工程大学

联系人：赵庆亮

联系电话：0531-85693417(手机：13869137386)

通信地址：济南市千佛山西路10号

E-mail：zhaoqingliang1977@126.com

邮政编码：250014

一、主要技术内容

承压舟存在既区别于船舶，又区别于钢结构公路桥梁的三大特点：在结构上，舟体既是浮游桥脚，又是承重结构和通载桥面，发挥着三者合一的功能。在使用上，存在“落滩”非均衡受力典型工况；在载荷上，主要为轮式动载，且局部载荷在“浮态”铰接链接时产生V形放大效应。这些特点决定了其设计要素及理念不应等同于普通船舶，应采用新的设计与计算方法，提出新的针对性技术规范。

本项目在成功总结承压舟及承压舟舟桥使用特点和经验的基础上，引入桥梁梁结构设计思想及“纵坡度”概念，针对承压舟“浮态”与“落滩”典型工况进行系统研究，提出了承压舟计算载荷确定方法、舟体及跳板结构设计与计算方法、结构直接计算方法、车辆动载下的疲劳损伤与疲劳寿命计算方法、舟桥系固和干舷计算方法。研究成果丰富和完善了我国船舶与海洋工程结构物设计分析理论及方法。创新点有：首次将桥梁结构设计思想引入船舶应用技术研究；首次进行船舶“落滩”非均衡受力研究；首

次发现了载荷V形放大效应；首次明确提出了承压舟结构直接计算、疲劳损伤和疲劳寿命计算方法；研究提炼了众多完全自主创新的结构设计、计算条款等。

二、适用范围

本课题研究成果既可为承压舟提供设计依据，提高承压舟的技术性能，带动承压舟产业升级；又可为管理部门提供法规、规范制定依据，具有很强的实用价值。

三、已应用情况

研究成果提出的承压舟结构设计理念和要求已被我省舟桥建造企业普遍采纳，新型承压舟已在长清马头黄河浮桥、长清平安黄河浮桥、章丘胡家岸浮桥、乌海市富民黄河浮桥、东明县沙窝黄河浮桥、东明县高村浮桥、滨州黄河浮桥、东平姜沟浮桥、滨州大年陈浮桥等十余座浮桥应用。

研究成果中的结构部分已被山东省质量技术监督局列入地方技术标准，向船检法规的转化也在进行当中。

四、应用效益

新型承压舟大大提升了舟桥的技术性能、安全性能，延长了使用寿命，降低了管理成本，累计节支总额不完全统计已达近亿元，取得了显著的经济效益和社会效益，形成了良好的推广示范和扩散效应。预计在4～6年时间内（老型承压舟实际使用寿命为6～8年），我省注册的64座舟桥（截至2009年年底）、1 200余艘承压舟可按研究成果实现更新换代，并可在其他省份和水域推广，直接促成舟桥产业升级。

成果向船检法规的转化，既为舟桥建造提供了技术依据，又为营运安全管理提供了技术保障和法规保障。将大大促进舟桥安全运营管理水平的提高，使浮桥检验真正做到有法可依，有章可循。为人流、物流提供坚实的安全保障，为最大化消除安全隐患提供有利条件，将产生巨大的社会效益。

84. 青岛海湾大桥耐腐蚀混凝土及配套技术研究

成果所属专题编号：鲁科成鉴字［2009］第1679号

成果主要完成单位：山东高速青岛公路有限公司、中交四航工程研究院有限公司、同济大学、山东省交通科学研究所

联系人：蔡建军

联系电话：0532-83950172（手机：15315016077）

通信地址：山东省青岛市崂山区苗岭路29号山东高速大厦1807室

E-mail：sdgsqzgb@126.com

邮政编码：266061

一、主要技术内容

青岛海湾大桥所处海域海水含盐度高且存在较为严重的自然冻融循环（冰期约60天，平均自然冻融循环次数为47～52次），属于从中等程度（C级）至非常严重程度（E级）的氯盐腐蚀环境和北方微冻的近海或海洋环境。根据青岛海湾大桥的结构形式、服役环境和设计使用年限，提出了科学、合理的耐久性指标体系及技术保障措施。通过系统研究，设计出了高抗氯盐污染和抗冻融循环破坏的耐腐蚀混凝土组成、材料比例以及施工工艺，并对腐蚀严重的潮差、浪溅区混凝土结构采用透水模板布技术以及干法涂层防腐蚀技术。耐腐蚀混凝土以低水胶比、大掺量矿物掺和料、适当引气、幼龄期连续养护为主要技术措施，针对气候特征，分别提出了不同结构物春秋、夏、冬季的指导性混凝土配合比及施工控制措

施，最终满足不同结构物对混凝土抗压强度、抗氯离子渗透性、抗冻耐久性等技术指标要求。透水模板布能够显著改善早龄期表层混凝土质量，可显著改善涂层与混凝土的黏附效果、缩短涂层涂装时混凝土龄期并保证防腐体系的长期防腐蚀效果，两项技术的联合使用充分发挥了各类材料的优势，使防腐蚀效果达到了最优。

二、适用范围

耐腐蚀混凝土及配套技术适用于存在氯盐污染或自然冻融循环破坏或者两者都存在的近海或海洋钢筋混凝土工程。

三、已应用情况

青岛海湾大桥混凝土结构物主要包括钻孔灌注桩，非通航孔桥扩大基础、承台、墩身、箱梁、湿接头、防撞护栏，通航孔桥大体积承台、塔座、塔柱，全部采用抗渗、抗冻、抗盐冻的耐腐蚀混凝土，总用量约为230余万 m^3。非通航孔桥的承台、墩身及通航孔桥的塔座、塔柱等结构物表面采用透水模板布，总面积约35万 m^2。承台、塔座、墩身及塔柱（+6.0m以下部分）采用涂装防护，总面积约有24万 m^2。应用单位包括13家土建施工单位（青岛路桥建设集团有限公司、中交第三公路工程局有限公司、山东省路桥集团有限公司、中铁十四局集团有限公司、中铁九局集团有限公司、路桥国际建设集团有限公司、中交第二公路工程局有限公司、中交第四公路工程局有限公司、中铁十五局集团有限公司、中交第四航务工程局有限公司、中铁大桥局股份有限公司）。施工过程中进行的抽样检测表明，混凝土均满足设计要求，配套技术实用、高效、经济。

四、效益分析

青岛海湾大桥土建施工单位共节省直接投资9 800余万元。编制的《青岛海湾大桥耐腐蚀混凝土设计及施工技术指南》和《青岛海湾大桥防腐蚀涂层设计与施工技术指南》，为保证大桥工程质量提供了技术支持，现已成为青岛地区近海桥梁的设计、施工技术规范蓝本，对北方冰冻海域修建类似工程具有重大的借鉴意义。

在确保涂装质量的前提下，缩短防腐涂装时混凝土龄期，突破了现行规范《海港工程混凝土结构防腐蚀技术规范》（JTJ 275—2000）的相关规定；在大跨径预应力箱梁混凝土中适当引气，满足了力学性能和抗冻、抗盐冻要求，突破了现行行业规范《公路桥涵施工技术规范》（JTJ 041—2000）中关于预应力结构不允许引气的规定；限制单掺聚羧酸减水剂引入混凝土的含气量，为工程选用优质减水剂，保证混凝土的抗冻耐久性提供依据，突破了现行规范《聚羧酸系高性能减水剂》（JG/T 223—2007）中关于聚羧酸减水剂引气量的规定。在保证各项性能满足要求的前提下，突破国家及行业规范，为其修订提供依据，具有深远的意义。

85. 岩溶地区桥梁桩基承载能力评价及施工综合技术研究

成果所属专题编号：交科鉴字［2010］第105号

成果主要完成单位：广西交通科学研究院、湖南省交通科学研究院、中国地质科学院岩溶地质研究所、湖南大学、东南大学、广西壮族自治区交通规划勘察设计院、安徽省交通规划勘察设计院

联系人：邓家喜

联系电话：0771-2311600（手机：13517669506）

通信地址：广西南宁市高新区高新二路6号

邮政编码：30007

一、主要技术内容

1. 技术原理

项目主要依托湖南、广西两省已建、在建高速公路开展了调查研究、模型试验、理论分析、现场检测及工程实施等工作，旨在解决岩溶地区公路桩基勘察、承载力评价、施工技术与检测技术问题，降低工程造价和岩溶桩基的病害率，为我国公路岩溶桥基勘察、施工、检测规范的修订或编写提供科学依据和研究积累。

2. 性能指标

(1)提出岩溶地区桥梁桩基勘探技术、施工和检测指南各一套；

(2)实体工程3～4个；

(3)撰写科研论文3～4篇；

(4)提出岩溶地区桥梁桩基承载能力评价及施工综合技术研究报告一套；

(5)在研究成果指导下，岩溶地区桥梁桩基建安费与传统设计施工相比可节约成本10%以上。

二、适用范围

由于我国现有的公路规范对岩溶桩基的勘察、施工、检测等方面的叙述都比较粗，已相对滞后于国内铁路、水电等行业。随着我国西部大开发战略的全面实施，高速公路今后不断向经济相对落后的岩溶山区的延伸，占我国可溶岩分布面积75%以上的西部地区必然迎来高速公路建设的高潮，这些工程必将面临岩溶桩基问题。本项目的研究准确把握我国公路交通的发展形势，解决了岩溶地区公路桥梁桩基修筑面临的关键技术问题。研究成果涵盖了岩溶地区公路桥梁桩基勘察、设计、施工和检测等技术，是对岩溶地区原有公路桥梁桩基修筑技术的总结、深化和完善，三个技术应用指南可在广大岩溶公路桥梁桩基修筑施工中得到广泛应用。因此，本项目成果具有广阔的推广应用前景。

三、已应用情况

项目成果已在广西、湖南等岩溶地区的4条高速公路总里程超过400km，30多座桥梁桩基修筑中得到了推广应用。

四、效益分析

本项目成果推广应用后，可提供一套系统的岩溶桩基勘察、施工工艺、设计原则和质量控制方法。与传统桥基勘察方法相比较，本项目提出的方案重视地质研究工作在勘察中的应用，通过可研及初勘的地质调查分析工作，能够合理布置钻探孔，减少详勘的钻探工作量，提高勘察准确率，为设计提供准确的地质资料，从而避免了岩溶地质处理的数量及难度。与传统施工工艺相比，一开始就采取正确的施工方案，能够避免绝大多数的施工病害发生，从而节约项目投资和加快施工进度。预计每年产生的直接经济效益就有800万元。

项目成果对有效防止减少公路运营期地质灾害的发生，避免公路桥梁因病害而损毁造成不良的社会影响等方面有积极的作用，因此其经济、社会效益明显。

86. 沪蓉西高速公路岩溶隧道地质超前预报关键技术研究

成果所属专题编号：鄂科鉴字[2009]第93115号

成果主要完成单位：湖北省交通规划设计院、武汉理工大学

联系人：王国斌

联系电话：027-84627862(手机：13907156259)

通信地址:武汉市汉阳区二桥路 5 号
E-mail:wanggb@ hbcpdi. com. cn
邮政编码:430051

一、主要技术内容

目前,隧道地质超前预报在国际、国内都有广泛应用,虽然技术方法繁多,但多以经验为主导,采用以物探为主的单一预报方法,存在多解性,缺乏成型技术流程,方法技术应用仍处于探索阶段,工程应用方面也有待进一步研究,特别是岩溶隧道探测不同于一般岩浆岩和碎屑岩隧道,地质条件更为复杂,技术难度更大,预报效果好的范例不多。岩溶隧道地质超前预报关键技术提出了三维表面—柱体地质建模方法。实践证明,用该方法进行地质调绘法预报是适用且可靠的;分析了孔深、孔数、孔径等指数指标和确保钻孔质量的方法,建立了一套完善的指导钻探施工的操作技术;分析了弹性波反射法、地质雷达法和红外探测法的布置方式、数据采集、误差处理原则和提高预报精度的方法;提出岩溶危害预报应以地质调绘法为基础,以地质超前钻探法为主,结合多种物探方法进行综合地质超前预报,采用从区域地质预报到局部地质灾害预报,宏观预报指导微观预报的形式进行。国内首次将 TRT 技术应用于公路隧道地质超前预报中。

二、适用范围

岩溶隧道地质超前预报关键技术通过综合分析,归纳总结出岩溶隧道成灾模式与机理,以已开挖洞段的稳定状况为依据,可建立包含隧道围岩基本类别、突水可能性与涌水量、围岩变形量与塑性区范围在内的岩溶隧道地质灾害预报专家系统,可以指导未开挖洞段的地质灾害超前预报工作。对于我国岩溶发育地区道路交通、水利水电、矿山开采等行业中的隧道工程具有普遍的适用性。

三、已应用情况

岩溶隧道地质超前预报关键技术对岩溶隧道地质超前预报中的地质调绘法、地质超前钻探法和物探法中的关键技术问题进行了系统研究,建立了综合预报体系和专家解释系统,为隧道施工安全提供信息保证。该项研究成果已经成功地应用到沪蓉西高速公路岩湾、薛湾、乌池坝等 23 个岩溶隧道的建设中,且在三峡翻坝公路鸡公岭、季家坡、天鹅岭等 7 个隧道,武当山至神农架旅游公路天门垭、燕子垭等 4 个隧道中实施,均能对未开挖洞段进行准确的地质灾害预报,实施效果良好。

四、效益分析

岩溶隧道地质超前预报关键技术研究成果应用到沪蓉西高速公路 20 余处岩溶隧道工程,预报结果与实际开挖情况的地质条件、岩溶发育特征、围岩稳定性状况和涌(突)水特征一致性高,产生了显著而巨大的经济效益和社会效益,为沪蓉西高速公路建设节约建设资金约 3. 168 9 亿元。

所有隧道修建过程中,未出现与预报结果不符的重大涌(突)水事故,有效地避免了涌(突)水灾害造成的人员伤亡和财产损失,确保了整个工程建设的工期。项目的实施对类似工程建设具有重要的指导意义,增进了对岩溶隧道成灾机理的认识,积累了宝贵的工程经验。岩溶隧道地质超前预报关键技术研究成果对于我国岩溶发育地区道路交通、水利水电、矿山开采等行业中的隧道工程具有普遍的适宜性,充分利用国家加大基础设施建设的契机,在充分获取基础地质资料、物探解译成果的基础上,可对岩溶隧道涌(突)水灾害成灾可能性、位置和规模进行较为准确的预测预报,在山区高速公路、铁路、电站和矿山等大型工程建设过程中具有广泛的应用前景。该项目所提出的地质超前预报专家系统经检验具有较好的适应性。

87.高填土涵洞设计新理念的工程应用

成果所属专题编号:川科鉴字［2010］第239号
成果主要完成单位:四川省交通厅广巴高速公路工程建设指挥部、长安大学
联系人:魏瑞
联系电话:13808220888
通信地址:成都市二环路西一段90号四川高速大厦A0513室
E-mail:weirui626@126.com
邮政编码:610041

一、主要技术内容

针对高填方涵洞设计新理念的应用推广,着重研究了以下内容:

(1)依据广巴高速公路高填方涵洞的调查,如何将较经济的盖板涵应用于填方高度大于14m的填方路堤,以取代造价高、工期长的拱涵。

(2)针对未采取减荷措施的涵洞,如何考虑土性及结构突出地面高度与宽度之比对垂直土压力系数的影响,提出更切合实际的垂直土压力系数表,以便为公路、铁路、冶金等部门修改施工规范提供参考依据。

(3)针对采取减荷措施的涵洞,如何确定减荷材料EPS板的密度与厚度,以及EPS板的铺设方式与方法,以求达到最佳的减荷效果。

(4)针对特高填土涵洞,在减荷措施的设计上,如何让EPS板提前屈服、推后硬化,使其在填土增高过程中不断提供塑性压缩变形,以确保和进一步提高减荷效果。

(5)针对填土不高仅对侧向采取了减荷措施的涵洞,如何计算其侧向土压力。

(6)采用减荷措施,优化结构设计,跟踪测试数据,验证结构的安全性和减荷措施设计的适用性。

其研究成果具有以下特点:

(1)创新性。首次提出考虑土性及结构突出地面高度与宽度之比的因素确定垂直土压力系数,首次提出不同模量EPS板叠加组合的减荷设计方法,首次提出针对涵顶的形状和岩基的刚度采用不同的铺设EPS板方式进行减荷,首次提出涵顶不减荷、涵侧减荷时的侧向土压力计算公式,首次提出减荷措施应用的判据。

(2)准确性。在多个工点的不同结构形式上,考虑了土性及结构突出地面高度与宽度之比的因素,提出了更准确和切合实际的垂直土压力系数表。

(3)适用性。针对减荷情况给出了减荷措施设计参数表,针对未减荷情况给出了四类常见土的垂直土压力系数表与三维分布图,方便了设计应用。

二、适用范围

该项目属于岩土工程领域,可应用于公路、铁路、水利、电力、矿山、煤炭、市政、石油、军工、机场等部门中的各类上埋式构筑物。诸如用于行人、通车、排水等路堤与渠堤下的涵洞(管),尾矿坝(库)下的排洪洞,土石坝下的廊道、泄水洞,地下变电站、地下通道及武器掩蔽体等。

三、已应用情况

(1)对未采取减荷措施设计的涵洞,其垂直和侧向土压力计算公式于1984年纳入冶金工业部颁布的《尾矿坝设计规程》。

(2)1975年在峨口尾矿坝(尾矿坝高172m)排洪洞上应用减荷原理将结构突出地面高度降低3/4,

镶嵌于基岩内。

(3)1980 年在黑木林尾矿坝(尾矿坝高 60m)排洪洞上采用稻草包裹拱涵顶的方法进行实体减荷应用;1999 年在广东广惠高速公路上对拱涵铺设 EPS 板和松砂松土进行了减荷。

(4)2005 年在陕西吴子高速公路高填方盖板涵和山西离军高速公路高填方拱涵采用铺设 EPS 板进行了减荷。

(5)2007 年在四川广巴高速公路上采用 EPS 板减荷措施设计后,将填土高度大于 14m 的拱涵改为盖板涵,将圆管涵的配筋和结构减小,进行了实体应用。

(6)2010 年在四川广南广巴高速公路连接线(龙潭至元坝高速公路)项目上采用 EPS 板减荷措施设计将填土高度为 23m 的拱涵改为盖板涵后节约造价 300 余万元。

四、效益分析

通过多年的实体工程应用表明,将填土较高的大体积拱涵或特殊结构的箱涵,采取减荷措施以减小涵顶垂直土压力和侧向土压力,可修改为盖板涵,其直接工程费用可减少约 2/3,以 2010 年在四川广南广巴高速公路连接线(龙潭至元坝高速公路)为例,将填土高度为 23m 的拱涵,采用 EPS 板减荷措施设计改为盖板涵后,节约造价 300 余万元,同时还节约施工时间 3 个月,解决了山区修建高速公路大量材料运输困难、地材开采困难等诸多问题。

88. 龙华松花江特大桥桩基承载力综合试验研究

成果所属专题编号:吉交科鉴字[2010]第 02 号

成果主要完成单位:吉林省交通科学研究所、吉林大学建设工程学院、吉林省公路重点工程建设管理办公室

联系人:刘扬

联系电话:0431-86026023(手机:13844884020)

通信地址:长春市进化街 908 号

邮政编码:130012

一、主要技术内容

课题组通过龙华松花江特大桥和肇源松花江特大桥两项国家重点工程作为依托工程,对两座特大桥 9 根工程桩进行桩基承载力综合研究,即采用桩基自平衡测试法进行桩基承载力的测试,同时创新性的提出了一种新型的试桩方法——模拟试验法,该方法全面模拟桩基的实际工程地质特性,综合考虑地层环境、成孔和成桩工艺等各项因素对桩承载力的影响,利用中型剪切摩擦试验得出桩身混凝土与周围地层的摩擦参数 c、ϕ 值,以经典的莫尔—库仑强度理论为基础,得出桩与桩周地层的摩擦强度值,从而确定桩的摩擦阻力值。对桩端承载力,采用室内岩石三轴抗压强度试验来模拟桩端地层岩土体的承载性能,综合考虑形态效应和尺寸效应,以按照一定系数折减的侧向围压作用在试验式样上,采用多个式样,绘制出莫尔—库伦强度包线,在此包线上求出实际桩端地层围压对应的强度值,即可求出桩端承载力。在整个模拟试验的设计过程中全面考虑了相似性问题,包括与实际工程环境的相似模拟,试验式样与桩及桩周地层的材料、几何尺寸、受力状态等方面的模拟。在桩承载力取值的研究过程中,提出三种方法,分别考虑了自重作用下产生的侧向应力作用、有限元应力应变分析所得的桩侧法向应力以及在自重与有限元加载共同作用下的桩土间法向应力值,全面地给出实际工程桩的承载力值,取值具有充分的可信度。

在创新地提出桩基承载力测试的模拟试验法后,经过研究得到以下技术成果:

(1)利用有限元数值分析方法,分析桩与桩周地层的相互作用、桩土相互作用系统的应力场和位移

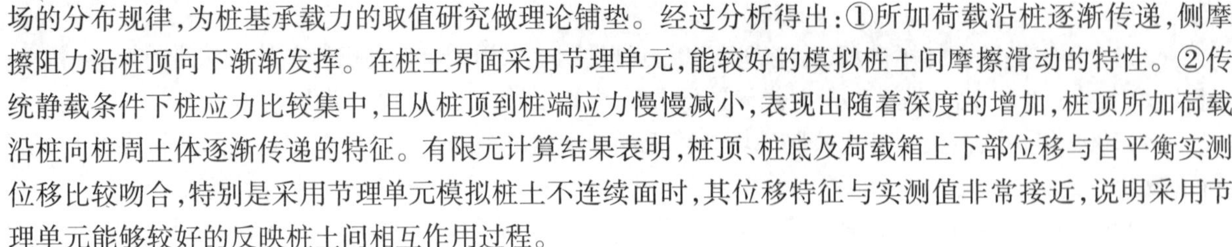

场的分布规律，为桩基承载力的取值研究做理论铺垫。经过分析得出：①所加荷载沿桩逐渐传递，侧摩擦阻力沿桩顶向下渐渐发挥。在桩土界面采用节理单元，能较好的模拟桩土间摩擦滑动的特性。②传统静载条件下桩应力比较集中，且从桩顶到桩端应力慢慢减小，表现出随着深度的增加，桩顶所加荷载沿桩向桩周土体逐渐传递的特征。有限元计算结果表明，桩顶、桩底及荷载箱上下部位移与自平衡实测位移比较吻合，特别是采用节理单元模拟桩土不连续面时，其位移特征与实测值非常接近，说明采用节理单元能够较好的反映桩土间相互作用过程。

(2)应用模拟试验法进行了肇源松花江特大桥和龙华松花江特大桥大吨位桩基承载力研究，经过各地层物理力学性质试验获得承载力确定的各种参数，分别应用三种方法确定在两种情况下的桩基承载力，考虑不计承台以上土层和不计冲刷线以上地层情况，给出桩土的应力分布、抗剪强度分布及侧摩擦阻力分布图，并与自平衡法测桩进行对比研究，对比结果说明模拟试验法确定桩承载力结果是可靠的，同时模拟试验更具有自平衡法难以实现的优点：可以方便的计算出各种情况的桩基承载力值，如考虑冲刷线的深度、桩不同埋深时的承载力值。同时建议桩侧摩擦阻力可按自重与加荷耦合分析法取值。

(3)模拟试验法确定桩基承载力具有较强的理论基础，模拟机制清晰明确，综合考虑地层环境、成孔成桩工艺等各项因素的影响，给出不同荷载条件下的桩承载力值。经过两座特大桥实际工程桩基承载力自平衡法测试的验证，说明模拟试验法确定桩承载力结果可靠，并可以方便的计算出各种情况的桩基承载力值。

二、适用范围

本项目为长大直径桩基础工程提供了可靠的设计依据和检测方法，解决了工程难题。同时创新性的提出了一种新型的桩基承载力测试方法——模拟试验法，标志着桥梁桩基的检测和施工水平又迈上了一个新的台阶，其独特的分析方法可以推广到全国应用，对提高桥梁长大桩基检测水平具有重要意义。

三、已应用情况

本项目采用模拟试验法和自平衡试桩法相结合进行桩基承载力的研究，项目研究工程中，首先在大广高速公路肇源松花江特大桥上进行试验研究，该桥梁于2003年3月开工，2005年10月竣工，施工单位为中铁十二局。项目工期紧、任务重，全桥共有工程桩234根，采用本项目的研究成果对桩基承载力进行测试，主桥的桩基平均缩短了5m，引桥缩短了2m，节省工程直接费用431.4万元；节约工期约为50天，节约成本约80余万元。为便于项目的深入研究，以大广高速公路龙华松花江特大桥为依托工程，该桥于2005年2月开工，2007年10月竣工，施工单位为吉林省交建集团二公司，全桥共有工程桩192根，采用该成果节省工程直接费用148万元；节约工期约为30天，节约成本约30余万元。与传统测试方法相比，两个项目节省试验费用约200万元，测试结果准确可靠，经济效益显著。该试验研究的成功完成，进一步丰富了桩基测试方法，标志着吉林省桥梁桩基的检测、长大桩的检测和施工水平又迈上了一个新的台阶，其独特的分析方法可以推广到全国应用，省内外及社会影响重大。

四、效益分析

本项目经济效益显著，在吉林省两座特大桥应用研究中共节约资金659.96万元。其中肇源松花江特大桥共有工程桩234根，采用该项研究共减短桩长846m，节省工程直接投资431.4万元，缩短工期约50天(节省工期成本约80万元未计在节省的工程费用中)；龙华松花江特大桥共有工程桩192根，采用该项研究共减短桩长228m，节省工程直接投资118.56万元，缩短工期约30天(节省工期成本约30万元未计在节省的工程费用中)，大大加快了桥梁的建设速度。同时该项成果与传统试桩方法相比，节约试验测试费近200万元。

89. 泰州长江大桥绿色营建关键技术研究及应用

成果所属专题编号:苏交技鉴[2010]第46号

成果主要完成单位:东南大学、江苏省长江公路大桥建设指挥部、南京航空航天大学等。

联系人:傅大放

联系电话:025-83793223(手机:13301580003)

通信地址:南京市四牌楼二号

E-mail:fdf@ seu. edu. cn

邮政编码:210096

一、主要技术内容

目前,特大型桥梁工程项目中存在参与施工的人员和机械多、现场控制不够科学、施工和生活活动对周围环境负面影响较大、营运期桥面径流污染十分严重等问题,在国内还没有成功全面解决的先例。

本项目依托泰州长江大桥的工程建设,导入绿色营建的建设理念,针对跨江特大桥施工期水和大气污染问题以及营运期径流污染问题,围绕施工营地污水处理、施工过程扬尘控制、施工过程资源综合利用、营运期桥面径流污染控制这四个绿色营建的关键技术,经过三年多的努力,取得了一系列有价值的研究成果:

(1)研究设计了直排与收集相结合的方案,对主桥长度为2 160m的特大型桥桥面径流进行收集。桥梁收集阶段通过设计具有收集传输与紧急外排功能的渠道,区分初期径流并进行相应收集,处理前通过拥有自主知识产权的径流控制装置进行初期径流的二次区分。该项集成技术同时可用于营运期危险品事故应急处置。

(2)对近100场降雨事件桥面降雨径流进行实测,研究桥面径流特性,建立了相关水量、水质模型。

(3)采用多孔陶粒与高分子吸水剂相结合的技术方案,解决了人工湿地处理桥面径流污染过程中出现的干涸问题;其中,污水处理厂污泥制成的多孔陶粒作为湿地集料起保水作用,高分子吸水剂与湿地覆土混合起吸水保水作用。

(4)开发了一种隔油池、滞留池、蚯蚓强化人工湿地和生态塘组合的新型污水处理工艺。该工艺注重各个处理单元间功能的系统组合,同时适应施工期规模较大的营地污水处理和营运期桥面初期径流处理要求,并进行了工程示范。

(5)研发了低成本的组装可移动式动态膜生物反应器,适应处理小规模施工营地污水处理的要求,并进行了工程示范。

(6)研究了一种具有黏结性能的抑羧甲基纤维素钠(CMC)与高分子吸水剂、表面活性剂复配的抑尘剂,以增强施工扬尘控制的抗风性能,抑尘效果显著改善。

(7)提出并实践了陆上超大型沉井水土利用施工工法和水下大型钻孔灌注桩环保施工工法,并在实际工程中进行了很好地应用。

本项目在高水平核心学术期刊上发表论文23篇,其中SCI收录2篇、EI收录7篇;授权发明专利2项,授权实用新型专利1项,受理发明专利1项;获批省级施工工法2项;成果已在九江长江大桥、南京长江四桥、崇启大桥等重大工程项目中得到推广应用。

二、适用范围

本项目围绕"资源节约、过程清洁、生态健康、和谐发展"四个方面的要求,突破了桥面径流收集处理、施工营地污水处理、施工营地扬尘控制和生态型施工工法等关键技术瓶颈,成果可应用于特大型工程施工期环境污染的控制,解决施工扬尘、营地生活污水和施工期水土资源浪费等环境污染和生态破坏问题,还可以应用于各类公路桥梁营运期径流污染控制工程,引领了国内公路桥梁工程建设项目污染控制技术的发展方向,具有广阔的推广应用前景。

三、已应用情况

该项目研究成果已经在泰州长江大桥、崇启大桥、南京长江四桥、九江长江公路大桥等重点工程中得到推广应用,具体工程为:

(1)泰州大桥中交二公局二公司项目经理部施工营地(北岸)污水处理工程;

(2)泰州大桥江苏省交通工程总公司项目经理部施工营地(南岸)污水处理工程;

(3)泰州大桥中交二公局三公司项目经理部施工营地(夹江桥)污水处理工程;

(4)崇启大桥中交二公局项目经理部污水处理工程;

(5)崇启大桥江苏捷达项目经理部中水回用工程;

(6)崇启大桥中交二航局项目经理部施工营地污水处理工程;

(7)崇启大桥中交三航务工程局有限公司项目经理部施工营地污水处理工程;

(8)南京四桥中交二航局项目经理部施工营地(北岸)污水处理工程;

(9)南京四桥中交二航局项目经理部施工营地(南岸)污水处理工程;

(10)南京四桥中交二公局项目经理部施工营地污水处理工程;

(11)南京四桥中铁大桥局项目经理部施工营地污水处理工程;

(12)九江长江公路大桥中交二航局项目经理部施工营地污水处理工程。

四、效益分析

本项目的成果主要是解决大型施工营地的污染控制和资源综合利用,因此具有十分显著的环境效益和社会效益。同时,由于废弃土方的有效利用、水循环利用、减少污染纠纷而提高施工效率等,带来可观的经济效益。仅泰州大桥应用该项目的成果,就产生经济效益约5 000万元。

90.桥梁振动测试技术及其在检测中的应用研究

成果所属专题编号:交科鉴字[2009]第150号

成果主要完成单位:招商局重庆交通科研设计院有限公司、大连理工大学、重庆市公路局

联系人:唐光武

联系电话:023-62653430(手机:13527553852)

通信地址:重庆市南岸区学府大道33号

E-mail:tangguangwu@ cmhk. com

一、主要技术内容

“桥梁振动测试技术及其在检测中的应用研究”项目以当前桥梁振动测试、桥梁结构快速评定和桥梁管养等实际需求为研究背景,主要以量大、面广的中小跨度桥梁为研究对象,重点研究在现场振动测试中,主要测试什么内容,如何快速、准确地进行测试,如何有效地利用测试结果以及如何准确、快速地对桥梁技术状况和承载力作出评定等关键性问题,结合当前其他技术方法,对现有桥梁结构技术状况和承载能力评定技术进行补充和完善,形成了桥梁振动测试成套技术和软硬件系统,获国家实用新型和发明专利各2项。主要形成了如下成套技术:

在关键技术方面,原创性地提出了:基于影响线的有限元模型修正方法和动静多目标有限元模型修正方法;基于影响线及其导数的桥梁结构损伤识别方法;基于实测准静态广义影响线的桥梁快速检测与评定方法。主要包括:①直接检算评定法;②直接对比评定法;③模型修正评定法三个基本方法;环境激励下模态参数识别的高精度快速算法;桥梁振动测试传感器布设的一种优化方法;高精度的短拉索索力

识别方法。

在系统自主研发方面,研制了万向无级调力调频起振机,影响线快速测试系统,桥梁振动测试与分析系统,具有自主版权、操作性强、满足规范和指南要求的面向测试对象的桥梁结构有限元分析与模型修正系统。

在技术指南方面,《桥梁振动测试技术指南》系统地总结、集成了桥梁振动测试技术现有研究成果,为桥梁结构提供了动力检测与评定方法。

上述成套技术丰富和完善了现有的桥梁检测评定体系,为不中断或少中断交通的桥梁快速评定提供了一条可行的思路和方法,为相关检测规范的修订提供了相应的技术支撑,促进了桥梁振动测试的科技进步,弥补了国内外在这方面的研究不足,具有重大的工程应用价值和科学研究意义。

二、适用范围

桥梁振动测试技术作为公路桥梁试验检测领域的新技术和新方法,主要应用于量大、面广的中小跨度桥梁技术状况普查和承载力快速初步评定之中;可以为在役大跨径桥梁、需临时通行大件超重车的桥梁、危桥的技术评定提供技术支撑;也可以将其推广应用到铁路桥梁、城市桥梁的振动测试和技术评定中。

三、已应用情况

上述成套技术已达到了较高的成熟程度,在室内模型试验和实体工程中得到了成功应用。其中桥梁振动测试系统已被用到朝天门长江大桥、广州凤凰一桥、三桥等大型室内模型试验和在役桥梁或桥梁施工过程中的索力测试之中,分析结果与国外同类软件相当,满足实际工程的需要;该系统也被北京佛力公司应用到试验设备的研发之中,取得了满意的效果。基于实测准静态广义影响线的桥梁快速检测与评定方法、有限元模型修正技术和损伤识别方法、面向测试的桥梁结构分析与模型修正软件系统、影响线快速测试系统等成套技术均达到了实用阶段,具备纳入相关桥梁标准或规范的条件,在长寿长江大桥、忠县乌杨大桥等实体工程中取得了满意效果,与同类的检测技术相比,该技术在测试效率方面得到较大提高,获取的检测结果更加可靠、信息量更加丰富。

四、应用效益

桥梁振动测试成套技术具有良好的推广应用前景和社会效益。首先,在提高测试效率、降低检测成本方面,为量大、面广的中小跨度桥梁技术状况普查和承载力快速初步评定提供了新的高效率技术手段,可以大幅度提高西部地区乃至全国公路桥梁检测水平和评估效率。例如新的检测评定方法与常规检测方法相比,可以筛选出一部分桥梁无需要进行费用比较昂贵的静载试验,若仅以每年减少2 000座桥梁的静载试验计算,静载试验费用平均成本按每座桥5万元计,则每年可节约检测成本近亿元。其次,所研发的产品如:面向测试的桥梁结构有限元分析与模型修正系统和桥梁振动测试与分析系统等技术具有良好的市场推广应用前景。若两套系统各推广500套,每套软件仅以3万元计,则共计可创造经济效益近3 000万元。更为重要的是上述成套技术提供的丰富的、可靠的测试结果,提高了桥梁评定结果的可靠性,可以避免和减少桥梁结构安全事故的发生,对保障交通的畅通和人民生命财产安全具有重要的社会意义。

91. 公路隧道松弛荷载预测理论与预警系统及设计方法研究

成果所属专题编号:交科鉴字[2010]第135号

成果主要完成单位:招商局重庆交通科研设计院有限公司、重庆交通大学、重庆高速公路集团有限公司

联系人:林志

联系电话:023-62653512(手机:13594112721)

通信地址:重庆市南岸区学府大道33号

E-mail:linzhi@ cmhk. com
邮政编码:400067

一、主要技术内容

本项目针对近年来山区公路隧道施工围岩失稳这一日益突出问题,究其根本原因和直接原因开展了:

(1)各级围岩条件下隧道围岩变形破坏理论研究;

(2)基于监控量测和非确定性反分析的隧道结构设计与预警系统研究。

1. 各级围岩条件下隧道围岩变形破坏理论研究

在建立了围岩级别与初始损伤变量关系的基础上,运用弹塑性损伤理论,建立开挖应力作用下隧道围岩渐进破坏的宏观力学模型,揭示隧道围岩破坏过程及特点、围岩应力和变形的变化规律,并确定不同级别围岩在卸荷条件下的塑性损伤区域范围及隧道衬砌所受围岩压力,提出基于经验公式的围岩压力预测模型,在两者比较验证的基础上提出公路隧道松弛荷载的预测方法。

2. 基于监控量测和非确定性反分析的隧道结构设计与预警系统研究

为解决当前公路隧道设计与施工存在的两个突出问题:变更设计,依据不足;围岩坍塌,预测不准等问题。借助考虑松动圈的卡尔曼滤波与有限元耦合反分析法,建立基于监控量测和非确定性反分析的隧道施工现场围岩分级方法;通过对两车道公路隧道776个监控量测断面实测数据的统计分析和各级围岩不同埋深隧道的数值计算统计分析的基础上,建立各级围岩条件下隧道围岩变形破坏监测预警值;最后将公路隧道现场围岩分级、反分析及预警优化整合成“基于监控量测和非确定性反分析的隧道结构设计与预警系统”综合信息化分析管理软件。

二、适用范围

项目成果适合于隧道施工监控工作,尤其适用于大跨径软弱围岩隧道。

三、已应用情况

本项目成果在依托工程隧道施工控制中进行了直接应用,直接对监控量测数据进行分析,给出定量化围岩级别判定、预测围岩稳定性、结构优化设计等以前不能完成的工作,指导和优化了合理设计,增强了设计变更依据,节约了工程造价;提高了隧道施工安全性,减少了塌方,降低了造价。

到目前为止,本项目成果已在多处隧道施工现场开展了应用工作:

(1)重庆市璧山县璧城隧道工程。右洞长2 990m,左洞长2 987m。

(2)云南磨黑至思茅高速公路。坝卡箐隧道,分离式四车道隧道,右洞全长2 161m,左洞全长2 165m。春子箐隧道,分离式四车道隧道,右洞全长2 360m;左洞全长2 225m。

(3)二广高速公路怀集至广宁段,双向六车道。全段共设有7座隧道,隧道单洞总长8 274.88m。

(4)重庆武水高速公路白云隧道,双洞4车道公路特长隧道,左洞长7 098m,右洞长7 120m。

(5)津蓟高速公路莲花岭隧道,双洞两车道,右线长2 190m,左线长2 220m。

(6)广东江门至肇庆高速公路大王顶隧道,双向六车道,左线长2 200m,右线长2 159m。

四、应用效益

(1)重庆市璧山县璧城隧道,长2 990m。通过支护结构参数优化和安全事故预警,节约造价合计966万元。

(2)云南磨黑至思茅高速公路坝卡箐隧道2 165m;春子箐隧道2 360m。通过优化,节约造价7 800万元,占总造价5%。

(3)二广高速公路,双向六车道,隧道单洞总长8 274.88m。

(4)重庆武水高速公路白云隧道,长7 120m。

(5)津蓟高速公路莲花岭隧道,长 2 220m。

(6)广东江肇高速公路大王顶隧道,长 2 200m。

研究成果不仅对进一步完善公路隧道荷载理论具有重要理论意义,也对现行规范的修订做了前期基础研究。

项目研究成果通过众多依托工程应用检验,取得了显著的社会经济效益,具有良好的应用价值,部分研究成果可纳入规范标准,推动了公路隧道荷载理论研究,对于推动公路隧道建设技术的进步和指导隧道设计、施工及塌方事故的预防及治理具有重要意义。

项目所建立的公路隧道信息化管理分析与预警软件,已在多处公路隧道监控测量项目中得到应用,已取得软件著作权,已进行全国范围的正式推广,见图 1 ~ 图 10。

中华人民共和国国家版权局
计算机软件著作权登记证书

软件名称: 隧道施工监控量测智能型信息管理与分析系统 2008

著作权人: 招商局重庆交通科研设计院有限公司

开发完成日期: 2008年12月05日
首次发表日期: 2008年12月15日
权利取得方式: 原始取得
权利范围: 全部权利
登记号: 2009SR045302

根据《计算机软件保护条例》和《计算机软件著作权登记办法》的规定,经中国版权保护中心审核,对以上事项予以登记。

图 1　软件著作权证书

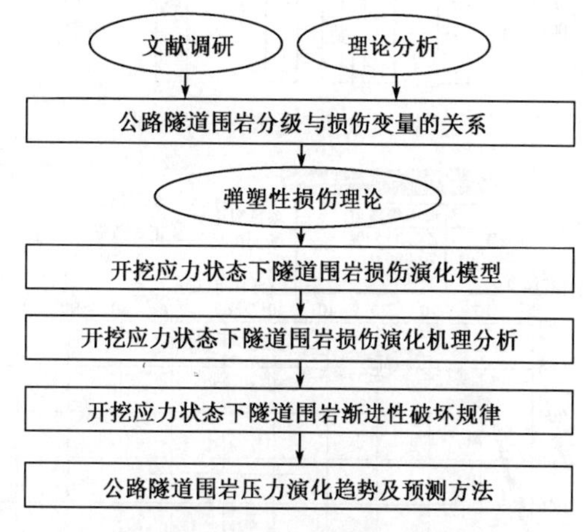

图 2　隧道围岩荷载预测理论研究路线

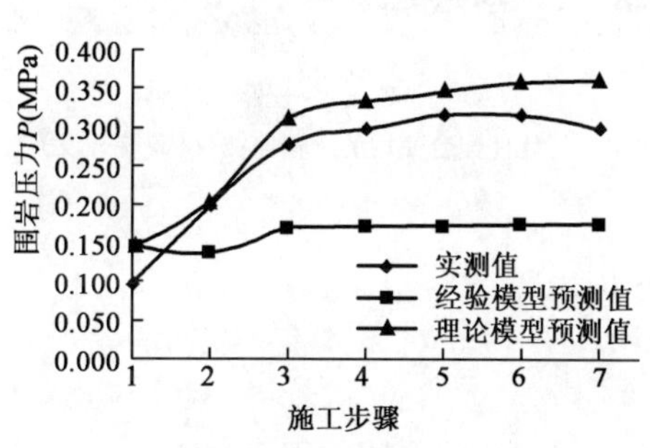

图 3　预测与实测值对比分析

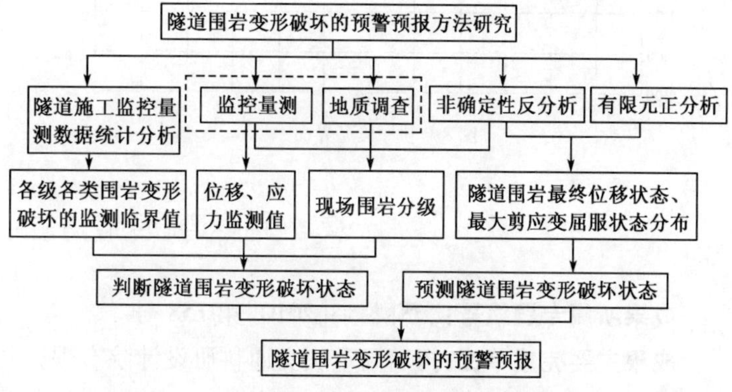

图 4　隧道围岩分级与围岩稳定预警系统图

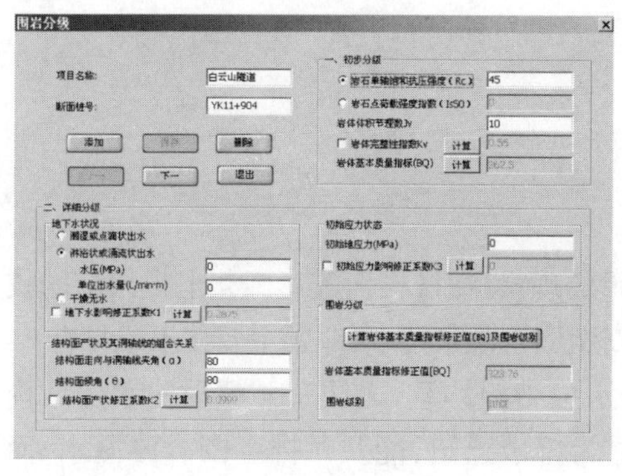

图 5　软件围岩定量分级程序界面

工程应用:

璧城隧道ZK1+178断面围岩为紫红色泥岩夹薄层状泥灰岩,IV级围岩。反分析结果:图示为隧道围岩塑性区历时变化图(红色显示为塑性区,左下角为数据实测值时空变化曲线)。

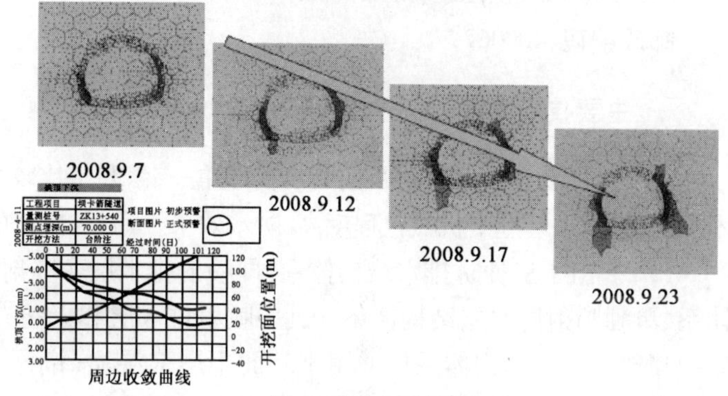

图 6　软件应用案例

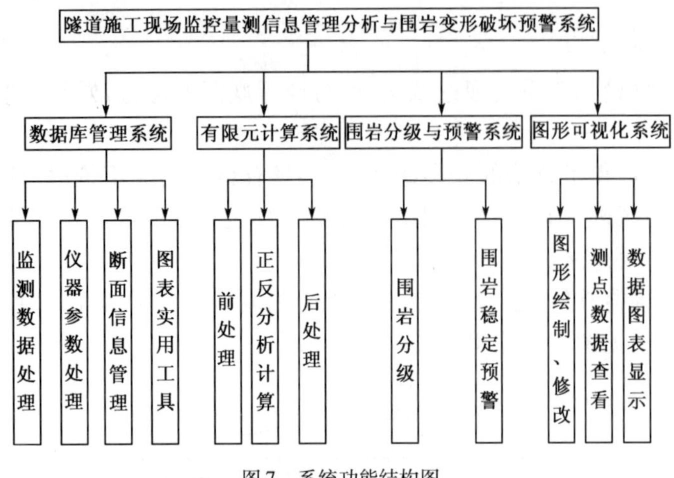

图7　系统功能结构图

图9　依托工程监测断面传感器埋设

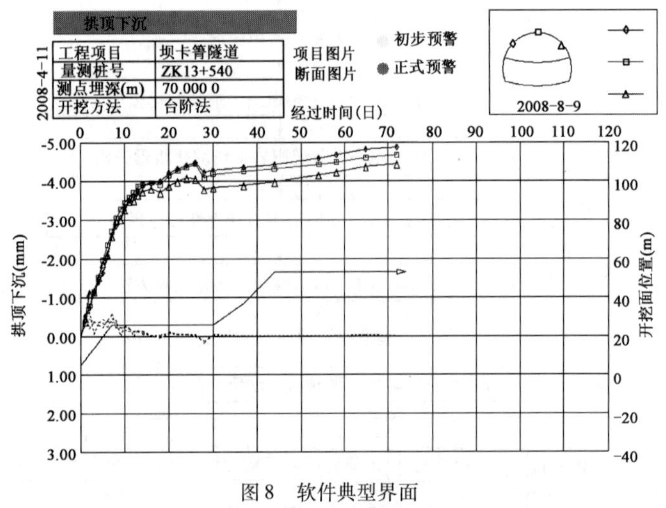

图8　软件典型界面

图10　与软件配合使用的远程监测仪(我院开发)

92. 公路隧道喷射防水层技术研究

成果所属专题编号:交科鉴字[2010]第158号

成果主要完成单位:招商局重庆交通科研设计院有限公司、重庆高速公路集团有限公司

联系人:吴梦军

联系电话:023-88606588(手机:13896105811)

通信地址:重庆市南岸区学府大道33号

E-mail:wumengjun@cmhk.com

邮政编码:400067

一、主要技术内容

主要针对我国公路隧道目前防水技术单一,渗漏水比较严重的现状,在材料和施工工艺上提出新的技术思路,寻求一套施工机械化程度高、防水效果好、耐久性好的新型成套防水技术,课题主要技术成果有:

(1)提出了三种防排水结构体系,即喷射排水层+喷射防水层结构体系、无纺布+喷射防水层结构体系、单独喷射防水层结构体系。其中喷射排水层和无纺布层为排水通道,能及时排走围岩渗漏水,而单独喷射防水层结构体系仅适用于基面干燥或湿渍(潮湿)地段,其极为少量的排水通过盲沟等排放。通过排水通道的设置,实现了《公路隧道设计规范》(JTG D70—2004)中规定的“防、排、截、堵结合,因

地制宜，综合治理”的防排水要求。

(2)研制出了喷射废旧橡胶胶粉＋矿棉纤维＋VAE乳液混合体系的喷射排水层材料配方，其基本配方为：橡胶胶粉100份、矿棉纤维20~50份、VAE乳液50~80份。该配方利用无机纤维的排水、废旧硫化橡胶的弹性、聚合物乳液的黏结获得了排水层的排水、找平和弹性补偿功能，并采用喷射的方式整体无缝施工。

(3)研制出了喷射防水层材料配方，包括单组分聚氨酯和聚脲两种配方。材料有效解决了在公路隧道背水垂直边墙、拱顶面均匀成膜和潮湿基面粘贴、起泡等问题。

(4)提出了从喷射前的准备到喷射后的设备维护全过程的工艺要求，并重点提出了喷射过程中喷射温度、喷射压力、喷射速度、喷射顺序、每遍喷射厚度、喷枪方向及其与基面距离等喷射参数(见图1、图2)。

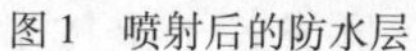

图1　喷射后的防水层

图2　防水层喷射过程

(5)根据《公路隧道设计规范》(JTG D70—2004)、《公路工程质量检验评定标准》(JTG F80/1—2204)、《地下工程防水技术规范》(GB 50108—2008)等规范要求，制订了科学、合理和可实际操作的喷射防水材料和防水层的质量检验标准与方法，为本项目研究成果的推广应用提供技术依据。

二、适用范围

项目成果推广应用的范围主要有：①新建公路隧道。随着国家“7918”公路规划网及西部大开发战略的实施，我国公路建设将进入一个高峰期，大量的公路隧道正在或拟将建设，全国每年新增隧道150~200km。②病害隧道的处治工程。据不完全统计，建成10年以上的隧道，约70%存在病害，而病害隧道中的90%存在渗漏水。③铁道隧道、地下铁道及其他地下工程。因此，项目成果应用范围较广泛，应用前景较好。

三、已应用情况

项目研究成果成功应用于重庆渝湘高速公路洪安至上官桥段H10合同段平阳隧道。应用范围为车行横洞，该横洞长26.102m，宽5.86m，围岩为Ⅳ级。喷射防水层面积约446m^2，基面(喷射混凝土面)较粗糙，大部分潮湿，部分区域有渗漏水。

喷射完成后，经过现场确认，三种喷射防水层结构方案的SPUA膜均能形成整体连续无缝膜，喷射面无流淌，膜表面光滑，无气泡，施工过程无有机挥发物，对隧道环境友好。防水层喷射完成后，衬砌表面至今未发现漏渗水，防水效果良好。

四、效益分析

随着国家“7918”公路规划网及西部大开发战略的实施，我国公路建设将进入一个高峰期，大量的公路隧道正在或拟将建设，隧道防排水作为隧道结构的重要组成系统，既是保证隧道安全、顺利建成的关键，又是保证隧道安全、舒适营运的前提。因此，本项目研究所提出的新型喷射防水层防水技术，对提高公路隧道的防水效果,加快施工进度,保证隧道正常安全营运,提高隧道结构的耐久性等具有重要的作用。对提高我国公路隧道设计与施工的整体水平,提升工程新型材料的研发能力也具有积极意义。通过技术成果的市场转换,能够获得较大的经济效益和良好的社会效益。

对于喷射防水层的造价,防水层按平均膜厚1.2mm计算,材料成本约为70元/m^2,稍高于无纺布+防水板方案,但随着国内聚脲工业的不断发展,聚脲价格将不断下降,喷射防水层价格将随之下降。

93.大型江底地下互通式立交枢纽建造与运营核心技术

成果所属专题编号:渝科委鉴字[2010]第35号

成果主要完成单位:招商局重庆交通科研设计院有限公司、重庆大学、中铁隧道集团有限公司

联系人:林志

联系电话:023-62653512(手机:13594112721)

通信地址:重庆市南岸区学府大道33号

E-mail:linzhi@ cmhk. com

邮政编码:400067

一、主要技术内容

本课题来源于国家高技术研究发展计划(863计划)课题(课题编号:2007AA11Z110)。针对城市地下道路立交的特点,以我国城市地下道路网立交修建的关键技术为核心,以众多实体工程为依托,采用理论分析、物理模型试验、数值模拟、仿真模拟和现场实测的综合手段,在国内首次对城市地下立交隧道群开展了设置模式、线形标准、施工力学、通风防灾技术的系统研究,形成若干个技术要点,经整合后形成了地下立交修建核心技术。

(1)通过对地下立交行车规律的现场调查、地面与地下立交异同点的对比研究,提出了适合于地下交通特点的地下立交设置形式和路线标准;

(2)通过对地下立交分岔段、交叠段和近接隧道施工力学的研究,提出了地下立交设计施工技术,编制了《地下立交隧道设计与施工技术指南》和《地下立交隧道施工工法》;

(3)建立了地下立交分岔段通风气流组织和通风模式,提出了洞内空气交换站的纵向式通风方式和网络通风设计方法,丰富了隧道通风设计理论;

(4)提出了城市隧道立交段的防火安全等级以及安全设施配置规模,建立了城市地下道路网立交段的防灾方案及救援模式,编制了《地下立交隧道通风防灾技术指南》;

(5)研制出了能净化隧道废气的土壤净化系统,为隧道废气处理提供了一种新的途径,为推广应用创造了条件。

在高速发展的城市化进程中,在环保景观要求越来越高的今天,在积极倡导低碳经济的未来,城市地下道路网的建设势在必行。目前,国内各主要大城市已经在建设一些小规模的地下道路,即:下穿道路隧道,小规模地下道路网、立交网。课题研究成果填补了国内地下立交道路系统的研究空白:①开创了对城市地下道路工程领域的研究;②促进了对隧道污染空气净化技术的研究和应用;③促进了隧道通风技术的研究;④促进了对复杂城市隧道防灾救援技术的研究。

二、适用范围

课题成果主要应用于地下道路立交隧道的建设和运营领域,包括:地下立交设置模式和线形标准、结构设计与施工方案、通风方案和防灾救援方案,隧道污染空气的净化等具体技术。

三、已应用情况

本课题成果应用于承担单位设计和研究的地下立交隧道和其他分岔、交叠隧道工程中,课题组直接

参与了下列五项工程的可行性论证和设计工作。

(1)重庆两江隧道工程。对江底地下立交枢纽的设置形式、路线设计、土建方案设计、通风、照明、消防、供配电、监控、防灾与救援都开展了深入的课题成果应用,提出了完整的解决方案,见图1。

图1 重庆两江隧道工程模型

(2)厦门万石山地下互通式立交工程,是我院承担勘察设计的我国第一座大型暗挖地下互通式道路立交(图2~图6)。该工程已于2008年6月建成通车。课题组为工程建设和运营节约成本5 000余万元。

图2 厦门万石山地下立交效果图

图3 厦门万石山地下立交内部实景照片

图4 万石山分岔段施工照片

图5 交叠段施工照片

图6 大断面施工照片

(3)重庆市渝中区地下快速路工程(图7)。课题组利用研究成果,对工程全线立交设置、线形设计、土建设计、通风和防灾救援设计方案进行了应用研究。

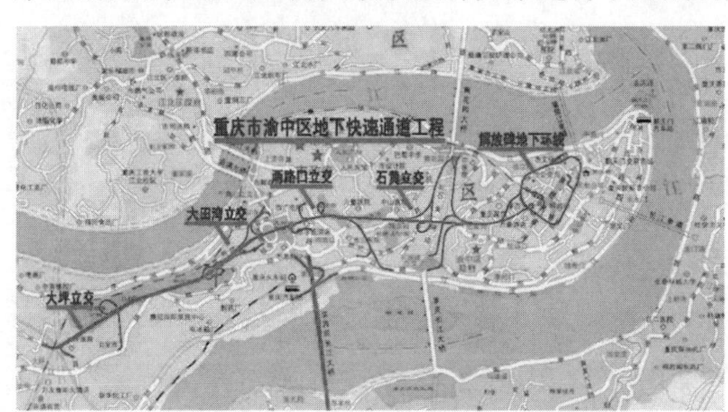

图7 重庆市渝中区地下快速路工程

(4)长沙营盘路隧道湘江两岸设地下立交实现东西向隧道与南北向滨江快速通道的顺畅连通(图8～图9)。课题组直接参与了依托工程的初步设计工作,为长沙营盘路隧道工程建设和运营节约成本5 500余万元。

图8　湘江水下隧道鸟瞰图

图9　东岸地下立交结构透视图

(5)青岛胶州湾隧道工程是连接青岛市主城与辅城的重要通道,南接薛家岛,北连团岛,下穿胶州湾海域,隧道工程(含接线隧道)全长约7 800m,接线隧道设有进出匝道隧道(图10)。课题成果为青岛胶州湾隧道通风设计和防灾救援工作提供了极大的技术支撑,节约了工程造价和运营费用数以千万计。

图10　青岛胶州湾隧道工程

四、效益分析

据不完全统计,其创造的直接经济效益为2 705万元,节约工程造价和运营费用1亿元以上。2007年,我单位直接承担重庆两江隧道工可研究,合同金额80万元;承担重庆渝中区地下快速路工程预可行性研究,合同金额200万元;承担厦门万石山地下立交工程设计,合同金额1 000万元。2008年,我单位直接承担了青岛胶州湾隧道工程通风和防灾救援研究,合同金额145万元。2009年,我单位直接承担了长沙营盘路湘江隧道初步设计,合同金额1 280万元。

三、道路运输科研项目

94.福建省营运车辆卫星定位安全服务系统

成果所属专题编号:闽交科鉴字[2009]108号

成果主要完成单位:福建省交通信息通信中心、上海飞田通信技术有限公司、福州市勘测院

联系人:丘舍金

联系电话:0591-87077568(手机:13509320189)

通信地址:福州市鼓楼区东水路18号交通综合大楼10层

E-mail:shejinqiu@fjjt.gov.cn

邮政编码:350001

一、主要技术内容

该系统的建成,展示了我国在车辆管理中应用信息化技术的水平和实力,对推进卫星定位系统技术应用起到里程碑式的作用。本系统采用前置记忆解析技术,解决了平台同时接收全省15万辆车每10s发送的并发数据,并向9个设区市和省运管局管理中心同步下发的难题。系统在建设中集成应用了软负载均衡、服务器集群、数据流内存与数据库共享、数据分级存储等关键技术及高分辨率三维卫星影像技术,实现用低端服务器提供高并发数据处理的解决方案,大大减少了系统对软硬件设备的使用和对设备性能的要求,实现在B/S客户端模式下,利用一台普通办公电脑正常监控超9万辆车辆的目标。架构设计具有开放性、兼容性,对全国同类系统的建设具有示范与指导作用。

同时依托该系统编制并实施的福建省营运车辆卫星定位安全服务系统《平台》(DB35/T 832—2008)、《终端》(DB35/T 833—2008)及《终端通信协议和数据格式》(DB35/T 834—2008)三个地方标准(以下简称三个地方标准),规范了系统平台、终端的功能及与其他系统平台的数据传输,减少了开发量,统一了通信协议及数据格式,填补了国内无省级车辆卫星定位系统平台标准的空白,全面指导了平台网络间的数据互通及共享,有较强的针对性和可操作性。

二、适用范围

福建省营运车辆卫星定位安全服务系统适用于交通、公安、安监等政府相关监管部门,在其发挥职能(如指挥调度、应急预案、安防布控等)方面起到辅助决策的作用。

三、推广应用情况

2007年9月25日,系统进入调试阶段,2008年春运投入正式运行,5月29日通过验收,经过三年多稳定运行,已在全省十一个厅局,九个地市交通、公安、安全等部门广泛使用,部分地区延伸至县级,应用情况良好。系统的标准已升格为《道路运输车辆卫星定位系统平台技术要求》、《道路运输车辆卫星定位系统车载终端技术要求》、《道路运输车辆卫星定位系统平台数据交》、《道路运输车辆卫星定位系统终端通信协议技术及数据格式》,并作为行业标准在全国推广应用。

(1)通过推广,系统已在福建11个厅级单位、1个省直单位、9个地市、3 000余家道路运输企业和5万多各类营运车辆应用,接入平台的工作站共计59家,各种终端型号超过100余种。

(2)推广应用的车辆类型不断扩展:从系统起初的省际客运、市际客运、旅游客运、危货车辆、重型载货车辆、半挂牵引车六大类,扩展到出租车、县际农村客运和县内农村客运车辆,达到九类。

(3)在重大事件和应急指挥中得到成功应用:在2008年火炬传递中,省公安厅安保部门通过该系统的三维客户端监控运送火炬的车队行驶状态,通过实时了解车辆运行情况及周边环境安排警力部署,保障了火炬传递活动的安全。同年11月,厦门出租车在重庆出租车罢运事件后也准备罢运聚集,此时厦门运管处采用该系统的异常聚集预警功能，根据车辆驾驶人员的身份及车辆聚集情况，及时通知车主、公司处理，消除了不良影响。

(4)标准的应用和提升：

①2008 年 6 月 27 日，三个地方标准由福建省质量技术监督局进行发布并运用。

②2008 年 12 月 24 日，根据交通运输部《关于下达 2008 年交通标准化补充计划的通知》(交科教发[2008]558 号)，系统中的三个地方标准已作为编制《道路运输车辆卫星定位系统》平台、终端、终端通信协议及数据格式的一个行业、两个国家标准的基础。

③依托三个地方标准，完成编制四个行业标准编制工作，《道路运输车辆卫星定位系统车载终端技术要求》、《道路运输车辆卫星定位系统平台技术要求》、《道路运输车辆卫星定位系统平台数据交》、《道路运输车辆卫星定位系统车载终端技术要求》已分别于 2011 年 2 月 18 日、2 月 25 日、3 月 18 日、4 月 28 日完成评审。

④《道路运输车辆卫星定位系统车载终端技术要求》、《道路运输车辆卫星定位系统平台技术要求》已由交通运输部分别与 2011 年 2 月 28 日、3 月 29 日进行发布，并根据交通运输部、公安部、安全生产监督总局、工业和信息化部联合下发的《关于加强道路运输车辆动态监管工作的通知》(交运发[2011]80 号)文件要求，在全国推广应用。

四、应用效益

1. 社会效益

根据福建省安全生产监督管理局发布的统计，从 2007 年起交通事故连续两年下降。2007 年卫星定位系统推广当年，交通事故率下降 8.6%，死亡率下降 8.6%；2008 年更是同比首次两位数下降，道路交通事故率下降 19.2%，死亡下降率 13.2%。到目前为止，福建省每年根据这些指标对各级交警、交通部门进行考核。这些成绩的取得，除了各单位重视安全生产，减少交通事故外，与在福建省范围内推广使用卫星定位安全服务系统密不可分，社会效益显著。

2. 经济效益

运输管理部门应用本系统通过合理调控运力，减少政府决策成本；企业通过合理调度，规范驾驶，限定运行速度，降低运行油耗、无功油耗及杜绝绕路耗油等方式和手段，取得了很好的经济效益。2008 年仅公路运输客货节油 2 816 万 L 和 6 190 万 L，节约成本 4.15 亿元(按 4.61 元/L)，节能减排成果显著。

95. 道路运输综合管理与服务信息平台的开发与应用

成果所属专题编号：交科鉴字[2010]第 144 号

成果主要完成单位：交通运输部公路科学研究院、成都市交通委员会

联系人：顾敬岩

联系电话：010-62079147(手机：13701339306)

通信地址：北京市海淀区西土城路 8 号

E-mail：jy. gu@ rioh. cn

邮政编码：100088

一、主要技术内容

本项目结合当前现代交通运输业的发展形势和需求，以及“大部制”改革赋予道路运输行业的新职责，在总结国内外相关行业、系统建设经验和对当前道路运输管理与服务需求进行深入剖析的基础上，首次全面地构建了地市级道路运输信息化建设的总体技术框架，提出了道路运输综合管理与服务信息平台的重点任务，对先期示范开发项目道路客运管理辅助决策分析系统、道路运输企业信用管理信息系

统、道路运输公众信息服务系统的系统功能进行了深入研究，应用的关键技术包括：

（1）多元异构数据资源整合技术；

（2）专题数据库构建技术；

（3）OLAP 多维分析展现技术。

课题的研究工作是建立在对运输枢纽城市道路运输信息化现状及发展需求深入调研和分析的基础上开展的。项目先后开发了“道路客运管理辅助决策分析系统”、“道路运输企业信用管理信息系统”、“道路运输公众信息服务系统”等应用系统（图1 和图2）。经过试点运行，系统使用效果良好，各系统及关键技术已达到成熟水平，课题研究成果具有较强的实用性及可操作性。相关研究成果能够与道路运输行业监管的实际工作紧密结合，并且通过示范应用进一步展示和验证了相关研究成果。因此，本项目的研究成果具有较强的针对性和可操作性。

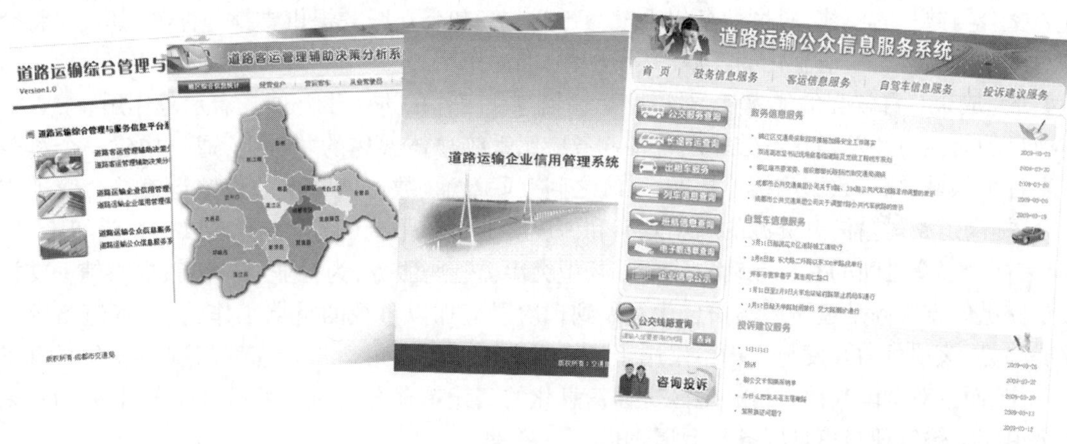

图1　道路运输综合管理与服务信息平台

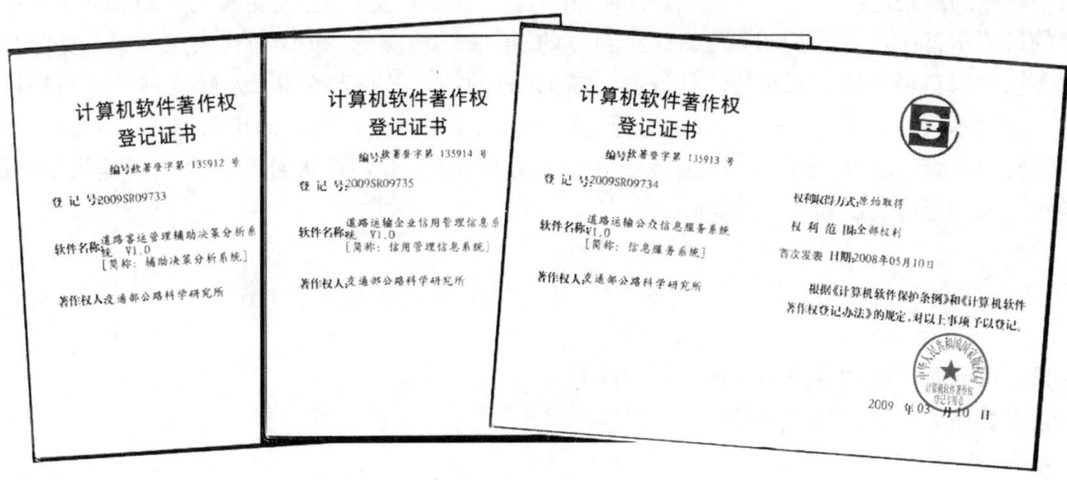

计算机软件著作权登记证书

编号软著登字第 135912 号

登记号2009SR09733

软件名称 道路客运管理辅助决策分析系统 V1.0 ［简称：辅助决策分析系统］

著作权人 交通部公路科学研究所

计算机软件著作权登记证书

编号软著登字第 135914 号

登记号2009SR09735

软件名称 道路运输企业信用管理信息系统 V1.0 ［简称：信用管理信息系统］

著作权人 交通部公路科学研究所

计算机软件著作权登记证书

编号软著登字第 135913 号

登记号2009SR09734

软件名称 道路运输公众信息服务系统 V1.0 ［简称：信息服务系统］

著作权人 交通部公路科学研究所

权利取得方式 原始取得

权利范围 全部权利

首次发表日期 2008年05月10日

根据《计算机软件保护条例》和《计算机软件著作权登记办法》的规定，对以上事项予以登记。

2009 年 03 月 10 日

图2　软件著作权证书

二、适用范围

该成果适用于具有交通网络系统资源和必要基础数据资源，如运政数据、客运联网售票数据等的地市进行道路运输行业的道路运输管理与服务信息资源整合，同时适用于该地市的“道路客运管理辅助决策分析系统”、“道路运输企业信用管理信息系统”、“道路运输公众信息服务系统”应用系统的建设。

三、已应用情况

本项目依托成都市交通委员会进行示范应用建设，成都市交通委员会拥有的交通网络系统和应用系统资源，为本项目的示范应用奠定了良好的网络与数据基础。在此次示范应用建设工程中，结合成都市现有软硬件条件和当前行业发展关键问题，为进一步分析挖掘数据，为行业管理者实现高端管理决策类应用提供有力支持，重点进行道路客运管理辅助决策分析系统、道路运输企业信用管理信息系统、道路运输公众信息服务系统三大系统的开发建设，并通过系统在成都市道路运输管理工作中的应用，验证系统运行成果，探索和总结系统应用运行机制和保障措施，以期构建道路运输综合管理与服务信息平台一体解决方案。试点效果良好，为今后公路主枢纽城市的道路运输综合管理与服务信息平台的开发建设和运营维护提供经验和借鉴。

四、效益分析

本项目是一项集技术创新与管理创新为一体的科研项目，开展本项目的研究与开发，探索道路运输信息资源整合与共享的模式，通过信息化手段为行业监管和公众服务提供支撑与保障，其成果将会为西部地区乃至全国道路运输信息化的发展产生较大的推动作用。

(1)研究成果具有较强的代表性，对道路运输信息化工作的进一步开展具有示范作用。

本项目的研究与开发是在不破坏现有各业务应用系统总体架构的基础上，通过构建一个覆盖道路运输管理各个领域、统一数据和接口标准、系统之间互联互通、数据库共享的道路运输综合管理与信息服务平台，提高道路运输信息资源的利用效率和深度。通过该平台的建立，实现以信息为纽带，形成政府、企业和社会公众之间的有机互动与共享。其中突出监管与服务，为行业科学决策提供辅助支持和为社会公众提供信息服务是道路运输信息化发展到现阶段应加以重视的重点工作，代表着道路运输信息化的发展趋势，该项目的开发与应用不仅用于指导西部地区各省市运输管理部门进一步开展道路运输信息化工作，而且对全国其他省份和地区交通信息化的实践具有直接的参考和示范作用，并为将来构建部省两级道路运输管理与信息服务平台提供借鉴与参考。

(2)研究成果有助于行业管理的科学化，社会信息服务的普遍化，具有广泛的社会效益。

由于我国的道路运输还处于发展的上升期，除了自身技术的更新之外，更多的矛盾和问题暴露在行业管理的过程中，许多问题是在过去没有遇到过的，也缺乏相应的管理经验，大家均是“摸着石头过河”。因此，通过已经掌控和积累的信息资源，进行充分的数据挖掘与分析，为行业科学决策提供信息化支撑。通过本项目的研究与开发，直接为行业管理部门了解运输市场运行状态、对运输市场实现信息化监管、鼓励运输企业更加重视安全与服务质量提供技术保障，并为广大社会公众出行提供信息服务，具有非常巨大的经济效益和社会效益。

96. 城乡交通一体化对公路交通发展影响分析

成果所属专题编号：中公鉴字[2009]第05号

成果主要完成单位：交通部公路科学研究院

联系人：熊琦

联系电话：010-62079145-8106(手机：13683528682)

通信地址：北京市西土城路8号

E-mail：qi. xiong@ rioh. cn

邮政编码：100088

一、主要技术内容

本项目开展了对城乡交通一体化的全面深入系统研究，研究目的是从统筹城乡整体利益和长远利益出发，立足现实、面向未来，前瞻性地对城乡交通一体化对公路交通发展的影响开展研究，重新审视和深入研究城市化以及城乡统筹发展的新要求对公路交通发展战略、规划、建设、法规、运输与管理的影

响，进而提出公路交通加快城乡统筹发展的政策建议和措施，为交通行业管理部门制定相关政策提供决策依据。

1. 城乡交通一体化的理论分析

通过对交通一体化、城乡一体化的概念和内涵以及城乡交通一体化与城乡交通一体化的关系进行分析，提出了城乡交通一体化的概念，明确了本项目的研究范围。在此基础上，首次提出了城乡交通一体化"两个层面，五大目标"的具体内涵。

2. 我国城乡交通一体化的现状与趋势分析

在调研基础上，运用系统论、协调论和城乡统筹规划原理和方法，首次全面客观地评价我国城乡交通一体化发展现状，总结取得的经验，剖析存在的问题和成因，并以统筹城乡发展和城市化进程为背景，分析我国城乡交通一体化的总体格局和阶段，通过国内外城市化进程与公路交通发展的比较，研究未来我国城乡交通一体化的发展趋势。

3. 城乡交通一体化对公路交通发展的影响及对策分析与政策措施建议

从公路交通基础设施和道路运输管理两个方面，对公路交通管理、规划、建设和法规的影响进行了全面、深入、系统的分析和研究，提出了公路交通推进城乡交通一体化的实施措施建议，具有操作性和现实意义。

二、适用范围

本项目适用范围主要包括：城乡公路交通基础设施规划、建设、管理及法规，以及在城乡旅客运输管理的体制、法规、政策和政府监管等方面。

三、已应用情况

本项目研究为交通行业主管部门指导全国统筹城乡公路交通发展相关规划和政策制定提供了重要的理论依据和借鉴参考，为部"十二五"规划的相关研究提供了参考依据。本项目研究成果对于指导部分省市城乡和区域交通一体化相关基础设施规划和道路运输规划编制提供了直接的参考依据，主要包括泉州市道路客运一体化规划、章丘城乡交通一体化规划、邹城城乡客运一体化研究等。

四、效益分析

本项目研究成果具有较强的前瞻性、针对性和可操作性，为我国交通行业管理部门贯彻落实科学发展观，指导全国公路交通如何促进城乡统筹发展找准了问题，理清了思路，明确了方向，提供了推进城乡交通统筹协调发展的理论支撑及决策参考，已为交通运输部综合规划司研究"十二五"公路交通发展方向，出台相关政策提供了依据，对于推进城乡交通基础设施资源要素统筹配置、加速形成统一的道路运输市场、加快缩小交通领域的城乡差距、引导城乡建设集约健康发展、加快促进农村发展有着重要的现实意义和指导意义，必将带来巨大的社会与经济效益。

97. 公路交通安全应用技术研究

成果所属专题编号：交科鉴字[2010]第142号

成果主要完成单位：交通运输部公路科学研究院、北京工业大学、同济大学、长安大学、东南大学、云南思小高速公路建设指挥部、交通运输部科学研究院、北京深华达交通工程技术开发有限公司、内蒙古兴安盟公路局

联系人：何勇

联系电话：010-82010999（手机：13701208676）

通信地址：北京市海淀区西土城路8号

E-mail:y. he@ rioh. cn
邮政编码:100088

一、主要技术内容

项目主要技术成果内容如下:

(1)在国际上首次创建了,以公路安全设计和路网安全运营及改善应用技术为核心的我国公路本质安全保障技术体系,填补了我国公路交通安全研究的空白。

(2)创建了基于有序聚类分析的事故多发点(段)鉴别、公路安全性及严重度预测的原理、方法和实用工具,建立了隧道事故预测模型、路侧事故预测模型。

(3)创建了公路安全评价方法和诊断技术,提出了期望速度预测方法和基于期望速度与运行速度的平滑设计技术,完善了公路安全评价方法;研发了新型视错觉标线,建立了振动标线的设置模型,形成了基于视觉、听觉、触觉的速度控制技术,建立了包括线形一致性设计、路侧宽容性设计、速度控制技术和工程设施宜人性设计为核心的公路安全提升技术。

(4)创立了公路路侧安全设计方法和安全防护分级标准;提出了交通标志信息系统分级标准和设置有效性成套实用技术;提出了能见度与安全允许速度差的关系模型和雾区安全分级控制标准;基于重型车有限元热分析模型及制动效能热衰退分析模型,提出了公路连续长大下坡安全处置技术,提出了避险车道设计参数和技术标准;建立了平面交叉口安全服务水平标准及有效解决上述问题的成套技术。

(5)提出了我国公路交通安全数据体系与标准,集成了交通事故数据、公路属性数据、交通流数据、气象数据等数据源,建立了基于网络的跨行业、分布式公路交通安全统计分析平台。

(6)提出了我国公路安全保障技术标准规范体系;编制了我国第一部《公路安全手册》和《公路安全保障工程技术指南》,修订完善了国家标准《道路交通标志和标线》(GB 5768)。

(7)研发了逆反射测量系统和车辆足尺碰撞试验平台,自主完成了公路交通安全数据综合采集系统、安全驾驶模拟仿真系统等成套交通安全重大技术装备的总体设计和集成研制;开发了适应国情的新型护栏、标志标线、防眩设施、检测设备和视频监控装置等系列交通安全产品,取得了13项发明专利、实用新型专利和软件著作权。

二、适用范围

本项目以服务在用公路安全改善和指导新建安全公路为导向,以本质安全的公路行车环境为研究中心,创建了科学、合理的公路交通安全保障技术体系,适用于指导我国在用公路和新建公路的安全保障技术体系建设。

三、已应用情况

(1)北京公路网安全保障全国示范工程、奥运交通标志和交通设施改造工程;

(2)北京G109、山东G105国道视错觉标线示范工程;

(3)云、贵、京等太阳能诱导设施改造工程;

(4)陕西108国道石砌体及警示墩低成本加固改造工程;

(5)贵州321国道、山东105国道德州—聊城段、河南洛栾路和广西S202等约540km路侧安全评估防护工程;

(6)福建三福、广西南友和鹿寨乐等公路速度管理依托工程;

(7)云南思小高速公路约98km雾区安全依托工程;

(8)北京八达岭、广东京珠粤北段、云南元磨、新疆G312四台段和陕西G108棋盘关等长大下坡路段安全应用工程;

(9)蒙S203线旅游公路安全依托工程；

(10)甘肃天巉、广西G210河池、京津塘、北京通州及贵州高速公路网安全数据库依托工程等。

四、效益分析

1. 经济效益分析

公路交通安全应用技术成果的应用，大幅减少了交通事故损失，节省了公路安全改造和运行费用，降低了旅客出行成本，并增加了公路营运收入，产生了巨大的经济和社会效益。如国道109北京段实施安保工程后(实施里程:95.3km)，由于道路条件的改善，标志标线与防护设施的完善，道路运行车速明显提高，各观测点交通量分别增加6%～22%不等。由于道路条件大幅改善，轻微事故增加了74.48%，但重大事故减少了70.5%；事故死亡人数减少了79.2%，受伤人数减少了75.45%。据估算，一年内由于运行速度提高、交通量增加和交通事故减少带来的总经济效益就达1 100多万元。按此计算，全国公路安保工程年总经济效益近32亿元。根据计算，每年全国因应用公路交通安全应用技术所带来的经济效益约为146.17亿元(具体测算依据见《公路交通安全应用技术研究项目经济社会效益分析报告》)。

2. 社会效益

公路交通安全应用技术的社会效益主要表现为：促进社会和谐、实现公路安全保障技术跨越、推动重要支撑产业发展、提升公路服务水平、促进安全观念转变。

98. 道路运输车辆燃油经济性检测关键技术

成果所属专题编号：交科鉴字[2011]第104号

成果主要完成单位：交通运输部公路科学研究院、石家庄华燕交通科技有限公司

联系人：张学利

联系电话：010-62079190(手机:13661176221)

通信地址：北京市海淀区西土城路8号

E-mail：xl. zhang@ rioh. cn

邮政编码：100088

一、主要技术内容

1. 技术特点

项目对国内外道路运输车辆燃油经济性的各种检测技术进行了分析和研究，着重研究碳平衡法检测燃油经济性的关键技术。建立在用汽车燃油消耗的“碳平衡法”测量模型；分析解决“碳平衡法”测量油耗在实际应用过程中遇到的车况衰退、燃油品质变化等关键问题；对开式、闭式两种碳平衡油耗检测系统进行选型论证；经多轮样机试制、试验，解决了准确性、通用性等诸多难题，形成了适于各种排量汽车燃油消耗量不解体检测的准确、快捷、简便的碳平衡油耗仪。项目技术成果主要用于汽车综合性能检测站和汽车维修企业等对营运车辆油耗进行检测。

项目开发的样机经测试达到了预期准确度，满足了综检站作业要求，检测过程中只需将采样管对准汽车排气管口，避免了使用传统容积式油耗计对发动机油管进行拆卸，具有准确度高、通用性强、智能化的优势。

2. 性能指标

项目研究达到了预定的目标，实现了如下技术指标：

(1)碳平衡油耗仪样机测量误差≤4 %；

(2)获得1项发明专利——汽车油耗检测系统及其检测方法，专利号ZL 2009 1 0087572.7；

(3)获得1项实用新型专利——汽车油耗检测系统,专利号ZL 2009 2 0109502.2;

(4)登记1项软件著作权——汽车油耗检测系统软件,登记号2010SR036326;

(5)出版1部著作“汽车燃油经济性检测”;

(6)发表论文3篇。

3.技术配套条件

该产品的推广应用需要继续开展以下工作:

(1)首先,应进行产品的中试生产,通过各地省级(市)运管局,选择多家汽车综合性能检测站(以中心站为主)作为碳平衡油耗仪使用试点,经过半年的实际使用及可靠性试验,发现问题,完善设备。

(2)其次,应召开产品推介会,对碳平衡油耗检测原理和使用方法等进行宣贯培训,确保检测站的技术人员熟练掌握碳平衡油耗检测方法,保证道路运输车辆油耗监管政策的顺利实施。

(3)作为填补行业空白的碳平衡油耗仪产品,应及时制订碳平衡油耗仪的产品标准和计量检定规程,以规范产品的技术要求,确保产品质量,为碳平衡油耗仪的广泛应用奠定基础。

二、适用范围

项目成果填补了在用汽车油耗不解体检测技术的空白,碳平衡油耗仪作为道路运输车辆燃油经济性检测必不可少的技术手段,为道路运输车辆行业所急需,产品的推广应用将为长期难以推行的道路运输车辆燃油经济性检测扫除障碍,为车辆管理部门全面贯彻节能法和交通运输部令提供了强有力的技术支撑,具有良好的推广应用前景。

目前项目成果软、硬件结构技术均已完备成熟,具有转化为商品的基础条件。若营运车辆实施交通运输部令规定的燃油经济性检测,全国1 600多家汽车综合性能检测站都将配备碳平衡油耗仪。随着“节能减排”政策的深入推行,汽车维修企业也将逐步借助碳平衡油耗仪评定维修质量,项目成果的量化经济效益显然。

应用本项目研发的碳平衡油耗仪评价在用车辆的燃油经济性状况,促使车主维持车辆处于良好技术状况,保障车辆以固有燃油经济性水平运行,其“节能减排”的社会、经济、环境效益不可忽视。

三、已应用情况

本项目研究成果——“碳平衡油耗仪”在交通运输部公路交通试验场、石家庄华燕交通科技有限公司的发动机台架和底盘测功机上进行了多次汽、柴油发动机和实车油耗比对试验,验证了碳平衡油耗仪测量准确度能达到$\leqslant \pm 4\%$。在广西北海运通汽车检测有限公司进行了产品使用试验。实际应用表明,碳平衡油耗仪操作简便快捷,样机性能稳定,运转良好,能够满足检测站的实际工作需要,很好地解决了目前检测站无法开展油耗检测的问题。项目成果软、硬件结构技术完备成熟,可直接转化为商品。

四、效益分析

1.经济效益和社会效益

本项目成果是道路运输车辆燃油经济性检测必不可少的技术手段,交通运输部2009年第11号部令《道路运输车辆燃料消耗量检测和监督管理办法》、最新修订的国家标准《营运车辆燃油消耗量检测评价方法》(GB/T 18566)和新制定的行业标准《营运车辆燃油消耗量检测规范》,要求对车辆燃油经济性进行强制性检测,明确规定使用碳平衡油耗检测设备。项目成果为道路运输行业节能减排所急需,其社会效益显著。

本项目成果软、硬件技术完备成熟,已具备转换为商品的条件。道路运输行业若严格实施交通运输部令规定的燃油经济性检测,全国两千多家汽车综合性能检测站都将配备商品化的碳平衡油耗仪。随着“节能减排”政策的深入推行,汽车维修企业也将逐步借助碳平衡油耗仪评定汽车维修质量。项目成果的量化经济效益显然,粗略估算,推广应用初期将产生2亿多元的产值。

应用本项目研发的碳平衡油耗仪评价在用车辆的燃油经济性状况，促使车主维持车辆处于良好技术状况，保障车辆以固有燃油经济性水平运行，其“节能减排”的社会、经济、环境效益不可忽视。

2. 技术转让费、产品价格

2011 年 3 月 1 日，交通运输部公路科学研究院与石家庄华燕交通科技有限公司签订了《专利实施许可合同》，交通运输部公路科学研究院许可石家庄华燕交通科技有限公司制造、销售使用本项目成果的专利产品。

合同中专利使用费由入门费和销售额提成两部分组成。入门费 50 万元；销售额提成：合同生效日起前三年国内销售 5%、国外销售 7%，后三年国内销售 4%、国外销售 7%。

该产品预计价格在 10 万元左右。

99. 山区公路营运客车安全技术研究

成果所属专题编号：交科鉴字[2009]第 160 号

成果主要完成单位：贵州省公路运输管理局、长安大学、贵州省交通科学研究院

联系人：汪泽罡

联系电话：0851-5992095

通信地址：贵阳市延安西路 111 号贵州省道路运输局

E-mail：36514314@ qq. com

邮政编码：550003

一、主要技术内容

(1)用大量的调研资料为基础，对典型山区省份和典型平原省份客运交通事故数据的对照分析，了解和掌握山区公路营运客车交通安全现状，通过事故原因、形态、时间、天气的分布，客观、科学地分析山区公路营运客车事故的特征以及事故共性成因及规律。

(2)分析了山区公路发生交通事故营运车辆的类型、品牌分布，对发生交通事故的车辆从机械性能等方面开展成因分析，总结出引发事故的车辆因素主要包括制动失效、爆胎、机械故障和转向故障，建议客运企业在车辆选购上要合理选择车型和品牌。

(3)依托客运企业，调研了解企业的安全管理特点，对影响企业安全生产因素进行分析，建立了客运企业安全评价指标体系，编制了山区公路客运企业安全评价体系软件。

(4)以客运企业现行管理及调研资料为基础，运用科学的管理方法，提出了山区公路客运企业安全管理措施及改进意见。

(5)基于驾驶员行为特性、身心素质与交通事故的关系，综合参考国内外研究方法，结合国内公安、交通管理部门现有检测设备情况，初选了 9 个与驾驶员相关的指标，在 123 名驾驶员中进行测试，得到可用样本 116 个。对 116 个样本用参数有效性检验方法和方差分析方法研究分析，提出了山区公路营运客车驾驶员其驾驶的安全性要求，相应的检测指标值高于平均值水平的结论。

(6)为了准确获得和分析山区公路营运客车驾驶员速度控制的规律性，选取贵州具有代表性的特殊路段，进行多次实验，取得大量的实验分析数据，对数据进行分析后，得出山区公路营运客车驾驶员速度控制特性及其规律性。提出山区公路营运客车驾驶员速度控制的规律性结论。

(7)针对山区公路典型路段环境下驾驶行为特性研究，采用现场调研、观测与测试、调查表格问卷的形式进行，在不让驾驶员觉察的情况下，调研驾驶员的速度控制、方向控制(行驶轨迹)、加减速平顺程度、跟车安全时距等内容，包括道路路面状况、路侧周边环境，有无防护栏、地形地貌等。

(8)根据山区公路特点，开展了哪些客车应该在三级、四级公路路段运行的试验，通过 7 种不同车型在山区典型路段(临河、急弯、长上下坡等)试验后，得到分析、参考的依据资料。

(9)针对山区公路营运客车安全通行车型适应性的大量数据试验和测试,提出了山区公路营运客车安全通行车型适应性推荐意见。

(10)针对客运企业安全管理,选择两条山区公路营运客车进行GPS监控技术的示范性工程。

(11)为了山区公路客运企业营运客车的安全管理,基于GPS监控平台的监控,提出了客运企业GPS监控管理办法。

二、适用范围

通过本项目的研究,有助于解决山区公路营运客车的安全运行难题。

研究成果进一步提升山区公路营运客车安全管理水平,明显降低山区公路营运客车交通事故的发生,对保障山区公路旅客运输安全具有重要指导意义。

三、已应用情况

已开展"山区公路营运客车安全技术研究"成果的推广应用工作,力争把研究成果切实转化为现实的生产力。拟在全省所有从事二类以上(含二类)客运班线的客运企业推广应用《山区公路客运企业安全评价体系研究》,《山区公路营运客车GPS监管体系研究和应用》成果。

四、应用效益

山区公路营运客车安全技术研究成果,为减少山区公路营运客车道路交通事故的发生和人员伤亡、财产损失、构建和谐社会、保障社会经济发展和促进道路运输业进步奠定了基础。成果的推广使用,有效地预防和减少道路交通事故,特别是重、特大事故的发生。这不仅仅使运输企业的经济效益能够得到有力保障,而且减少老百姓的出行压力,让他们走得放心,走得安全;也是实现和谐交通的重要途径之一,由此而产生的社会经济效益十分显著。

100. 高速公路自动发卡系统研究与开发

成果所属专题编号:赣交科鉴字[2010]第17号

成果主要完成单位:江西赣粤高速公路股份有限公司

联系人:孙力

联系电话:13870898833

通信地址:南昌市朝阳中路367号

E-mail:

邮政编码:330025

一、主要技术内容

高速公路自动发卡系统主要由车型自动识别子系统、自动车牌识别子系统、自动发卡机、车道控制子系统(车道控制器、IC读写器)和入口车道软件等组成。高速公路自动发卡系统部署在高速公路入口车道,用于向过往驾驶员提供快速、便捷的准无人值守发卡的管理服务功能,其中发卡机分上下各两个出卡口,供四个独立工作的机构,分别对应着大型车、小型车驾驶员的操作,过往的小型车和大型车驾驶员可通过取卡按钮自动取卡。同时,系统具有车道控制管理功能,通过地感线圈、车道通行灯、雨棚型号灯和自动栏杆,有效地控制一车一卡的无人值守发卡。

二、适用范围

本项目适用于全国封闭式高速公路收费站。

三、已应用情况

高速公路自动发卡系统已在昌九高速公路机场路收费站、泊水湖收费站、昌樟高速公路南昌南收费站、彭湖高速公路全线安装使用。现使用情况良好，系统运行稳定、可靠，性能优良，发卡速度快，计数准确，基本无卡卡或发不出卡的情况；车型自动识别子系统的识别率高，车型、轴型识别率（自然流）优于95%，且具有设备安装施工周期短，对路面破坏小，传感器免维护等特点。

四、应用效益

使用表明：与人工收费方式相比，该装置可有效提高收费车道的通行能力，规范IC卡的管理，降低运营成本，提高服务水平，节能减排效果明显。一个车道运行5年节约直接运营费用70万元；一个车道一天能节约用电61.2kW·h、用水2.8t、节油2.92L，减少废水排放2.24t、减少废气排放：5.83t。

101. 机动车维修服务质量规范

成果所属专题编号：DB36/T 594-2010

成果主要完成单位：江西省公路运输管理局、南昌市公路运输管理处、赣州市公路运输管理处、九江市公路运输管理处、江西长运机动车检测中心、江西运通汽车技术服务有限公司

联系人：龚俊吉

联系电话：0791-6637783（手机：13507912992）

通信地址：南昌市象山南路28号

E-mail：junji6666@163.com

邮政编码：330009

一、主要技术内容

机动车维修工作既是现代道路运输业的重要组成部分，又是面向全社会服务的窗口。标准根据社会公众对机动车维修的需求，主要从基本要求、维修服务流程、服务质量保证等方面提出了要求；并对预约、维修接待、进厂检验、估价填单、合同签订、维修派工、维修作业及过程检验、竣工检验、建立档案、车辆交接、车辆返修、异议处理、服务追踪等13个维修服务环节以及公示项目、维修质量保障和有关制度落实等方面进行详细明确。

二、适用范围

本标准适用于省内机动车维修经营者的维修服务质量管理，亦可作为行业管理部门评定机动车维修经营者服务质量的依据。

三、已应用情况

结合江西省地方标准《机动车维修服务质量规范》的宣贯，以培育“示范企业”为载体，以点带面，发挥示范效应，在全省范围内掀起维修企业学业务、比服务的高潮；并在试点的基础上，总结经验，建章立制，大力推进服务规范达标工作，引导维修行业逐步形成规范化服务常态。机动车维修服务质量规范达标项目和内容主要依据《江西省机动车维修服务质量规范》的要求进行考核。

四、应用效益

标准的制定是深化机动车维修信誉管理、打造“江西快修”服务品牌、引导机动车维修标准化、规范

化服务的重要举措。实施《机动车维修服务质量规范》,有助于强化行业服务意识,转变服务理念,改善服务设施,规范服务行为,提高服务质量,创建服务品牌,提升公共服务能力,促进江西省机动车维修行业又好又快发展。维修服务质量规范达标创建活动以推进现代机动车维修服务业为抓手,以品牌建设、连锁经营、绿色维修、节能减排、安全发展为动力,不断提高"三个服务"的能力和水平,有利于实现机动车维修服务规范化、作业标准化、管理制度化,有效促进江西省机动车维修行业规范化发展。

102. 东北地区边贸通道和运输枢纽建设技术研究

成果所属专题编号:交科鉴字[2010]第139号

成果完成单位:哈尔滨龙运物流园区有限责任公司、北京理工大学、吉林大学、北京交通大学、哈尔滨工业大学、黑龙江省交通科学研究所

联系人:王彦庆

联系电话:13904510116

通信地址:哈尔滨市香坊区学府东路1号

E-mail:linxuan0526@163.com

邮政编码:150069

一、主要技术内容

本项目主要通过对运输通道(边贸通道)、中心城市运输枢纽及其信息管理系统的研究,探索其发展的特点、规律性及经验教训,找到其建设的关键问题所在,寻求其更具合理性、可行性的科学规划与建设的关键技术,为以后在实践中应用奠定坚实、有效的理论研究与实际运作基础。

本项目以现代系统优化理论为基础,结合规划技术、信息技术、计算机技术、网络技术和智能卡技术,广泛吸收国内外先进的管理理念和成熟技术,形成一整套科学的解决方案并示范应用,为东北地区边贸通道和运输枢纽体系的完善和运营效益的整体提升,提供规划、设计、运营等关键技术支撑。

二、适用范围

研究成果在东北地区有着广阔的应用前景,对全国其他地区公路运输枢纽体系建设和运营、边贸通道和物流体系建设等也有很好的参考价值。

三、已应用情况

项目的关键技术研究期限为2004年12月~2007年12月,项目部分研究成果已经应用于依托工程——哈尔滨龙运物流园区的规划、设计中,项目的研究工作适当超前于依托工程,基本上与依托工程进度配合一致。其中,基于港站主枢纽的物流节点功能布局及规划设计研究、物流园区的盈利模式分析等直接指导了龙运物流园区的规划、建设和运营。物流公共信息平台的构筑研究成果和物流节点管理信息系统设计的研究成果可直接转化为黑龙江省物流公共信息平台和哈尔滨龙运物流园区物业管理信息系统。

四、应用效益

(1)本项目研究成果直接指导了哈尔滨龙运物流园区的规划、建设和运营,园区目前已经投入11亿元建设资金,经初步测算,平均提高规划和建设效益3%,产生3 300万元的直接经济效益。

(2)通过应用本项目物流系统的规划方法,在东北地区区域物流设施规划布局上,有利于政府进行统筹规划,避免出现重复建设、浪费资源或因不合理选址造成交通运输出现"瓶颈"现象,有利于区域性物流体系的形成和改善。

(3)通过应用本项目研究开发的物流网络信息系统,可以提高企业作业系统工作效率、整个物流系统管理水平和服务质量。

(4)随着本项目研究成果的推广应用,将更加有效地发挥东北地区港站主枢纽的作用,使其适应现代物流发展的要求并融入物流网络系统,为东北地区物流系统建设的全面启动奠定基础,同时,项目的研究成果可以在其他地区推广应用。

103.汽车自动变速器整车台架试验设备研发

成果所属专题编号:晋科鉴字[2010]第204号

成果主要完成单位:山西省交通科学研究院

联系人:马钢、庞夺峰

联系电话:0351-7044529(手机:13834502356)

通信地址:山西省太原市学府街79号

E-mail:sxjkqj@163.com

邮政编码:030006

一、主要技术内容

从汽车自动变速器维修检测实际需要出发,开发研制了一套汽车自动变速器整车台架试验设备,替代道路试验对汽车自动变速器进行不解体检测与性能试验。同时,设计了与之相配套的汽车自动变速器整车台架试验项目和方法,可针对汽车自动变速器道路试验项目、性能测试项目进行试验。其工作原理:汽车驱动轮置于道路模拟装置上,带动滚筒旋转,控制系统的加载控制单元根据车型和工况需要自动调节加载阻力,模拟汽车实际行驶阻力。数据采集处理系统实时采集测试台架上的加载阻力、车速、发动机转速、节气门开度、变速器油温、油压、流量等信号,并对其进行相应的调整和转换,与工控机通信,供测控软件调用。通过对软件的操作实现所需数据和曲线的调用,实现各项目的测试。

其主要技术指标如下:

额定载荷:10 t;

车速测试:0~130km/h,误差:±0.2%;

扭力测试:0~15 000N,误差:±1.0%;

功率测试:0~250kW;

发动机转速测试:400~9 999r/min,误差:±1.0%(2 000r/min以下,<10r/min);

行驶距离测试:0~10 000m,误差:±1.0%;

油压测试:0~2.5MPa,误差:±0.5%;

流量测试:0.1~0.6m^3/h,误差:±0.5%;

油温测试:-50~200℃,误差:±2.0%;

节气门开度:0~100%;

时间:0~10 000s,误差:±0.2s。

二、适用范围

汽车自动变速器整车台架试验设备用于替代道路试验对汽车自动变速器进行不解体检测与性能试验,适用于汽车自动变速器的维修检测和科研教学等领域。

三、已应用情况

2009年10月~2010年3月,应用汽车自动变速器整车台架试验设备对太原艾逊汽车检测设备有限公司和山西省交通科技服务公司汽修厂承修的大众桑塔纳 VISITA、福特蒙迪欧、东风风行、本田雅阁、别克等自动变速器汽车进行了110余台次的性能试验。

应用结果表明，设备各系统的性能指标、功能达到预期设计要求、系统运行稳定、可靠。设计的试验项目、方法具有较好的适应性，试验的数据、曲线和测试报表能准确反映车辆自动变速器的性能，并可作为自动变速器故障判定和维修质量检验的依据。整车台架试验适用于各种自动变速器汽车的快速测试，不受气候环境条件及交通情况的限制，较道路试验的条件稳定，测试数据和试验结果更为准确，测试更为全面。设备的应用，不但解决了企业试车道路难找的问题，而且节约了试车费用和时间，平均单台可节约材料及其他消耗费用85～90元，节省工时约0.5个。

四、效益分析

该试验设备的研制成功，填补了自动变速器整车台架试验设备和试验方法的空白，可为汽车制造企业、维修检测企业和科研院所提供一套科学高效的自动变速器整车台架试验设备和全面、准确、系统的试验方法，彻底解决了汽车自动变速器的性能测试中存在的突出问题，可大幅提高其试验和研究的水平。尤其是在汽车维修企业的应用，整车台架试验可完全替代道路试验，且试验减小了道路状况、交通情况和安全等因素的制约及影响，结果更准确，实用性更强。设备具有自动化程度高，准确度高和程序化测试的特点；可有效缩短维修检测时间，提高维修效率，有利于保证维修质量和提高维修水平。

使用汽车自动变速器整车台架试验设备代替路试进行进、出厂综合检验，可有效提高检验准确性和全面性，缩短检验时间，降低出厂返修率，降低维修成本，由此带来可观的经济效益。若因此节约的材料及其他消耗费用按平均85元/台、节省的工时按平均0.5工时/台、行业平均工时费按80元/工时计算，若每工作日维修检测4台次，由此每日可增加的利润：$85\times4+80\times0.5\times4=500$（元），则每年（按250天计算）增加的利润为12.5万元。所以，使用该设备在确保维修质量的前提下，又可增加可观的利润。

本项目研制的汽车自动变速器整车台架试验设备已于2010年5月28日获得国家知识产权局授予的实用新型专利，专利号：ZL200920255137.6。

104. 广西高等级公路设计速度与运行速度控制研究

成果所属专题编号：桂科鉴字[2009]第264号

成果主要完成单位：广西壮族自治区交通厅、广西壮族自治区公路管理局、广西壮族自治区高速公路管理局、交通部公路科学研究院

联系人：苏应全

联系电话：0771-2115830（手机：13707710126）

通信地址：广西南宁市云景路3号

邮政编码：530028

一、主要技术内容

该项目是在分析广西高等级公路限速所存在问题的基础上，探寻运行速度、设计速度与限制速度之间的关系，开展了运行速度相关理论、与设计速度相关的道路线形相关理论、道路线形与运行速度、交通标志与运行速度、隧道出入口运行速度、驾驶技术水平与运行速度共6个方面的基础研究。结合基础研究成果，提出用于解决高等级公路由限速引起的安全与运行效率之间矛盾问题的技术方法及方案、提出控制车辆速度的工程措施。

在以下3个方面取得了重要的创新性研究成果：

（1）提出了集运行速度理论、速度相关的线形理论与事故理论一体的高等级公路限速安全分析理论体系与方法。经过国内外查新及相关研究成果的查阅，证明国内外还未存在用于支持公路限速的理

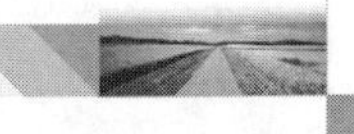

论体系与方法,属国内外首次,对于支持公路速度管理技术发展及合理的公路限速具有重要的支撑作用。

(2)建立了公路行车速度安全分析模型。经过国内外查新及相关研究成果的查阅,用于分析公路限速的安全分析模型还未见到,属国内外首次,该研究模型的提出,进一步补充、完善了公路限速管理方法。

(3)在参考国外使用运行速度进行限速的基础上,进一步结合我国与广西公路实际状况,实现集成创新,提出了以运行速度(85%位车速)为基础,综合考虑了设计速度、线形特征和路段特征因素的公路限速值确定方法与流程。

另外,项目研究还在国内首次建立了隧道路段的运行速度预测模型,给出了基于限制速度的限速标志尺寸建议。

二、适用范围

该研究成果可在全国推广应用。

三、已应用情况

项目研究整体成果在广西南友高速公路及鹿寨—平乐二级公路进行应用,试验路段限速值在确保安全前提下提高了约20km/h,提高了车辆安全运输效率。研究成果应用后,一年期限内对成果应用效果从事故发生情况、运行速度情况、驾驶员满意度情况3个方面进行了综合性评价。评价结果显示事故发生情况并未因限速值提高而增高,车辆之间的速度差降低,驾驶员普遍对限速状况满意。

四、效益分析

研究取得了很好的成效。项目研究成果首先在南友高速公路、鹿寨—平乐二级公路进行试验应用,实施1年后,开始进行效果评估,评估结果发现:试验路限速值得到了提高,普遍较原来提高20km/h,整体上行驶速度获得了提高,事故率统计发现,实施后并未出现事故率与死亡率的显著增加。由此证明,研究成果具有较好的社会效益与经济效益,结合广西高等级公路整体的限速状况及技术需求,在广西有着全面推广的应用前景,对于广西其他高等级公路,有限速技术需求的路段,进行全自治区推广。

105. 高速公路联网收费业务信息安全保障研究

成果所属专题编号:豫交科鉴字[2010]第44号

成果主要完成单位:河南省高速公路联网监控收费通信服务有限公司、中国人民解放军信息工程大学电子技术学院

联系人:高寒

联系电话:0371-67566155(手机:13513797831)

通信地址:河南省郑州市郑东新区农业东路100号

E-mail:lanfenggh@163.com

邮政编码:450000

一、主要技术内容

(1)对收费监控网络和联网收费业务进行了信息安全威胁分析和风险评估,提出了包括防御、监控、管理和响应在内的信息安全保障体系。

(2)设计了收费监控网络安全和业务安全的建设方案,包括安全系统部署配置、信息安全技术要求与管理要求、安全设备性能指标要求等。

(3)为满足ETC应用中RSU与OBU双向高效认证的需求,提出了一种轻量的RSU与OBU双向认证协议,满足认证性和安全性的要求。

(4)分析力ETC系统中的证书认证需求,设计了适用于联网收费系统的CA认证系统的架构和功能,以及ETC系统中利用安全证书实现实体认证和交易数据安全处理的方案,为ETC系统基于CA的安全应用提供了技术支撑。

(5)编制的《高速公路联网收费信息安全建设实施方案》和《高速公路联网收费系统等级保护定级方案》,对收费网络的安全保障具有可操作性。

二、适用范围

联网收费是为适应经济社会的发展而采用的收费方式,它对于缓解收费拥堵和促进我国公路运输事业的发展具有重要意义。适用于国内各省、市的公路及道路联网收费。

三、已应用情况

"高速公路联网收费业务信息安全保障研究"已在全省范围内开始应用,河南省高速公路发展有限公司、河南中原高速公路股份有限公司、河南省交通运输厅京珠高速公路新乡至郑州管理处在该课题的实际应用中,根据该课题的研究成果,对照检查了管理范围内的联网收费系统的安全情况,对欠缺和不足的地方进行了相应的补充建设和加固,建立了操作系统补丁和病毒库的更新服务器,建设了内网安全管理系统,加强了网络管理技术人员的培训等。

已应用情况表明,"高速公路联网收费业务信息安全保障研究"有效的指导了收费系统内的信息安全建设工作,降低了联网收费系统被人为、误操作导致的危险。

四、应用效益

通过高速公路联网收费系统信息安全保障建设,保证系统稳定可靠的运行,防止因系统安全事故造成收费拥堵,是高速公路建设中缓堵保畅的重要方面,满足广大驾乘人员顺利通行的要求,以减少尾气排放、节约燃油消耗和减少环境污染;因网络故障收费数据无法上传而丢失、数据在上传过程中遭到截获、篡改或删除等严重的安全事故系数明显降低,减少了可能造成巨大的直接经济损失的危险。

四、工程材料科研项目

106.片麻岩高性能混凝土的研究及应用

成果所属专题编号：鄂交科鉴字[2010]第0201号

成果主要完成单位：湖北省武英高速公路项目建设部、武汉理工大学

联系人：敖亦兵

联系电话：0713-6054693(手机：13636117582)

通信地址：湖北省罗田县万密斋大道地税局大院内

E-mail：jzayb@sina.com

邮政编码：438600

一、主要技术内容

我国基础设施建设的迅猛发展，混凝土的用量在不断扩大。由于混凝土大部分由天然粗集料构成，随着自然界中优质的天然粗集料不断地开采，资源枯竭化问题已经日益突出，有些地区受到岩石矿山资源制约，只能采用低品质粗集料配制混凝土。从建筑经济上考虑，利用低品质集料已成为必然趋势。在发达国家，早已开发利用低品质骨料，我国也将面临这一发展形势。本项目阐明了影响碎石压碎值的影响因素，通过试验论证提出片麻岩碎石用于桥梁工程上部结构C40～C60混凝土，在合理的配合比设计条件下，其压碎值可由行业标准规定的12%放宽至16%，并不明显影响混凝土的力学性能与耐久性。该项目成果的推广应用，不仅可以合理地、有效地开发利用低品质粗集料，节省自然资源，达到保护自然环境、走可持续发展道路的目的，而且具有一定的经济和社会效益。

渗漏水是隧道最为常见的病害之一，工程界素有“十隧九漏”之说。目前，二次衬砌混凝土的自防水能力较低是隧道工程渗漏水的根源之所在。该项目研制的粉煤灰防水混凝土，除满足设计要求的强度与抗渗性以外，与传统的掺用防水剂的二衬混凝土相比，还具有很好的施工性能、较高的抗裂、抗氯离子渗透与抗硫酸盐侵蚀性能。研究成果的完成与推广应用，对于减少隧道渗水和减少修复成本方面将产生巨大的潜在经济效益，对公路建设事业的发展具有重要的社会效益。

二、适用范围

该研究成果主要在公路、铁路、水利、房建、市政中进行推广应用，推广的内容包括片麻岩碎石高强混凝土与粉煤灰防水混凝土的配制与应用技术。我省鄂东大别山区，有大量片麻岩资源，该成果能很好地指导该区域内片麻岩在公路工程中的应用；且在山区公路建设中，存在大量隧道的修建，本成果能有效的指导隧道二衬混凝土的配制并保证其技术与经济性能，推广应用前景广阔。

三、已应用情况

武汉至英山高速公路，是湖北省“十一五”规划中交通发展重点工程项目，全长131.141km。其中：4条隧道计3.29km；特大桥5座共7 164m，大桥59座共18 555m，中小桥41座1 763m，桥梁隧道长共约30.8km，全路段桥隧比约23.5%，混凝土共约60万m^3，浇筑量较大。桥梁混凝土强度高，大桥及特大桥上部结构混凝土强度等级多为C40～C60混凝土，数量共计46万m^3，是决定全桥质量的关键，需高品质碎石约51t。

本项目的实施，为片麻岩在混凝土中的应用提供了技术支撑，促进了片麻岩混凝土在武英高速公路全线桥梁工程中的推广应用，不仅保证了混凝土的质量，降低了工程造价，而且为该工程按期完成提供了碎石资源的保障，达到了公路建设就地取材、节约资源的目的，经济和社会效益显著。同时，研制的防水混凝土在大枫树岭隧道二次衬砌实体工程进行了试验。

四、效益分析

武英高速公路全线桥梁上部结构C40～C60混凝土共计46万m^3混凝土，需碎石51万t。由于片麻岩碎石在国内外用作混凝土集料研究很少，更未见用于桥梁高强度混凝土施工应用的报道。在施工初期，对于能否采用片麻岩配制梁板高强度混凝土，业主及施工单位均心存疑虑，因此施工单位最初没有使用片麻岩，而是从武穴、大冶、阳新等地调运石灰岩碎石，虽然石灰石碎石出厂价为22元/t，但由于运距较远(涉及码头、陆地转运)，石灰岩碎石到工地价却达62元/t。通过本项目的研究论证，认为压碎值在16%以下的片麻岩碎石能用于C40及以上高强度混凝土，各施工单位纷纷采用片麻岩来预制梁板及现浇箱梁和桥面板等混凝土。经统计，除新洲段(石灰岩资源较丰富，1～3合同段)采用石灰岩碎石外，其他合同段桥梁上部结构34万m^3混凝土中有约80%使用片麻岩进行配制，使用片麻岩碎石约30.2万t。由于片麻岩碎石的运距近，运输费用低廉，片麻岩到各工地价基本在35元/t左右。按此计算，武英高速公路使用片麻岩代替石灰岩配制桥梁上部结构混凝土，直接经济效益(节约材料费用)为：30.2万t×(62－35)元/t＝815万元。

107.软黏土固结过程中的微结构效应与高速公路软基监测研究

成果所属专题编号：厅科鉴字[2010]第0202号

主要完成单位：湖北省武英高速公路项目建设部、武汉理工大学

联系人：敖亦兵

联系电话：18772890079

通信地址：湖北省罗田县英高速公路项目建设部

E-mail：Jzayb@sina.com

邮政编码：438600

一、主要技术内容

在软土地基上修建高等级公路，地基由于软土的固结和蠕变产生很大的沉降变形，对于浅层软基采用表面排水堆载固结法是一种既经济又简便的软基处理方法，但存在如何使填料摊铺厚度、摊铺速度满足地基强度增长要求，地基固结满足工期要求等需要解决的关键技术问题。理论研究远落后于工程实践，对软土的成分与微观结构对固结的影响研究甚少。表现在孔隙水压力消散，软土的微结构效应、沉降及工后沉降预估能力较差，没有关注并研究软土的蠕变特性。本项目以湖北武英高速公路塑料排水板堆载固结软土路基为工程应用背景，以现场监测、室内试验、数值模拟为研究手段，对武英高速路基软土蠕变特性进行研究，对塑料排水板排水堆载固结——蠕变加固软土路基机理与沉降计算方法进行研究。其研究成果为软土路基施工控制提供了科学依据。

(1)室内试验模拟不同荷载作用下，淤泥质黏土和粉质黏土(软土)结构单元体在水平和垂直方向上变化规律，并对结构单元体与孔隙的形态及其分布规律进行了研究。根据微观结构在不同荷载下的变化评价塑料排水板的处理效果。

(2)模拟实际填土高度(荷载)软土固结流变特性，建立软土流变本构模型。数值模拟“薄层轮加法”施工路基变形、孔隙水压力消散规律，确定了武英高速软土路基理论加荷计划。通过对软土路基施工监控，对表面沉降、侧向位移、孔隙水压力和分层沉降的变化规律进行了研究，提出保证本软基路段正常施工的最佳分层摊铺厚度、填筑速度、填筑施工控制标准，大大节约了工期，确保软土路基填筑过程没有发生地表隆起和路基剪切破坏。

(3)研究了模拟接近实际填土高度时软土的蠕变特性，提出考虑蠕变的软土路基工后沉降预测和超载设计的新方法。利用软土的固结流变特性，通过数值模拟分析实际填筑过程路基的变形，研究填土预

压高度与预压时间的相互关系，其成果用于第六合同段，提出超载0.6m，预压180d的具体方案，确定的最佳预压卸载时机与实际完全吻合。

二、适应范围

研究成果可用于内陆地区河滩沉积软黏土和淤泥质黏土等软土地区修筑高速公路，采用堆载预压法加固软土路基处理方法。基于软土流变特性预测高速公路工后沉降更接近实际。

三、已应用情况

项目于2007年4月～2009年7月在武英高速一标段实施，试验桩号为K7+266～K7+600、K7+600～K8+000，项目按合同要求如期完成，对软土路基施工分别进行垂直沉降、分层沉降、水平位移、孔隙水压力等观测，提出了合理的摊铺厚度和填筑速度、卸载时间、工后沉降预测方法，确保了路基施工没有出现隆起、路基失稳等安全事故，并节省了工期，预计带来直接经济效益100万元。

项目于2007年4月～2009年7月在武英高速第二标段实施，试验桩号为K8+000～K9+230、K9+543～K9+800、K10+050～K10+142、K11+225～K11+766，项目按合同要求如期完成，对软土路基施工分别进行垂直沉降、分层沉降、水平位移、孔隙水压力等观测，提出了合理的摊铺厚度和填筑速度、卸载时间、工后沉降预测方法，确保了路基施工没有出现隆起、路基失稳等安全事故，并节约了工期，预计带来直接经济效益400万元。

项目于2007年4月～2009年7月在武英高速第三标段实施，试验桩号为K16+000～K22+040，项目按合同要求如期完成，对软土路基施工分别进行垂直沉降、分层沉降、水平位移、孔隙水压力等观测，提出了合理的摊铺厚度和填筑速度、卸载时间、工后沉降预测方法，确保了路基施工没有出现隆起、路基失稳等安全事故，并节省了工期，预计带来直接经济效益800万元。

项目于2007年4月至2009年7月在武英高速第四标段实施，试验桩号为K25+467～K26+097，项目按合同要求如期完成，对软土路基施工分别进行垂直沉降、分层沉降、水平位移、孔隙水压力等观测，提出了合理的摊铺厚度和填筑速度、卸载时间、工后沉降预测方法，确保了路基施工没有出现隆起、路基失稳等安全事故，并节省了工期，预计带来直接经济效益100万元。

项目于2007年4月至2009年7月在武英高速第六标段实施，试验桩号为K59+500～K61+240，项目按合同要求如期完成，对软土路基施工分别进行垂直沉降、分层沉降、水平位移、孔隙水压力等观测，提出了合理的摊铺厚度和填筑速度、预压期卸载时间、工后沉降预测方法。提出超载预压6个月，堆载高度0.6m，与现场吻合很好，确保了路基施工没有出现隆起、路基失稳等安全事故，并节省了工期，预计带来直接经济效益400万元。

四、应用效益

通过对软土固结沉降规律研究，确保了路基施工没有出现隆起、路基失稳等安全事故，并节省了工期，预计为武英高速带来直接经济效益合计1 800万元。

108.生物酶土壤固化筑路技术应用研究

成果所属专题编号：湘科鉴字[2009]第002号

成果主要完成单位：湖南省交通科学研究院、泰然路通科技（深圳）有限公司、湖南省建筑工程集团第三工程公司

联系人：李跃军

联系电话：0731-85215843（手机：13808420517）

通信地址：湖南省长沙市芙蓉中路三段472号

E-mail:liyuejun2000@163.com
邮政编码:410015

一、主要技术内容

生物酶类土壤固化剂是一种完全不同于传统道路建材的革命性新型系列筑路材料，是一种生物高科技产品。该类土壤酶由植物发酵而成，生物酶溶液本身无毒、无害，生产过程无污染，生物酶土壤固化筑路技术就是利用生物酶固化剂将土壤固化来修路，不需利用石灰、水泥，生物酶固化土强度高、路用性能好、养护简单。

采用生物固化技术修筑的路基路面与传统采用水泥、石灰等材料的筑路技术相比，可以显著降低造价，有效缓解公路建设资金缺口巨大的难题，同时节约资源，减少 CO_2 排放，从根本上解决了修路带来的生态环境问题，是一种典型的“低碳公路”和“两型公路”。其优势主要表现在：

(1)路用性能好。生物酶对土壤有很好的稳定固化作用，完全可以替代传统的固化材料，生物酶固化土可以用于干线公路、高速公路的底基层，满足相应的强度要求。

(2)造价低廉。与传统筑路技术相比，生物酶固化筑路技术可节约资金 20%左右，具有显著的经济效益和社会效益。

(3)施工工艺简单。不需专门的施工机械，厂拌及路拌法施工都满足质量要求，施工速度快。

(4)环保无污染。生物酶固化剂生产不排污，无污染，稀释后的固化剂溶液无毒、无害。生物酶筑路技术大幅度减少石灰、水泥用量，从而节约资源、能源，减少 CO_2 排放，有利于生态环境保护。

(5)生物酶路养护简单，资源可以循环利用。生物酶固化土本身可以重复使用，同时生物酶固化土可以利用废弃的沥青混合料和混凝土板作为原材料来修路，实现资源的循环利用。

二、适用范围

生物酶筑路技术应用领域非常广泛，可以作为农村公路基层及底基层，高速公路和干线公路基层、底基层及路基，还可用于不良土质改良、软基处理、边坡加固等道路工程，以及矿山、水利工程等其他领域。生物酶筑路技术已在欧洲、美洲等 30 多个国家成功推广使用。土壤固化剂在我国高速公路、干线公路中也得到了很好的应用。

三、已应用情况

为建设“两型公路”及“低碳公路”，降低工程造价，缓解资源短缺和资金紧张难题，推进我省交通建设可持续发展，湖南省科学技术厅与湖南省交通运输厅联合开展了生物酶土壤固化筑路技术应用研究。目前已经修筑了 3km 桥驿试验路、2.5km 道林试验路，两条试验路分别经过两年多、半年多的运行，现在使用状况良好。本项目正在进行 10km 干线公路、高速公路的试验及应用研究，并取得了阶段性成果。

通过前期的研究表明，生物酶加固土的 CBR 值较素土增加 3～5 倍。生物酶加固土养生 7d 以后回弹模量达到 400MPa 以上，7d 无侧限抗压强度达到 1.5MPa 以上，生物酶加固土具有较高的强度和较好的抗渗性能，完全满足道路设计要求。

四、效益分析

通过对桥驿试验路、道林试验路详细的技术经济比较分析，生物酶筑路技术较传统筑路技术节约工程投资约 20%，有效地提高了农村公路建设质量，降低了农村公路建设成本，大幅度减少石灰、水泥用量，节约资源，减少 CO_2 排放，保护了生态环境。该成果一旦广泛应用于公路建设与养护，需要充足的酶原料，可形成一个新的高科技产业，将有效地带动提供酶原料的农业生产，从而促进我省农村经济的发展。因此，项目成果具有显著的社会经济效益和广泛的应用前景。

109. 温拌沥青混合料(WMA)应用技术试验研究

成果所属专题编号:湘交科鉴字[2010]第14号
成果主要完成单位:湖南省交通科学研究院
联系人:吴超凡
联系电话:13973131949
通信地址:长沙市芙蓉中路三段472号
E-mail:cfwu0188@126.com
邮政编码:410015

一、主要技术内容

传统的热拌沥青混合料拌和过程中要消耗大量的燃油,还会排放大量的CO_2、其他有害废气和粉尘,严重影响工人健康,污染空气环境。

温拌沥青混合料WMA是使用添加剂降低沥青在高温下的黏度,从而使沥青混合料能在相对较低的温度下进行拌和及施工,就工程性质而言,WMA又具备与HMA相当的施工和易性与路面使用性能。与HMA相比,WMA的主要优点有:

(1)减少拌和过程中的燃油消耗,降低成本,节约能源;

(2)拌和温度的降低,使沥青混合料在生产和施工过程中的排放减少,有利健康,保护环境。

(3)施工温度的降低,间接地降低了混合料施工对环境温度的要求,从而延长可施工的季节与时间。

(4)降低生产过程中沥青的老化程度,增加沥青混合料的使用寿命,减少与延缓沥青路面裂缝的产生。

(5)减少混合料拌和时间,减少拌和机械的磨损,增加设备生产效率。

(6)降低摊铺、碾压温度,提早开放交通。

本项目对Sasobit、EC120、Aspha-min、SEAM四种温拌剂进行了室内试验研究,提出了"等体积法"确定温拌沥青混合料拌和与压实温度的方法,解决了温拌沥青混合料如何控制生产与施工温度的难点;分析比较了不同温拌添加剂对沥青混合料使用性能的影响,得出了温拌沥青混合料使用性能变化本质上源于添加剂对沥青性能影响的结论;系统研究了温拌沥青混合料路面施工成套技术,提出了温拌沥青混合料路面施工工艺及其质量控制标准,并编写了施工应用指南,铺筑了试验路,使用效果良好。

二、适用范围

温拌沥青混合料既可以用于高速公路、普通公路的沥青路面,也可以用于市政工程建设,特别适用于人口稠密的城区与小区及隧道路面工程;既可以是新建沥青路面工程,也可以是再生、维修养护沥青路面工程,对集料与沥青的品种及混合料的级配没有任何特殊的要求。

三、已应用情况

(1)常吉高速公路桃源连接线铺筑了1.55km试验路,对添加剂添加方式,沥青结合料加热温度,矿物集料加热温度,混合料拌和时间,混合料的运输、摊铺、压实及成型等方面都给予了详尽、具体的指导,并编写了施工指南,积累了宝贵经验,为进一步推广奠定了基础。

(2)为提高混合料的高温稳定性,2009年在重铺混合料中添加了沥青混合料质量3‰的抗车辙剂,提高了混合料的抗车辙性能,但因添加抗车辙剂后使混合料黏度增加很大,且铣刨重铺点多线长、单点工程量少、混合料运输距离远等,导致混合料到摊铺现场后施工和易性不太好,沥青混合料难以摊铺与压实,现场空隙率大,存在质量隐患。通过试验研究,成功地把温拌技术应用于衡枣高速公路掺抗车辙剂的 SMA-13 改性沥青混合料中，解决了掺抗车辙的 SMA-13 改性沥青混合料摊铺困难、难以压实的施工问题，消除了质量隐患。2010 年 5 月，课题组在衡枣高速公路利用温拌技术，设计了 31km 掺抗车辙剂的温拌 SMA-13 路面，在比正常施工温度降低 10℃左右的情况下施工，取得了良好的效果，路面平整密实，未产生任何病害。

(3)沥青路面就地热再生是一种经济环保的新技术，但由于 SBS 改性沥青软化点高，沥青老化后的软化点比原样沥青更高，从而致使改性沥青混合料的就地热再生很困难。课题组利用温拌技术，通过大量的试验研究，成功地把温拌与再生结合起来，解决了 SBS 改性沥青混合料再生困难的难题。于 2010 年 6 月，在衡大路段利用温拌再生技术，设计了 25km 单车道(4m)温拌再生路面，于 2010 年 8 月施工完毕，从现场施工来看，达到了很好的效果，到目前为止未产生任何病害。

(4)潭邵高速公路于 2010 年 10 月与 2011 年 3 月，分别进行了 10km 与 20km 的温拌再生，取得了较好的效果。

四、效益分析

到目前为止，本项目研究成果已被湖南省常吉高速管理建设开发有限公司、衡枣高速公路管理处、衡炎高速公路管理处、潭邵高速公路管理处四家单位应用，效果显著，具体情况见表 1。

该技术应用效益分析 表 1

应用单位名称	应用技术	应用的起止时间	应用单位联系人/电话	经济效益(万元)
常吉高速管理建设开发有限公司	温拌技术	2008.9～2008.10	罗恒/13807489948	35
衡枣高速公路管理处	温拌技术	2010.4～2010.6	丘敏/15802639075	310
衡炎高速公路管理处	温拌再生技术	2010.6～2010.8	尤清贵/13873491836	1 042
潭邵高速公路管理处	温拌再生技术	2010.10～2010.11	彭刚/18907320867	1 251
备注	经济效益包括(节省的投资+利税)			

110.矿粉技术指标对沥青混合料性能的影响

成果所属专题编号：交科鉴字[2009]第 01 号

成果主要完成单位：吉林省交通基本建设质量监督站、哈尔滨工业大学交通科学与工程学院、白城市交通局

联系人：关长禄

电话：0431-85097765(手机：13604330850)

通信地址：长春市解放大路 2518 号

E-mail：guanchanglu@yahoo.com.cn

邮政编码：130021

一、主要技术内容

沥青混合料由沥青、集料、矿粉组成。作为对沥青混合料的重要组成材料之一的矿粉，实践证明目前的指标要求还不能满足工程质量控制实际需要。同样满足现行技术指标要求的矿粉，并不能保证沥青混合料指标(如车辙深度)满足要求。

课题通过对吉林省沥青混合料使用的有代表性的矿粉进行调查和试验研究，证明仅以传统的控制指标来评价矿粉的性能是不合适的，并提出了为达到沥青混合料不同性质，矿粉的不同技术指标要求；对矿粉的比表面积测试方法——氮吸附法进行了分析，利用光电法测试了吉林省典型粗集料的比表面

积，并提出了方便快捷的矿粉比表面积测试方法——激光粒度分析仪法；在理论上对沥青混合料的粗、细集料比表面积进行了计算，并与传统方法给定的系数进行了对比，提出了比较科学的沥青混合料集料比表面积确定方法及计算公式和沥青混合料沥青膜厚度计算公式。

二、适用范围

本研究成果可广泛应用于在建和改建工程的沥青路面材料检测中，主要应用于矿粉性质的试验检测和沥青混合料沥青膜厚度的计算。

三、已应用情况

本科研成果已在吉林省部分高速公路沥青混合料配合比设计当中进行了尝试性应用。

四、效益分析

(一)经济效益

经过系统的室内试验研究证明，矿粉技术指标对沥青胶浆和沥青混合料的性能影响较大，与沥青混合料的路用性能息息相关。

1.矿粉生产成本分析

使用矿粉技术指标对沥青混合料性能的影响技术，可以在矿粉生产初期对原岩进行化学分析，确定原岩性质是否适合矿粉的生产，减少盲目性，避免了因矿粉已经生产却不能用于沥青混合料的后果发生。同时，也使矿粉的细度能够得到合理有效的控制。

2.提高路用性能分析

由于优质矿粉的使用，显著改善沥青路面的使用性能：提高高温稳定性，提高耐水害性能，改善低温性能，因此对沥青路面的使用寿命有一定程度的提高。

(二)社会效益分析

1.节约资源

矿粉是沥青混合料中的重要组成部分，沥青胶浆在沥青混合料当中发挥着决定性的作用，矿粉的性质至关重要，因此要用优质石灰岩作为原料，粉碎磨细加工而成。但是，用现有指标进行控制，矿粉的性质并不能完全满足沥青混合料的需要，盲目开采，势必会浪费大量的优质石灰岩资源。如果科学的对矿粉原材料和矿粉生产过程进行控制，不但不会浪费，还会大量节约资源。

2.有利环保

如果不对矿粉原材料进行科学的控制，不但浪费资源，还会对环境造成不必要的破坏，而这种环境破坏是不可恢复的。

3.便利出行，减少事故

中国每年在道路维修上耗资巨大，不但在经济上造成很大浪费，也不利于交通的畅通。由于矿粉的控制指标科学，沥青路面质量的提高，能够便利出行，减少交通事故的发生。

111.波纹钢结构在小桥和涵洞上的应用技术研究

成果所属专题编号：交科鉴字[2010]第149号

成果主要完成单位：内蒙古交通设计研究院有限责任公司

联系人：郝凯荣

联系电话：0471-4924695(手机：13347126220)

通信地址：呼和浩特市新华大街3号

E-mail：nmjtdszx@sina.com

邮政编码：010010

一、主要技术内容

(1)针对波纹钢板桥涵中土—钢结构相互作用的特点，采用弹性力学与结构力学耦合的方法，建立了波纹钢板圆管涵的解析模型，分析了埋深、土参数等对结构受力的影响。

(2)采用有限元方法对波纹钢板小桥施工过程进行了模拟分析，首次给出了施工过程中结构的变形和内力控制点。

(3)基于波纹钢板小桥动力特性分析，在国内外率先采用多种方法对实桥进行动力测试，得到了实桥的动力参数，并给出了车辆荷载作用下的冲击系数。

(4)基于对国际最新波纹钢板桥涵设计规范的分析，提出了适用于我国材料、荷载标准与可靠度统一标准的公路波纹钢板桥涵设计方法。

(5)开展了国内外最大规模的波纹钢板小桥模型试验($l=3.71$m)，系统测量和分析了结构内力、位移、土压力分布及动力特性。

(6)分析了不同线形、不同跨度、不同覆土深度等参数对波纹钢板桥涵力学性能的影响，提出了结合使用功能和经济性能的优化选型方法，并给出了适合我国西部地区的波纹钢板小桥结构形式。

二、适用范围

波纹钢结构小桥和涵洞适用于填土高度满足要求的各级公路的小桥涵构造物，尤其在缺乏石料、寒冷地区及施工期短的工程上应用这种结构比混凝土结构的优势更为突出。

三、已应用情况

两道波纹钢圆管涵的试验地点分别位于内蒙古凉城—卓资山的二级公路段的K13＋520和K17＋824处，其孔径分别为2m和1.5m，壁厚分别为3.5mm和3mm，波高均为72mm，波距均为150mm，填土高度分别为6.29m和6.74m，基础均深60cm。研究过程中，科研人员对这两道圆管涵的应力、应变及土压力进行了检测。

研究人员对这两道波纹钢管涵一直进行跟踪调查。调查发现，沥青保护层完好无损，圆管涵涵体及洞口使用良好。3年内还对管顶位移进行了多次测量，使用3年，位移的累计变化量不足5mm。

试验测试的波纹钢小桥地点位于国道207线桑根达来至宝昌段一级公路的K199＋480处，其孔径为7.42m，波纹钢板厚为7mm，波高为180mm，波距为400mm，填土高度为1.8m，基础深300cm；下部结构采用钢筋混凝土薄壁桥台，扩大基础。波纹钢小桥采用现场拼装，钢板间采用高强螺栓连接，进出口为八字翼墙。小桥底纵坡为1%。波纹钢板材料为Q235钢，为了防腐蚀在外层镀了一层无机富锌材料。

以上两道波纹钢圆管涵和一座小桥从通车至今使用情况良好。

四、应用效益

(1)内蒙古卓资山至凉城二级公路的两道石拱涵变为波纹钢管涵的造价比较，两道涵洞的具体数据见表1。

两涵洞造价比较 表1

涵洞桩号	涵长(m)	孔 径	石拱涵每延米造价(元)	波纹钢管每延米造价(元)
K13＋520	27.5	2	6 914	6 254
K17＋824	28.5	1.5	6 124	5 517

通过表1可看出，每延米波纹钢管涵比石拱涵造价低：6 914－6 254＝660元(孔径为2m)，6 124－5 517＝607元(孔径为1.5m)，两道涵洞应用波纹钢管涵比石拱涵洞总造价节约：27.5×660＋28.5×607＝35 449.5元。

(2)国道207线桑根达来至宝昌段一级公路K199＋480波纹钢小桥与相近跨径钢筋混凝土小桥的造价比较。

波纹钢小桥总造价为：850 000元。

相近跨径钢筋混凝土小桥造价为：800 000元。

使用期为50年，混凝土小桥每10年需要对桥面铺装进行拆除重新铺装，一次费用约20 000元，使用期内换板费用约80 000元。

在使用期内所需维护费用：

混凝土小桥为：20 000×5＋80 000＝180 000元。

波纹钢小桥不发生维护费用。

由此可以看出，在整个使用周期内，波纹钢小桥比混凝土小桥节约成本：(800 000＋180 000)－850 000＝130 000元。

随着这种新结构在我国的推广应用，结构材料将在我国进行工厂化生产，这将大大降低工程造价。通过对这一结构的深入研究，将使设计更合理，从而节省材料用量，降低工程造价。

112.废轮胎胶粉改性沥青及混合料成套技术研究

成果所属专题编号：津20100761

成果主要完成单位：天津市市政工程研究院、天津高速公路集团有限公司、天津市公路处、天津海泰环保科技发展有限公司

联系人：宋晓燕

联系电话：022-23535604(手机：13821609184)

通信地址：天津市河西区平山道39号

E-mail：sxy100@126.com

邮政编码：300074

一、主要技术内容

(1)基于界面理论和溶解度理论，采用先进测试手段，研究废轮胎胶粉和普通沥青混熔体系的发育、形成及稳定过程，分析了废旧胶粉改性沥青作用机理。

(2)针对胶粉改性沥青混熔体系特性，对现有评价指标及试验方法进行适应性分析，提出适应于胶粉改性沥青作用机理的评价指标，并确定加工工艺为：采用常温粉碎法斜交胎胶粉，胶粉粒径为40目，掺量为外掺20%，基质沥青采用70号A级；将基质沥青加热至180～190℃，然后加入胶粉搅拌熔胀40min左右，泵入胶体磨，剪切研磨，然后打入发育罐低速搅拌，添加稳定剂备用。

(3)在国内外首次基于GTM力学方法对胶粉改性沥青混合料的组成设计进行优化研究，提出嵌挤偏骨架型连续级配优化方案，并以路用性能为判据，确定相应的优化级配控制范围(表1)。

胶粉改性沥青混合料基于GTM旋转成型方式下的优化级配范围 表1

级配类型	各对应筛孔尺寸(mm)下的通过率范围(%)											
	26.5	19	16	13.2	9.5	4.75	2.36	1.18	0.6	0.3	0.15	0.075
AR20型	100	95～100	82～91	70～81	53～67	30～45	21～34	15～25	11～19	8～14	6～11	4～8
AR13型	—	—	100	95～100	65～75	30～50	20～35	15～25	12～20	8～15	6～12	4～10

(4)基于层间结合理论和室内剪切及拉拔试验，系统研究胶粉改性沥青作为水泥混凝土桥面防水黏结层的层间结合稳定性，并依托实体工程确定施工工艺。

(5)基于实体工程，根据胶粉改性沥青混合料特性及现有施工机械配置水平，确定与GTM方法相适应的施工碾压工艺为：2台30t胶轮压路机各自紧跟1台摊铺机在高温下进行碾压，其后各自紧跟1台12t以上的双钢轮振动压路机，胶轮压路机与钢轮压路机同进同退同错轮，以固定的较慢速度碾压，形成碾压列车组，最后用12t以上的双钢轮压路机进行静压收面。

(6)以实体工程中胶粉改性沥青混合料的生产及铺筑情况为依托，从原材料、生产拌和及摊铺碾压等方面总结质量控制方案，并制定相应的施工技术指南。

二、适用范围

本项目利用废旧汽车轮胎胶粉作为主要原料制备胶粉改性沥青，属于土木建筑专业的市政工程和公路工程科学技术领域，取得的成果主要针对公路建设中路面新建工程，也可用于维修工程。

三、已应用情况

2008年4～11月应用于杨北公路大中修工程，共铺筑胶粉改性沥青路面共46万m^2，使用胶粉改性沥青4 000多吨，消耗废胶粉800t左右。

2008～2009年应用于京沈、津蓟、津晋、丹拉高速公路的养护维修工程，共使用胶粉改性沥青3 000多吨，消耗废胶粉600t左右。

2008～2009年该技术应用于津汕高速一、二期工程中，使用胶粉改性沥青2万t左右，消耗废胶粉4 000多吨。

2010年该技术应用于112天津东段工程中，使用胶粉改性沥青2.5万t左右，消耗废胶粉5 000多吨。

四、效益分析

1.经济效益

该成果已应用于杨北公路大中修工程，京沈、津蓟、津晋、丹拉高速公路的养护维修工程，津汕高速天津段工程，112天津东段工程中，具体经济效益计算依据示于如表2。

经 济 效 益　　表2

<table>
<tr><th>年份(年)</th><th>工　程</th><th>单　位</th><th>胶粉改性沥青使用量(t)</th><th>节约资金(万元)</th><th>共节约资金(万元)</th></tr>
<tr><td>2008</td><td>杨北公路大中修工程</td><td>天津市公路处</td><td>4 000</td><td>200</td><td rowspan="2">350</td></tr>
<tr><td>2008</td><td>京沈、津蓟、津晋、丹拉高速公路的养护维修工程</td><td rowspan="3">天津高速公路集团有限公司</td><td>3 000</td><td>150</td></tr>
<tr><td>2008～2009</td><td>津汕高速天津段工程</td><td>20 000</td><td>1 000</td><td>1 000</td></tr>
<tr><td>2010</td><td>112天津东段工程</td><td>25 000</td><td>1 250</td><td>1 250</td></tr>
<tr><td colspan="6">相对于传统SBS改性沥青，使用胶粉改性沥青每吨可节约成本500元</td></tr>
</table>

2.社会效益

该项技术不仅能够有效地提高普通沥青的品质，降低噪声，改善路面使用性能，而且还可以降低工程建设造价，节省项目投资，降低后期维护费用，还能解决废旧轮胎所带来的“黑色污染”问题，有效利用废物，节约土地资源。20%的外掺比例可以有效节约石油资源，双向6车道高速公路每公里可节约石油

近40t,同时消耗近7 500条废轮胎,具有显著的环境及社会效益,符合国家大力发展循环经济和建设节约型社会的要求,更好地促进公路建设与环境保护工作的可持续发展。

113.轻质混凝土应用于大跨径桥梁的研究

成果所属专题编号:交科鉴字[2009]102号

项目承担单位:云南省公路科学技术研究所、云南省公路规划勘察设计院、清华大学

联系人:粟海涛

联系电话:13529065172

通信地址:昆明市穿金路3号

E-mail:yngks@vip.km169.net

一、主要技术特点

项目针对西部地区大跨径桥梁建设和软基路段、高抗震设防地区的桥梁建设,采用西部当地原材料建造轻质混凝土公路桥梁,建立从材料、结构、设计、施工至监测监控的一整套应用技术。这套技术能降低结构自重,增大跨越能力,减小基础荷载,节省工程数量,改善结构性能(尤其是抗震性),降低整体造价。

项目的主要研究内容包括5个专题

(1)高性能轻质混凝土的生产、材料性能研究;

(2)钢筋及预应力轻质高强混凝土构件力学性能及其长期受荷性能研究;

(3)轻质高强混凝土公路桥梁设计技术研究;

(4)轻质混凝土桥梁施工技术及质量控制方法研究;

(5)轻质高强混凝土实桥试验验证。

二、适用范围

轻质混凝土结构与普通混凝土相比有较好的抗震性能,在我国的多地震地区采用轻质混凝土建造桥梁,将提高桥梁结构的抗震安全性,具有显著的社会意义。根据防震减灾方面有关资料反映,我国部分地区将进入新一轮地震活跃期,面临的抗震形势严峻,任务艰巨。

三、已应用情况

2010年9月,项目研究成果应用到六库怒江大桥的加固工程。六库怒江大桥是我国早期修建的连续梁桥,于1990年建成通车。大桥全长337.52m,上部构造为85m+154m+85m三跨变截面预应力混凝土连续箱梁桥。大桥使用19年来,桥面最大下挠26.44cm(中跨跨中下游侧)。大桥建设时期设计使用的规范、建筑材料、施工工艺相对比较落后,导致目前该桥安全储备应力过低,桥梁结构整体刚度下降。为此,管养单位要求对该桥进行加固。经本项目组与业主、设计、施工单位联系、推荐,为减轻桥梁自重,保证加固效果,在体外预应力张拉前将原沥青混凝土桥面凿出,张拉后采用LC40轻集料混凝土重新浇筑。

四、应用效益

原桥面普通沥青混凝土表观密度约为2 400kg/m^3,新浇筑的LC40轻集料混凝土表观密度为1 890kg/m^3,每立方米约减轻质量500kg,大桥共铺筑228m^{3}LC40轻集料混凝土,共减轻质量约114t,使桥面自重降低了约20%,提升了预应力加固的效果。同时,轻质混凝土具有较低的弹性模量,对桥面冲击荷载有较好的吸收和分散作用;通过采用泵送轻质混凝土,大大减轻了桥面全幅施工的难度。

114. 预应力碳纤维布技术在混凝土桥梁加固中的应用研究

成果所属专题编号：浙交鉴字[2010]33 号

成果主要完成单位：浙江省交通工程建设集团有限公司、浙江省交通投资集团有限公司杭金衢分公司、浙江顺畅高等级公路养护有限公司、南京航空航天大学、淮海工学院

联系人：王涛利

联系电话：0571-87669513(手机：13586978858)

通信地址：杭州市江陵路 2031 号钱江大厦 10 楼

E-mail：wtl1010@126.com

邮政编码：310051

一、主要技术内容

目前，CFRP(碳纤维布)加固桥梁混凝土梁板技术已普遍使用，但与所有的非预应力加固技术一样，普通 FRP(纤维布)片材抗弯加固中遇到一个最突出的问题是，高强度高性能 FRP 片材实际的利用率太低，加固后结构的正常使用状态和性能几乎没有任何改善。本课题针对非预应力 CFRP 在混凝土梁板加固中存在的缺点，通过研究预应力 CFRP 加固混凝土受弯构件的抗弯、抗剪、抗疲劳性能，结合独创的预应力 CFRP 的锚固张拉工艺，通过进一步的试验研究，开发了成套的混凝土桥梁结构的预应力 CFRP 加固技术与方法，并结合实际桥梁的加固应用，将该方法完善提高。

预应力碳纤维布加固桥梁混凝土结构流程：加工锚夹具→混凝土基层处理→清理构建裂缝→安装螺旋及锚固底板→裂缝灌胶→安装碳纤维布→安装夹具进行首次张拉→纤维布灌胶→进行二次张拉粘贴→表面处理与养护→防护处理。

课题研究结果表明，预应力碳纤维布加固的受弯构件在开裂荷载、钢筋屈服荷载、抗弯刚度等性能方面都有相当大的提高，对碳纤维强度的利用程度要远远超出普通碳纤维布加固的受弯构件，具有非常良好的经济效益与社会效益。

二、适用范围

适用于处于通车状态下的各种混凝土桥梁结构(基层混凝土的强度等级不低于 C15)各种部位的加固修补，可有效提高被加固桥梁的抗弯、抗剪、抗疲劳强度，恢复挠度变形，闭合或部分闭合裂缝，增加刚度。

三、已应用情况

杭金衢(G60)高速公路杭绍段后徐桥，中心桩号 K21+572，桥梁全长 27.04m，右偏角 105°，布跨为 1.52m+3×8m+1.52m。该桥梁的空心板梁底面出现大量细小密集的横向裂缝，裂缝最大宽度约 0.3mm，大量的裂缝宽度在 0.1～0.2mm，且裂缝未呈现明显的上窄下宽现象；钢筋未见明显锈迹，但空心梁板刚度略有不足，在重载车辆经过时出现较为明显的变形和振动。经与业主沟通，该桥采用预应力碳纤维技术加固桥梁混凝土梁板。确定加固方案为：

(1)裂缝处理。板底裂缝处用火碱水清刷干净后，对宽度大于 0.3mm 的裂缝采用改性环氧树脂胶注射灌缝处理；对宽度小于 0.3mm 的裂缝采用改性环氧树脂胶表面封闭处理；

(2)空心板加固。采用预应力 CFRP 对结构进行加固，提高构件疲劳承载力并恢复其刚度。每块空心板下安装 2 道 150mm 宽的双层 300g 碳纤维布。施工中共完成预应力碳纤维布 80m^2。

为科学评定预应力加固的效果，研究小组在加固前后对该桥梁进行了静载试验检测。通过对加固前后裂缝宽度情况观测发现：预应力 CFRP 布使桥梁已有裂缝出现不同程度的闭合，同时提高了桥梁的刚度，加固后的桥梁在静载作用下，其裂缝宽度明显减小；通过对加固前后桥梁挠度测试情况对比分

析，得到加固后桥梁在静载作用下的挠度比加固前的静载挠度明显减小，桥梁刚度有所提高；通过对加固前后混凝土应变测试情况可知：加固后桥梁在静载作用下的混凝土应变比加固前的明显减小。采用预应力碳纤维布加固梁板技术效果良好。

四、效益分析

1.经济效益分析

一般直接粘贴单层碳纤维布加固桥梁的直接费用约为650元/m^2，而采用预应力加固技术工序较为复杂，同时还需耗费一定数量的附加锚固装置，费用较高，一般高出300元/m^2。但在实际的桥梁加固工程中，由于桥梁结构构件断面尺寸较大，所以均采用多层碳纤维布加固，以双层布加固为例，折算附加成本降为150元/m^2，综合成本约为800元/m^2；同时，由于采用预应力碳纤维布加固技术，材料利用率高，在同等情况下，碳纤维布的加固量可减少约30%。综上所述，同一工程采用预应力碳纤维加固技术可节省费用100元/m^2。另一方面，采用预应力碳纤维布加固与普通碳纤维布加固桥梁工程3～5年的耐久性相比，预应力加固的耐久性可长达10年左右。因此，对比两种桥梁加固方法的全寿命费用，预应力碳纤维布加固仅为普通碳纤维布加固费用的30%～35%。大幅度降低了加固维修的费用。如果考虑预应力碳纤维布加固方式便于修复的特性，相对费用将更低。

2.社会效益分析

在役桥梁的安全性、耐久性、使用性及行车舒适性已经成为我国社会和经济发展中最为重要和迫切需要解决的关键问题之一。本研究成果为解决现役桥梁的安全性问题提供了有效、实用和经济的技术方案，使我国桥梁正常运营、养护维修及加固与改造的技术水平有所提高，使桥梁始终处于正常的使用状态，保证桥梁有足够的耐久性，良好的服役状态，进而延长桥梁的服役寿命。采用本课题的研究成果，可为确保桥梁的安全运营提供可靠的技术保障，可有效避免桥梁重大事故的发生，维护社会安定与团结，保障人民生活。

115.纤维增强聚合物(FRP)筋混凝土结构在港口工程中的应用研究

成果所属专题编号：交科鉴字[2010]第121号

成果主要完成单位：中交上海三航科学研究院有限公司、中国交通建设股份有限公司、同济大学、中交第三航务工程局有限公司

联系人：吴心怡

联系电话：021-64399960

通信地址：上海市肇家浜路829号

邮政编码：200032

一、主要技术内容

本课题研究的主要目的在于通过采用FRP筋取代传统钢筋混凝土结构中的钢筋，解决深水港工程中的码头结构耐久性问题，降低防护费用。离岸深水港航工程、跨江跨海通道工程等项目建设的自然环境恶劣，工程难度大，面临的关键技术难题亟待攻克，同时工程建设质量也日益得到高度重视。混凝土是土木工程中用量最多的建筑材料，也是目前最主要的结构材料，钢筋混凝土结构已经成为世界上应用最广泛的结构形式。但是混凝土结构往往由于种种原因，会出现耐久性能不能满足设计要求的情况，钢筋锈蚀引起的耐久性破坏又占了很大的比例。FRP筋是由树脂类基体材料和增强纤维按特定工艺复合而成的复合材料，采用FRP筋取代传统钢筋混凝土结构中的钢筋，可以解决深水港工程中的码头结构耐久性问题。FRP筋与传统钢筋相比，主要有高抗拉强度、耐腐蚀和轻质等三大优势。

二、适用范围

FRP筋混凝土结构适用于大型海港工程建设，可以较彻底地解决钢筋混凝土结构抗盐类腐蚀问题，提高结构使用寿命，降低因采用各类防腐蚀措施而增加的工程造价，并大大降低日后维护成本。

三、已应用情况

本项目成果从2008年初开始由中交第三航务工程局连云港分公司和浦东分公司等单位试用，先后应用于连云港混凝土制品厂出运码头工程和中交三航局浦东分公司构件二厂出运码头中，目前应用情况良好。

四、效益分析

随着科学技术的进步，对土木工程的要求越来越高。在某些条件下，传统的建筑材料已经很难满足这种要求。FRP筋的高强、轻质、耐腐蚀、抗疲劳、抗磁性、电绝缘性、徐变小、相对密度小、低弹性模量等性质，能够满足这种要求，奠定了其在土木工程中应用的基础，FRP筋在工程中的应用技术，随着研究的不断深入和材料国产化进程的加快，必将对我国工程的发展起到革命性作用。

116.沥青路面乳化沥青厂拌冷再生技术规范研编

成果所属专题编号：DB36/T 573—2010

成果主要完成单位：江西省赣粤高速公路股份有限公司、江西省高等级公路管理局质量监督站
联系人：黎凯
联系电话：0791-6139502
通信地址：南昌市西湖区朝阳洲中路367号
E-mail：lizzywind81@126.com
邮政编码：330025

一、主要技术内容

（1）对国内外沥青路面乳化沥青厂拌冷再生技术的现状、特点和发展趋势进行了调研和分析，在此基础上，依据国家相关标准和法规，参考国内外相关资料和科研成果，结合江西省沥青路面乳化沥青厂拌冷再生工程的实际情况，制定了该标准。

（2）该标准制定了沥青路面乳化沥青厂拌冷再生技术的相关要求，规范了冷再生混合料配合比设计方法及技术要求、施工工艺、质量控制及验收标准和相关试验方法等，填补了沥青路面乳化沥青厂拌冷再生地方标准的空白。

二、适用范围

适用于各等级公路沥青路面的大修和改造工程中的运用，乳化沥青冷再生混合料不适用于表面层。

三、已应用情况

作为江西省地方标准，已在江西省247km高速公路技术改造工程中应用。每公里可以节约工程造价63.2万元。

四、效益分析

采用该地方标准对已损坏的高速公路进行维修，可以恢复甚至提高服务水平，同时每公里可以节约工程造价63.2万元左右。

117. BE系列沥青乳化剂推广应用研究

成果所属专题编号：陕交验字[2010]第07号

成果主要完成单位：西安公路研究院

联系人：弥海晨

联系电话：13991855657

通信地址：西安市文艺南路39号

E-mail：mihaichen@163.com

邮政编码：710054

一、主要技术内容

沥青乳化剂广泛应用于路面的建设和养护施工。本项目的技术主要原理是：采用水溶性阳离子型和油溶性非离子型乳化剂复合，将其HLB值控制在13～15.8之间，制备成BE系列沥青乳化剂。本项目为西安公路研究院自选并独立完成的"BE系列沥青乳化剂研制及其应用技术研究"项目成果推广应用研究，拥有自主知识产权，成果已转化为产品——BE系列沥青乳化剂，并建立了生产线，在西北地区，特别是陕西省大量推广应用，对推动陕西省交通行业科技进步、带动乳化沥青产业的应用和发展有显著作用。

(1)BE系列沥青乳化剂性能改进。

①BE-1水溶液的pH值由改进前的3～4降低到改进后的4～5，显著减小了对铁质设备的腐蚀性，同时其用量也可以降低10%以上。

②经过改进，BE-2在成本降低方面降低了15%，自身稳定性明显提高，其生产的乳化沥青稳定性和黏附性也明显改善。

③通过稳定剂BEW的开发，提高了BE-3以及同类型乳化剂制备的乳化沥青储存稳定性。通过配比调整，开发出适用于不同季节的系列产品，并具有成本低于目前市场上产品的优势。

④改进后的BE系列乳化剂可以制备高浓度的乳化沥青。

(2)BE系列沥青乳化剂获得三等奖两项，被列入"2007年陕西省第一批新产品开发项目"。

(3)BE系列沥青乳化剂改进后的性能指标见表1。

改进后的性级指标 表1

型号	BE-1	BE-2	BE-3	BE-A1
类型	阳离子中裂型	阳离子中裂型	阳离子慢裂快凝型	阴离子慢裂型
有效含量	50%±5%			
乳化剂溶液pH值	4～5	5～8	5～8	7～9
密度(g/cm^3)	0.96～1.02	0.96～1.02	0.96～1.02	0.97～1.05
外观	棕褐色发膏状	白色或淡黄色膏状	棕红色透明液体	半透明或白色膏状
用量(‰)	4～7	4～7	8～12	4～7

与国内外同类技术比较及项目的创造性、先进性：

(1)开发出适用于慢裂快凝型乳化沥青的稳定剂BEW。

(2)采用分阶段合成，间断生产，充分利用常温环境释放反应热的工艺，有效提高产品温度的控制精度。

(3)采用试验室小试，关键环节反应状态变化点快速检测方法，判断沥青乳化剂生产过程中各种成分的预期性能。

(4)进行了BE系列沥青乳化剂在温拌沥青混合料和雾封层产品中应用拓展研究,并开发出相应的产品。

二、适用范围

沥青乳化剂广泛应用于路面的建设和养护施工。

三、已应用情况

本项目2005年以来共推广应用BE系列沥青乳化剂近800t,为企业新增利润200多万元。

四、效益分析

仅高速公路而言,根据我国建设规划,今后还有10多万公里的建设任务,将在10年内建设完成。高速公路乳化沥青需要量:路面宽度按22m、三层计算,需要黏层油(洒布量$2\times0.5kg/m^2$)和透层油(洒布量$1kg/m^2$)466.8万t,另需下封层(洒布量$1kg/m^2$)233.4万t。建设期按10年计算,每年需要约70万t。建成高速公路大修维护期按10计,今后10年内,每年高速公路维修里程将从0.536万km增加到1.6万km,面积将从1.19亿m^2增加到3.52亿m^2。如果每平方米使用乳化沥青1kg,需要量将从11.9万t增加到35.2万t。因此,仅高速公路建设和养护需要乳化沥青预计将达到80～100万t/年,如果考虑地方公路,乳化沥青的需要量将更大。生产这些乳化沥青每年将需要至少8 000～10 000t乳化剂。

目前,BE系列乳化剂经过3年多的推广应用,性能和生产工艺基本稳定,前期研究投入成本已收回,原材料供应渠道基本稳定,实现了同等成本性能更优,同等性能成本更低的产品定型,具备和国内外产品进行市场竞争的条件,为该系列乳化剂的大量推广奠定了技术基础。在推广理念方面有了较大的转变,推广方式方面积累了丰富的经验,聘用专业营销人员,并采用代理制方式,充分利用西安公路研究院坚实的技术和资金后盾;进一步降低产品成本,联合有关单位,加大推广力度,促进乳化沥青生产应用的规范化,深入系统地进行BE系列沥青乳化剂的应用拓展研究,从而为BE系列沥青乳化剂的应用提供和技术保证。因此,可以乐观地预期,将有广阔的推广前景。

118.新型改性煤沥青在公路中的应用研究

成果所属专题编号:晋科鉴字[2010]第091号

成果主要完成单位:山西省交通物资供应总公司

联系人:邓建中

联系电话:0351-7223899(手机:13935122461)

通信地址:山西省太原市亲贤北街103号高速公路管理局附楼5层

E-mail:tydjz612@163.com,13935122461@163.com

邮政编码:030012

一、主要技术内容

该项目通过理论研究,利用纳米材料、聚合物对煤沥青进行改性研究,降低3,4苯并芘等有毒、有害成分;开展低于120℃拌和煤沥青混合料级配研究;高效液相(气相)色谱和质谱联用,研究低于120℃拌和过程逸散物的浓度,对比石油沥青路面施工,综合评价温拌煤沥青路面施工对作业环境和作业人群的影响;提出了路用煤沥青技术要求,其主要技术指标满足公路沥青路面施工技术规范要求。该项目研究用高科技改造传统煤化工产品,为煤化工业的主要产品解决了出路,变废为宝,大幅度地减少多环芳烃致癌物排放,减少温室气体和烟尘排放,是旨在减少污染、提高效率的煤炭转化和污染控制的洁净煤沥青技术(Clean Coal Tar Pitch Technology)。

二、适用范围

项目实施后，新型改性煤沥青将在高速公路，一、二级公路透层，黏层，中、下面层替代石油沥青。

三、已应用情况

2008年在G55高速公路山西省忻州顿村段行车道铺设改性煤沥青路面1.4km，2010年在G55高速公路山西省忻州段铺设改性煤沥青路面9km。对煤沥青路面跟踪观察，路面状况优良，无车辙、无水破坏等路面早期损害现象，路面结构强度、路面抗滑性能、路面平整度均优于其他同期建设的路面。

四、应用效益

项目实施后，新型改性煤沥青将产生巨大的经济效益和社会效益。

(1)替代石油沥青，保障能源安全。

(2)拉动经济，保护环境。该项目研究充分发挥交通建设对经济和社会发展的拉动作用，为煤化工主要污染物解决了出路，变废为宝，既促进煤的洁净利用，推动煤炭循环经济；又大幅度地减少多环芳烃致癌物排放，减少温室气体和烟尘排放，保护了环境。

(3)节能减排，经济效益显著。该项目采用先进的工艺技术与设备，利用煤焦油加工余热改性、生产、储运。煤沥青每吨价格比石油沥青低约1 000元，煤沥青混合料拌和温度低30%，沥青用量减少13%，减少了中、下面层间黏层油，减少了一次面层施工。用新型改性煤沥青替代石油沥青，每建设1 000km高速公路，可节约直接投资6.55亿元，并可节约2.82万t标准煤，向大气少排放330万亿J热量，少排放二氧化碳1.25万t，少排放二氧化硫560.8t，少排放粉尘352.5t，少排放灰渣7 417.2t。每建设2万km二级公路，可节约直接投资19亿元，并可节约15万t标准煤，向大气少排放1 736.4万亿J热量，少排放二氧化碳6.4万t，少排放二氧化硫2 839.3t，少排放粉尘1 869.23t，少排放灰渣3.93t。

实施该项目，能够降低公路建设成本，降低公路建设能耗，促进交通低碳绿色发展。现市场改性煤沥青出厂价比道路石油沥青价格低1 000元/t。

该项目具有自主知识产权，技术含量高，产品附加值高，市场容量大，应用推广前景广阔。

119.国产天然岩沥青及其改性沥青的开发与应用研究

成果所属专题编号：鲁科成鉴字[2009]第110号

成果主要完成单位：山东高速集团有限公司、山东省交通科学研究所、山东高速建设材料有限公司

联系人：安静

联系电话：0531-89250173

通信地址：山东省济南市历下区龙奥北路8号 山东高速大厦

E-mail：anjing@sdhsg.com

邮政编码：250098

一、主要技术内容

随着公路交通量的增加以及对路面耐久性要求的提高，高性能改性沥青在我国公路路面工程中应用越来越多。在沥青改性的众多方法中，国内外研究认为岩沥青用于改性基质沥青可显著提高其路用性能，尤其高温稳定性、抗水损坏和抗老化性能，是提高路面性能、延长路面使用寿命的有效技术手段之一。

天然岩沥青是石油流出物在长达数万年的综合作用下生成的硬沥青类物质，世界储量在3 000亿t以上，在我国新疆克拉玛依的乌尔禾、四川青川等地储量丰富。但由于不同地方岩沥青组成的差异，其

对沥青的改性机理、改性工艺和应用技术等均需要进行针对性的系统研究，只有通过产业化生产，才能使岩沥青在路面工程中大规模的推广应用成为可能。本项目依托的青川岩沥青分布在四川九龙山一带，该地带探明岩沥青储量为 300 万 t，远景储量 1 000 万 t。从天然岩沥青微观结构与改性机理入手，对天然岩沥青改性机理、关键掺配技术与工艺、混合料设计和施工质量控制等关键技术进行了系统研究，以解决重载交通条件下路面产生的高温车辙、水损坏、老化等一系列早期病害问题。这对于增加高品质沥青改性剂品种，提高高等级道路沥青的国产化率，振兴民族工业具有重要意义。

二、适用范围

根据课题研究成果，推荐在路面中下面层采用国产天然岩改性沥青作为胶结料进行路面铺筑，在重载交通和复杂气候条件下较普通沥青路面具有显著的优越性能，在国内外多条高速公路进行了推广应用，取得了良好的应用效果。

三、已应用情况

本项目研究成果推荐在路面中下面层采用国产天然岩改性沥青作为胶结料进行路面铺筑，已在公路、市政道路进行了大量推广应用。截至 2009 年底已应用超过 1 000km，包括京福路、日兰高速菏泽至关庄段、河南许禹、许亳高速、云南祥临高速、四川西攀高速等；另外在阿尔及利亚第一条高速公路——东西高速公路约 1 000km 施工中使用，在埃塞俄比亚 AA 高速设计采用本项目岩沥青高模量技术，在建的青岛海湾大桥混凝土桥面铺装本项目高模量沥青混合料，铺装里程 20km，如图 1 和图 2 所示。

图 1　青岛海湾大桥施工现场

图 2　阿尔及利亚东西高速公路施工现场

研究成果获 2009 年度山东公路学会科技创新一等奖、2010 年度中国公路学会科学技术一等奖、山东省科技进步二等奖；申请专利 3 项，已获批 2 项；正在就岩沥青的使用技术制定山东省地方标准 1 部、陕西省地方标准 2 部；在国内外发表论文 12 篇，核心论文 7 篇；培养博士和硕士生 5 名，获奖证书如图 3 所示。

四、效益分析

2007～2009年统计期内，本项目已生产天然岩改性沥青4.8万余t，产生经济效益24 742.1万元，其中包括节约材料费为5 388.5万元，节约维修费19 353.6万元。同时天然岩改性沥青可有效提高路面的承载能力和耐久性，延长路面的使用年限，为新材料在行业内的使用、推广提供了范本，其所产生的社会效益将远超过直接经济效益。

荣誉证书

科技创新奖励证书

为表彰在促进我省公路科技创新工作中做出突出贡献者，特发此证，以资鼓励。

获奖项目：国产天然岩沥青及其改性沥青的开发与应用研究

获奖等级：一等

主要完成单位：山东高速集团有限公司、山东省交通科学研究所、山东高速建设材料有限公司

获 奖 者：1、周　勇 2、朱　伟 3、王　林 4、申全军 5、安　静

山东公路学会

二〇〇九年八月

图3　该成果获奖证书

120.山东省公路工程砂石集料技术标准研究

成果所属专题编号：鲁交科鉴字[2009]第34号

成果主要完成单位：山东省交通厅公路局、交通部公路科学研究院、山东省公路建设(集团)有限公司、山东省公路工程技术研究中心有限公司、山东公路海瑞石料技术有限公司

联系人：杨永顺

联系电话：13505317197

通信地址：山东省济南市舜耕路19号

邮政编码：250002

一、主要技术内容

针对山东省公路工程用砂石集料的生产和应用现状，通过对碎石、机制砂和石粉的技术指标分析及其在沥青路面、水泥混凝土路面、水泥混凝土桥梁中的应用研究，为山东省公路工程集料技术指标控制提供了切实可行技术标准。

主要技术指标包括：

(1)粗细集料棱角性、细长扁平颗粒含量、细集料含泥量对沥青混合料性能的影响；机制砂在沥青混

合料中的应用研究。

(2)粗集料技术指标对混凝土性能的影响;机制砂应用于水泥混凝土的研究;石粉掺量对水泥混凝土物理、力学以及耐久性能的影响研究。

(3)在水泥混凝土路面和混凝土桥梁用集料研究成果中提出基于粗集料表面积等效原则的粗集料粒度计算方法;提出基于性能要求和粗集料体积率的混凝土配合比设计方法;提出了机制砂的适宜级配范围和可用级配范围以及机制砂混凝土配合比的调整原则。

(4)制订山东省《公路工程沥青路面矿料技术标准》、《公路工程水泥混凝土用粗集料技术标准》、《公路工程水泥混凝土用机制砂技术标准》、《公路工程人工砂石集料加工工艺规程》。

二、适用范围

适用于山东省各级新建和改建公路的沥青路面矿料质量控制、公路工程使用粗集料和机制砂的预拌混凝土、现场拌和混凝土及混凝土制品企业质量控制及山东省公路工程用人工砂石集料的生产、堆放、运输及质量检验控制。

三、已应用情况

在济南—菏泽、莱芜—马站、马站—青岛高速公路及荣乌高速潍坊段、东营段和滨州段等高速公路建设中,从招标文件和技术规范的编制开始到施工进料和质量过程控制都严格按照质量控制的要求,高速公路建设质量取得明显提高。2007 年在高速公路建设中共应用该种集料 120 万 t,分布于 5 条高速路 20 多个合同段。2008 年在高速公路大修工程中应用该种集料 25 万 t。项目获得 2010 年度山东省科技进步一等奖。

四、效益分析

根据课题实验数据,在沥青混凝土路面工程中应用可以提高抗车辙能力 30%以上,极大地提高沥青路面的抗早期水损坏和疲劳性能,延长沥青混凝土路面使用寿命 30%以上。按照目前全省 4 500km 高速公路、每年大修 10%,则每年应大修高速公路 450km,按延长使用寿命 30%计,则可以减少大修里程为:450×(1－1/1.3)＝104km,按每公里大修工程费用 500 万元计算,每年可以节约直接工程费用约 5.2 亿元。

121. 广西高等级公路沥青玛蹄脂碎石 SMA 应用技术研究

成果所属专题编号:桂科鉴字[2009]第 182 号

成果主要完成单位:广西壮族自治区公路管理局、贵港市城西至峡山北环一级公路工程建设办公室、长沙理工大学

联系人:廖国毅

联系电话: 0771-2115705(手机:13977196688)

通信地址:广西南宁市云景路 3 号

邮政编码: 530028

一、主要技术内容

该项目结合广西贵港市城西至峡山一级公路沥青路面实体工程,重点研究解决沥青路面的热稳定性、水损害以及表面泛油等问题和现象,提出高等级公路沥青路面 SMA 应用关键技术等研究成果,旨在解决目前高等级公路沥青路面建设中存在的问题。

本项目将从原材料试验、材料组成设计、矿料级配组成、混合料性能研究等方面进行深入研究,提出解决目前沥青路面建设中存在问题的综合措施,通过实体工程的修筑进行验证。

本项目经过多方的共同努力，课题组经过近两年的理论分析、计算，大量的室内外试验及现场试验路的修筑，并对试验路进行了观测，完成了全部研究任务，研究成果在北环一级公路沥青路面工程中进行了应用，产生了良好的社会效益与经济效益。经过整理、分析，取得了以下几个方面的成果。

(1)通过对 SMA-13、SMA-16 沥青玛蹄脂碎石路用性能进行综合比较与技术经济分析，提出了北环一级公路沥青路面 SMA-13、SMA-16 沥青混合料级配范围及配合比设计成果。

(2)通过室内试验并结合北环一级公路实际情况，提出了北环一级公路沥青玛蹄脂碎石施工技术指南。

(3)针对广西公路系统项目投资受限制的现状，在充分利用地方材料的基础上，对石灰岩应用于 SMA 新型沥青混合料进行了深入的研究，并成功的修筑了试验段。

(4)利用旋转压实仪(SGC)对各种沥青混合料压实特性进行了深入的研究，对压实特性的影响因素进行了排序。

(5)试验路 2 年多来的运行情况表明，北环一级公路沥青路面在解决湿热重载交通面临的主要问题即高温稳定性及抗水损害能力方面是成功的。

本项目最终的研究成果将对广西壮族自治区高等级公路沥青路面中出现的不同程度的各种早期损坏现象的解决提供经济、有效的技术措施，提高路面的使用性能，减少养护费用，延长使用寿命，减少投资浪费和不良的社会影响，同时将对我国高速公路沥青路面的技术进步作出贡献。

二、适用范围

该研究成果可在全国推广应用。

三、已应用情况

根据项目研究的实际情况，结合依托工程贵港市城西至峡山北环一级公路的交通组成和自然环境因素的特点，在该工程 K10＋700～K11＋900 右幅分别修筑了改性沥青 SMA-13、AH-70，沥青 SMA-13、改性沥青 SMA-16、AH-70，沥青 SMA-16 试验路段，经过课题组成员现场指导，业主及监理、施工单位按照课题组编写的施工指南，严格控制各施工阶段沥青混合料的温度，把好原材料关，认真组织，落实好每一道施工工序，顺利完成铺筑任务。经现场检测，SMA 沥青玛蹄脂碎石各项指标稳定，满足设计要求，运营近 6 年来，路况良好，未发现大的病害，拟在区内类似地形、地质条件及材料类似的路网工程中逐步推广。建设期间表面层消耗沥青 1 000t，基质沥青与改性沥青差价为 1 000 元/t，节约沥青费用 100 万元，消耗石料 10 000t，硬质石料与石灰岩差价为 100 元/t，节约费用 100 万元。运营期间按照广西地区重载交通一级公路养护标准投入，由于本路段未产生任何病害，故节省养护费用为 160 万元。

四、效益分析

本项目的研究成果将对我区高等级公路沥青路面出现的不同程度的各种早期损坏现象的解决提供经济、有效的技术措施，提高路面的使用性能，减少养护费用，延长使用寿命，减少投资浪费和不良的社会影响，同时将对我国高速公路沥青路面的技术进步提供借鉴。

本项目的研究成果对其他等级公路的沥青面层结构设计亦具有重要的参考价值，因此，项目研究成果将具有较广阔的推广应用前景。

122. 杜仲胶与相变材料复合改性沥青在西部公路建设中的应用研究

成果所属专题：交科鉴字[2010]第 108 号

成果主要完成单位：新疆生产建设兵团勘测规划设计研究院、中国人民解放军理工大学、东南大学

联系人：李烨，于照海

联系电话:0991-2358890,0991-2358894
通信地址:新疆乌鲁木齐市建设路36号光明大厦24层
E-mail:yuzhaohai-xjgL@163.com
邮政编码:830002

一、主要技术内容

目前的沥青改性剂,性能优异的产品较少,品种单一,导致不能适应更多的地域气候条件。而且它们大多为石油副产品,其造价和产量将受到原油的影响,势必会给公路建设带来一定的影响。此外随着公路交通荷载的不断增大,对路面的质量要求也越来越高,也需要对现有改性沥青进一步提高品质或完善其性能。

因此本项目通过大量的理论分析与试验,对杜仲胶、硫化杜仲胶、接枝杜仲胶自身,以及它们与沥青共混物的组成、结构形态以及物理力学性质进行了充分研究,详细分析了杜仲胶应用到沥青改性的可行性和应用形态,总结了三种杜仲胶改性沥青的添加和使用方式,并对其进行了沥青和沥青混合料性能试验,结果表明杜仲胶的加入能提高SBS改性沥青的高温性能和老化性能,且杜仲胶接枝后效果更加明显;硫化杜仲胶能显著改善低温性能,但对高温性能改善很少。

二、适用范围

杜仲胶作为沥青改性剂的研究工作,国内外几乎没有可以借鉴的资料,属于原创性工作,因此在前期的机理和配方试验中的大多属于摸索性试验,难度高、试验量大。在确定了基本配方后,为了验证其性能也做了较大规模的试验。

项目的主体研究成果是研发了一种新型沥青改性剂,研究证明了对沥青改性的适用性,经过工业化调试后,即可转化为实际生产力,进入沥青改性剂市场,非常实用和成熟。

该项目研究得到的硫化杜仲胶改性沥青,可为寒冷地区应用改性沥青提供一种选择;而两种复合改性沥青则将进一步完善SBS改性沥青,拓宽SBS改性沥青的应用范围。项目研究中的硫化和接枝技术,对其他化工产品的研发也有很好的借鉴作用。

三、已应用情况

新疆生产建设兵团农七师126团10连至团部公路的K13＋000～K15＋000路段属北温带荒漠—半干旱荒漠大陆性气候,夏季炎热,冬季寒冷;夏季最高气温42.10℃,冬季最低气温－19.20℃,标准冻土深度1.40m。因此对沥青质量要求较高,原设计采用克拉玛依沥青,单价高,运距远。后被选作该项目的试验路段,选用课题成果来改用运距较近,但品质较差的独山子沥青,铺筑路面面层,每吨费用可节约372元。该试验路段经过一个夏季和冬季的使用考验后,通过试验路段与常规路段的裂缝调查、钻芯取样试验及弯沉测试等进行对比,发现使用杜仲胶改性的沥青混凝土的各项性能指标均优于常规的沥青混凝土,因此尽管费用没有降低多少,但在道路建设的高峰时期,可以大大缓解高品质沥青供不应求的局面。

新疆生产建设兵团农三师50团扎花厂公路是50团内部一条重要的通乡公路,农三师50团地处新疆喀什地区,筑路所需的沥青都需要从克拉玛依远运,运距为1 500km;而就近的库车沥青运距只有365km,由于库车生产的沥青稳定性差,不能用于筑路。2007年利用该项目研究成果,用杜仲胶对库车沥青进行了改性后铺筑路面面层。从2008年的检测数据上看,杜仲胶改性沥青混合料路面弯沉远小于常规施工路段的弯沉和设计弯沉,杜仲胶改性沥青路面强度较大,承担了大部分的荷载,路面变形很小,满足道路使用要求,应用效果明显;另外使用库车沥青用于筑路,在运费上每吨沥青将节省费用约522元,在出厂价上每吨库车沥青比克拉玛依沥青节省300元,每吨沥青共节约822元,且让库车沥青能用于筑路,交通局建议在南疆片区推广应用。

四、应用效益

喀什试验路:克拉玛依远运沥青,运距为 1 500km,而就近的库车沥青运距只有 365km,由于库车生产的沥青稳定性差,不能用于筑路。使用该研究成果改性库车沥青后,可以用于筑路,在运费上每吨沥青将节省费用约 522 元,在出厂价上每吨库车沥青加上改性剂比克拉玛依沥青节省 300 元,每吨沥青共节约 822 元。算下共用多少吨沥青,然后乘以 882 元就是直接经济效益。

奎屯试验路:克拉玛依远运沥青,运距为 800km,用研究成果来改用运距较近,但品质较差的独山子沥青,在运费上每吨沥青将节省费用约 322 元;在出厂价上每吨库车沥青加上改性剂比克拉玛依沥青节省 50 元。用算下共用多少吨沥青,然后乘以 372 元就得到该路段直接经济效益。

杜仲胶的两种沥青改性形态硫化杜仲胶和接枝杜仲胶,分别对沥青高温和低温性能有较大改善,它不但是目前常用沥青改性剂的有益补充,而且杜仲胶作为我国特有可再生高分子资源,随着石油资源的消耗,会更加显示其可再生的优势,势必将逐步在沥青改性市场上占有更大份额,具有良好的经济性和社会意义,因此具有良好的推广应用前景。

此外,杜仲胶改性沥青混合料路面的应用可带动西部乃至全国杜仲胶生产的进一步发展,增加国家税收和劳动就业人数。

123. 在役军港混凝土建筑物延寿技术研究

成果所属专题编号:[2008]鉴字第 035 号

成果主要完成单位:海军工程大学天津校区、南京水利科学研究院

联系人:李森林

联系电话:025-85829627(手机:13814035226)

通信地址:南京市广州路 223 号

E-mail:slli@nhri.cn

邮政编码:210029

一、主要技术内容

本项目应用电化学方法,系统地研究了在碱性条件下能离解出阳离子阻锈基团阻锈剂的阻锈机理和阻锈性能,筛选出了具有较高性价比的国产迁移型阻锈剂,研究了阻锈剂含量与阻锈效果关系,掌握了达到有效阻锈能力时的阻锈剂与氯离子比值;同时,深入研究了水灰比、初始氯离子含量等混凝土技术条件和电渗阻锈参数对有效阻锈基团渗透深度与含量的影响,首次提出了以 N 元素表征阻锈剂渗入深度,并提出了以 N/Cl 比作为电渗阻锈技术的控制参数指标。通过室内研究与现场试验研究,研制了一套经济、简便的阳极系统,并对电渗阻锈技术与其他技术进行了比较,最终提出了一套在海港码头钢筋混凝土结构延寿技术的施工工艺、质量评判与控制措施。

其具体方法为:以混凝土构件表面安装富含阻锈剂的工具型阳极系统,混凝土内的钢筋为阴极,通一直流电,在电场的作用下,混凝土内的有害氯离子被清除,有效阻锈基团被输送至钢筋表面,从而达到锈蚀钢筋恢复钝化、延长结构使用寿命的目的。采用该技术可有效脱除混凝土内的有害氯离子 50%以上,阻锈基团的深入深度大于 50mm,钢筋全面恢复钝化,延长寿命 20 年以上。

该项研究,符合国家提出的节能减排、低碳经济要求,且不影响码头正常使用功能的发挥,社会经济效益显著。

二、使用范围

该技术适用于遭受氯离子污染的海港码头修复与维护。采用该技术能有效脱除混凝土内的有害氯

离子50%以上,阻锈基团到达钢筋,使活化腐蚀的钢筋全面恢复钝化,延长结构寿命达20年以上;同时,该技术也可应用于北方冬天撒除冰盐的高速公路钢筋混凝土桥涵、滨海及西部盐碱地区工业与民用建筑和内地严重碳化的钢筋混凝土结构的修复与维护工程等。

三、已应用情况

2007年8～10月在舟山保障基地獭山四号码头进行了试点应用,面积约200m²,氯离子脱除50%以上,阻锈基团到达钢筋,钢筋全面恢复钝化,试点应用期间不影响码头正常使用,现已经过4年使用,维修部位完好。2008年该技术在旅顺保障基地海洋岛三号码头维修中进行了应用,亦达到了预期的保护效果。维修期间不影响码头正常使用,氯离子脱除50%以上,阻锈基团通过保护层到达钢筋,钢筋全面恢复钝化。

四、效益分析

海军旅顺保障基地海洋岛三号码头始建于1963年,至今已有近50年的历史,由于年久失修,腐蚀破损严重,经海军工程技术检测中心检测,认为必须进行大修处理,委托天津港湾工程设计院设计了两种方案,一种是改扩建方案,工程投资估算1 677.91万元,另一种是采用混凝土防腐延寿技术进行的维修方案,工程投资估算283.01万元。经专家分析论证,最终采用延寿维修方案,有效地解决了构件混凝土遭受氯离子污染严重、钢筋活化腐蚀的问题。与改扩建方案方案比较,最终实际节省费用900余万元。现场维修证明,如不对靠船构件维修,该方法对船舶的正常停靠影响很小,而且该维修方法时间较短。因此,采用该技术对现有码头维修具有显著的技术经济效益。

124. 港工自密实自养护抗裂型耐久混凝土关键技术研究

成果所属专题编号:交科鉴字[2010]第132号

成果主要完成单位:水利部、交通运输部、国家能源局南京水利科学研究院、舟山甬舟集装箱码头有限公司、中交水运规划设计院有限公司

联系人:陆采荣

联系电话:025-85829603(手机:13605151622)

通信地址:南京市广州路223号

E-mail:crlu@nhri.cn

邮政编码:210029

一、主要技术内容

针对离岸深水港建设在混凝土浇筑、养护和质量控制等方面提出的更高需求和应用难点,结合依托工程,研究解决了困难条件下,港工混凝土的快速施工、养护和抗裂等技术难题,主要技术内容包括:

(1)采用新型高性能外加剂和多种掺和料复合技术,掺和料掺量55%～60%,有效解决了混凝土坍落扩展度的经济损失问题,显著改善了混凝土的填充性、间隙通过性和抗离析性,提高了海洋环境条件下钢筋混凝土的抗裂和抗侵蚀能力,以及混凝土的自修复能力。通过物理、力学、变形、热学、耐久等性能的大量对比试验与综合分析,研究提出了港工自密实自养护抗裂型耐久混凝土配制新技术和自修复能力评价方法,并在大粒径自密实混凝土研究和应用方面取得了新进展。典型港工自密实自养护抗裂型耐久混凝土的坍扩度2h保持率90%以上,硬化混凝土的极限拉伸值达126×10^{-6},海水抗渗等级大于P40,养护60d和90d的氯离子扩散系数D_{RCM}分别为$1.69\times10^{-12}m^2/s$和$1.49\times10^{-12}m^2/s$,抗冻等级达到F300。

(2)采用自主研发的新型乳液型养护剂、减缩剂、保水剂等新材料,将现场养护时间由原来的15d

(21d)缩短为7d,提高了工效,节省了离岸条件下用于混凝土养护的淡水资源,降低了养护成本,保证了混凝土的物理、力学、耐久等性能。

(3)形成了港工自密实自养护抗裂型耐久混凝土的成套专用技术文件,主要包括原材料控制指标、混凝土配制方法以及现场应用等成套关键技术,有利于研究成果在现代交通领域的扩大应用。

二、适用范围

适用于离岸深水港建设,也可用于海港码头,涉海桥梁、隧道等工程。研究成果能有效解决现场施工条件苛刻、结构形状复杂、钢筋密集、难以振捣、养护困难、工期紧张、混凝土抗裂耐久性要求高等单一或复合条件下的工程建设难题。

三、已应用情况

针对水运海港码头现浇桩帽、现浇横梁等浪溅区部位混凝土的抗海蚀、高耐久性要求,采用港工自密实自养护抗裂型耐久混凝土关键技术,通过HC－100搅拌船进行搅拌并浇筑,实现无振捣自密实,拆模后的混凝土表面平整,有效缩短了养护时间。现场应用表明,混凝土质量良好,未见裂缝,各项指标符合设计要求,具有施工快速、养护简单、抗裂等优点,技术经济效益显著。研究成果还进一步扩展应用于跨江海桥隧等涉海工程中,现场应用表明,混凝土抗裂性能好,质量优良,各项指标符合设计要求。采用新型高性能外加剂和多种矿物掺和料的大掺量掺和料配制技术,有效节约了水泥,降低了混凝土成本。

四、应用效益

自密实混凝土无须振捣,施工简便,可减少人工费用,降低了施工噪声,符合现代社会发展的需要。混凝土自养护技术可节约宝贵的淡水资源,符合节约型社会的需求。抗裂高耐久混凝土配制新技术能合理利用工业废渣,可节省水泥,节约资源和能源,符合节能减排、低碳经济的发展方向,应用前景广阔,在水运港口工程和跨江海隧桥工程应用中产生的技术经济效益显著。

125.广巴高速公路砂石材料的工程技术性能研究

成果所属专题编号:川科鉴字[2010]第552号

成果主要完成单位:四川省交通厅广巴高速公路工程建设指挥部、长安大学

联系人:魏瑞

联系电话:13808220888

通信地址:成都市二环路西一段90号四川高速大厦A0513室

E-mail:weirui626@126.com

邮政编码:610041

一、主要技术内容

广巴高速公路沿线构造物用砂石材料和路面工程材料严重匮乏,采用外运集料在经济上难以承受,沿线广泛分布有辉长岩、硬质砂岩、闪长岩等地方材料,且数量较大,就地取材对减少环境的破坏、降低工程造价具有重要意义。

根据沿线材料调查、室内试验、理论分析,证明了就地取材能满足公路建设的需求,且能大大降低工程造价,减少对环境的破坏。

1.取得的主要研究成果

(1)推荐了不同强度等级混凝土机制砂矿料级配,并推荐了2.36mm、0.6mm、0.15mm三个关键筛孔。

(2)推荐以细集料粗糙度作为机制砂质量评价指标。

(3)对比了不同岩性机制砂拌制混凝土干缩性能，相同水灰比下石灰岩＞闪长岩＞辉长岩。粗集料母岩的强度和弹性模量越大，对干缩的抑制效果更明显，并且集料的吸水率越大，干缩应变就越大。

(4)利用非线性多元回归推荐了混凝土自由干燥收缩应变估算公式。

(5)提出了硬质砂岩用于路面基层、底基层的关键性指标及要求：关键性指标包括密度、吸水率、岩石饱水抗压强度、岩石坚固性试验后饱水抗压强度、集料压碎值、集料坚固性试验后压碎值。

(6)对广巴高速公路沿线的路面集料进行了岩性分析，提出了改进辉长—闪长岩水稳定性的方法。

2. 主要技术性能指标

(1)提出了混凝土用机制砂关键筛孔(2.36mm、0.6mm、0.15mm)；

(2)提出了机制砂质量评价指标(细集料粗糙度)；

(3)提出了硬质砂岩用于路面基层、底基层的成套技术指标和标准，指标包括岩石密度、岩石吸水率、岩石饱水抗压强度、岩石坚固性试验后的饱水抗压强度、压碎值、坚固性试验后集料的压碎值。

二、适用范围

(1)广巴高速公路桥隧比例超过40%，桥隧和隧道构筑物占总工程量的37%，混凝土材料用量巨大，而当地沿线优质河砂严重匮乏，被迫采用距当地100km外的中砂，不仅增加了工程建设成本，且难以保证及时供应，影响工程建设速度，采用当地丰富的石灰岩通过专业制砂机轧制的机制砂替代河砂应用于混凝土构造物及附属工程，在桥梁上下部构造、边坡支挡防护工程、截排水系统等多处工程都可得到大面积推广应用。

(2)广巴高速公路路基工程占工程总量的60%，基层、底基层材料用量巨大，而当地沿线优质基层石材严重匮乏，优质石材需要远运，不仅增加了工程建设成本，且难以保证及时供应，影响工程建设速度。而广巴沿线却分布有硬质砂岩地方石材，数量较大。路面底基层、基层将采用硬质砂岩进行铺筑，对水泥稳定不同强度等级砂岩的路用性能及水泥稳定石灰岩的路用性能进行了对比研究，提出了硬质砂岩用于水泥稳定基层及底基层的指标及标准。

(3)沥青路面表面层材料要求品质相当高，在一定时间内起到耐磨、持久、抗滑等功效，必须选用品质良好且要满足路用功能需要的优等抗表层材料，而四川高速公路表面层均采用峨眉山优质的玄武岩，仅靠此处要供给全省高路公路建设用料难以满足建设需要。为及时保证材料供应，减少成本造价，在不影响工程建设速度的前提下，利用当地沿线广泛分布的辉长岩、闪长岩等地方材料铺筑表面层，通过试验优化和性能指标测试对比及评价，选用合格石材应用于沥青混合料，使之满足路面耐久性和长期使用性能需要。

三、已应用情况

1. 机制砂水泥混凝土的应用

广巴高速公路全长121km，机制砂水泥混凝土在广巴高速公路沿线得到了充分应用。

(1)根据试验强度、工作性的对比和分析，对于无饰面要求的C_{30}以下混凝土，处于非承重状态时，可直接利用推荐机制砂拌制混凝土。

(2)实际生产机制砂的质量受变异因素影响存在着不稳定情况，若生产出的机制砂与最佳级配不符但是却又在推荐级配范围内时，在进一步确保有饰面要求的基础上，以一定量的天然河砂掺入机制砂制拌混凝土结构物。

(3)对有特殊要求的施工部位和结构构件，如桩基础、墩身等，在混凝土中加入粉煤灰和减水剂，可以改变使用性能。

2. 硬质砂岩在半刚性基层、底基层中的应用

硬质砂岩在广巴高速公路旺苍段进行了应用。硬质砂岩用于半刚性基层、底基层的标准主要根据

岩石密度、吸水率、坚固性试验前后岩石饱水抗压强度、坚固性试验前后集料压碎值确定。根据该指标确定的硬质砂岩材料可达到半刚性基层的综合路用性能要求。

3.沿线碎石用于沥青路面粗集料

辉长岩在广巴高速公路沿线表面层得到了充分应用。广巴高速公路沿线辉长岩沥青混合料的水稳定性较差，可采用抗剥落剂、掺加消石灰等方法提高混合料的水稳定性能。抗剥落剂剂量为沥青质量的0.4%，消石灰剂量为集料质量的1.5%。

采用改善措施后，辉长岩沥青路面性能达到设计要求，符号沥青路面质量验收要求。

四、效益分析

1.机制砂水泥混凝土的应用

目前，并没有一种合适的评价机制砂混凝土性能的方式，因为机制砂混凝土使用性能有很多指标，要综合评价这些性能，并且具备合理性并非易事。经比较，采用综合性能评价，其评价指标见表1。

机制砂混凝土主要使用性能评价 表1

主要性能指标	C_{20}河砂混凝土（机制砂混凝土）			C_{25}河砂混凝土（机制砂混凝土）			C_{30}最优级配混凝土（机制砂）		
	性能评价	相对值	权重	性能评价	相对值	权重	性能评价	相对值	权重
坍落度	1/40(1/30)	1(1.33)	0.598 5	1/50(1/37)	1(1.35)	0.598 5	1/57(1/50)	1(1.14)	0.598 5
抗压强度	32.8(33.8)	1(1.03)	0.769 5	33.1(37.4)	1(1.30)	0.769 5	40.5(40.5)	1(1)	0.769 5
综合评价	1.368(1.589)			1.368(1.808)			1.368(1.451 8)		
材料造价	236.4(217.2)			243.1(224.3)			245.3(226.6)		
性价比	0.005 79(0.007 31)			0.005 62(0.008 06)			0.005 58(0.006 41)		

在确定指标权重的基础上，对机制砂与河砂使用性能指标分析作出一一对比，结果是机制砂混凝土的使用成本和性价比指标均优于河砂混凝土，达到了就地取材、节约成本的目的，为机制砂的推广应用奠定了一定经济基础。

机制砂水泥混凝土今后也可用于四川省其他公路建设项目，在节约工程造价、改善环境保护、提高结构安全、提升道路使用品质方面具有重大的社会意义，现可以归纳以下几点。

(1)缓解了优质河砂供需紧张的矛盾，以不同形式不同类型的机制砂生产成本要比优质河砂低，这对减轻工程费用、加快工程建设、节约工期等方面具有促进作用。

(2)利用机制砂不仅满足了广巴路建设的需要，而且对四川省在建的工程项目提供了参考经验。通过对机制砂的初步了解，今后再进行一系列系统的研究工作，最终促使四川省能早日制定出满足自身建设需求的机制砂规范标准。

(3)四川省高速公路建设正处于黄金建设时代，由于所处地形地貌的限制，使得本省高速公路的建设大部分以桥梁、隧道为主，在以混凝土结构物为主要材料消耗品的同时，必将面临大量开采河砂甚至局部出现无砂可采的困境，机制砂的利用解决了物资紧缺的难题。

(4)河砂作为不可再生资源终有一日枯竭。四川省水系较为发达，但河床较深，优良的河砂甚少，开发利用机制砂符合四川省自身的发展省情。“立足四川，坚持科学，自主创新”，利用可再生资源坚持走可持续发展道路。

(5)四川的盆地地形决定四川为多山地区，由丰富的石材轧制成的机制砂，不仅可应用于道路桥梁建设，而且土木建筑行业所涉及的机制砂范围，均可生产利用，对加速四川经济发展，减少运输成本具有深远的意义。

2.硬质砂岩在半刚性基层、底基层中的应用

广巴高速公路半刚性基层、底基层中应用硬质砂岩与采用石灰岩相比，主要可以从材料单价、材料

运输费两方面节省造价。每公里造价节省 106 万元。

将硬质砂岩作为广巴路路面基层、底基层原材料，不但能解决广巴路原材料匮乏的难题，也遵循了"因地制宜，就地取材"的原则，能大大缩短原材料运距，节省投资，也能减少燃油消耗，使硬质砂岩矿产得到有效利用，周边环境也能得以保护，能创造良好的社会综合效益。

3.沿线碎石用于沥青路面粗集料

以往四川省修建高速公路路面面层普遍选用的石料为玄武岩，广巴高速公路沥青面层采用辉长岩主要在材料运输费方面节省造价。每公里上面层节省造价约 3.1 万元，广巴高速上面层总共采用辉长岩可节省费用 380 万元。

采用辉长岩作为广巴高速公路路面面层所用的岩石集料，不仅遵循了"因地制宜，就地取材"的原则，而且还能促进当地经济的发展，给当地人民带来经济效益，同时节省运距。如从外地运输原料，则会增加广巴高速公路沿线的其他等级公路的交通量和超载车辆，从而加重对沿线道路的破坏，在以往曾出现过修好一条高速公路，破坏一条或几条沿线道路。从这个角度考虑，则是对广巴高速沿线道路的一种保护，从而进一步节约了建设成本。

126.路用基层专用水泥与水泥类稳定基层综合防裂技术研究

成果所属专题编号：交科鉴字[2010]第 148 号

成果主要完成单位：内蒙古自治区交通厅赤通鲁公路建设监督管理办公室、武汉理工大学、长安大学

联系人：王骁

联系电话：04716933709(手机：13015202572)

通信地址：内蒙古呼和浩特市地质局南街 68 号

E-mail：wx@nmjt.gov.cn

邮政编码：010020

一、主要技术内容

本技术以防止半刚性基层开裂为核心，提高半刚性基层施工质量为目标，在材料组成设计、设备改进与配套、配料与控制、混合料离析的防治、碾压与养生及其过程质量控制等方面取得了多项研究成果，编制了以路用基层专用水泥稳定碎石取代普通水泥稳定碎石、以水泥粉煤灰稳定碎石取代二灰稳定碎石为核心的，包括设备选型、施工工艺与质量控制的半刚性基层防裂施工技术指南。

成果达到的技术经济指标如下：

(1)研发了粉煤灰掺量高达 45%的基层专用水泥，其初凝时间为 7h5min，终凝时间为 8h35min，28d 抗压强度达 31.5MPa，具有显著微膨胀特性，其稳定基层 7d 强度较 32.5 级 PC 水泥提高 10%以上，其抗裂效果明显，干缩抗裂性能指数较通用水泥提高 80%；在强度等级一致的情况下，成本略低于通用水泥稳定粒料。

(2)设计的高抗裂水泥粉煤灰稳定碎石，粉煤灰掺量可高达 10%以上，其 7d 强度较相同水泥剂量的水泥稳定粒料提高 40%以上，其后期强度增长率高；抗裂性显著，与水泥稳定粒料相比，干缩抗裂指数提高 200%，如加入适量微膨胀源(SO_3)后，该指数提高 417%；在强度等级一致的情况下，成本较水泥稳定粒料降低 11%。

(3)利用该成果施工的路面基层，反射裂缝发生率降低 80%以上，当底基层、基层均采用水泥粉煤灰稳定碎石时，基本没有反射裂缝产生。

二、适用范围

本技术主要用于半刚性基层，特别是水泥类稳定基层的防裂，适用于各类新修道路基层及翻修道路

基层的材料优选、设计及施工。

三、已应用情况

在内蒙赤通高速公路基层建设中，共推广修筑基层专用水泥稳定基层1km，每公里节省5.76万元，水泥粉煤灰稳定基层60km，每公里节省14.4万元，且根据后期跟踪观测来看，该两类基层的裂缝间距远远大于普通水泥稳定基层，裂缝发生几率降低80%以上，抗裂效果异常明显。具有显著的技术、经济和环保效益。

四、效益分析

水泥稳定类路面基层材料是我国应用最广的路面基层材料，长期以来水泥稳定类基层因为抗裂性差，极大地影响了路面的整体质量，本项目开发的一套以路用基层专用水泥稳定碎石取代普通水泥稳定碎石、以水泥粉煤灰稳定碎石取代二灰稳定碎石为核心的，包括设备选型、施工工艺与质量控制的半刚性基层系列抗裂综合技术，可以从根本上改善水泥稳定粒料的抗裂性，提高路面的整体质量，延长路面基层的使用年限，其技术经济效益十分明显。

(1)内蒙地区具有风大、温差大、湿度变化大等对基层防裂极端不利的气候特点，以往该地区水泥类基层沥青路面的平均反射裂缝间距为20m左右；而采用本技术后，反射裂缝间距(使用两年后观测)延长至100m左右，抗裂性能显著增强。该技术在气候极端不利的条件下进行验证可取得如此显著的效果，可见，其完全具备向全国其他地区，特别是气候条件恶劣的地区推广应用的条件。

(2)该套技术中的基层专用水泥具有缓凝微膨胀特性，能延长混合料的碾压成型时间(一般延长3h以上)，并提高基层的抗裂性能(通过内蒙试验路段使用2年后观测发现，试验路段的反射裂缝间距为100m左右，而普通路段仅为20m左右)。该水泥的原材料普遍易得，主要成分为普通水泥熟料、工业废渣(如粉煤灰、磷渣等)、石膏(天然石膏或磷石膏、氟石膏、脱硫石膏等工业废石膏)以及微量固化素。且生产工艺非常简单，一般水泥厂或粉磨站均具备加工条件。由于采用了大量的工业废渣做原料，降低了水泥熟料的使用量，在降低成本的同时，还降低了碳排量，促进了工业废渣的循环利用，具有很好的环保效益。该水泥的使用方法与普通水泥完全一致，具有很好的推广应用前景。

(3)技术中提到的高抗裂水泥粉煤灰稳定类基层材料，粉煤灰掺量可高达10%以上，且对粉煤灰品质的要求相对较低，特别适合粉煤灰资源丰富但缺乏应用途径的地区。水泥粉煤灰适合稳定碎石、砂砾等多种粒料，且施工工艺与普通水泥稳定碎石基本类似，只是湿排粉煤灰需要一个单独下料口进行下料(目前国内水稳站多为400型以上，有5个下料斗以上，完全满足该要求)，具有很强的推广前景。

(4)成果中的水泥在线标定系统、施工过程中各阶段、各部位的防离析技术以及相关质量控制技术，均建立在现有施工设备与施工工艺基础上，无须进行大的设备改造以及大的施工工艺调整，且均符合现行相关技术规范以及常规施工习惯，推广应用比较容易。

127.层状硅酸盐改性沥青及其混合料路用性能研究与应用

成果所属专题编号：交科鉴字[2010]第147号
成果主要完成单位：内蒙古自治区交通厅赤通鲁公路建设监督管理办公室、武汉理工大学、长安大学
联系人：王　骁
联系电话：13015202572
通信地址：内蒙古呼和浩特市塞罕区地质局南街68号
E-mail：
邮政编码：010020

一、主要技术内容

西部地区海拔高，紫外线辐射强(是其他地区的3～4倍)，日照时间长(3 000～3 200小时/年)，昼夜温差大(高达16℃)，导致沥青老化速度快；同时西部地区天气寒冷，使用过程中冷热循环次数多，极易导致已老化沥青路面的损坏。本项目研究的层状硅酸盐改性沥青，使沥青的最高设计温度增加了一个PG等级，PAV老化后黏度增加率减少15%、残留针入度大于50%，有效提高了沥青混凝土的抗车辙变形的能力和耐久性，延长了沥青路面的使用寿命。

通过层状硅酸盐对沥青改性，形成层状硅酸盐—沥青插层复合结构，以改善沥青的流变性能和耐老化性能，提高沥青的高温抗车辙能力和气体阻隔性，减缓氧在沥青中的扩散，改善沥青耐热氧与紫外光氧老化的能力；通过研究层状硅酸盐改性沥青的制备工艺及其结构与性能(流变性能、耐老化性能等)，针对西部地区气候特点研究沥青混合料的设计方法、路用性能和施工工艺，制备高耐候性沥青混凝土。

二、适用范围

层状硅酸盐改性沥青及其混合料适用于温差大、高紫外线辐射地区的沥青路面。

三、已应用情况

采用层状硅酸盐改性沥青制备的沥青混合料，成功地应用于内蒙古赤通鲁高速公路路面建设中，铺筑了2km的层状硅酸盐改性沥青混凝土路面试验路段。与同类沥青路面面层沥青混合料相比，层状硅酸盐改性沥青混合料抗车辙能力提高25%，疲劳耐久性能提高了30%。在依托工程实践中通过研究合理的施工工艺，探讨施工设备改进措施与质量控制手段，沥青面层施工质量明显改善，跟踪观测结果表明，试验路段经历近3年的运营，外观良好，没有出现高温车辙、水损害和裂缝等早期病害。

四、效益分析

2007年，内蒙赤通鲁高速公路路面建设中，采用了层状硅酸盐改性沥青混凝土，提高了沥青路面的抗车辙性能和疲劳耐久性能。实施效果表明，层状硅酸盐改性沥青混凝土是一种经济有效的沥青路面铺筑材料，与同类沥青路面面层沥青混合料相比，节省工程材料费用19万元/km。

128. 机制砂配制水泥混凝土的试验研究

成果所属专题编号：皖交科鉴字[2010]第13号
成果主要完成单位：宿州市公路管理局
联系人：胡春亭
联系电话：0557-3325627(手机：13905570857)
通信地址：安徽省宿州市胜利路43号
E-mail：ahhct@163.com
邮政编码：234000

一、主要技术内容

1. 技术目标

砂是混凝土的主要组分之一，其品质对硬化混凝土的物理力学性能和耐久性均具有重要影响。传统的水泥混凝土细集料一般采用天然砂，一方面，天然砂的开采受到严格限制，另一方面，天然砂品质良莠不齐，质量很难保证。同时，细集料又是水泥混凝土工程不可缺少的组成部分，结构部位越重要对其质量的要求越高。皖北地区天然砂资源十分匮乏，昂贵的运费也势必大大增加工程造价。因此，开发质

量好、供应稳定的新型细集料，以保证水泥混凝土材料设计和施工质量，具有十分重要的意义。

机制砂作为近年来出现的水泥混凝土细集料之一，有着颗粒规整、形状粗糙尖锐、片状颗粒少、表面纹理丰富、粉尘含量低等优良物理特性。本课题在对皖北地区主要砂石生产企业生产的机制砂、石屑进行级配、密度、棱角性、粗糙度等基本指标分析的基础上，对比天然砂，研究机制砂混凝土在工程上的应用，建构质量评价标准并测算其经济效益，以实现机制砂取代天然砂这一最终目标。

2.技术路线

本课题在研究机制砂生产工艺与流程，以及国内现有机制砂制备工艺基础上，提出并验证了机制砂制备技术，制定了机制砂的生产质量控制体系，保证机制砂制备的质量；通过大量室内试验，研究机制砂掺量对水泥混凝土的抗压强度、抗折强度及和易性等技术指标的影响，分析获得机制砂的最佳掺量；通过试验路段实施与跟踪观测，探索机制砂配制道路水泥混凝土的施工工艺与质量控制体系，制定机制砂配制道路水泥混凝土实施指南。

二、适用范围

机制砂配制水泥混凝土的研究成果可为公路工程中水泥混凝土的原材料选用、施工工艺要求、施工质量控制和验收标准的确定提供指导性依据，在公路水泥混凝土工程的设计与施工中，有较大的推广价值，具有显著的经济效益与社会效益。从工程质量的后期效果来看，混凝土的各种性能指标均符合规范要求，路用效果良好。机制砂配制水泥混凝土具有明显的成本优势，如果考虑到资源优化与配置，则经济效益更为可观。

三、已应用情况

1.省道303泗(县)永(城)路泗县改线工程

路线全长2.2km，水泥混凝土路面。该项目试验配制的机制砂水泥混凝土，表面密实光滑无裂缝，强度满足设计要求。从工程质量的后期效果来看，混凝土的各种性能指标均符合规范要求，路用效果良好。

2.宿州市巨一混凝土有限公司

宿州市巨一混凝土有限公司是宿州市专业商品化混凝土生产企业，拥有年产C60以下商品混凝土100万m^3的生产能力。2008～2010年，公司从原材料的选用，生产过程加强控制，在技术与管理各个环节确保混凝土的产品质量。在宿州市公路管理局《机制砂配制水泥混凝土的试验研究》课题组的指导下，采用机制砂部分代替天然砂配制商品混凝土，广泛应用于桥梁、构造物及建筑工程。通过后期跟踪监测，工程质量优良，该项技术值得推广应用。

四、效益分析

1.经济效益

省道303泗永路泗县改线工程在最佳机制砂配比60%左右，配制的机制砂混凝土成本较全部采用天然砂降低9%。宿州市巨一混凝土有限公司在2008～2010年，共采用机制砂配制商品混凝土约95万m^3，新增利润总额约682.8万元。

2.社会效益

天然砂是一种天然资源，短期内不可再生，随着基本建设日益发展的需要，天然砂的数量和质量逐渐不能满足混凝土用砂的需求，影响了工程建设的进度和质量。一方面，超量开采，毁田挖砂、破坏河道，环境破坏严重。另一方面，天然砂分布不均衡，有的地区天然砂资源十分匮乏，昂贵的运费势必大大增加工程造价。

采用机制砂配制水泥混凝土，一是节约大量的外运天然砂运力。二是推广使用机制砂，减少天然砂开采，节约土地、稳定河流，有利环保。

五、水运类科研项目

129. 湘江航运安全监管技术与应急对策研究

成果所属专题编号：交科鉴字[2009]第 161 号
成果主要完成单位：湖南省航务管理局、交通部水运科学研究院、武汉理工大学
联系人：周志中
联系电话：0731-84883886（手机：13607311120）
通信地址：湖南省五一大道 982 号
E-mail：hnmsa01@163. com
邮政编码：410005

一、主要技术内容

本项目是以地区水路交通建设为依托，应用先进的计算机、网络、通信、自动控制、数字交通技术，GIS/GPS/CCTV 动态诱导协同技术，远程昼夜成像系统技术，成像信号增强等技术，实现信息融合，开发建立了一个适合湘江航运安全的综合管理平台、一个复杂气象条件下的远视距监控系统和一个内河水上交通安全预警系统，逐步实现湘江航运全方位覆盖、全天候运行、快速反应的现代化水上交通安全保障系统。

项目主要研究成果及创新点包括：利用信息融合技术实现了多台监控摄像机的自动握手切换，利用先进的 DSP 图像处理技术实现了在复杂气象条件下远程高清晰成像；首次将安全预警理论应用于内河航运研究，建立了一套安全预警系统。

二、适用范围

该项目研究开发整合了湘江流域通航安全保障系统，无论是从安全航行和航行调度指挥，还是从航运的发展，都提供了完善的辅助保障手段。它的实现为湘江流域航运安全和生产调度提供了有力的保障，给管理部门提供了水上救援的决策支持，对提高生产力和湘江的发展进行科学化管理打下良好的基础，该安全监管系统为我国内河安全监管提供了一种可借鉴的模式。

三、已应用情况

该项目成果于 2009 年 3 月起在我省湘江水域开始应用，它提供的水上交通安全预警系统及应急对策为我省制订水上交通安全管理政策起到了重要的技术支持作用；在岳阳、长沙、湘潭三市的重点码头、桥梁水域安装了全天候昼夜目标跟踪成像系统，通过对 GIS/GPS/CCTV 三个系统的研究，实现透明连接，并进行有机结合，远程摄像机实现对远距离不明航行物的检测、异常行进船舶的识别，保障了湘江部分重点水域、重点船舶的通航安全，减少了海事巡航及出警频率与成本。通过对湘江重点区域船舶实施监控跟踪，全面提高了对水域的控制能力、船舶的交通效率和安全应急处理能力。在湖南省水上应急指挥中心的应用，扩充了系统内的安全通信网和陆上搜救协调网，形成综合的应急指挥调度、数据传输和监控体系，提高了求助效率；通过信息网络，能及时有效地发布安全航行信息，保证遇险报警及时可靠地发送，降低了错误报警率；通过溢油应急体系、监视网络、危险品运输和固体废弃物跟踪系统，实现了船舶动态管理，船舶交通事故的自动化统计分析；建设的数据通信网络，满足了湘江重点区域统一协调，有效联通的需求。

四、应用效益

本系统运行以来，稳定可靠，促进了湘江区域经济的快速健康发展，保障了水上人命财产安全，保障了湘江航运安全，发挥了长江黄金水道的作用。

湖南省水上交通（海事）支持保障系统是我省海事系统“十一五”重要建设项目，总投资3亿元，湘江航运安全监管技术与应急对策课题研究成果在该项目的初步设计和施工设计中得到了应用。通过课题研究，建立了海事信息综合管理平台，全省各级海事机构不需要另建系统平台，可在网络上直接调用GIS、CCTV、GPS信息，因此海事信息化建设中涉及该平台建设的内容通过优化后可免于建设，预计可节约投资约2 000万元。

由于各级主管部门对安全生产的重视，2001～2008年湘江航运安全生产事故得到了有效控制，事故件数、死亡人数逐年下降，重大事故数和碰撞事故数在整体上也呈下降的趋势，但事故造成的直接经济损失逐年上升，采用本课题研究成果后能够降低50%的事故，本项目研究的经济社会效益每年将远大于200万元。

130. 长江集装箱运输系统优化与相关技术研究

成果所属专题编号：交科鉴字[2010]第133号

成果主要完成单位：交通运输部水运科学研究院、武汉理工大学、重庆港务物流集团公司、中国远洋运输（集团）总公司

联系人：邓延洁

联系电话：010-62079654（手机：13910156670）

通信地址：北京市海淀区西土城路8号

E-mail：dengyj@wti. ac. cn

邮政编码：100088

一、主要技术内容

本项目以提高长江集装箱运输系统效率和效益为目标，开展了长江集装箱运输系统发展态势和中长期运量、内河集装箱运行仿真技术、长江集装箱运输系统优化的研究，进行了长江上游集装箱码头工艺仿真示范，提出了符合长江航运发展趋势、具有针对性的长江集装箱运输系统对策和措施建议。

本项目论证预测了2015年和2020年长江上、中、下游三个区段水路上下行集装箱运量，在对长江集装箱港口子系统和运输组织子系统优化的基础上进行了长江集装箱运输系统优化，体系化提出了长江干线和主要支流23个主要港口集装箱码头的中长期发展规模，给出了推荐的各个时期港口通过能力和建设计划。按长江干线的45个航段和主要支流的12个航段，对长江集装箱运输进行了流域性运输组织优化，建立了全航程、多港口、双端点的布局结构，给出了各个航段在不同时期的优化船型及合理的运输组织模式。通过仿真技术，对船舶、车辆及装卸搬运设备、堆场机械等多因素进行联合建模，实现了内河集装箱码头作业效果的可视化，对规划及营运阶段的集装箱码头，给出了寻找码头堆场道路、工艺系统、设备配置等瓶颈问题的解决方法。根据长江上游航道特点和岸线条件，针对不同吞吐量需求，提出了内河大水位差集装箱码头建设典型方案和推荐工艺。

二、适用范围

本项目成果可以为政府主管部门制定长江集装箱运输政策提供决策支持，指导长江集装箱运输行业健康、有序发展，为长江黄金水道建设提供技术支撑，帮助港口和航运企业掌握投资时机和规模，提高内河集装箱码头建设和营运效率，实现社会效益最优化和企业经济效益的最大化。

三、已应用情况

本项目研究提出的长江集装箱运输政策建议已提交交通运输行业相关主管部门并受到高度重视，

加快长江黄金水道建设、促进长江港口规模化和专业化，长江集装箱运输发展预测和系统优化方案已得到体现和落实。

本项目对大水位差内河集装箱码头工艺的研究成果，为长江上游港口建设集装箱码头科学制订工艺方案给予了有力支撑，并将为相关标准和设计规范的修订提供研究基础。内河集装箱码头仿真技术研究成果，已经在武汉、长沙等长江港口集装箱码头建设和营运中获得应用，对提高港航企业投资效益和经济效益发挥了重要作用。

四、效益分析

本项目研究成果涵盖了长江集装箱运输中的热点和难点问题，对长江集装箱运输发展具有很好的指导与借鉴意义。根据项目研究成果提出的近期发展目标和中长期发展目标，不断建设完善长江集装箱运输系统，可以有力推动长江集装箱运输健康协调发展，使长江集装箱运输总成本最优，促进长江集装箱运输更加健康、更为快速地发展，提高长江运能利用效率，降低能耗，增强长江集装箱运输系统的环境友好度，提升整个长江集装箱运输系统的效率，更好地发挥长江“黄金水道”的作用。

131. 海上微型浮标溢油跟踪定位技术

成果所属专题编号：交科鉴字[2010]第 21 号

成果主要完成单位：交通运输部水运科学研究院、中华人民共和国广东海事局、大连海事大学

联系人：刘晋川 杨瑞

联系电话：010-62079449　62079106(手机：13466599730)

通信地址：北京海淀区西土城路 8 号

E-mail：yangr@wti. ac. cn

邮政编码：100088

一、主要技术内容

项目针对海上溢油的跟踪监测，自主研究开发的基于北斗卫星通信定位的海上微型溢油跟踪浮标，具有结构简单、质量轻、跟踪效果好的特点，以北斗卫星定位通信模式，实现了海上溢油信息的跟踪和快速传输，满足海上溢油跟踪定位的需要，关键技术填补了国内空白，研究成果技术水平、经济效益和环保指标均有显著提高，达到了国际先进水平。

图 1　微型溢油跟踪浮标

1. 项目的成果(标准型浮标)主要技术参数指标

外表面直径：29.6cm。

质量：6kg。

浮标体材料：聚酯玻璃钢。

自由落体坠落：3m 入水。

图 1 为微型溢油跟踪浮标。

2. 项目主要技术内容及创新点

(1)国内首次研究开发了以海上溢油跟踪为主要目的、基于北斗卫星通信定位技术的水面表层漂流微型浮标，开发了适用于漂流浮标的小型北斗 OEM 板，完成了浮标的控制系统软硬件集成，为海上溢油追踪与监测建立了平台。

(2)针对海上微型漂流浮标的技术特点，开展了水动力学研究，提出了浮标漂移运动的水动力平衡方程，为浮标参数设计和海上溢油跟踪提供了数学模型。

(3)根据海上摄像影像，应用分块多高斯建模技术和动态纹理分析方法，解决了前景物体的运动、水面的波动、摄像头运动这三种动态特征的分析，建立了海上油膜识别方法。

(4)开发了溢油浮标海上漂移地理信息处理系统，实现了海上溢油信息数据的及时采集、存储、回放和监控，为海上溢油事故的应急反应和快速处理提供了依据。

海上微型溢油跟踪浮标的开发成功，填补了国内空白，为实现海上溢油跟踪监测提供了一种快速有效的新技术(图 2 和图 3)。

图 2　北斗系统浮标应用

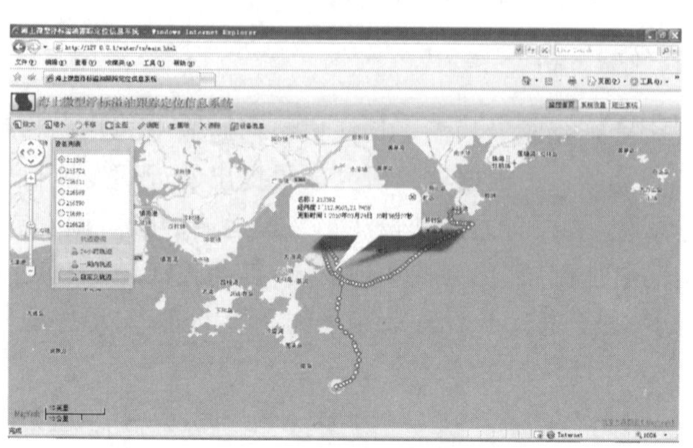

图 3　浮标现场应用

二、适用范围

项目开发的、具有良好溢油跟踪定位能力的水面表层漂流浮标产品达到了溢油应急快速反应的要求，对海上溢油监测、跟踪、定位技术进步发挥了重要的作用，具有良好的应用前景，主要用户是交通海事系统、水运系统、各大船公司、码头公司、港务集团及海洋石油公司等。

三、已应用情况

目前，我国海事系统已成功应用，尤其是在我国大连“7.16”中石油输油管道发生溢油事故，项目研发的技术及产品投入现场应用，为现场溢油跟踪定位起到了重要的作用，并取得了良好的效果。

(1)“7.16”大连新港溢油事故应用

2010 年 7 月 16 日，大连中石油国家储运有限公司输油管道发生爆炸火灾事故，随后大量原油泄漏到海上。项目研制的溢油跟踪定位浮标先后在大连湾、旅顺口等海域多次投放，设备均能准确有效地检测溢油并报警，实现跟踪定位，实时将信息传送到海事局溢油指挥中心，为海上清污工作提供了信息支持，在“7.16”大连溢油事故的应急处置中发挥了重要作用。

(2)珠海海事局“高栏溢油应急反应基地(一期工程)”应用

从 2009 年初开始，项目开发的溢油跟踪定位浮标在珠海海事局高栏溢油应急反应基地投入使用，项目开发的浮标以卫星定位通信模式进行海上溢油信息的跟踪与快速传输，具有安全、可靠、稳定及定位精度高等特点，及时准确地发现溢油漂流位置，采取措施，减少事故损害，并可以快速形成溢油应急行动决策清除方案，有效制止溢油蔓延，同时提高了清污作业效率，减少了污染危害，降低了清污费用。

(3)广州航标处“南海海区航标溢油清污基地(仑头)”应用

广州港、珠江口水域是发生溢油事故的高风险区域，在此建设了航标溢油清污基地，配备了相应的溢油清污设备。项目研制的溢油跟踪定位浮标定位准确、数据传输稳定可靠等特点，满足在不同海区、不同天气条件下的实用性，取得了良好的应用效果。

四、效益分析

海上微型浮标溢油跟踪定位技术的成功应用，具有显著的环保特点，可以及时准确地向环境敏感区发布污染预警，从而大大减少环境污染损失、海洋生态损失、海岸线污染损失等，有利于促进渔业、旅游

业发展，提高我国在环境保护领域的国际形象地位。

项目的研究成果，使得国家及主要海区正在建设的海上溢油应急反应系统的功能得到有效加强，有效提高了我国海上溢油监测预测、决策指挥和回收处理方面的综合能力，海洋环境改善与社会效益十分明显。

132. 水上溢油事故应急处理技术

成果所属专题编号：交科鉴字[2010]第 6 号

成果主要完成单位：交通运输部水运科学研究所、山东海事局（中国海事局烟台溢油应急技术中心）、深圳海事局、交通运输部科学研究院、国家海洋环境监测中心、深圳市计量质量检测研究院、中国水产科学研究院东海水产研究所

联系人：刘敏燕

联系电话：010-62079096（手机：13671055052）

通信地址：北京海淀区西土城路 8 号，水科院安全应急中心

E-mail：liuminyan@wti.ac.cn

邮政编码：100088

一、主要技术内容

研究确定了三维荧光光谱法（3D－FS）和气相色谱/质谱法（GC－MS）相结合的新方法进行溢油源快速鉴别；研制成功了“滚动式水面油膜采样装置”，并申请发明专利；首次建立了适用于船载货油、燃料油的数字化 O－DNA 溢油指纹鉴别自动比对系统，获得软件著作权，在国内外，首次创建了经溢油分散剂处理的混合溢油源鉴别技术；制定了行业标准《水上溢油鉴别规程》。技术经济指标：比国家标准方法提高速度 1～2 倍，现场验证试验的准确率达到 100%。建立的混合溢油源鉴别技术及经溢油分散剂处理的油品鉴别技术，解决了世界性难题。

分别建立了污染损害评估总指标体系，清污和预防措施、渔业损失和环境损害评估指标体系、评估程序、评估方法和评估软件，开展了相应的应用研究，编制了《船舶溢油事故污染损害评估导则——清污和预防措施费用》（草案），从恢复措施角度出发，首创国内溢油环境损害评估模型和软件，提出了建立有中国特色的船舶污染损害赔偿机制的具体内容。技术经济指标：课题成果具有系统性、科学性、合理性和实用性，可使溢油事故各类损失的评估程序化、快速化、合理化。

二、适用范围

水上溢油源鉴别和船舶溢油污染损害评估。

三、已应用情况

溢油源鉴别研究成果，已对全国沿海 60 多起溢油事故开展了及时有效的溢油指纹鉴别。鉴别结果为海事执法提供了有力的技术支撑和依据，减少了非肇事船舶在港滞留时间及其经济损失，为保护其合法权益提供了科学依据。

《船舶溢油事故污染损害评估导则——预防与清污措施费用》的有关内容已被河北海事局纳入应急计划中，已在烟台、日照、大连、营口、天津海事局等获得应用，特别是在大连“7.16”油罐爆炸事故清污索赔中，起到了较好的参考作用。普遍反映，该导则条理清晰、证据材料要求明确，有利于缩短整理索赔材料周期和保护清污公司服务于社会的积极性。对“4.22”事故的天然渔业资源损失评估，成功获得索赔 1 822 多万元。对“5.7”和“11.1”事故的天然渔业资源损失评估工作已完成，赔偿工作正在进行之中。

四、效益分析

鉴别结果为海事执法提供了有力的技术支撑；根据评估结果，对相关受害者合理赔偿，既有效保护了受害方的利益，又避免了漫天要价造成的不良影响，还显著减轻了事故的社会、生态、环境影响程度，为溢油应急事业的良性发展提供了政策和经费保障，有利于树立政府和执法部门公平、公正良好形象，为我国履行国际公约和应对大规模溢油事故奠定了基础。

133.水上溢油预测预警与应急决策技术

成果所属专题编号：交科鉴字[2010]第33号

成果主要完成单位：交通运输部水运科学研究所、交通运输部海事局、中国海事局烟台溢油应急技术中心、深圳海事局、北京大学、国家海洋环境预报中心、中国环境科学研究院、深圳市计量质量检测研究院

联系人：乔冰

联系电话：010-62079060(手机：13910066059)

通信地址：北京市海淀区西土城路8号

E-mail：qiaobing@wti.ac.cn

邮政编码：100088

一、主要技术内容

溢油预测技术目前多依赖进口(如美国OilMap软件)，预测精度和基础数据难以保证，且只能覆盖局部区域，不能准确预测海面风场，对不同油品风化状况缺乏试验。溢油敏感图缺乏统一的分类和制作标准，难以实现与溢油模型的耦合对接，溢油环境预警和应急辅助决策技术尚属空白，应急预案体系在区域应急两岸协作等层面有待完善。为保证溢油预测预警与应急决策的关键技术支持，经研究开发和实验，提出了典型油品风化形态、漂移轨迹和环境归宿状况三维快速预报模型、海面风场快速诊断及概率分析模型、溢油污染风险预警方案及模型、溢油敏感资源分级分类及遥感识别方案、应急处置预案及资源搜索匹配模型，形成溢油清污技术指南、溢油跟踪浮标性能指标、溢油风化试验方法、溢油环境敏感资源分类方法、溢油敏感图制作管理方案等标准草案和《海峡两岸溢油应急协作安排》等区域溢油应急协作预案草案以及溢油应急决策支持平台，显著提升了预测精度、覆盖范围、预警可行性和决策支持实操性。

三维溢油漂移模型以及与之相耦合的海面风场诊断模型系统可在中国近海任意区域实现高分辨率(100m×100m)计算网格自动划分，并可与黄渤海、东海、南海三大海区二维潮流模型(包括16个潮汐分潮数值及矫正系数模型)动态耦合，经与“塔兹曼海号”溢油事故现场追踪和卫片解译图片比对，模拟结果能良好重现溢油污染状况，出现位置、覆盖区域和受污染面积基本吻合，与珠海高栏溢油跟踪浮标现场试验的浮标漂流方向基本一致。

该成果业务化应用的技术配套条件为必要的计算机软硬件条件和24h操作人员值班，以及相应的技术培训等。

二、适用范围

该成果适用于国家和区域海事、搜救、港口等水上溢油预测预警与应急决策支持系统的建设、运行和科技支撑服务，区域溢油污染损害风险的超前预警、快速预警，环境敏感资源受污染概率分析，溢油风化状况，漂移轨迹及环境归宿定量预测分析，环境敏感图标准化制作及管理，溢油漂移浮标现场追踪，应急预案和应急资源体系完善，区域应急协作支持等。

该成果关键技术可应用于区域和港口船舶防污染体系及溢油应急体系规划、水上溢油风险评价及

应急设备配备、应急预案研究编制、港口建设项目和规划的环境影响评价等,并可拓展应用于油污及有毒有害物质(HNS)污染防备、反应与合作中的相关技术支持。

三、已应用情况

在交通运输部海事局、中国海事局烟台溢油应急技术中心、深圳海事局分别开展溢油动态漂移模拟系统的依托工程应用和业务化预报应用试验,取得了成功,并在底图显示、多核运算、数据自动输入和清污效果模拟方面加强了后续滚动研究。

柴油风化模拟试验成果已应用于陕西华县中石油地下输油管道泄漏事故应急咨询支持,溢油跟踪浮标系统和溢油漂移模型系统在大连"7.16"溢油事故应急中为应急指挥部全面准确地了解溢油污染状况提供了重要技术支撑。

溢油预测预警互联网络演示平台对金厦海域假设溢油事故的漂移轨迹高清晰度影像信息(图 1),使决策者能够直观地了解溢油对环境敏感资源污染损害的时空分布状况,被应用于首届"两岸油污染紧急应变协作"演练(图 2),科技支撑效果良好。

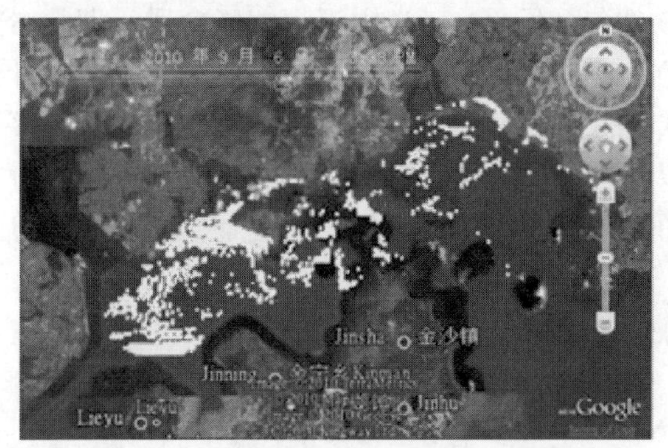

图 1　金厦海域假设溢油事故的漂移轨迹

图 2　"两岸油污染紧急应变协作"演练

四、效益分析

课题成果主要技术指标达到国际先进水平,其中:在海面风场快速诊断模型、溢油风化模型、溢油漂移动态预报模型等达到国际领先水平。有效提升了国家海上船舶污染事故应急快速反应能力,满足国家应急预案及应急体系建设、履行国际公约、确保水运及海洋经济可持续发展的需要,显著降低事故风险和污染损害,社会、环境、经济效益显著。

134. 岛群中建港水动力关键技术问题研究

成果所属专题编号:交科鉴字[2010]第 104 号

成果主要完成单位:交通运输部天津水运工程科学研究所、上海同盛投资(集团)有限公司、中交第三航务工程勘察设计院有限公司

联系人:赵洪波

联系电话:022-59812345 转 515

通信地址:天津市塘沽区新港二号路 2618 号

E-mail:tkskjc@sina.com

邮政编码:300456

一、主要技术内容

本项目是西部交通建设科技项目《离岸深水港建设关键技术研究》项目专题之四,合同编号 2006

328000 03-04。岛群中建港主要涉及泥沙和船舶安全，而水动力是关键技术问题，也是国内外前沿课题。本项目主要采用现场资料观测、物理模型、数学模型、理论分析等研究手段，以洋山港、宁波港为依托工程，对岛群间高含沙、高水流动力条件下泥沙淤积的机理和淤积规律，特殊天气下港口、航道泥沙骤淤现象，岛群海域的港址选择与建筑物平面布置原则，岛群海域船舶系泊在潮流与波浪并存相互影响下对系泊船只的运动量、系缆力和护弦的作用等关键技术进行了综合性研究。

本项目具有多项创新内容，主要包括：①全面总结和分析了岛群中建设深水大港的有利条件，论述了岛群港口选址及建筑物布置的基本原则，对岛群建设深水大港和浅水深用等港口选址及码头岸线布置基本原则提出了许多新见解，为港口发展和规范的相应条款进行了补充修订，并提供参考；②以洋山深水港为背景，全面分析了洋山海区动力条件和泥沙环境，详细解析了洋山港海域的海床性质、泥沙运移形态以及泥沙冲淤机理；③基于平衡含沙量理论，提出了海床冲淤指标，建立了海床冲淤演变预测模式和顺岸式港池淤积预报公式，为洋山港海床演变分析和港池泥沙淤积预测提供了新的手段，顺岸式港池淤积预报公式纳入新的《海港水文规范》中；④采用二维潮流、泥沙及海床冲淤数学模型和引进消化改进的美国夏威夷大学 CFMS 中飓风模型、全球潮汐模型、第三代深海波浪模型、第三代近岸波浪 SWAN 模型、潮汐风暴潮模型以及海岸河口多功能数学模型软件包 TK-2D，对洋山工程海区台风暴潮骤淤进行了数学模拟研究；⑤利用整体物理模型，采用清水潮流和浑水局部动床试验方法，总结和论述设计部门提出的各种建设方案和规划方案试验成果，结合对试验的认识，从泥沙角度洋山港岛群海域港口平面布置提出建议；⑥系统地研究了岛群波浪的特点及模拟方法，解析了岛群间波浪的方向分布、频率分布特征；⑦通过模型试验，结合已有规范提出了考虑波浪的船舶系泊参数新的计算方法，经进一步验证后，可纳入相关规范中。

经交通运输部科技司组织的鉴定，本项研究成果总体上达到国际领先水平。

二、适用范围

本项研究成果适用于岛群海域建港涉及的水动力、泥沙、港址选择与建筑物平面布置，船舶系泊等问题，其中的平衡含沙量理论、海床冲淤演变预测模式、顺岸式港池淤积预报公式、水动力泥沙模拟技术、考虑波浪的船舶系泊参数新的计算方法等也可适用于其他海岸及近海工程。

三、已应用情况

项目研究成果已成功应用于上海洋山深水港、宁波港工程建设中；有关成果已纳入《海港总平面设计规范》和《港口与航道水文规范》修订稿中。

四、效益分析

本项研究成果已成功应用于上海洋山深水港、宁波港工程建设中，产生了巨大的经济效益和社会效益。研究成果将有助于促进海岸动力学、海洋水文学、工程泥沙等学科的发展，提高我国群岛海域建港的技术水平，具有重要的现实意义和广泛的应用前景。

135. 内河小型船舶电力推进系统研制

成果所属专题编号：交科鉴字[2010]第 102 号

成果主要完成单位：云南省航务管理局、上海海事大学

联系人：宋宇

联系电话：0871-5124828(手机：13708851843)

通信地址：昆明市环城北路 181 号

E-mail：songyusysy@163.com

邮政编码:650051

一、主要技术内容

低排放柴油发电机组的电力推进系统是一种先进的船舶推进方式。电力推进方式具有节能环保、操纵动力性良好的特点,可以降低船舶的废气排污,水体排污,减少船舶的燃料能源消耗,同时可以获得理想的动力特性。

项目研制的内河小型船舶电力推进成套系统及其嵌入式电子监控装置符合现行的船用标准及造船规范,项目研制的内河小型船舶电力推进系统,解决了内河船舶电力推进系统的结构优化与参数匹配、电力推进船舶操纵控制、电力推进船舶电站动态管理、电力推进系统动态稳定性、电力推进系统集成等关键技术,研制了内河船舶电力推进系统,总体技术性能达到国际先进水平,项目成果填补了国内空白。项目研制过程中取得多项知识产权,已获 6 项专利授权,其中 3 项发明专利、2 项实用新型专利、1 项外观设计专利;获 1 项软件著作权。在中国造船等国内权威期刊及 IEEE 等国际会议上发表论文 16 篇。

内河船舶电力推进系统的研发和应用,符合国家节能环保技术、先进船舶制造技术、嵌入式电子控制技术等中长期科技发展战略,项目成果的推广应用前景广泛,适用于对环保节能要求严格的水域航运环境下的各类船舶;适用于操纵性和舒适度要求高的各类船舶;适用于电力负荷大,多功能多用途船舶,包括起重船、疏浚船等特种工程船舶。除云南省外,我国其他地区的内河航运有同样的需求,适合内河及湖库区航运的中小型电力推进船舶,特别是客船具有良好的产业化前景。

经云南省人民政府科学技术奖励办公室组织的专家评审,该项目荣获 2010 云南省科学技术发明一等奖。

二、适用范围

适合内河及湖库区航运的环保型小型电力推进船舶。

三、已应用情况

项目的整体技术应用于昆明滇池"滇游 1 号"电力推进客渡船。"滇游 1 号"电力推进船舶操控性能优越,适航性好,乘坐舒适,运行可靠,同时节能环保效果显著。投入运营以来受到了船东单位、广大乘客、环保部门的一致好评。"滇游 1 号"是目前滇池上唯一一艘符合水域环保标准的客运船舶。

应用项目技术研制的"世纪之光"电力推进清扫船,服务上海世博会,显著提高了黄浦江景观水域保洁船的技术水平和工作性能。应用项目技术研制的"黄埔号"电力推进高级游览船拥有 500 个客位,电站容量达到了 2MW,是上海世博会期间黄浦江上最高档的游览船。

项目的部分技术应用于昆明中船 750 研究所,建造了两艘小型电力推进检测船。应用于上海港务集团技术中心"上海港船舶交流变频及监控技术"项目,建造了 500T 大型起重船。应用于上海聚友电气科技发展有限公司"船舶电力推进系统控制技术"开发项目。

四、效益分析

1. 经济效益

项目成果的应用,以自主研发的国产化电力推进系统替代国外同类产品和技术,船舶电力推进系统成本下降 45%。

电力推进船舶的建造费用约高出 20%左右,但营运期年节省燃油费用 10%,降低维修费用 30%,因此,8~9 年可收回多投入的造船费用。长期分析,综合经济效益优于柴油机推进船舶。

近三年来,项目成果的应用,新增税利 12 915 万元,节支 1 280 万元。

2. 社会效益

由于船舶电力推进发电机组运行工况平稳,废气排放少,排放限制值满足国际海事组织的规定;发电机组长期高负荷率恒速运行，百公里油耗率低，可节省燃料10%；机舱的舱底水生成量减少30%以上；机舱满足无泄漏要求；客舱噪声低于65dB。电力推进船舶作为绿色环保船舶，替代以往滇池航行的燃油机动船，满足滇池水域环境保护的迫切需求，推进云南水路交通事业的健康可持续发展，对推进西部环保型航运事业发展具有积极的社会意义和经济意义。

136.海港工程混凝土结构耐久性寿命预测与健康诊断研究

成果所属专题编号：交科鉴字[2010]第113号
成果主要完成单位：中交四航工程研究院有限公司
联系人：胡继业
联系电话：020-84233707(手机：13929583217)
通信地址：广州市前进路157号
E-mail：hjiye@gzpcc.com
邮政编码：510230

一、主要技术内容

处于海洋氯盐腐蚀环境下的港口码头、道路桥梁等混凝土结构耐久性已经成为世界各国备受关注的重大技术问题。而与耐久性直接相关的新建工程使用寿命问题、已建工程健康诊断问题日益突出，成为制约我国港口、桥梁等建设工程可持续发展的瓶颈。

项目首次针对我国北方、华东和南方典型海水腐蚀环境，进行了全面系统的混凝土结构耐久性调查和长期海洋环境暴露试验研究，采取大规模工程调查、长期海洋环境暴露试验与快速室内试验相结合的研究思路，建立了与我国典型海港实体工程相吻合的混凝土耐久性寿命预测模型。国际上首次利用长期暴露试验进行"复原试验"的研究方法，建立了室内快速试验与长期暴露试验的耐久性相关关系，解决了海工混凝土耐久性质量控制指标与设计使用年限之间定量关系的难题。根据试验研究与数值模拟、理论分析，建立了综合考虑混凝土材料、构造、环境等多因素的海洋环境钢筋混凝土锈蚀开裂过程模型；进一步开发了海工混凝土结构耐久性设计和寿命计算软件，可用于新建工程的耐久性设计和已建工程的剩余使用寿命预测；并研制出具有自主知识产权的混凝土耐久性监测传感器，开发了兼备实时监控和预警功能的海工混凝土耐久性健康诊断和寿命预测系统。

二、适用范围

项目成果不仅可应用于海港工程、跨海桥梁、隧道工程及其他沿海、跨海土木建筑工程，也可应用于寒冷地区需撒除冰盐的路桥市政工程以及盐碱地区的建筑工程。

本项目提出的海洋环境混凝土结构耐久性寿命预测模型，来源于对大量工程原型调查、长期暴露试验和室内模拟试验数据的统计分析，建立的寿命预测模型与我国典型海工混凝土结构相吻合。成果既可用于新建混凝土结构的耐久性设计，也可以用于已建工程的剩余使用寿命预测与耐久性评估。

本项目研制开发成功埋入式可监测混凝土中氯离子浓度的多元传感器，与开发出的耐久性寿命预测和健康诊断软件构成海工混凝土结构耐久性实时监测预警系统，填补了我国海工混凝土耐久性原型监测和预测技术的空白。

总体而言，本项目研究成果形成了海工混凝土结构寿命预测、耐久性设计及健康诊断成套技术，满足当前我国离岸深水港和跨海湾通道等交通工程建设发展的技术需求，成果具有广阔的应用前景。

三、已应用情况

研究成果已经纳入《港口水工建筑物检测与评估技术规范》、《港口水工建筑维修加固技术规范》、

《水运工程混凝土质量控制标准》及《海港工程高性能混凝土质量控制标准》，体现了成果对行业科技进步的推动作用。

成果还成功用于设计使用年限为120年的港珠澳大桥的耐久性设计。利用项目研究成果，经过概率分析，建立了港珠澳大桥基于可靠度的耐久性设计方法，为满足120年设计使用寿命要求的混凝土结构耐久性质量控制指标的确定提供了技术支撑，已纳入《港珠澳大桥项目设计指导准则》及港珠澳大桥设计施工总承包招标文件中，用于指导、规范后续的施工图设计及现场施工。

四、效益分析

项目研究紧密结合我国交通建设领域离岸深水港工程和跨海湾通道工程的建设需求，解决了海港工程混凝土结构耐久性设计、寿命预测、结构健康诊断的关键技术。推广应用课题成果，可以提高我国耐久性设计、施工及健康诊断总体技术水平，提高企业参与国际市场竞争力，将产生显著的经济效益。

研究成果已经或将要纳入多部行业标准规范，对提高我国海工混凝土结构耐久性设计的科学性和可靠性、保证国家重大海工交通基础设施的工程建设质量发挥重要的技术支撑作用。所形成的海工混凝土结构腐蚀监控和健康诊断、预警系统成果，为我国交通建设管理部门、业主单位及时、正确掌握已建港口工程的健康状况，采取及时的维护、维修和技术改造措施提供重要的技术依据。

成果的推广和应用，将显著提高我国港口码头和跨海湾通道等重大交通基础设施的耐久性，延长结构安全使用寿命，避免将来需投入的巨额维修费用和因维修停产而造成的巨额经济损失，在保证交通基础设施正常营运而给企业带来巨大的经济效益同时，也促进了我国交通建设的可持续发展，综合经济效益和社会效益显著。

137. 离岸深水港抛石基床整平关键技术研究

成果所属专题编号：交科鉴字[2010]第131号

成果主要完成单位：中交第一航务工程局有限公司、中交一航局第二工程有限公司、中交一航局第五工程有限公司、中国交通建设股份有限公司

联系人：毛轶伦

联系电话：022-25600500转1909

通信地址：天津港保税区跃进路航运服务中心8号楼

E-mail：maoyl@ccccyhj. com

邮政编码：300461

一、主要技术内容

随着港口建设不断向外海延伸发展，使得新建码头的前沿水深不断增加。为了适应港口建设深水化和向外海拓展的趋势，开展了离岸深水港抛石基床整平关键技术研究。

离岸深水港抛石基床整平关键技术研究主要包括以下三个专题。

1. 抛石新工艺的研究

该专题研究克服了抛石整平过程中母船和水下整平机之间相对运动的技术难题，成功解决了外海深水条件下整平料抛石方法和抛石数量的控制问题，实现了“定点定量抛石”。

2. 精确测量水下高程新方法的研究

根据所确定的整平机结构和工作方式，选择适宜的水下高程测量方法，实现对整平高程的精确测量和控制。

该专题通过方案比选和对比试验，研制出“GPS＋压力传感器静态验潮方案”用于水下固定点高程测量，成功解决了外海深水条件下水下高程测量难度大、精度低的问题。

3.适应深水条件下机械化整平方法的研究

该专题从整平方式、高程和水平度测控方式、整平料抛石方式、整平船水上和水下两部分的连接配合形式等方面，充分吸收当代工业技术成果，针对未来码头工程水深要求，结合外海施工环境条件，吸取各种类型整平机的成功经验，开发研制新一代深水抛石整平船，实现了抛石、整平、质量检测一体化的机械化整平作用。

二、适用范围

实现重力式结构水下抛石基床整平的下料、整平、检测一体化机械化作业的深水基床抛石整平船，主要经济技术指标如下。

整平质量符合《水运工程质量检验标准》(JTS 257—2008)，达到细平标准。

适用工作水深10～45m;整平料粒径2～15cm。

适应开敞水域施工，风力6级以下，流速不大于2.0m/s，波高不大于1.2m。

整平机一次驻位有效整平面积不小于28m×17.2m(长×宽)。

实现自动监测和驾控室集中操控。

三、已应用情况

通过研发和各项试验，“青平2号”深水基床整平船于2009年6月完成建造，并分别在青岛港前湾四期工程和胶南董家口港区40万t矿石码头及海军某工程中进行了应用，整平质量、整平效率和测量监控系统完全达到了设计的技术参数，总体效果满足设计要求(图1和图2)。

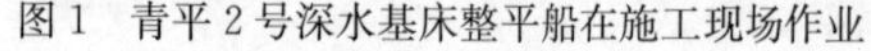
图1　青平2号深水基床整平船在施工现场作业

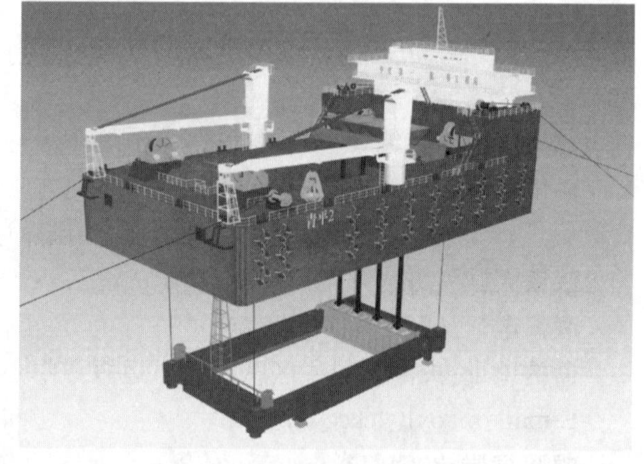

图2　青平2号深水基床抛石整平船效果图

“青平2号”整平船在工程项目整平的基床质量优，精度高，见表1。

整平项目及质量　　表1

序号	项目名称	基床顶高程(m)	石料粒径(cm)	质量标准(mm)	合格率(%)
1	青岛港前湾四期工程	−20.00	7～20	±50	98
2	港珠澳大桥碎石基床整平试验	水深25	3～5	±40	100
3	董家口港区矿石码头工程	−25.00	7～25	±50	99
4	海军某工程西导堤	−17.00	7～20	±50	98

四、效益分析

1.社会效益

深水整平船的研制和应用，其社会效益是巨大的，主要表现在以下方面。

(1)填补了我国外海深水条件下机械化整平技术的空白,实现了技术进步。

(2)以机械化施工代替传统的潜水员人工作业,大大降低了劳动强度,改善了劳动条件。

(3)减少了施工中的不安全因素,从根本上保障了安全生产。

(4)自动化技术和高精度测控方法的开发应用,使基床整平施工质量大大提高,从整体上促进了重力式港口水工建筑物的施工质量的提高。

(5)机械抛石较人工抛石对施工海域的扰动大大降低,对施工水域周围的生态环境影响小。

(6)适应港埠深水化趋势,为未来大水深条件下重力式码头施工做好了施工技术储备。

2.经济效益

(1)青岛港前湾四期工程7号、8号泊位,每个泊位22个沉箱,330m。

沉箱基床整平面积为:330m×2×22m=14 520m^2。

潜水员水下细平整平,25m以内水深,每整平100m^{2}费用为266元/m^2。

整平船整平施工成本为:117×104元÷(481m^2/船位×20=9 620m^2)=121.62(元/m^2)。

整平船较传统工艺整平施工,每平方米可降低成本:266元/m^2-121.62元/m^2=144.38(元/m^2)。

成本降低额为:144.38元/m^2×14 520m^2=209.64万元。

(2)青岛港40万t矿石码头工程,项目合同6 000t椭圆沉箱17个,基床整平工作量计595万元,使用该工法整平共计发生基床整平费用290.4万元。

深水整平船整平作业的效率高,可以适应施工条件恶劣、工期紧的要求,增加了可利用水上作业天数,给施工单位带来了直接的经济效益。同时,抛石基床整平历来是重力式建筑物施工的关键工序,制约着工程工期,从而限制了项目建设速度。深水整平船的研制和应用突破了传统工艺对建设速度的制约,必将缩短建设周期,提高投资效益。

138.离岸深水港码头重力式复合结构和嵌岩桩结构关键技术研究

成果所属专题编号:交科鉴字[2010]第130号

成果主要完成单位:中交水运规划设计院有限公司、河海大学、交通运输部天津水运工程科学研究院、大连理工大学、大连港集团有限公司

联系人:沈威

联系电话:010-84199175(手机:13581841885)

通信地址:北京市东城区国子监街28号

E-mail:shenwei@pdiwt.com.cn

邮政编码:100007

一、主要技术内容

本项目针对离岸深水码头的关键技术问题,特别是岩基浅埋条件下的离岸深水码头问题,解决制约我国离岸深水港建设的技术瓶颈和战略性难题,系统研究了适合复杂海洋环境和岩基浅埋条件下离岸深水码头新型结构形式——重力式复合结构和嵌岩全直桩结构。针对重力式复合结构的设计、施工,形成了成套的技术体系;对嵌岩全直桩结构码头的波流荷载、动力计算、温度应力计算、嵌岩结构的计算与构造,形成了创新性研究成果。

项目首次对适用于水深、浪大、覆盖层薄的岩基等承载力较高地基条件下的重力式复合码头新型结构进行了系统的研究,提出了重力式复合码头结构高程确定方法、上部桩基与下部沉箱结构的合理分界位置的确定方法及中间钢管桩与上、下部结构的连接构造(图1);给出了重力式复合码头结构上、下部结构所受波浪力半经验计算公式,波浪作用下重力式复合结构波峰面高度计算公式,为重力式复合码头结构设计提供了技术支持。

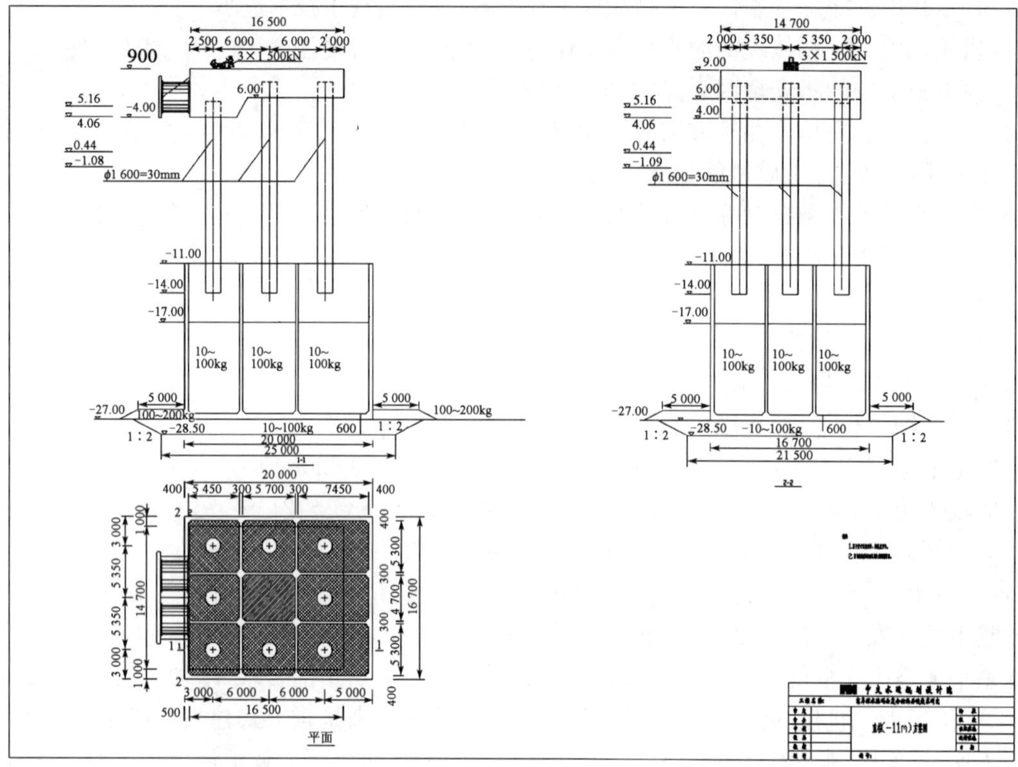

a)

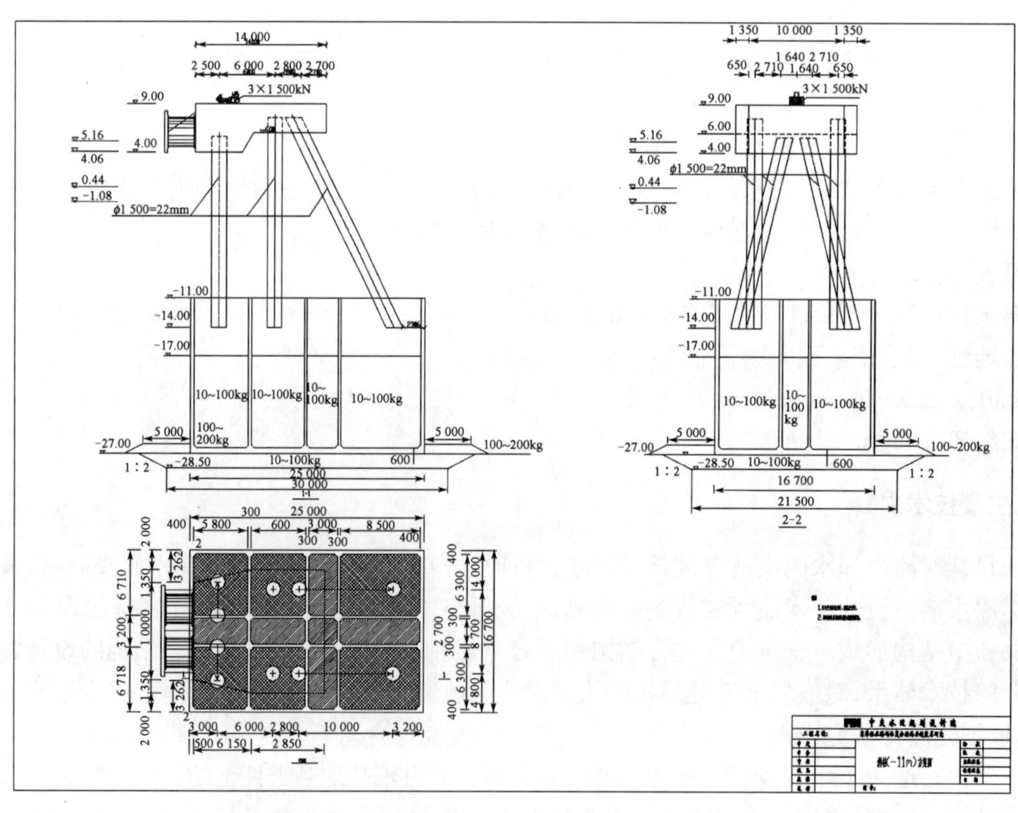

b)

图1　重力式复合码头新型结构示意图

a)重力式复合结构直桩方案；b)重力式复合结构斜桩方案

针对嵌岩全直桩码头结构，项目首次提出了任意方向波流共同作用下桩基码头波峰面高度与码头上部结构所受波浪力计算公式，完善了开敞式码头结构所受外力和码头面高程的确定方法。提出了更为精确的嵌岩全直桩码头整体结构静力、动力空间简化计算方法；首次提出了嵌岩全直桩码头结构温度应力的计算模式，并给出了相应的简化计算方法。试验模型及受力试验现场见图 2 和图 3。

图 2　嵌岩全直桩结构码头试验模型

图 3　波流共同作用下桩基码头受力试验现场

二、适用范围

本课题研究成果可广泛应用于离岸深水港和大型开敞式码头的设计。项目研究的重力式复合码头结构和嵌岩全直桩码头结构适用于水深、浪大、覆盖层薄的岩基等承载力较高地基条件下的离岸深水码头结构。

三、已应用情况

本项目提出的重力式复合结构为大连新港新 30 万吨级(兼靠 45 万吨)进口原油码头工程提供了强有力的技术支持，工程应用了项目研究成果对码头上部结构进行了优化，降低了码头面高程，减小了结构所受波浪力，节省了工程投资。

日照港岚山港区 30 万吨级原油码头工程的系缆墩结构应用了沉箱基础＋透空桩基＋上部承台的复合式结构，方便了施工，节省了工程投资。

本项目研究的嵌岩全直桩码头结构上部结构波流力计算方法、温度应力计算方法及结构空间简化计算方法在宁波港北仑港区五期集装箱码头工程中成功应用。

四、效益分析

项目研究成果解决了传统重力式码头结构和桩基码头结构难以向外海、深水进一步发展的难题，在离岸深水的码头建设中，若岩基埋深合适，可节省水工建筑物工程投资 6%左右，复合结构缩短施工工期 10%左右。

大连新港新建 30 万吨级(兼靠 45 万吨)进口原油码头工程应用了项目研究成果，降低了码头面高程，减小了结构波浪力；通过这两项优化，减小了结构混凝土用量、基槽工程量，缩短了施工工期。根据《沿海港口建设工程概算预算编制规定》、《沿海港口水工建筑工程定额》、《沿海港口水工建筑及装卸机械设备安装工程船舶机械艘(台)班费用定额》、《沿海港口水工建筑工程参考定额》等文件对工程造价进行优化前后比较，优化后节省投资 1 050 万元。

宁波港北仑港区五期集装箱码头工程应用项目提出的任意方向波浪、水流共同作用下，离岸式和斜坡接岸式高桩码头总上托力的计算公式及高桩码头前沿波峰面高度的计算公式，准确地确定了高桩码头码头面高程；应用了嵌岩全直桩码头结构温度应力的计算方法，全直桩码头结构静力、动力计算方法，提高了结构计算精度，优化了结构断面，从而有效地节省了水工建筑物建设投资。根据比较计算，优化后节省投资3 600万元。

139. 离岸深水港波浪—防波堤—地基相互作用问题研究

科技成果所属专题编号：交科鉴字[2010]第119号

成果主要完成单位：中交第一航务工程勘察设计院有限公司、中国交通建设股份有限公司、天津港(集团)有限公司、天津大学、中交天津港湾工程研究院有限公司、南京水利科学研究院

联系人：谢善文

联系电话：022-28160808转3431(手机：13302115138)

通信地址：天津市河西区大沽南路1472号

E-mail：xsw@fdine. net

邮政编码：300222

一、主要技术内容

"离岸深水港波浪—防波堤—地基相互作用问题研究"是交通运输部科技发展规划中"离岸深水港建设关键技术"项目的一项重要课题。

作用在港口和海岸建筑物上的波浪力是一种随机荷载。但目前通用的设计方法并不考虑波浪对结构的动力作用，也不考虑它对地基土的动力影响。为在深水、大浪、软土等严峻的自然条件下建造防波堤和类似建筑物，本项目开展了对波浪—防波堤—地基相互作用问题的研究，提出了在循环波浪荷载作用下地基土动力软化的判别标准以及新的防波堤设计方法。

根据原位观测、室内模型试验以及数值分析等，得出的主要成果如下。

(1)土壤动力软化的强度折减率取决于作用于地基土的动应力、静应力和固结压力值。由试验得出的软黏土的强度折减关系，可在相似条件下对地基土的动力软化作估算。

(2)首次提出了基于有限元模型和数值极限分析的插入式箱筒形基础防波堤的计算方法。在有限元分析模型中可考虑在循环荷载作用下地基土的软化情况。为便于工程应用，还提出了简化的计算方法。

(3)对于直立式沉箱防波堤，建立了包括不同运动模式的数学模型以及相应的分析方法。分析表明，在破碎波的冲击下，沉箱的动力响应可很显著，因此应采用动力稳定性分析方法进行设计。

(4)提出了半圆形防波堤的抗地基土软化的工程措施。

二、适用范围

研究成果适用于建造在软黏土地基上的插入式箱筒形基础防波堤和半圆形防波堤的抗地基土软化分析及相应的工程措施设计。适用于直立式沉箱防波堤的动力分析成果对于软土地基上受波浪作用的海港和海岸工程建筑物，在防止地基土动力软化的分析计算方面具有重要意义。

三、已应用情况

本项研究已应用于天津港北防波堤延伸二期工程。该工程自里程号N2＋500～N6＋046总长3 546m的堤段，采用插入式钢筋混凝土箱筒形基础结构。

天津港北防波堤延伸二期工程泥面高程为－3. 5～－5. 0m，防波堤设计堤顶高程为5. 0m，设计波高5. 3m。箱筒形基础防波堤由上、下两层结构组成，下部为箱筒形基础结构，上部为直立圆筒挡浪结构。基础结构由4个圆筒组成，单筒外径11. 8m，内径10. 1m，筒高9m，每组结构总长和总宽均为27m，相邻两组结构安装间距为1. 0m。上部圆筒由2个单筒组成，单筒外径12. 1m，内径11. 3m，总高度根据

泥面高程不同，在 7.48～8.68m 间变化。

天津港北防波堤延伸二期工程于 2007 年 12 月开工，2009 年 4 月竣工。

四、应用效益

天津港北防波堤延伸二期工程的箱筒形基础结构，原设计在箱筒形基础两侧 10m 范围内打设有直径 500mm 的砂桩以加固地基，砂桩中心间距为 1.0m。根据本项研究，包括对防波堤试验段的原位观测、土工离心模型试验以及理论分析计算结果，确定可取消箱筒形基础两侧的砂桩。每延米防波堤节约工程费用 12 657 元，防波堤总长 3 546m，共节省工程费用 4 488 万元，节省的费用为总工程费用的 14%，取得了良好的经济效益。

140. 海洋工程船舶动力定位系统

成果所属专题编号：沪经信(技)验字[2010-105]号
成果主要完成单位：上海振华重工(集团)股份有限公司
联系人：秦澜
联系电话：021-58396666 转 20532(手机：15900507753)
通信地址：上海市浦东南路 3470 号
E-mail：qinlan@zpmc.com
邮政编码：200125

一、主要技术内容

船舶动力定位系统由大功率推进器、控制系统以及传感器测量系统等组成。动力定位系统通过不断检测的船舶实际位置与目标位置间的偏差，并对外界风、浪、流等环境因素进行综合考虑，精确计算出维持船舶在某一预定位置或指定航行路线所需推力的大小和方向，并自动实现对船上各推力器的推进方向与推进力的控制，满足海洋工程船舶作业的指定定位要求。

大功率全回转推进器设计技术，研究动力定位系统实验平台与技术，改装实验平台，配套柴油机组、电控、动力定位控制工作站、传感测试系统设计与集成，测试 1 250kW 推进器推力输出、功率、密封与定位能力；研发大功率全回转导管桨推进器(图 1)，大直径螺旋伞齿轮的设计和制造，吊舱式推进器螺旋桨的设计和试验，采用真实齿面三维建模加工法代替传统的普通加工方法。设计一套复杂的气动/液压控制系统来实现对密封过程的控制、监测、报警以及泄露的应急、回收处理等功能，研制了能够满足超大大直径(>2.5m)、深水密封装置试验工作的台架系统。

图 1　动力定位系统伸缩全回转导管桨推进器

二、适用范围

动力定位系统是铺管船、布缆船、科考船、潜水救捞母船、拖船、多用途支持船、FPSO、豪华客轮、军用舰艇及现代海洋平台等所必备的系统，可使船舶或海上平台利用其自身动力抵抗海上风、浪和流的影响，自动保持于设定位置段。

三、已应用情况

以改装的专用动力定位系统实验船为测试平台，开展大功率全回转推进器设计技术开发与动力定位控制方法研究，研制出了L推1 250kW原理样机系统。

四、应用效益

组织了一批由具备丰富海洋工程机械设计开发经验的技术人才及具博士学位的科研人员，积极开展动力定位核心控制方法、系统设计技术公关，初步具备了动力定位控制系统设计能力，为成套自主化动力定位控制系统产品开发，突破国内动力定位系统成套装备空白局面奠定了良好基础。

141.水下挤密砂桩加固软土地基的技术研究

成果所属专题编号：交科鉴字[2010]第120号

成果主要完成单位：中交第三航务工程局有限公司、中交上海三航科学研究院有限公司、中交第三航务工程局洋山分公司

联系人：郭颖

联系电话：021-64030681

通信地址：上海市平江路139号三航大厦1611室

E-mail：j.kjc@163.com

邮政编码：200032

一、主要技术内容

挤密砂桩对地基的适应性强，用于软土地基加固时，它同时具有置换作用、挤密作用、加快固结作用，可以直接、快速、显著地提高软弱地基的承载力，对后续工序的快速推进十分有利。其主要技术指标有：

(1)挤密砂桩的置换率达到60%～70%，加固土层厚度25m；

(2)最大成桩直径可达2.0m；

(3)砂桩的密实度达到中密。

二、适用范围

挤密砂桩适用于砂质土。黏质土等各种地基加固，对黏性土形成复合地基，改善地基整体稳定性；对砂性地基，增加密实度，防止其液化。挤密砂桩加固软土地基深度较大，能够适应外海水深大、软土层厚的要求。目前，该项技术已在国内多项深水港项目中得到关注，如三亚榆林深水防波堤项目、港珠澳大桥项目等。

三、已应用情况

本项目的研究成果已在洋山深水港区三期临时码头接长工程中成功应用。码头结构形式为沉箱重力式结构，下部软土地基采用挤密砂桩进行加固，经工后检测和码头运营使用，取得了良好的加固效果。

四、效益分析

挤密砂桩加固后的地基承载能力提高快，残余沉降及不均匀沉降小，地基稳定性得到保证，可作为承载力要求较高的重力式结构基础，工程整体造价低，具有较好的经济技术性。通过特定工程背景下的技术经济对比分析可以看出，挤密砂桩进行水下地基加固具有综合工程费用低、施工工期短且对周围环境影响小的特点，其技术经济优势显著。

142. 三峡库区船桥碰撞规律、防撞措施设计与预警系统研究

成果所属专题编号:交科鉴字[2010]第141号
成果主要完成单位:重庆高速公路集团有限公司、招商局重庆交通科研设计院有限公司、同济大学、重庆市港航管理局、重庆交通大学
联系人:胡旭辉
联系电话:023-89138749(手机:13594137854)
通信地址:重庆市渝北区银杉路66号
E-mail:guyuejiu@163.com
邮政编码:401127

一、主要技术内容

技术特点:

项目以三峡库区为背景,采取现场调研、理论分析、数值模拟、试验测试等多种方法,对三峡库区桥梁船撞风险评估理论及方法、被动防撞措施和主动预警系统进行了深入研究。

性能指标:

(1)研制三峡库区船桥碰撞风险评估系统。

(2)研究典型桥区河段风、水流、能见度等参数对船舶偏航概率的影响,并将实际观测、数值模拟和专家经验结合起来建立船桥避碰措施库,并对船桥碰撞可能性进行预测。

(3)研制适合于大水位落差的桥墩防撞装置,应用主动防撞加被动防撞相结合的综合防撞设施,实现对桥梁、船舶的双重保护。

(4)建成三峡库区水上交通安全系统(GPS),使其在桥区具有较强的船桥碰撞预警功能,实现三峡库区船桥碰撞的实时监控和预警。

(5)编写三峡库区桥梁船舶防撞设计指南。

(6)通过本项目的实施,将普遍提高研究人员的科研素质,提高西部交通建设人员的技术水平。

技术配套条件:

项目实施过程中,依托项目有重庆市科委科技项目、重庆市建委科技项目以及多项工程专题研究项目,研究单位拥有国家重点实验室、国家山区公路工程技术研究中心等研究平台,为本项目的顺利开展提供了有利的支撑。

二、适用范围

交通运输领域。

三、已应用情况

项目研究成果已经成功应用于6座跨江或跨海大桥的船撞研究中,包括忠州长江大桥、菜园坝长江大桥、江津观音岩长江大桥、东水门长江大桥、黄花园嘉陵江大桥等多座三峡库区跨江大桥的船撞风险评估和防撞措施设计,并推广应用到厦漳跨海大桥,取得了良好的工程应用效果,具有重要的工程应用价值,开发的软硬件系统和编制的设计指南具有推广应用前景。

四、效益分析

本项目研究所获得的技术成果主要应用于三峡库区已建和新建跨江特大桥的船桥碰撞风险评估、桥梁的防撞设计和高水位落差桥墩防撞装置、桥区船桥碰撞的在线监控和预警的领域,同时,本项目研究所获得的成果也可应用于长江中、下游和沿海地区的特大跨径桥梁工程防船舶撞击措施设计和实施。

本项目研究成果的效益主要体现在社会效益上，对于保障跨江特大桥的运营安全，保障长江黄金水道的畅通以及生态和环境保护，保证西部大开发战略的实施具有非常重要的意义。

项目研究的桥墩防撞设施可以避免船舶在碰撞中受到严重损坏，一般处于长江航道上的桥梁，平均每年受各种船舶撞击的可能次数为1次，船舶与桥墩直接的刚性撞击，对桥梁的损害视船舶的吨位和船速而定，但对船舶自身的破坏很大，每次的直接损失在几十到上百万元不等，安装塑性消能、浮式桥墩防撞设施后，则可大大降低撞击力，平均每年为国家避免近百万元的损失。

项目研究的仿真系统，在技术上解决了库区大水位变化下的航道变化仿真。可以此为基础研究三峡库区水上交通事故的分析以及潜在危险的仿真结果，系统硬件与软件技术还可作为三峡库区通航安全保障设备生产商的支撑与核心技术，课题的研究成果可以广泛应用于三峡库区通航水域、水工建筑、港口码头建设的规划和论证以及新船型操纵性模拟试验

本项目的研究主要由西部地区单位的科技人员完成，通过本项目的实施，将普遍提高研究人员的科研素质，提高西部交通建设人员的技术水平。

143.松花江梯级开发依兰航电枢纽通航技术研究

成果所属专题编号：交科鉴字[2009]第148号

成果主要完成单位：黑龙江省航务勘察设计院、交通部天津水运工程科学研究所、哈尔滨工程大学

联系人：王海波

联系电话：045-187526694转842(手机：13684601240)

通信地址：哈尔滨市南通大街63号

E-male：hangyuanyan@163.com

邮政编码：150009

一、主要技术内容

(1)通过本项目研究，进一步验证船闸引航道及口门区流速、流态等，使引航道导航调顺段处于静水状态，口门区最大纵向流速 $v_y \leqslant 2.0$m/s，横向流速 $v_x \leqslant 0.3$m/s，回流流速 $v_0 \leqslant 0.4$m/s，制动段最大纵向流速不超过0.5m/s，停泊段横向流速不超过0.15m/s，百年一遇及三百年一遇洪水枢纽上下游水位差≤0.3m，航行条件技术指标全部满足《船闸总体设计规范》的要求，满足船舶安全过闸需要。其平面布置见图1。

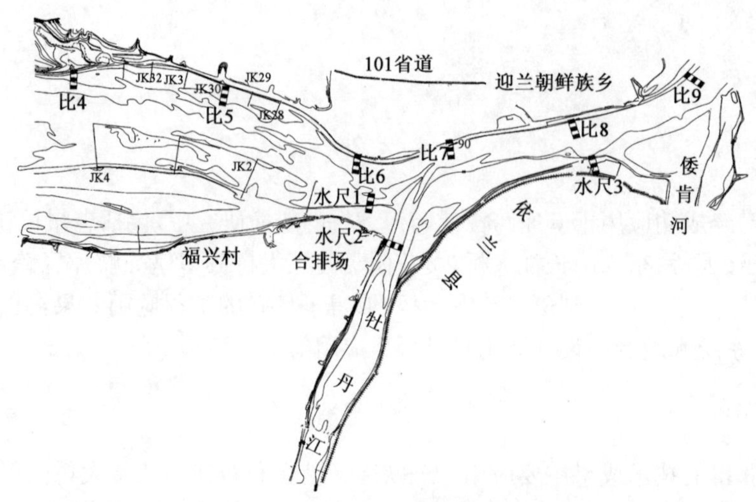

图1 依兰航电枢纽模型平面布置图

(2)以哈尔滨断面流量 550m³/s 为依据，提出研究河段在相应流量下的航道整治原则和技术措施，以及变动回水区典型重点浅滩河段整治水位、整治流量、整治线宽度等整治工程技术参数。

(3)提出适用的破冰船船型尺度，优化关键部位结构，提高推进性能(见图 2)，通过提前破冰、融冰，保证船舶顺利过闸，延长建库后的通航期，提高航运经济效益。

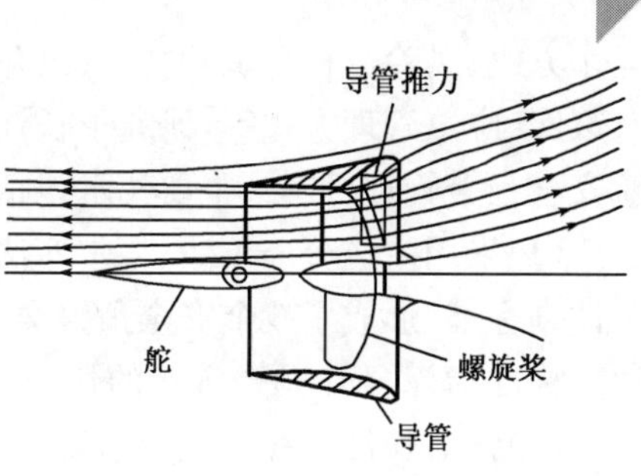

图 2　破冰船优化关键部位结构

二、适用范围

本项目研究成果，适用于解决局部渠化河段枢纽变动回水区航道整治中普遍存在的共性难题，适用于破冰船的设计。

三、已应用情况

本项目研究成果不但可以直接为依托工程依兰航电枢纽建设提供技术参考，而且还可为松花江拟建其他梯级建设和我国其他类似河流的梯级建设和航道整治工程提供技术支持，有利于充分发挥枢纽作用，并逐步丰富和完善航道整治工程理论，内河破冰船项目是针对松花江水系提出并开展的，填补了国内内河破冰船研究的空白，同时对其他内河流域的破冰船开发使用，提供良好的参考价值，具有较高的实际应用价值，市场需求量较大，前景非常乐观。

四、应用效益

1.经济效益

通过本项目研究，使整治工程方案更为科学合理，解决了局部渠化河段枢纽变动回水区航道整治中普遍存在的共性难题，将直接节省类似工程的科研和试验经费，缩短工期，保证变动回水区正常通航，从而取得显著的经济效益。该研究成果的应用可提高航运经济效益，不仅直接为依托工程提供技术服务，而且研究成果还将推广应用于松花江拟建其他梯级及我国东北、西北部高寒地区类似河流梯级开发建设中，推动沿岸地区经济发展。

2.社会效益

本项目研究成果将应用于依托工程的设计中，对松花江干流航道发展规划的全面实现和振兴东北地区等老工业基地战略决策的实施具有积极的推动作用，为区域经济发展提供水上交通便利，满足日益发展的干支直达运输、江海联运的需要，具有明显的社会效益。

144.长江干线水上交通安全预警管理机制研究

成果所属专题编号：中航验鉴字[2009]第 8 号

成果主要完成单位：长江海事局、武汉理工大学

联系人：刘亮

联系电话：027-82765458

通信地址：武汉市解放大道 1525 号长江海事局

E-mail：liulcq@126.com

邮政编码：430016

一、主要技术内容

课题研究成果主要应用于水上交通安全管理，研究内容涉及自然科学、安全科学和管理科学等多学科范畴。该项目分析了长江干线水上交通安全事故特点及风险因素，研究并确定预警管理组织体系和

运作方式、风险分析与识别技术、风险诊断(预警模型)技术、预警信息采集、处理和传输方式、预控管理对策库、应急管理方式等,研究了长江干线水上交通安全预警管理绩效评价技术,并研究了三峡库区雾航安全预警管理机制。主要技术包括:

(1)采用主成分分析法、德尔菲法确定了长江干线水上交通安全预警因子、预警类别、预警等级划分及评判标准,形成了6个安全预警类别(即安全形势、通航秩序、洪水、枯水、气象灾害、地质灾害)、18个评判标准指标、4个预警等级的长江干线水上交通安全风险检测和预警分析技术;

(2)针对长江干线水上交通安全风险,提出了长江干线水上交通安全预警模型(EWMSSYR),并开发了基于EWMSSYR的预警管理软件系统,形成了基于EWMSSYR的长江干线水上交通安全预警识别与诊断技术;

(3)研究并建立了"六大类别、四级预警、三级发布"的长江干线水上交通安全预警管理机制总体框架、组织运行模式、信息运行模式,构建预控对策库,建立了应急管理组织体系及应急行动方案;

(4)研究并提出了由预警机制运行绩效、预警机制社会满意绩效和预警管理安全效果绩效三大类共计11个指标组成的长江干线水上交通安全预警管理绩效综合评价指标体系,构建了基于层次分析法和模糊评判法的综合绩效评价模型,形成了预警绩效综合评价技术;

(5)研究提出以能见度作为评判指标,建立"二级预警、二级发布"的三峡库区雾航安全预警机制,并提出了加强三峡雾航安全预警管理对策。

二、适用范围

课题研究成果主要应用于水上交通安全管理领域,尤其是内河水上交通。

三、已应用情况

自2007年起,已在辖区全面运行了"四级预警,三级发布"的安全预警制度,与长江沿线气象、水文、地灾等部门定期加强沟通联系,畅通信息渠道,确保及时、准确了解相关安全信息,建立了以VHF、GPS、VTS、AIS、海事内外网、手机短信群发、海巡艇等多途径和多方式相结合的安全预警信息发布渠道,保障了预警发布的及时性。同时每年开展全年安全预警绩效评价,总结并改进当年的安全预警工作。

2007年以来,长江海事局共组织实施各类安全预警行动500余次,有效应对了多次大风、大雾、大水等恶劣、环境对水上安全的影响,有力促进了长江干线水上交通安全形势的持续稳定。

四、效益分析

研究成果的实际应用产生了较大的社会和经济效益。如2007年长江干线先后遭遇近50年来最枯水位、三峡成库后最大洪水、武汉地区50年来最强雷雨以及2008年年初长江中下游地区极端雨雪冰冻天气等恶劣气候。由于安全预警机制的有效运行,有效防范了上述各类安全风险,有力减少了险情事故的发生几率。由于安全预警及时,安全预警措施到位,有效应对了2008年龚家坊山体滑坡、2009年"6.5"风灾、2010年汛期特大洪峰,避免造成较大人员生命和财产损失,维护了辖区水上交通安全,经济效益和社会效益明显。

145. 三峡船闸通航安全应急反应系统关键技术研究

成果所属专题编号:交科鉴字[2009]第123号

成果主要完成单位:长江三峡通航管理局、交通运输部水运科学研究院

联系人:郑雁

联系电话:0717-6963280

通信地址:湖北省宜昌市三峡八河口长江三峡通航管理局
E-mail:sxjjsc@.163.com
邮政编码:443133

一、主要技术内容

本项目针对长江三峡船闸通航安全现状,分析三峡船闸通航安全存在的各种潜在威胁因素,对三峡船闸潜在的事故类型以及影响程度进行深入了解和分析,做出通航安全事故的风险评估,从而根据不同事故的特性制订针对性的应急预案和措施,并根据应急反应要求构建通航事故风险预警体系,提高三峡船闸的应急反应能力。

项目的研究涉及多种风险管理技术的综合应用,需要解决大量的技术与管理问题,为此项目研究分成三个专题进行。

专题1:三峡船闸通航安全事故风险评估研究

1)三峡船闸通航安全事故风险识别研究

通过事故风险识别研究,确定通航事故风险源、发生的可能性、发生的频率、可能产生的影响、风险发生的征兆等,识别通航事故风险来源、确定风险发生条件、描述事故风险特征并评价风险影响。

2)三峡船闸通航安全事故风险分析与评估

通过事故风险的概率分布、历史资料统计、理论分布分析等方法,对所有不确定性和事故风险要素全面系统的分析风险发生的概率和对船闸通航安全的影响程度,对事故风险进行分类和分级,进行比较分析和综合评价,挖掘事故风险之间的相互关系,明确事故风险的客观基础,同时进行事故风险量化研究,为风险应对和监控提供依据和管理策略。

3)三峡船闸通航安全事故风险对策与建议

应用系统论、多元分析、因素分析、最优化技术等先进分析方法,对风险应对的决策和风险监控方案的制订,提出切实可行的回避、控制、分散、转移等风险应对对策和建议。

专题2:三峡船闸通航安全事故应急反应预案研究

主要研究内容为:分别根据相应的分析评价成果有针对性地对三峡船闸闸室内可能发生的具有典型性的通航安全事故,依据事前预防(超前预防对策体系)、事中救援(事故应急救援体系)和事后处理(事后报告及事后评价体系),提出相应的应急计划(预案)、应急组织、应急技术、应配备的应急设施和外援机构等。

专题3:三峡库区航运安全管理系统研究

主要研究内容为:对三峡船闸通航事故风险的早期预报与预控原理进行了研究,研究三峡船闸通航事故风险预警管理的活动内容、组织运作原理及三峡船闸通航事故风险预警指标体系的构建原理,根据预案的相关要求,构建了一种能够识别、防止和回避三峡船闸通航事故风险,并将危机所造成危害限制在最低限度的事故安全预警防控体系。

二、适用范围

本项目适用于三峡船闸通航安全管理工作中,应对各类通航突发事件的应急处置,并可被枢纽船闸应急管理工作借鉴。

三、已应用情况

交通部西部交通建设科技项目“三峡船闸通航安全应急反应系统关键技术研究”的相关研究成果,如三峡船闸通航安全事故风险识别与评价、三峡船闸通航安全事故预警评价软件、三峡船闸通航安全事故应急反应预案等,已经在该项目的依托工程:长江三峡—葛洲坝船舶监管系统工程和三峡枢纽坝区航运配套通信工程的建设中得到了应用。

项目的研究成果对三峡船闸通航安全事故风险进行了科学、合理分类与分级，风险辨识清楚，参考性强，对减少三峡船闸通航隐患、提高安全事故预测能力具有较高的指导意义；编制的三峡船闸通航安全事故应急反应预案符合三峡船闸通航环境和工作实际，针对性强，应急措施得当，可操作性强，对三峡船闸通航安全事故应急反应救援工作具有较高的指导作用；风险评价和预警防控体系符合三峡船闸通航环境实际，设计科学，参数全面，参考性强。项目的研究成果，可以在内河、库区等通航枢纽得到运用，具有良好的应用推广前景。

四、效益分析

本项目依托三峡通航管理局，针对三峡船闸通航安全事故应急反应系统尚不完善的现状，结合三峡大坝船闸通航管理工作实际，针对三峡船闸潜在的事故类型以及影响程度分析，做出了通航安全事故的风险评估，从而根据不同事故的特性制定针对性的应急预案和措施，并根据应急反应要求构建了通航事故风险预警体系，提高了三峡船闸的应急反应能力。

项目研究成果的应用，使三峡船闸应急反应救助指挥人员掌握更加全面、更加丰富、更加具体的信息内容，并得到科学的救助方案指导，有效增强三峡船闸及三峡库区水上交通安全应急指挥的科学性和决策水平。

项目研究成果的应用，提高了三峡船闸通航安全事故应急反应预警能力，缩短了应急反应时间，提高了船闸安全应急救助的成功率，应急决策的科学性和搜救指挥效率将显著提高，降低了三峡船闸安全应急搜救成本和风险，最大限度地减少人民生命和财产损失，为保障三峡船闸的安全畅通，充分发挥三峡工程的航运效益，促进长江航运事业发展，发挥积极作用。

146.高水头船闸阀门防空化创新技术与实践

成果所属专题编号：交科鉴字[2009]第13号

成果主要完成单位：水利部、交通运输部、国家能源局南京水利科学研究院

联系人：胡亚安

联系电话：025-85828205(手机：13913875518)

通信地址：南京市广州路225号

E-mail：yahu@nhri.cn

邮政编码：210029

一、主要技术内容

阀门是船闸运行的控制性设备，控制着输水系统的工作，运行频繁。当船闸水头超过20m时，阀门在动水启闭过程中承受非常复杂的水动力荷载，在非恒定高速水流作用下极易发生空化、振动，从而危及船闸安全运行。阀门防空化问题一直是高水头船闸设计的关键技术难题，阀门工作条件能否满足安全运行要求也是船闸朝更高水头发展的制约因素。

本项研究通过20余座不同比尺、不同类型的物理模型、阀门段急变流数值模拟以及多座船闸的原型观测与调试，采用现代先进技术，对高水头船闸阀门防空化关键技术进行全面研究，提出了具有中国特色的阀门防空化成套技术。

(1)高水头船闸阀门防空化技术——理念上的重大突破。规范及以往的研究均从主动防护的角度出发，通过采取工程措施避免阀门发生空化。对于高水头甚至超高水头船闸，存在的问题是阀门段廊道布置较复杂，阀门处埋设深度较大，工程投资大。本项研究着重强调被动防护措施，容许阀门发生空化，采用各种通气措施解决阀门空化难题，取得了高水头船闸阀门防空化技术理念的重大突破。新技术的最大优点是使用可靠，结构简单，施工方便，工程投资小。

(2)发展了我国独创的门楣自然通气技术。针对红水河乐滩、大化、嘉陵江草街、乌江银盘等高水头船闸阀门段廊道埋设较浅的特点,提出了适用于缝隙出口压力较小的门楣体型,增大了门楣通气量,发展了反弧门门楣自然通气技术。结合桥巩、巴江口、红花、那吉等高、中低水头船闸空化问题研究,将门楣自然通气措施首次推广应用于平面阀门,提出了适合平板门的门楣通气形式。

(3)提出结构简单、工程投资小的“平顶廊道体型+小淹没水深+门楣自然通气+廊道顶自然通气”新技术。该创新技术的核心是,阀门段廊道体型设计为最简单的平顶形式,容许阀门底缘出现较强空化,采用通气防护措施减免阀门强空化。根据门楣通气适应范围广及通气效果好的特点,以门楣自然通气作为基本措施,将廊道顶自然通气作为门楣通气措施的补充手段,利用门楣及廊道顶联合通气充分抑制空化。本技术特别适应我国船闸水头高、河流水位变幅大的特点,具有阀门段廊道体型简单且廊道埋设深度浅、施工方便、工程量省的显著优点。

(4)提出主动防护与被动防护相结合的“新型阀门段廊道体型+综合通气措施”新技术。该技术的要点是,采用新型阀门段廊道体型,改善阀门底缘空化条件,但不追求完全不出现空化,而是将空化控制在一定程度;对仍存在的阀门底缘空化,利用门楣自然通气解决。吸取顶部突扩增加门后压力和底部突扩改善底缘空化流态的长处,提出了“顶部突扩+底部突扩”而侧面不扩大的新型廊道体型,并首次提出了升坎通气及跌坎通气措施抑制新型廊道体型自身空化问题。

(5)根据工程规模、水头及重要性,提出了解决高水头船闸阀门空化难题各种创新技术的适用范围。

二、适用范围

20m 以下的中低水头船闸,门后廊道体型设计为非常简单的平顶或者顶扩廊道体型,阀门后廊道高程一般与进入闸室的主廊道相同,采用门楣自然通气措施解决阀门空化问题。

30m 以上的超高水头船闸,推荐采用主动防护与被动防护相结合的“新型阀门段廊道体型+综合通气措施”新技术。

20~30m 之间的高水头船闸,可根据船闸的重要性及规模,结合闸室消能特点,既可选择结构简单、工程量省的“平顶廊道体型+小淹没水深+门楣自然通气+廊道顶自然通气”新技术,在平顶廊道体型下,根据门后廊道顶负压(控制在-5~-8m 水柱之间)确定阀门处廊道高程;也可选择主动防护与被动防护相结合的“新型阀门段廊道体型+各种通气措施”这一更为可靠的新技术,根据阀门底缘处于发展空化阶段(相对空化数不小于 0.5)原则确定阀门处廊道高程。

三、已应用情况

(1)在葛洲坝船闸成功应用经验的基础上发展和完善的门楣通气技术,在我国所有在建高水头船闸工程中得到应用,已成为我国船闸阀门防空化的必选技术。在反向弧形门方面,“十五”以来成功地推广应用于三峡、红水河乐滩、大化、嘉陵江草街、乌江银盘、大渡河安谷等船闸工程。三峡永久船闸 24 只输水阀门均设计了门楣通气装置,运行 6 年来效果良好,解决了各种工况特别是事故工况下的阀门空化难题,使三峡船闸运行方式更为灵活。将反弧门门楣自然通气技术首次应用于平面阀门,解决了世界上平面阀门工作水头最高的红水河桥巩船闸关键技术难题,提高了平面阀门水头应用范围,并推广应用于右江那吉、桂江巴江口、柳江红花等多座采用平面阀门的船闸工程,保障了阀门安全运行。

(2)“平顶廊道体型+小淹没水深+门楣自然通气+廊道顶自然通气”阀门防空化措施,成功应用于目前国内单级船闸实际运行水头最高的红水河乐滩船闸和大化船闸(水头 29.1m 和 29.0m),解决了其突出的阀门空化和振动技术难题,阀门工作条件优于已建的单级船闸,保障了船闸安全运转。

(3)主动防护与被动防护相结合的“新型阀门段廊道体型+综合通气措施”新技术,首次在西南地区规模最大的嘉陵江草街船闸设计和建设应用,并推广应用于红水河桥巩船闸、乌江银盘船闸、水头接近 40m 的大渡河安谷船闸。

四、应用效益

“平顶廊道体型＋小淹没水深＋门楣自然通气＋廊道顶自然通气”阀门防空化措施应用于大化和乐滩船闸，输水廊道埋设深度仅5m，每座船闸可节省投资约988万元，两座船闸节省近2 000万元。

门楣通气技术及各种防空化技术已应用于葛洲坝三座船闸、三峡（24只阀门）、乐滩、大化、桥巩、草街、银盘、那吉、巴江口、红花、安谷等船闸工程。根据葛洲坝船闸运行维护经验，门楣通气保护了阀门面板及廊道边壁免遭空蚀破坏，每年每座船闸可直接节省维护费140多万元（1999年价格）。

各种防空化技术保障了船闸安全运转，节省了船闸检修停航时间，确保了航运效益的发挥。

147. 枢纽下泄非恒定流冲淤及航道治理关键技术研究与实践

成果所属专题编号：交科鉴字[2010]第117号

成果主要完成单位：水利部、交通运输部、国家能源局南京水利科学研究院、交通运输部天津水运工程科学研究所、清华大学、武汉大学、中国水利水电科学研究院

联系人：陆永军

联系电话：025-85829301

通信地址：南京市广州路223号

E-mail：yjlu@nhri.cn

邮政编码：210029

一、主要技术内容

我国河流上大量水利枢纽的兴修运行对枢纽下游河道的水沙输运特性、冲淤演变特征与航运条件产生了重要影响。鉴于现行的航道整治技术规范基本上是在天然河流水沙输运状态下总结提炼的，因此面对水利枢纽下游异常复杂的水流泥沙过程和冲淤演变状态，开展枢纽下游航道治理关键技术研究，对于加快我国内河水路运输建设无疑有着十分重要的科学和现实意义。本项研究历时近20年，通过大量原型观测与理论分析、物理模型试验、数学模型计算和工程实践，对典型枢纽下游河段的航道治理关键技术进行了研究，反映了我国枢纽及航道领域在研究方法和解决工程技术难题方面的自主创新，主要成果包括：

（1）揭示了枢纽下泄非恒定流冲淤机理及河床演变规律；基于枢纽下泄非恒定流及不平衡输沙理论，导出了枢纽下游航道整治线宽度计算统一公式。

（2）针对枢纽下泄非恒定水沙运动特性，基于紊流随机理论，首次推导建立了紊流应力数值格式，提出了非恒定流冲淤及航道治理的数值模拟技术；研制了具有自主知识产权的非恒定流试验控制系统与流场测量等仪器设备，解决了枢纽下游河床冲淤及航道整治的物理模型模拟难题。

（3）创建了分别适用于山区、丘陵及平原河流枢纽下游近坝段滩险治理成套技术，首次提出了葛洲坝枢纽下游河道护底加糙减缓坝下游枯水位降落的机理及实施原则、方法和工程措施。

二、适用范围

本研究提出的枢纽下游近坝段滩险整治技术分别适用于山区、丘陵及平原河流枢纽下游河段的航道整治。其中，山区河流枢纽运行主要影响坝下通航水流条件，故坝下航道治理以通航水流条件改善为主，一般采用疏浚为主，并与筑坝相结合的整治原则，以改善流速流态，稳定边滩，控制河势。丘陵及平原河流的河床冲积层较厚且抗蚀性较差，因此对于近坝段的航道治理，一般在碍航河段采取整治与疏浚相结合的工程措施，规划整治线形，约束水流，避免可能出现的河床冲刷强度空间不均匀现象，以控导航槽，提高其稳定性。

三、已应用情况

本项目提出的创新成果与技术，已在长江三峡及葛洲坝、西江长洲、北江白石窑及飞来峡、东江剑潭枢纽、韩江青溪及蓬辣滩等10多个枢纽下游航道治理中得到了成功应用与实践检验，为我国中西部开发和东部崛起提供了坚实的科学技术支撑。本成果还极大地推动了水运行业学科的发展，提出的枢纽下游近坝段滩险治理成套技术，部分内容已被编入《内河通航标准》、《航道整治工程技术规范》、《内河航道与港口水流泥沙模模拟技术规程》、《内河航道维护技术规范》、《内河航道与港口水文规范》、《航道工程手册》等多部国家标准和行业标准规范。此外，本成果申获两项国家发明专利已在国内10多家科研院校得到了广泛应用，有力地推动了长江三峡工程、长江口深水航道等重大工程的科研与设计施工，在产生巨大经济效益的同时，也促进了先进技术的推广应用。

四、效益分析

本成果的成功应用显著提高了航道通航保证率与通航能力，对沿江地区的社会经济发展产生了强大的推动作用，取得了巨大的经济、社会效益；航道通畅后还大大减少了大宗货物的运输成本与碳排放量，在极大促进我国内河水路运输开发建设和沿江地区经济快速发展的同时，其在节能减排、少占土地、降低运价等生态环境方面产生的效益难以估量。其中，葛洲坝下游护底工程确保了三江船闸及下引航道的通航水深，仅2004～2008年间产生的综合经济效益达5.5亿元；珠江流域长洲、飞来峡、白石窑、剑潭等枢纽下游航道整治使得航道等级与水路货运量得到大幅提高，由此在2006～2008年产生的综合经济效益为2.076亿元。该成果还可为类似梯级枢纽建设和航道整治工程提供技术服务和指导，将直接节省类似工程的科研和试验经费，加快设计工作进度，缩短15%左右的设计周期，在保证枢纽下游河段通航的基础上，减少工程投资费用约20%。

148. 风暴潮对港口水陆域及航道安全影响研究

成果所属专题编号：交科鉴字［2010］第129号

成果主要完成单位：水利部、交通运输部、国家能源局南京水利科学研究院、第一航务勘察设计院有限公司、神华黄骅港务有限责任公司、交通运输部天津水运工程科学研究所、京唐港口投资有限公司

联系人：张金善

联系电话：025-85829331

通信地址：南京市广州路223号

E-mail：jszhang@nhri.cn

邮政编码：210029

一、主要技术内容

风暴潮对港口航道水陆域安全影响问题越来越受到重视，风暴潮引起的骤淤问题受到了广泛的关注。为此本课题采用历史资料调查、理论分析、水槽试验、数学模型、物理模型等一系列手段，对风暴潮引起的港口水陆域安全、粉沙质海岸的航道骤淤机理及其整治措施开展研究，主要研究成果包括：

(1) 研究了风暴潮对港口陆域高程设计的影响，提出了风暴潮联合分布，得到了风暴潮作用下浮托力计算式。

(2)建立了天气预报模式风场基础的风暴潮预报模式，指出了寒潮作用下渤海还存在潮波振荡，发现并证实了风暴潮对港口航道的影响。

(3)阐明了粉沙质海岸航道骤淤的机理及形成条件，提出了横跨航道的复合沿岸流是骤淤的主要

因素。

(4)揭示了破波条件下破波动力将底层泥沙悬浮向上层输送的机理是破波区泥沙运动的重要特征。

(5)提出了波浪、潮流作用下的复合沿岸流输沙公式和粉沙质海岸航道骤淤的计算公式。

(6)利用试验资料建立的波浪潮流、波浪和破波条件下的泥沙分布及含沙量计算方法，在物模和数模中成功地复演京唐港、黄骅港的骤淤过程，提出了防淤减淤的有效措施。

二、适用范围

本项目来源于海岸工程研究及港口、航道建设中的实际问题，提出的风暴潮作用下越浪量计算、浮托力计算等公式，进一步完善后可用于相关规范的修订。本项研究提出的复合沿岸输沙率公式、细沙粉沙质航道风暴潮骤淤机理可进一步推广到相关研究应用。波浪潮流共同作用下的粉沙质泥沙运动及风暴潮骤淤物理模型模拟技术和航道防淤减淤整治工程措施以及风暴潮航道骤淤预报方法等，对研究粉沙质海岸京唐港以及类似港口的骤淤机理及工程措施具有普遍意义和重要的推广应用价值。所提出的波流共同作用和破波作用下的含沙量公式可进一步完善和推广应用。

三、已应用情况

本项研究成果已应用于《唐山港总体规划》，该总体规划于 2007 年 11 月获得河北省人民政府批准。推荐提出的整治方案已被中交一航院用于京唐港三期整治设计中。京唐港航道挡沙堤整治工程已完成二期改造和三期兴建，工程实施后成功地抵御了 2007 年 3 月上旬环渤海强风暴潮对京唐港航道的袭击，整治效果显著，取得了良好的社会和经济效益。所提出的风暴潮模式已应用于相关研究中。

四、效益分析

粉沙和细粉沙海岸航道骤淤是海岸工程建设中面临的最严峻的问题，历史上已有航道造成的碍航事件，对港口航行安全造成了重大影响。

本成果的成功应用，显著提高了港口航道的通航能力，减少了外航道的骤淤，对沿江地区的社会经济发展产生了强大推动作用，取得了巨大的经济社会效益；降低了航道维护等费用。其中，京唐港三期防沙堤工程抵御了 2007 年寒潮骤淤，减少了工程投资，综合经济效益达 4 亿元。

149. 三峡工程围堰发电期及通航初期提高船闸通过能力措施的研究与实践

成果所属专题编号：交科鉴字[2009]第 15 号

成果主要完成单位：水利部、交通运输部、国家能源局南京水利科学研究院、中国长江三峡工程开发总公司、长江三峡通航管理局、长江水利委员会长江勘测规划设计研究院

联系人：胡亚安

联系电话：025-85828205(手机：13913875518)

通信地址：南京市广州路 225 号

E-mail：yahu@nhri. cn

邮政编码：210029

一、主要技术内容

自三峡船闸 2003 年 6 月试通航以来，至 2007 年 9 月，围绕挖掘三峡船闸通航潜力、进一步提高三峡船闸通过能力这一主线，本项目共进行了 5 个阶段的现场科学研究，涵盖了三峡船闸试通航期和围堰发电期水位 135.00～139.00m、通航初期水位 144.00～156.00m，以及船闸完建前、完建期和完建后不同阶段。

(1)针对船闸完建期仅一线运行、通航压力巨大的现实问题，特别是1闸首人字门不能投入运行的特殊情况，提出156m水位船闸由五级改为四级运行的重大设想，避免完建期使用事故检修门和叠梁门作工作闸门运行，从而缩短了设备运行时间，提高了船闸通过能力，是研究的题重大创新。通过优化输水方式，解决了船闸四级方案超设计水头运行的关键技术难题，突破了船闸应用范围。

(2)针对连续梯级船闸特点，提出四级运行方式下船舶待闸位置由设计和规范规定的上游靠船墩移至1闸室，从而缩短了船舶进闸距离，显著提高了船闸通过能力，是本研究的另一重大创新。

(3)在设计的输水方式下，船闸四级运行时，1闸室水位波动，流速和纵向比降较大，水流条件不能满足船舶在1闸室安全待闸。针对不同运行水位，提出优化2闸首阀门开启方式实现1闸室船舶安全待闸这一最为经济的非工程措施，并通过水力特性分析和实船试验，检验了各种船型在1闸室待闸的停泊条件，确定了不同蓄水位阶段满足1闸室待闸条件的阀门运行方式，解决了1闸室待闸船舶安全的技术难题。

(4)根据船舶在1闸室待闸这一新的过闸特点，提出了全新的运行调度方案(连续调度船舶、静水进闸系缆、动水停泊待闸)，工艺先进，达到了连续进闸、快速运行的目的。

(5)首次阐明了三峡船闸在2、3闸室充水情况下十分复杂的1闸室水位波动变化规律，为运行方式优化提供了理论依据。

(6)阐明了船舶系缆力波动与1闸室水体波动的相互联系及有待闸船舶后对水体波动的影响，分析了原型船舶系缆缆绳的松弛及弹性对船舶系缆力的影响，探讨了船舶系缆力控制标准，丰富的实船试验成果可为规范修订提供技术支撑。

二、适用范围

适用于三峡船闸各种运行水位。

三、已应用情况

本项研究是科研、生产与运输企业相结合的典范，各阶段研究成果均及时得到应用，并在三峡工程不同蓄水阶段的船闸通航中发挥了重要作用。

(1)无水调试阶段首次测试了自重状态下人字门AB杆受力以及反弧门干门力和自振特性等，论证了安装质量，为三峡工程阶段验收提供了依据。

(2)有水调试阶段的成果如船闸输水末期控制闸室超灌泄的闸阀门联动方式、6闸首泄水箱涵水力冲淤方式、6闸首阀门启闭方式及动水关阀范围、闸室第一分流口空化应对措施、改善单边输水条件的运行方式等，都直接应用于原型调试，确定的许多运行参数都已应用于船闸正常管理。

(3)2003年7月～2004年10月试通航阶段，通过优化2闸首输水方式，减少第二闸室充水时间10min。

(4)2004年10月～2006年10月在围堰发电期上游135.00～139.00m水位，首次实现1闸室待闸，缩短进闸时间17min。

(5)2006年7月至今，依托完建期156.00m水位五级改为四级运行研究成果，将中间级闸首阀门连续开启方式优化为间歇开启方式，改善了中间级闸首运行条件。一方面船闸可在超设计指标下的47m水头运行，解决了156.00m水位船闸仍采用四级运行难题；另一方面在其他水位亦改善了第一分流口空化条件，船闸输水性能更好，因此得到三峡船闸中间级2～5闸首永久应用。

(6)2006年10月～2007年9月，船闸完建期单线运行，针对145.00～156.00m水位以及是否放置叠梁门情况，提出了不同的2闸首阀门开启方式，满足了不同条件下的一闸室满闸安全待闸。

(7)2007年9月至今，提出的2闸首阀门以“t_v=6min至n=0.5，停4min后再开至全开，1.6m水头动水关阀至n=0.4”的运行方式及一闸室待闸调度方式，应用于三峡船闸通航后期数十年汛期低水位运行(145.00～156.00m)。

四、效益分析

试通航期提高三峡船闸通过能力 1.8 闸次/d；围堰发电期进一步提高船闸通过能力 2～3 闸次/d；船闸完建期通过采用四级运行和 1 闸室待闸两项措施，过闸闸次提高了 50%，有效缓解了船闸完建期单线运行通航压力，超过国家发改委确定的“完建期船闸的实际通过能力为单向下行 1 600 万 t/年”的目标，也超过了“努力争取达到单向下行 2 000 万 t/年”的目标。完建后的研究成果可应用于三峡船闸通航后期汛期低水位运行，能提高 2～3 闸次/d，相当于增加一座升船机，潜在的社会经济效益巨大。

150.远洋船舶压载水快速检测技术

成果所属专题编号：交科鉴字[2010]第 34 号
成果主要完成单位：大连海事大学、厦门大学
联系人：刘瑀
联系电话：13940983150
通信地址：大连海事大学环境科学与工程学院
E-mail：ylsibo@gmail.com
邮政编码：116026

一、主要技术内容

具体技术性能指标如下：

(1)将流式细胞分析技术与显微成像分析技术相结合，建立船舶压载水中常见浮游生物及赤潮生物的快速检测技术。在此基础上，构建了 20 种常见赤潮生物的专家识别数据库，实现对目标赤潮生物的现场快速识别与自动定量，单样检测时间仅需 5～60min。

(2)利用 RT-PCR 技术构建了船舶压载水中病原体的快速检测技术，建立了霍乱弧菌和粪肠球菌等 13 种病原菌的快速实时荧光 PCR 检测试剂盒，不仅提高了病原体的检测灵敏度，更进一步提高了病原体的检测速度，将检测时间由传统方法的 6～10d 缩短到 5h 以内。

(3)利用 T-RFLP 技术建立船舶压载水中微型生物群落结构 DNA 指纹图谱的快速检测技术，为进一步评估船舶压载水对海洋生态环境的影响，提供微型生物多样性方面的指标。

(4)利用微波技术处理压载水沉积物。本课题紧扣《国际船舶压载水和沉积物控制与管理公约》的宗旨，针对压载水沉积物中携带的外来生物问题，首次提出利用微波技术处理压载水沉积物的方法，该方法的建立对于解决由于压载水沉积物引起的外来生物入侵问题具有非常好的应用效果，适于推广应用。该技术处于国际先进水平。

(5)建立《船舶压载水沉积物处理技术标准》与《岸上压载水沉积物处理设施建造标准》。该标准体系的建立对于我国压载水沉积物管理的规范化以及整个行业的发展完善都具有非常重要的实际意义。

(6)建立了基于生物群落相似性的压载水风险评估系统。本课题在《国际船舶压载水及沉积物控制和管理公约》G7 导则的基础上，首次在压载水风险评估模型中引入了生物群落相似性为主要影响因子，建立了压载水风险评估系统。该系统得建立可以有效地对来自不同国家和地区的到港船舶可能引起的生物入侵风险进行评价，为我国海事主管部门预防和控制外来海洋生物入侵提供技术支撑。该风险评估系统处于国际先进水平。

(7)建立防止船舶压载水转移外来生物和病原体的国内立法体系。本研究首次在国内提出了防止船舶压载水转移外来生物和病原体的国内立法体系框架，并在关键的压载水管理环节，如压载水管理系统的形式认可、使用活性物质的压载水管理系统申报、原型压载水处理技术的审批、压载水应急预案等提出了具体的管理内容和管理文件初稿。为我国加入并实施压载水公约奠定了基础。

二、适用范围

该技术在船舶压载水中赤潮生物、常见浮游生物、游细菌、浮游病毒、病原体的快速检测技术、船舶压载水中群落结构的DNA指纹图谱技术、压载水沉积物的微波处理技术和港口压载水的管理等。

三、已应用情况

本项目成果已成功在辽宁海事局进行试运行，得到用户好评，目前相关技术正处于推广阶段，潜在市场前景广阔。

四、效益分析

本课题具有良好的经济效益，随着我国海运业连续多年保持高速增长，通过远洋船舶压载水带来的外来生物的入侵问题越来越严重，建立船舶压载水及沉积物的取样、检测技术标准以及相应的管理机制，可以为我国海事主管部门执法压载水管理、保护近海海域生物多样性、预防和控制外来海洋生物入侵提供技术支撑。这将有效减少因外来生物入侵造成的经济损失。同时，通过成果的产业化应用，将有力提升相关软硬件产品开发、生产和服务企业的竞争能力，扩大市场份额，将直接产生巨大的经济效益。

本课题的社会效益和环境效益更加突出，研究成果的后续应用将能够有效地预防船舶压载水造成的海洋生态环境的损害，并可将事故的不利影响尽可能降低，最大限度地避免了外来入侵生物和病原体对海洋生态系统的破坏，保证我国海运业和海洋经济的健康和可持续发展，有效提升我国国家级防止船舶压载水转移外来生物和病原体防控的整体技术和管理水平，加强履约能力，维护国家形象，提高在国际海事组织中的地位和作用。

151.远洋船舶压载水羟基自由基工程化处理技术开发

成果所属专题编号：交科鉴字[2010]第36号

成果主要完成单位：大连海事大学

联系人：白敏冬

联系电话：0411-84728920(手机：13084104942)

通信地址：辽宁省大连市高新园区凌海路1号

E-mail：mindong-bai@163.com

邮政编码：116026

一、主要技术内容

外来生物入侵性传播是海洋生态环境面临的四大威胁之一，船舶压载水的给排过程是造成地理性隔离水体间海洋生物传播的最主要途径。已确认有500多种海洋生物是由船舶压载水传播的，给全球经济造成的损失以每年近百亿美元的速度递增；有16种外来赤潮藻通过船舶压载水入侵到中国海域，导致海洋生态系统的结构与功能几乎彻底崩溃。2004年国际海事组织(IMO)通过了《国际船舶压载水和沉积物管理与控制公约》，制定了严格压载水排放标准，规定2010年后强制执行，因此船舶压载水处理技术和装备，在全球航运业存在上千亿美元的待开发市场。

本课题遵循国际化学界研究前沿“绿色化学”原则，采用天然物质O_2、H_2O为原料，在绿色环境友好的常温常压及无催化剂条件下，利用大气压强电场放电的物理手段，将O_2和H_2O(电离能：12.5eV)电离、离解成O_2^+、$O(^1D)$、$O(^3P)$、O_3等，及过氧羟基离子HO_2^-引发剂，与水反应生成羟基自由基(·OH)，注入排放压载水的主管路中快速杀灭海洋入侵生物。研究成果为开拓全球航运市场提供了技术支撑，可有效防治海洋外来生物入侵性传播，保护近岸海域生物多样性，保障国际远洋运输的海洋生态安全。

达到的技术性能指标：

(1)小型模块化阵列式羟基自由基发生源，主要物理参数电场场强$E_g \geqslant 100kV/cm$、电子平均能量$T_e \geqslant 10eV$、微流注通道内电子密度$n_e \geqslant 10^{14}/cm^3$、特别是电离占空比$\delta \geqslant 2\%$。

(2)远洋船舶压载水羟基自由基工程化处理技术装备，处理量为250t/h，主体设备体积为2.4m(长)×1.6m(宽)×1.7m(高)，能耗约小于30kW·h，处理成本3分钱/t水，只是在航深海更换压载水所需电费的1/30。

(3)在船上排放压载水的输送过程中快速致死海洋有害生物和病原体，杀灭时间≤6s，·OH致死阈值浓度≤0.63mg/L，杀灭效率100%，达到《国际公约》压载水D-2排放标准。

(4)符合高级氧化技术(AOT)原则，羟基自由基明显地改善了船舶压载水的水质，对港口海域生态环境无任何负面环境效应。

二、适用范围

建立·OH绿色防治海洋生物入侵的新技术模式，为治理远洋船舶压载水海洋外来有害生物入侵提供了快速、有效、廉价、无残留物治理方法和设备，为开拓全球航运市场提供技术支撑。

三、已应用情况

近3年，“船舶压载水羟基自由基处理技术和设备”在大连海大航运管理有限公司、中国石油天然气股份有限公司抚顺石化分公司、大连博羽环保科技有限公司、丹东长城环境设备有限公司等，实现经济效益总额18 376万元，其中新增利润1 838万元，新增税收1 645万元，创收外汇4 074万元，节支总额10 819万元。

采用该技术和设备，一艘载重10万t货船，只需安装1～2套该装备，在装载货物的同时处理船舶压载水，或在湾口海域设置压载水的处理船，对该海域排放的压载水进行处理，收取必要的处理费用。在国际海运产业界推广应用，存在上百亿美元的待开发市场。

四、效益分析

全球90%货物通过船舶运输，每年约有100亿t压载水通过8.5万艘船舶在全世界范围转移。中国是世界第二大海洋运输国，现有海洋运输船舶7 600多艘，集装箱30多万标准箱位，净载重3 000多万t，港口236个。2004年上海港货物吞吐量达到3.79亿t，超过荷兰鹿特丹成为世界第二大货运港。

国际上“船舶压载水处理成套设备”一套报价为$120万美元(USD)，若该项处理技术装备每台售价190万元人民币，以我国市场份额(7 600多艘)30%计算，不包括国际市场份额，产业化后产品的市场销售预计2 280台，每台190万元人民币计算，经济效益将达到43.32亿元人民币。

在远洋船舶近1个月的航行过程中，船舶压载水的处理设备也可用于饮用水的消毒杀菌，生活污水的处理。船舶排放的污水严重的污染了我国的内陆江河，已经到了非治理不可的地步，该设备也可以安装在内陆客船和货船上进行饮用水的消毒杀菌，生活污水的处理。另外该项技术和装备也可以应用于治理海洋赤潮灾害、防治禽流感、防控生化武器、羟基自由基氧化烟气脱硫资源化、绿色环境工程等领域，具有不可估量的经济效益和社会效益。

六、综合类科研项目

152. VTS、AIS与公网监控系统信息共享技术研究

成果所属专题编号:2006-328-000-690
成果主要完成单位:大连海事大学
联系人:张淑芳
联系电话:0411-84723118转803(手机:13842661153)
通信地址:大连海事大学信息科学技术学院
E-mail:sfzhang@dlmu.edu.cn
邮政编码:116026

一、主要技术内容

针对水上监管多系统共存但信息互不共享的现状,结合依托工程开展了公网监控系统、AIS、VTS共享网络平台研究、信息提取与信息共享技术研究两个专题的研究工作。

本项目设计开发了VTS、AIS与公网监控系统信息共享服务平台和具有AIS功能的公网船载终端设备及能够识别公网船舶的改进型AIS显示终端设备;设计了三系统信息采集和信息共享方案、信息共享传输协议;攻克了信息共享网络平台实时数据交换技术、信息共享的船舶最佳跟踪算法与实现技术、船舶信息相关性融合算法与实现技术;攻克了公网监控系统中船舶跨区域漫游技术、MIP-AIS(基于移动IP的船舶自动识别系统)关键技术、公网船舶终端和AIS终端相互识别的综合AIS(IAIS)技术、按需差分等关键技术;建设了示范工程试验系统。研究成果解决了VTS、AIS与公网监控系统信息共享的多个技术难题,形成对整个水域的安全监管,达到了保障水上交通安全的目的,特别是综合AIS技术研究成果对于正在建设的内河AIS系统与已经存在的公网监控系统的融合奠定了技术基础。

二、适用范围

(1)基于公共通信网络的船舶动态监控与生产调度;

(2)将VTS系统、AIS系统和公网监控系统在信息中心进行信息融合,以实现整个水域的该类船舶安全监控;

(3)将装备AIS系统船载终端的船舶与装载公网监控系统的船载终端在船舶相互识别,实现不同系统的船舶互相识别和船舶避撞。

三、已应用情况

基于公共通信网络的船舶动态监控系统2007~2010年在吉林省地方海事局实施,为多个旅游库区建立的多级联动的船舶动态监控系统和视频监控系统,应用以来提高了海事监管水平,协助破获了多起涉水案件,取得了良好的社会效益。AIS和公网监控系统的信息共享技术在重庆市港行管理局的船舶动态监控中心得到应用。

四、效益分析

1.社会效益

该系统可以提高船舶航行的安全,可以提高运输效率,从而实现环境效益。

2.经济效益

AIS系统与公网监控系统的信息融合,不仅在监控中心融合,也能实现在船载终端的信息融合,这样可以使已经装载公网监控系统的船舶不再需要装备AIS设备,也能达到AIS的应用效果,可为船舶

用户节省资金。

153.瑞雷波在台涵背回填质量检测中的应用研究

成果所属专题编号:闽交科鉴字[2010]第09号
成果主要完成单位:福建省交通科学技术研究所、南平宁武高速公路有限责任公司
联系人:陈治伙
联系电话:0591-83351740(手机:13600811023)
通信地址:福建省福州市五一中路104号
E-mail:258291509@qq.com
邮政编码:350004

一、主要技术内容

目前,控制三背(台背、涵背、挡墙背)、路基(特别是高填路堤和半填半挖路基)填筑质量问题尤为重要,而传统评价方法在评价深层和整体填筑质量方面极其困难。因此,选择有效的检测手段,及时发现三背、路基填筑质量问题,从而减轻甚至避免工后沉降,极其必要。

针对上述问题,本课题中对瑞雷波检测方法进行了全面系统的研究。

(1)通过对最具代表性的台涵背回填材料,进行相应的室内试验,得到各种材料的岩性、级配情况、工程分类,并通过标准击实或振动台法得到材料的最大干密度和最优含水率,探讨了与粗粒土、巨粒土相适应的试验方法。

(2)基于瑞雷波基本原理及工作方法,结合现场实际,深入分析锤重、道间距、偏移距、垫板等因素对检测结果的影响。针对不同填料类型,试验出合理的检测参数设置方法。

(3)采用遗传算法对试验数据进行分析,确定填料物理性质参数与瑞雷波波速之间的最佳拟合方式,并分析了不同土层深度、不同填料含水率、颗粒级配等因素与瑞雷波传播特性之间的关系。

(4)由于瑞雷波理论基于半无限大空间,采用有限元法计算分析边界条件对波传播特性的影响,同时研究不同填料类型的各物理性质参数和瑞雷波波速之间的关系,并分析不同种类回填料中瑞雷波的传播和能量变化特征。

(5)在上述研究的基础上,结合台涵背回填质量控制要点,探讨台涵背回填质量评判标准,制定瑞雷波法台涵背回填质量检测指南,并建立一套高效、快捷、简便的路基回填料压实质量无损检测方法与评判体系。

二、适用范围

采用瑞雷波无损检测法可以有效检测深层路基回填密实度,整体评价填筑层质量,适用于粗、细颗粒回填土。

与常规检测手段相比,瑞雷波法属于线测,且为无损检测,可弥补其他检测方法的不足;获得的回填质量剖面图直观,可方便、快捷地评判回填质量;对现场施工基本无干扰,不影响施工进度。

三、已应用情况

研究成果目前已成功应用于龙岩双永高速、宁德宁武高速、武夷山机场快速通道工程、武邵高速、永宁高速、龙岩湖城高速、厦成高速、海西高速公路网长泰美宫至陈巷高速公路等路基工程的回填质量检测中。检测结果得到了交通运输部、福建省交通运输厅及各业主的充分肯定。

截至2011年4月15日,采用该方法累计已完成1 000余处断面检测,检测效果良好,及时有效地发现了路基深层填筑质量问题,为委托单位控制填筑质量提供了宝贵依据。

四、应用效益

(1)瞬态瑞雷波法检测耗时短,效率高,可以减少检测对工程施工的干扰。与常规检测手段相比,该方法为无损检测,可实现深层路基填筑质量的检测,可大大节约检测成本。

表1为6m深涵背分别采用灌砂法、瑞雷波法检测情况对照,从中可得出,一处6m深涵背就可节约检测时间3 170min。根据项目成果目前以完成1 000余处检测,平均检测深度按6m计算,累计节约检测时间52 833h。

深度为6m涵背回填检测情况对照表 表1

检测方法	代表面积	检测次数	单价(元)	检测费用(元)	节约费用(元)	耗时(min)	节约时间(min)
灌砂法	$200m^2$	80(20层,每层检测4个点)	300	24 000	0	3 200	0
瑞雷波法		1	3 700	3 700	20 300	30	3 170

(2)瞬态瑞雷波法可及时发现路基工程中三背、路基填筑质量问题,及时进行补救,进而杜绝工程质量隐患。减少公路运营过程中的路基、路面质量问题,减少工程处治费用,节约后期公路养护投资,同时减少因道路养护、封闭施工而带来的系列影响。

如表2所示,所检测的1 000处断面,不合格率按20%计,平均深度按6m计,采用瞬态瑞雷波法及时发现工程质量问题,采用挖开重新填筑需花费304万元;若不能及时发现工程质量问题,通车后采用注浆方式进行处理,需花费6 486万元,是前者费用的21倍。

深度为6m单个台背处理费用比较 表2

加固时间	路面施工前		通车后
加固方案	挖开重新填筑	注浆	注浆
费用构成(万元)	1.73	钻孔:9.94	钻孔:12.55
			注浆:9.14
		注浆:8.40	路面处理:10.74
总费用(万元)	1.73	18.34	32.43
占通车后处理费用的百分比(%)	5.33	56.56	100

(3)对于缓解桥头跳车现象、确保公路运营后的行车安全具有积极意义,减少因桥头跳车引发的车辆运营成本增加。

(4)检测指南的制定可为规范操作、提高检测效率奠定基础,同时为路基无损检测拓展思路,推广了瑞雷波应用领域。

154.水上溢油遥感识别与监测技术

成果所属专题编号:交科鉴字[2010]第32号

成果主要完成单位:大连海事大学、北京航空航天大学

联系人:李颖

联系电话:0411-84726829(手机:13889503258)

通信地址:辽宁省大连市凌海路1号

E-mail:yldmu@126.com

邮政编码:116026

一、主要技术内容

本课题重点研发溢油遥感识别与监测的关键技术,提供全天候、快速准确的海上溢油动态信息。利

用航海雷达、机载多遥感器、多种卫星遥感数据开发海上溢油监测、识别与分析技术。获取溢油的位置、分布、面积、分区厚度、油量等信息。建立遥感溢油监测系统，满足国家海上石油运输安全和海洋生态与环境保护的需要。

其中航海雷达溢油监测系统是一套集成雷达技术、视频处理技术、信号传输和存储技术等的硬件系统及针对海上溢油监测的软件系统，使得该系统可以获得普通雷达所无法获取的溢油信息及小目标探测能力。便携式远程红外污染监测系统主要由便携式红外摄像仪、CCD相机、数据采集与处理软件系统构成，可以获取目标物可见光近红外、红外波段的信息。基于红外波段(IR)，测量物体发射的表面热辐射，表征具有不同热辐射的亮温，据此分辨污染物，获得厚度、面积等信息；基于可见光近红外波段(VIS/NIR)，可获得污染区域真彩色快视图，基于海表面纹理和模式识别，有效识别污染，以及区分假目标。该课题主要技术指标达到国内领先水平、国际先进水平，支撑国家海上溢油应急处理体系的建设。

二、适用范围

水上溢油遥感识别和监测技术集成多种卫星数据源，解决了单一卫星数据源难以满足突发事件实时监测的要求。能够有效地支持我国"十一五"期间建设的多个水上溢油应急反应系统。

其中航海雷达溢油监测系统适用于昼夜巡视的海事执法船24h不间断地及早发现溢油。检测附近海面上的小目标，更准确地操纵船舶，避免海事事故的发生。在进行海上清除溢油操作中，分析油膜漂移趋势，有效地现场监控和指导各船舶的溢油应急和回收操作。提供友好的中文操作界面及操作导航功能。将当前检测到的溢油区域位置、面积等保存在文本文件中，并导出当前监控图像，提供网络数据连接，输出检测报告。根据图像尺度信息计算溢油区面积等信息，输出HTML检测报告。便携式远程红外污染监测系统可以精确提供关于污染物颜色、形态、面积、厚度等方面信息，适用于指导海洋污染清除、执法取证等工作，可广泛应用于船舶污染监测、热污染监测、水质监测、灾害应急、海域管理等。

三、已应用情况

7月16日，大连新港输油管道爆炸导致原油泄漏。事故发生后，大连海事大学航海学院"船舶污染监测与检测信息化技术"创新团队利用国家科技支撑计划项目"水上溢油遥感识别与监测技术"的研究成果，以自主研发的便携式油污探测热红外仪和海上溢油雷达监测系统为手段，以海事部门和救助局提供的飞机与船舶平台，每天对溢油海区进行卫星、航空和船载遥感立体监测，获取了第一手溢油分布信息。利用遥感与GIS绘制溢油分布图，每天坚持出溢油监测报告，同时把现场反馈回的污染情况也及时地反映在溢油分布图中，根据分布图来布置清污船。利用监测结果实时引导清污工作，并为海上清污力量提供定位服务，并且逐渐把监测与清污联动，提高了清污的效率。

四、应用效益

1. 经济效益

利用高科技手段研发水上溢油遥感识别与监测技术，构筑船基、岸基、航空和航天遥感立体监测系统，支持建立海洋溢油应急反应系统，能有效遏制船舶溢油事故和偷漏油事件，减少因溢油污染造成的经济损失，每年为国家挽回数亿元人民币损失。及时、准确监测溢油动态，可以为海事相关部门制订油污清除方案、保护海洋环境提供科学依据。同时，通过成果的产业化应用，将有力提升相关软硬件产品开发、生产和服务企业的竞争能力，扩大市场份额，将直接产生巨大的经济效益。

2. 社会和环境效益

基于本项目的研究成果可使正在建设的国家及主要海区海上溢油应急反应系统的功能大大加强，实现应急反应速度快、范围广、监测能力强、清除效率高的目标。本项目的研究成果，形成具有自主知识产权的全方位立体化海上溢油应急快速反应体系，满足国家、地方海事局及国内市场的需求。这必将对

改善近海海域环境具有十分重要的意义。

通过本项目的实施，将有效提升我国国家级海上船舶污染事故应急反应系统的快速反应能力与整体技术水平，加强全球环境公约履约能力，维护国家形象，提高我国在国际海事组织中的地位和作用。为海洋环境执法部门、民事诉讼提供依据，改善执法和审理质量，提高职能部门威信；为海洋治理、规划、开发提供科学的数据资料，其社会和环境效益十分显著。

155.山区高等级公路原生态恢复的关键技术研究

成果所属专题编号：鄂路计[2009]610号

成果主要完成单位：武神公路十堰段改扩建工程项目部、湖北工业大学

联系人：徐慧

联系电话：13986918788

通信地址：十堰市人民北路60号市公路管理局

E-mail：www. yugshi@sohu. com

邮政编码：442000

一、主要技术内容

本项目针对武神公路沿线气候条件与立地类型，研究公路原生态恢复与景观的整体性关键技术问题。针对山区生态旅游公路的建设特点，对公路原生态恢复技术进行深入研究，包括不同地域与高程植物种群的筛选与配置、不同高程与立地条件下适应的边坡植被技术研究、开展公路原生态景观设计研究，包括旅游公路原生态景观设计生态理念、生态景观设计的构建，进行原生态恢复与景观的整体性研究。

二、使用范围

山区高等级公路原生态恢复的关键技术研究适用于山区高等级公路边坡的生态恢复，美化公路，保持周边生态平衡，增添沿路景观，提高山区公路安全性，从技术上保证公路原生态恢复的实现。

三、已应用情况

本项目针对武神公路原生态的设计理念，从人性化、生态化、自然化的角度对公路沿线的自然景观进行恢复，尽量避免人为痕迹的出现，实现原生态恢复与重建。设计方案植物主要采取本地物种，依据生长环境选取优良物种，同时考虑季节变化造成的视觉色彩变化进行植物搭配套种。对于边坡生态防护设计，针对不同边坡特质，进行符合实际情况的绿化方案设计。景观带的设计在转弯处、紧急停车处、隧道出入口、景观出入口、岔道口等视觉停留时间较长的地方进行重点设计，针对位置不同，在色彩、组团图案及当地人文习俗方面入手进行设计，选取当地物种，根据季节进行植物搭配、组合，同时结合观赏石作路标等，形成观赏与路标提示双重作用。通过对挖取的18种植物进行主根与侧根抗拉强度进行测试，建立了不同植物抗拉强度的对数计算公式。对沿线重要边坡进行详细调研，在分析生态恢复技术适应性的基础上，结合边坡特点，提出了45个边坡的原生态恢复技术方案。提出了山区高等级公路原生态景观恢复的设计原则和理念，对武神公路沿线主要景观带与边坡的原生态恢复重建技术进行了详细分析，构件了山区高等级公路原生态恢复的典型案例，做到“四季有景，四季不同”的生态景观效果。

四、应用效益

生态保护效果明显，项目研究提供的优化方案尽快且尽可能地实现了裸地的生态恢复，大大减少了对生态与环境的破坏，降低了施工及后期裸地导致的水土流失和公路维护成本；当地物种的采用，节约

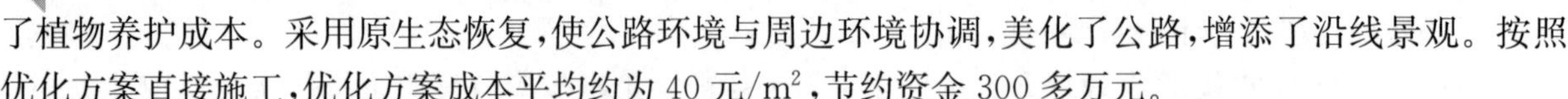

了植物养护成本。采用原生态恢复，使公路环境与周边环境协调，美化了公路，增添了沿线景观。按照优化方案直接施工，优化方案成本平均约为40元/m^2，节约资金300多万元。

156. 水泥混凝土结构工程无损检测技术的应用研究

成果所属专题编号：吉交科鉴[2010]第04号

成果主要完成单位：吉林省交通基本建设质量监督站、吉林省高等级公路建设局、吉林省交通科学研究所

联系人：关长禄

电话：0431-85097765(手机：13604330850)

通信地址：长春市解放大路2518号

E-mail：guanchanglu@yahoo.com.cn

邮政编码：130021

一、主要技术内容

随着混凝土结构的广泛使用，其质量检测和性能评估是目前工程界需要解决的问题。传统的检测和监测方法，如环刀法、超生脉冲回波法、钻孔取芯法等，大都是根据检测规程选点，钻孔取样获得混凝土内的缺陷或进行室内分析处理来获得厚度、深度、压实度、含水率、空隙度及强度等工程参数。这些常规方法存在采样点有限检测结果代表性差、具有一定的破坏性、难以发现内部存在的局部隐患。

探地雷达(Ground Penetrating Radar，GPR)探测技术是一种无损检测的重要手段之一，探地雷达的探测原理是利用高频脉冲电磁波的反射回波探测地下目的体分布形态与特征的一种技术，是对探测体内不可见的目标体或界面进行探测的电磁技术。由于探地雷达具有探测速度快、探测过程连续、操作方便灵活、分辨率高、无损坏等特点，得到广泛的应用。本课题通过数值模拟和室内模型实验方法，系统的研究了探地雷达应用于水泥混凝土结构工程检测中的数据采集、处理以及图像解释技术，针对水泥混凝土结构工程的主要检测目标：厚度检测、内部质量检测，对影响检测精度和准确度的关键参数进行了详细研究，研究结果对于探地雷达在实际水泥混凝土工程检测中具有较大的指导价值。本课题研究的主要内容有：

(1)探地雷达的标定。首次将双金属片方法应用于试件电磁波速度标定，准确标定了试件上、下界面探地雷达信号的到达时间，提高了速度的标定精度，提高了检测结果的准确度。

(2)研究了混凝土龄期对检测结果的影响。通过研究，我们认为混凝土龄期小于3个月时，检测结果误差较大。

(3)对于密集钢筋及多层钢筋网的检测(钢筋间距小于10cm)，目前最常用的400MHz、500MHz、900MHz雷达天线存在较大的误差，不能满足实际工程检测的需要。

(4)综合数值模拟、室内模型实验以及实体工程检测，详细研究了探地雷达在水泥混凝土工程检测中的应用，分析了存在工程质量问题的探地雷达图像特征，给出了简单实用的判别方法。

二、适用范围

本研究成果可广泛应用于正在修建的和在建公路(包括隧道)调查、施工检查、竣工验收和公路养护等工作中，提供准确而翔实的数据；因此，此技术可被建设、施工、监理、检测、监督和验收部门所采用，为提高公路工程质量作出贡献。

三、已应用情况

本科研成果已在吉林省江密峰到延吉高速公路中的路基、桥涵、隧道、沥青及水泥混凝土路面检测

中广泛应用，分别检测了路面厚度、桥梁梁板厚度、隧道衬砌厚度、衬砌后空洞及含水等情况，取得了一定的效果。

四、效益分析

探地雷达探测技术是一种无损检测的重要手段之一，并得到广泛的应用。由于探地雷达具有探测速度快、探测过程连续、操作方便灵活、分辨率高、无损坏等特点，具有显著的经济效益和社会效益。

1.检测方便快捷

吉林省交通基本建设水泥混凝土结构工程(包括水泥路面、桥梁、隧道)的检测任务繁重，如果应用"水泥混凝土结构工程无损检测技术"，将使工程检测变得快捷。

2.节省无损检测的费用

无损检测的项目因水泥混凝土结构工程的比例不同而存在很大差异，沥青路面的检测也可应用"水泥混凝土结构工程无损检测技术"。在检测费用当中，人工和机械台班费用占的比例较大，达 60%以上。由于应用"水泥混凝土结构工程无损检测技术"，可大大提高检测效率，检测时间仅为常规检测的 1/30～1/10，则应用"水泥混凝土结构工程无损检测技术"，可以节省大量检测费用。

3.延长混凝土使用寿命

同样，"水泥混凝土结构工程无损检测技术"检测的项目大多是常规检测技术无法准确检测的，应用"水泥混凝土结构工程无损检测技术"，可对在建工程进行检测，及早发现质量隐患以便及时补救，延长混凝土使用寿命。

4.避免浪费

首先，应用"水泥混凝土结构工程无损检测技术"，可以在建设公路初期，对路基的施工质量严格把关；对完工后的路面工程能够及早发现问题、及时维修，避免造成浪费；对技术难度相对较高的桥梁工程的质量隐患的准确检测，保证其安全性与耐久性。其次，对旧路及桥梁不同程度的缺陷进行检测，运用科学合理的方法评价其质量，划分其类别，相关部门据此制订维修和加固方案，恢复路桥的正常使用功能，可合理地使用工程资金。

157.公路路基与基层结构稳态检测技术的应用

成果所属专题编号：吉交科鉴[2010]第 01 号

成果主要完成单位：吉林省交通基本建设质量监督站、哈尔滨工业大学

联系人：关长禄

电话：0431-85097765(手机：13604330850)

通信地址：长春市解放大路 2518 号

E-mail：guanchanglu@yahoo.com.cn

邮政编码：130021

一、主要技术内容

先进的检测手段能真实、全面地反映施工质量，对提高和保证工程质量将起到促进作用。路面早期损坏的主要原因是施工质量有缺陷，结构层厚度、强度、密实性方面均匀性差，传统的检测手段由于效率低，不能全面及时地反映工程质量。道路在施工期间主要受振动压路机的作用，运营期间受行车荷载的作用，二者皆为动荷载。因此，可移动的、适合现场检测的稳态试验检测技术因为能检测结构的塑性变形，并能进行重复加载试验(小型疲劳试验)而得到研究和应用。通过对稳态试验检测技术的研究，以塑性变形的测试分析为基础，解决路基与基层结构的强度、刚度和稳定性的评价问题，达到施工完毕即可进行现场可移动式的快速检测，并在质量检查、工程监督与验收中推广和应用十分重要。

路基和粒料基层都是由散体材料经施工压实而形成的结构，在正常情况下应该处于弹性工作状态，这是对结构的基本要求。现行质量评价体系的评价指标主要为压实度、弯沉和强度，认为施工结束后其指标达到规定要求既满足技术要求。然而路基和基层仍然会出现病害，使我们不得不对现有的评价体系做一些必要的思考。

路基和基层是支撑结构物，它应该提供足够的支撑能力，以抵抗过量的变形和破坏。因此，应该在强度、刚度和稳定性上满足技术要求。大量的实例证明，面层在使用过程中出现的沉陷、车辙和裂缝等损坏，一部分原因是由于面层结构本身的变形所引起的；但相当大部分是由于基层或路基过量的塑性变形（永久变形）所造成的，这已成为共识。因此，对路基和基层结构进行变形控制就成为一个关键的问题。从根本上讲，控制变形应该在施工过程中完成，否则就很难进行控制。施工压实的目的就是为了预先消除结构在行车荷载及自然因素作用下可能出现的过量变形，一般来讲，压实程度越高，可能出现的变形量就越小。

道路路基与基层结构稳态检测技术能很好地弥补现有检测技术的一些不足，使检测技术与质量评价体系有很大的进步。

二、适用范围

本研究成果可广泛应用于在建和维修工程中路基和基层的检测工作，在试验检测和结构计算的基础上，有望取代弯沉作为设计指标之一。

三、已应用情况

本项技术曾在长余高速公路路基二灰碎石基层、长白一级公路级配碎石基层等工程中进行过探索性的试验工作，试验设备采用自行研制的室内振动压实系统。结果表明，如果振动荷载和时间一定，塑性变形的大小与其结构所处的状态具有很好的相关性，即塑性变形较小时，其状态良好，对应的承载板试验结果也好，反之亦然。

四、效益分析

大量的实例表明，路面在使用过程中出现的沉陷、车辙和裂缝等损坏，一部分原因是由于路面结构层本身的变形所引起的；但相当大部分是由于路基过量的塑性变形（永久变形）所造成的，这已成为共识。因此，路基的质量问题就成为一个关键的问题了。而采用稳态检测技术可以对路基和基层的抗变形能力进行评定，为今后检测和提高道路结构的抗变形能力提供了一条途径，不但具有经济效益，还具有重要的社会效益。

对于建设单位而言，提高抗变形能力意味着路基抵抗行车荷载和变形的能力增强。路基承受的荷载和作用次数也就会增加，在同样条件下，道路的使用寿命就会延长。道路使用寿命的延长，所带来的经济效益和社会效益是十分巨大的，这已经成为人们的共识。使用寿命的延长，对于公路管理部门而言，不但可以增加收入，还可以降低道路养护维修的费用；对于运营者而言，可以保证安全正点，这就意味着效益的增长。

此外，本课题的研究成果也会给设计部门带来经济和社会效益。目前通行的有关公路路基设计的规范准则存在着两点明显的不足。第一，在路基及其上部结构（如公路路面、铁路轨道和机场路面）的设计当中，只考虑了路基土的弹性变形，而永久变形的限制是通过控制回弹变形来实现的。第二，正是由于设计当中没有直接对永久变形进行核算，人们无法预测在一定轴次和轴载作用下实际发生的永久变形，更无从制定相应的设计标准。

长期以来，在我国沥青路面设计中，以路表设计弯沉值作为路面整体强度的控制指标，并在统计意义上建立了弯沉与行车荷载累计作用次数的关系，通过控制弯沉来达到间接控制路面使用寿命的目的。虽然弯沉的大小在一定程度上反映了路面整体强度，但是弯沉的实质是路面结构的竖向弹性变形，代表

的是路面结构抵抗弹性变形的能力，是结构处于弹性阶段的一个指标；而强度的含义是抵抗过大塑性变形或破坏的能力，是结构处于塑性或破坏阶段的一个指标，二者并不相同，只是有关联而已。因此从原理上讲，在控制永久变形时应该以反映路面结构塑性阶段的某种指标作为控制标准。目前正在研究中的以永久变形作为控制指标的新的路面设计体系反映的正是这种思想。因此本课题提出了检测路基和基层抗变形能力的方法为今后路面设计理论的更新提供了可以借鉴的实测技术，具有重要的经济效益和社会效益。

158.季冻区路面材料温度收缩机理及检测手段的研究

成果所属专题编号：吉交科鉴字[2010]第16号
成果主要完成单位：吉林省交通科学研究所
联系人：任宏贺
联系电话：0431-86026019(手机：13074382973)
通信地址：长春市进化街908号
E-mail：renhonghe@126.com
邮政编码：130012

一、主要技术内容

(1)季冻区路面材料温度收缩机理及检测手段的调查研究。调查国内外对路面材料温度收缩裂缝形成机理及试验分析的研究结论，了解其检测手段与试验仪器，提出各试验方法的适用性及不足。

(2)不同种路面材料的温缩机理。对沥青混凝土、水泥混凝土及半刚性基层材料的温缩机理、温缩性能及影响因素进行分析和总结，依据路面材料的温度收缩机理，进行路面材料温度收缩测试仪的研制。

(3)研制开发路面材料温宿收缩测试仪：

①仪器的结构组成设计；

②仪器的工作原理；

③仪器的控制系统；

④仪器的测试精度；

⑤仪器的使用方法。

(4)对不同的路面材料进行温缩测量，根据不同路面材料的内部降温速率，提出道路材料的温缩试验方法并编制路面材料温宿收缩测试仪的操作规程。

(5)利用研制成功的“路面材料温度收缩测试仪”对不同的路面材料进行温缩试验，总结温度收缩规律，用于指导路面材料的抗收缩设计。

二、适用范围

本项目属于道路工程技术领域。研究成果广泛应用于公路的设计、施工及检测中，有效地控制筑路材料的收缩位移，减少道路的收缩破坏，延长道路的使用寿命，增强道路的耐久性。

三、已应用情况

受吉林省在建长松高速公路农松辅道施工单位的委托，项目组对二灰碎石基层混合料进行了基层材料的温缩试验检测，目的是检测不同配比二灰碎石基层的温缩性能，择优选取以减少基层材料由于温度变化而产生的收缩开裂，结合吉林省气候特点，综合确定选择石灰：粉煤灰：碎石为6.5：13.5：80来作为农松辅道基层材料的施工配合比。

四、效益分析

以吉林省为例，据不完全统计，近年来，长春至四平高速公路130km年养护维修费用合计约6 000万元，长春至吉林高速公路年养护维修费用合计约3 500万元，平均百公里的年养护费用是4 500万元。根据几年的统计分析，由于裂缝而造成的养护费用占28%，即百公里1 260万元。我国季冻地区现有高速公路3万km，以此计算，则每年用于裂缝维修的养护费用可达37.8亿元，这还不包括二级及以上的干线公路因温度收缩而产生的路面开裂。

“路面材料温度收缩测试仪”的研制成功，为道路设计中路面材料温缩指标的制定提供了规范的试验手段，科学、合理的温缩指标的提出及实施，必然会大大减少温缩裂缝的产生，从而节约大量的道路养护资金，以每年减少路面裂缝率40%计算，则季冻地区每年的高速公路养护资金可节约15.12亿元。

路面材料温缩裂缝的减少必然会大大延长道路的使用寿命，节约大量道路养护资金；增强路面行车的舒适性和安全性，极大地消除交通安全隐患，保障客货运输的畅通与生命财产安全，提高道路的安全通行能力，保障国民经济的快速发展，因此具有广泛的社会效益。

159.无机结合料稳定材料振动压实力学试验方法的研究

成果所属专题编号：吉交科鉴字[2010]第17号

成果主要完成单位：吉林省交通科学研究所
联系人：张淑娟
联系电话：0431-86026031
通信地址：长春市进化街908号
E-mail：JC203@126.com
邮政编码：130012

一、主要技术内容

根据路面基层的压实工艺，采用碾压振动压实的方法，研究开发出能够充分模拟基层无机结合料稳定材料实际施工工艺的室内试验检测方法，以及相匹配的试验检测设备。开发无机结合料稳定粒料的碾压振动试验机，确定试验机的机械组成、碾轮半径尺寸、振动频率范围、激振力大小、静线压力范围及其施力方式等，试验检测设备外形如图1所示。

图1　试验检测设备外形

通过试验，总结碾压振动法进行无机结合料稳定半刚性基层材料的最大干密度、最佳含水率试验方法，确定试验适用范围、仪器设备的技术要求、试验方法步骤、试验结果应用。推荐进行预定密度的试件碾压振动压实成型方法，形成系统的力学试验方法，编写试验规程。

二、适用范围

适用于路面基层的无机结合料稳定粒料最大干密度、最佳含水率的测试，以及无机结合料稳定粒料的振动成型，对相应的力学指标进行测试，为相关的课题提供科学数据。

三、已应用情况

该方法已应用于长春至珲春高速公路黄松甸至敦化段路面M03标段K177＋400～K188＋800段。吉延高速公路黄敦段中心试验室对试验段的水稳碎石进行了配合比设计，具体结果如下。

1. 标准击实法最大干密度、最佳含水率曲线(图 2)

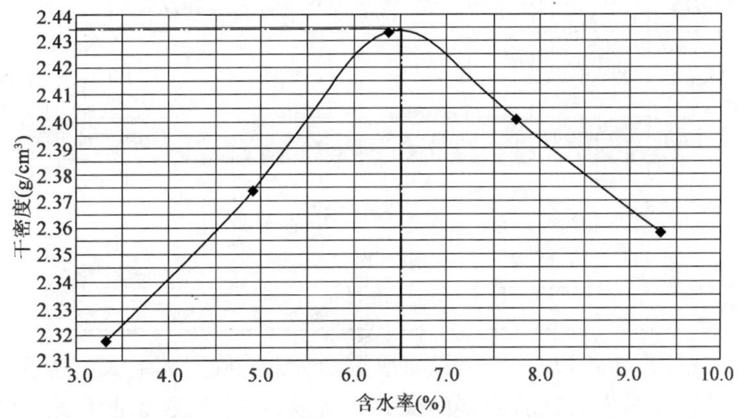

图 2 标准击实法最大干密度、最佳含水率曲线

标准击实法测得水稳碎石最大干密度 2.43g/cm³，最佳含水率 6.5%。

2. 碾压振动法最大干密度、最佳含水率曲线(图 3)

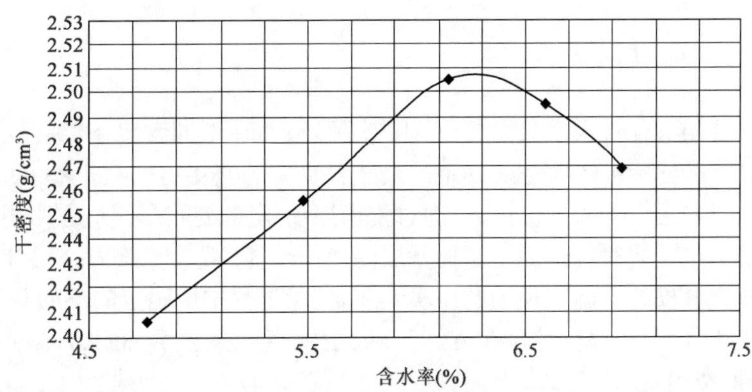

图 3 碾压振动法最大干密度、最佳含水率曲线

碾压振动法测得水稳碎石最大干密度 2.51g/cm³，最佳含水率 6.3%。

课题组分别以标准击实试验和振压成型试验测得的最大干密度为标准进行了基层压实度对比试验，具体结果如表 1 所示。

水稳碎石压实度对照表 表 1

取样地点		压实度(%)		取样地点		压实度(%)	
桩号	横向位置	标准击实试验	振压试验	桩号	横向位置	标准击实试验	振压试验
K177+500	左距中 2m	99.6	96.6	K182+640	左距中 9m	98.6	95.6
K177+650	左距中 2m	98.4	95.4	K182+660	左距中 9m	102.6	99.6
K178+000	左距中 5m	102.3	98.3	K182+680	左距中 9m	103.4	100.4
K178+500	左距中 5m	104.6	101.6	K182+700	左距中 9m	100.4	96.4
K179+730	左距中 7m	99.9	96.9	K182+720	左距中 9m	103.4	100.4
K179+900	左距中 2m	101.5	98.5	K182+740	左距中 2m	101.2	98.2
K182+420	左距中 2m	98.6	95.6	K183+500	左距中 2m	99.7	96.7
K182+440	左距中 5m	98.2	95.2	K183+640	左距中 5m	98.6	95.6
K182+460	左距中 5m	99.8	96.8	K184+360	左距中 5m	102.6	99.6
K182+480	左距中 7m	103.2	100.2	K184+640	左距中 7m	103.5	100.5

续上表

取样地点		压实度(%)		取样地点		压实度(%)	
桩号	横向位置	标准击实试验	振压试验	桩号	横向位置	标准击实试验	振压试验
K182+500	左距中 7m	102.1	99.1	K185+400	左距中 7m	104.2	101.2
K182+520	左距中 9m	103.6	100.6	K186+500	左距中 9m	101.6	98.6
K182+540	左距中 9m	102.1	99.1	K186+700	左距中 9m	98.3	95.3
K182+600	左距中 9m	100.6	97.6	K187+100	左距中 7m	99.6	96.6
K182+620	左距中 9m	100.4	97.4	K188+420	左距中 9m	98.4	95.4

从表 1 中数据对比情况中可以总结出，以碾压振动法试验确定的最大干密度为标准，测得压实度在 95.2～101.2 之间；以标准击实法试验确定的最大干密度为标准，测得的压实度在 98.2～104.2 之间。说明现标准击实试验确定的最大干密度偏小，不能完全模拟现有压路机对路面压实效果，作为评价路面压实效果的参照依据已经不合适了。碾压振动试验确定的最大干密度比标准击实试验确定的最大干密度大，且压实度检测数值也在一个合理且可参照的数值区间内。

四、效益分析

1. 经济效益

采用振动压实所得的最佳含水率只需要 8～10 次碾压；而在不同含水率、碾压次数相同的情况下，现场所测得的干密度一般比标准击实法所确定的最佳含水率的基层材料要大些，而两者的干密度都更接近碾压振动法所测得的最大干密度。由此，通过室内振动压实成型试验所提供的数据，更为有效地指导了施工，提高了压实效率，同时也提高了路面基层的使用性能，减少了路面基层和面层的维修养护费用。碾压振动试验机充分模拟了施工现场的压实工艺，试验过程中所确定的不同基层材料的松铺系数，更为准确地指导了施工，使基层厚度控制在±0.5mm 之内，既减少了不必要的材料浪费，又节约了后期找平、高程控制修整的费用，合计约 100 万元。

2. 社会效益

碾压振动法测得的最大干密度恰恰与试验路提供的最大干密度基本一致，故建议以碾压振动法测得的最大干密度为压实度的控制值，以标准击实法测得的最大干密度为施工最小值，这样给施工压实度提供更为保险的空间，也能有效避免超压问题。本课题研制的轮碾振动成型试验机，充分模拟施工现场振动压实，同时更为有效地指导了施工，针对试验仪器所制定的试验方法更是加强了对工程质量的控制，保证了工程质量。

160. 有黏结预应力加固设计理论及施工技术研究

成果所属专题编号：2007-353-322-050
成果主要完成单位：吉林省交通科学研究所、哈尔滨工业大学
联系人：郑继光
联系电话：0431-86026037(手机：13596038786)
通信地址：吉林省长春市朝阳区进化街 908 号
E-mail： zhjg67@163.com
邮政编码：130012

一、主要技术内容

有黏结预应力体系由预应力钢绞线或索、预应力锚固系统、转向装置、体外有黏结补强材料四部分

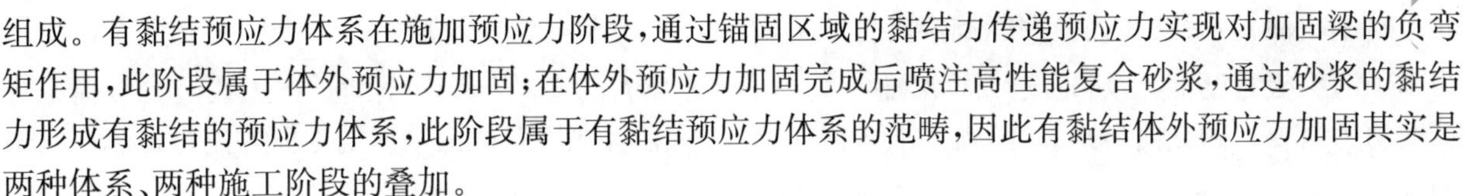

组成。有黏结预应力体系在施加预应力阶段，通过锚固区域的黏结力传递预应力实现对加固梁的负弯矩作用，此阶段属于体外预应力加固；在体外预应力加固完成后喷注高性能复合砂浆，通过砂浆的黏结力形成有黏结的预应力体系，此阶段属于有黏结预应力体系的范畴，因此有黏结体外预应力加固其实是两种体系、两种施工阶段的叠加。

本项目基于利用国产高性能抗拉复合砂浆（HTCM），通过理论分析和有限元模拟计算，以及砂浆基本试验和有黏结预应力加固钢筋混凝土小梁试验，研究了 HTCM 砂浆的作用机理、物理性能指标、力学性能指标及设计参数，提出了 HTCM 的喷注工艺和养护措施，建立了与现行桥规（JTG D62—2004）相适应，考虑分阶段受力特点的正截面抗弯承载力、正常使用极限状态的设计计算方法。

理论分析及试验研究表明：采用有黏结预应力加固的钢筋混凝土受弯构件正截面抗弯承载力计算公式与一般有黏结预应力混凝土构件有大致相同的表达形式；采用有黏结预应力加固方法的 9 片试验梁的正截面极限承载力，平均提高幅度为 20%；试验梁在极限状态下应力增量明显，应力增量基本上为张拉控制应力的 15%；由于后加补强砂浆可以延迟被加固梁体的正截面裂缝发展，表明有黏结预应力加固方法可以大大提高梁体的开裂荷载，从而提高梁体的刚度（静力刚度和动力刚度）；HTCM 砂浆具有较高的抗压强度和抗弯拉强度、密实性，较强的抗碳化、抗氯离子渗透的耐久性能，具有较高的黏结强度（黏结抗拉强度、黏结抗剪强度），便于施工，易于养护。

二、适用范围

有黏结预应力加固体系以其预应力筋锚固简单、张拉施工方便、结构耐久性好、材料利用效率高的技术优势受到国内外土木工程界的重视。有黏结预应力加固体系特别适用于中、小跨径钢筋混凝土或预应力混凝土 T 梁、空心板梁、箱梁桥的加固，这种技术从作用原理上解决了后加补强材料“应变滞后”所造成的材料利用效率不高的先天性弊端。

三、已应用情况

通化市红旗大桥为通化市区重要交通枢纽，是吉林省首座采用有黏结预应力加固技术的混凝土桥梁，桥梁加固于 2009 年 7 月开工建设，10 月竣工通车。

红旗大桥横跨浑江，始建于 1965 年。桥梁全长 332m，桥面净空：－13m＋2×2.25m 人行道；设计荷载：汽—13kN/m^2、拖—60kN/m^2、人群—3.5kN/m^2。上部构造为 17 孔装配式钢筋混凝土简支梁桥，单孔跨径 19.46m，下部为三柱式墩身，混凝土扩大基础。

桥梁每孔由 9 片 T 梁构成，采用铰接方式，主梁间距 160cm，梁高 120cm，悬臂端部厚为 8cm，腹板厚为 18cm。沿桥纵向设置八道横隔梁加强横向联系，以提高结构整体性，高度为 90cm，间距为 270cm，厚度为 15cm。

该桥按城市-B 级荷载标准进行提载加固补强设计，其中，第 1 孔主梁采用有黏结预应力加固技术加固正截面及斜截面。

1. 正截面抗弯加固

在梁底水平增设 3 根 ϕ15.24mm 的普通预应力钢绞线。预应力钢绞线先锚固在被加固梁体上的支承钢板上，采用配套单根小型液压千斤顶进行张拉，单根钢筋的张拉力为 116kN，$\sigma_k = 0.45 f_{pk}$。预应力筋张拉、锚固在梁底及腹板两侧布置原梁钢筋骨架的高度范围内。

2. 斜截面抗剪加固

在靠边支点的第一个横隔梁区段范围，在腹板两侧增设竖向预应力筋，竖向预应力筋采用直径为 10mm 的 HRB335 钢筋，间距为 150mm。预应力筋的两端焊接在固定于腹板上的锚固钢板条上（钢板条的厚度 10mm）。在预应力筋中部，对相邻两根预应力筋施加横向拉紧力，将预应力筋拉紧呈折线形，然后，在腹板两侧喷注 30mm 厚的高性能抗拉复合砂浆（HTCM），将预应力筋与腹板黏结为一体，构成有黏结预应力斜截面加固系统。

对本桥而言，后喷注的高性能抗拉复合砂浆(HTCM)还有更重要的意义。由于原桥支点腹板宽度为18cm，腹板宽度不大，所以斜截面 $\gamma_0 V_d \leqslant 0.51\times10^{-3}\sqrt{f_{cu,k}}bh_0$ 值较小，不满足按照城市-B级荷载计算的剪力所要求的截面最小尺寸，需要加大截面宽度。因此，本桥斜截面采用的加固方法可以起到双倍的效应。

3.加固施工工艺

(1)在安装支承钢板的位置敲掉适当混凝土至露出梁体钢筋，同时对要加固的梁底的混凝土表面进行清洗，去除油污杂物。

(2)按设计位置钻孔，并用膨胀螺栓固定支承钢板及和原梁体的纵向主钢筋进行焊接；然后对包住梁体的钢板对接处焊接，高强螺栓的安装应符合植筋工艺。

(3)正截面加固：每片梁底部布置3根 ϕ15.24mm的预应力钢绞线，采用YM15-1型夹片式锚具，采用小型千斤顶从一端进行张拉，钢绞线采用双控技术二次张拉。在张拉过程中，通过油表读数全程监控张拉力。由于张拉时锚具螺栓可能影响到千斤顶的作业空间，建议采用偏转张拉的工艺，偏转角度约15°即可。

(4)斜截面加固：避开原梁体钢筋，采用与原梁粘贴和锚固相结合的方式安装锚固钢板和焊接。普通钢筋横向张拉，在张拉过程中，对预应力钢筋进行粘贴应力片全程监控张拉力。

(5)植筋：具体标准参照《公路桥梁加固设计规范》(JTG/T J22—2008)，需要说明的是M20螺栓材料为10.9级，螺栓预拉力设计值为155kN。同时在钻孔时要细致小心，不要损害原主梁主筋。

(6)喷注的高性能抗拉复合砂浆(HTCM)，每层喷射厚度不超过30mm；若喷射厚度大于30mm，应分层喷射，且间隔大于2h(根据喷注时温度可以适当延长)，喷射后应保持表面湿润，喷雾养护48h以上即可完全硬化；最后进行外层喷保护漆层。

4.试验结论及使用效果

通过试验桥工程应用以及试验桥荷载试验，证明有黏结预应力加固技术应用在桥梁加固工程中是可行的，加固后桥梁的承载能力提高明显。

(1)有黏结预应力加固旧桥构造简单，受力明确，结构安全可靠，对桥下净空影响有限。

(2)有黏结预应力加固旧桥提载效果明显：加固前桥梁跨中正截面抗弯极限承载力 M_{du}=2026kN·m，分别较城-B级荷载和城-A级荷载低8.4%和15.0%，而加固后截面所能承担的最大的承载力 M_{du-max} = 2842kN·m，分别较城-B荷载和城-A荷载作用下的设计荷载大28%和20%。

(3)有黏结预应力加固对提高旧桥的刚度效果显著，加固后桥梁的抗变形及延迟开裂能力显著增强。

(4)有黏结预应力加固旧桥施工简便，建设周期短，砂浆材料经济耐久，养护方便，综合经济效益显著。

四、效益分析

1.材料本身(砂浆、预应力材料)效益

推广采用有黏结预应力加固，一方面，能最大限度地发挥后加补强材料的作用，可以明显提高后加补强材料利用效率，降低工程造价。另一方面，国产HTCM砂浆与进口AP砂浆相比较，其主要性能指标并不降低，但其造价却降低至少一半。

以试验桥为例，采用有黏结预应力加固，与普通的被动加固相比较，钢筋材料的利用效率提高了1倍，即相当于节省了一半的钢筋材料。初步估算，采用进口AP砂浆约8000元/t，而采用国产HTCM砂浆的有黏结预应力加固不足4000元/t，相当于国外进口AP砂浆的50%。

2.全桥加固改造与拆除重建对比

以试验桥为例，采用有黏结预应力加固与桥梁重建相比较，全桥加固费用初步估算为42.4元/m²(每跨约12.2万元)，而拆除上部主梁(下部利用)重建上部结构的直接费用初步估算却高达

152.4 元/m^2(每跨约 43.9 万元)，经济效益非常显著。

除此之外，桥梁加固改造不但节约时间赢得了施工工期，而且节约人力物力，对城市交通影响有限，由此带来的间接经济效益更加明显。

3.提高桥梁工作性能，延长桥梁使用寿命

有黏结预应力加固技术可以大大提高桥梁的动力刚度，大幅降低桥梁动力响应，提高静力刚度，延迟截面开裂。

同体外预应力技术相比，有黏结预应力技术中喷注的高性能抗拉复合砂浆保护层，抗碳化和抗氯离子侵蚀能力强，保护钢筋免于锈蚀，提高结构耐久性，可延长结构使用寿命 20～30 年，由此带来经济效益是巨大的。

161.半干旱地区公路岩质边坡生物恢复加固技术研究

成果所属专题编号:2006 318 000 87

成果主要完成单位:内蒙古自治区公路局

联系人:张涛

联系电话:0471-6281243

通信地址:呼和浩特市赛罕区地质局南街 68 号

E-mail:msh@nmjt.gov.cn

邮政编码: 010020

一、主要技术内容

本课题通过开展岩质边坡植被恢复加固技术和生态恢复效果评价方法的研究，先后完成了岩质坡面排水、人工土壤成分配比、土壤黏合剂抗侵蚀性能、土壤及植被建植技术、土壤黏合剂对边坡客土层抗剪强度影响、不同类型岩质坡面处理案例试验等技术试验工作，乔灌木根系在岩质坡面的发育特征调查、岩质边坡植被恢复前后的热环境观测、典型路段岩质边坡植被恢复效果调查等野外调查观测工作，完成了赤通高速公路和京承高速公路岩质边坡植被恢复示范工程。

基于上述技术研究和工程示范，本课题提出了基于植被恢复的岩质边坡分类系统和不同类型岩质坡面的处理方法；提出了适合于坡面生态恢复的人工土壤成分配比、土壤黏合剂类型及配比和人工土壤层厚度；提出了适宜于内蒙、河北半干旱地区岩质边坡植被恢复工程的乔灌草物种组合方案；提出了针对四种不同类型岩质边坡植被恢复的技术方案，解决了半干旱地区公路岩质边坡生物恢复的技术难题。此外，本课题还提出了半干旱地区公路岩质边坡生态恢复效果监测和评价方法，编制了半干旱地区岩质边坡植被恢复及坡面保护工程的施工规范及技术手册。

二、适用范围

半干旱地区。

三、已应用情况

工程 1:赤通高速公路路岩质边坡植被恢复及坡面保护典型工程示范本工程。于 2007 年 6 月 20 日～7 月 20 日进行施工。采用厚层基质挂网喷附技术进行边坡防护和生态恢复。共完成岩质坡面示范工程面积17 500m^2。该处坡面质地均为石质，风化程度较差，坡度在 48°～55°之间。

根据工程效果得出：

(1)减少坡面喷附初期的用种量，灌木柠条发芽和初期成活较好。

(2)坡面整体来看，覆盖度可以达到设计要求，但在坡面较陡的地方，坡面覆盖度不好，有局部缺苗的情况。

(3)为了满足坡面灌木的密度，在2008年进行坡面苗木移植，苗木有沙棘、柠条、山杏，成活良好。

工程2：京承高速公路路岩质边坡植被恢复及坡面保护典型工程示范。共完成岩质坡面示范工程面积50 000m²。本工程于2008年9月11日～9月30日进行施工。采用厚层基质挂网喷附技术进行边坡防护和生态恢复。坡面最高三级，局部二级或一级，边坡上层为亚黏土(混碎石)、碎石土，下层为弱风化白云岩，但坡面有节理发育，有利于植物根系生长，边坡坡率为1∶0.5～1∶0.75。

根据工程效果得出：

(1)移栽的紫穗槐2009年返青时，出现部分死苗，及时进行补苗，保证灌木均匀分布。

(2)混合草种中的荆条发芽很差，在建群物种里基本看不到。

(3)坡面整体来看，覆盖度可以达到设计要求，但在坡面较陡的地方，坡面覆盖度不好，有局部缺苗的情况。

工程3：赤大高速公路岩质边坡植被恢复及坡面保护典型工程示范。路堑边坡绿化工程，起于赤大段的K0+480处，止于K11+380段，示范工程面积120 000m²。

工程效果：恢复与重建边坡植被系统，群落具有较好的植物多样性和自我营养性。第一年以草本群落为主，第二年草本与灌木混生，第三年以后转为以灌木为主，伴生有若干草本，群落达到稳定状态，植被覆盖率达到或者超过当地同等立地条件下的自然植被覆盖水平。

恢复与重建了植物根系生长发育层，恢复后的植物根系生长发育层的养分含量可以维持植被系统在数年之内自我更新的需求。随着植物群落生长发育，植物根系不断深入边坡土壤深层，植物根系和与其共生的各种土壤动物、土壤微生物的共同作用，将原有坚硬、贫瘠的边坡土壤淀积层和母质层不断熟化，使其进入良性发育过程，从而为植被系统的良性循环提供可持续的养分和水分保障。

四、效益分析

在半干旱地区公路岩质边坡开展生态恢复工程研究，不仅是国内公路生态建设的新课题，在国际上也少有先例。项目研究所取得的一系列丰硕成果，将对西部地区，乃至全国的公路建设生态工程理论和技术研究具有现实的、科学的指导意义，也为国际上半干旱地区公路岩质边坡生态建设工程提供了有价值的研究案例。

162.集装箱电子标签技术开发及应用

成果所属专题编号：交科鉴字[2009]第119号

成果主要完成单位：交通运输部水运科学研究院、上海国际港务(集团)股份有限公司、重庆港务物流集团有限公司、中国国际海运集装箱(集团)股份有限公司

联系人：曹文胜

联系电话：62079433-209(手机：13801229165)

通信地址：北京市海淀区西土城路8号

E-mail：cws@wti.ac.cn

邮政编码：100088

一、主要技术内容

1.集装箱电子标签应用标准编制

项目组积极参与国际相关标准的讨论与制定，了解国际社会各方关注的问题，积极与国内电子标签相关生产制造商和潜在产品应用单位磋商，结合我国已有集装箱标准的相关规定，坚持与国际标准兼容的原则，在广泛征求国内外专家意见的基础上，首先提出了集装箱电子标签标准体系框架，并据以提出

了集装箱电子标签标准草案。

2. 集装箱电子标签准确识读与抗干扰技术

集装箱电子标签所采用的标签形式、在集装箱上的安装位置、采用的通信协议、阅读器天线的安装方式、电子标签的移动速度、读写快速移动电子标签用户数据的程序策略等，均能影响集装箱电子标签准确识读的距离与正确率。

项目采用无源集装箱电子标签，通过电子标签在集装箱上安装位置的选择和控制标签阅读器的无线读写功率(即对读写距离进行控制)以及在闸口标签阅读器天线的安装位置，避免了集装箱电子标签在闸口被临道干扰的可能性；在集装箱堆场，应用软件识别策略和调整吊具上阅读器天线的发射功率，也有效地达到了对作业箱的正确识读。

3. 集装箱电子标签阅读器、天线和电子标签的设计

(1)设计了不同的标签阅读器

由于无源集装箱电子标签的读写距离只有几米，标签阅读器在工作时，其天线与标签的位置相对距离不能很远，而受信号衰减的影响，阅读器与天线的馈线距离也不能超过 15m，因此阅读器需要安装在移动机械上。在不改动现有机械设备结构的前提下，我们设计的阅读器与现有码头移动机械的结构特点相适应，就近获得电源，附加了多项抗振动措施，在设备结构设计、安装方式和材料选用上作了许多改进，解决了实际应用过程中出现的多种技术难题，并利用无线方式将标签数据传送回码头控制中心。图 1 为集装箱电子标签读写器。

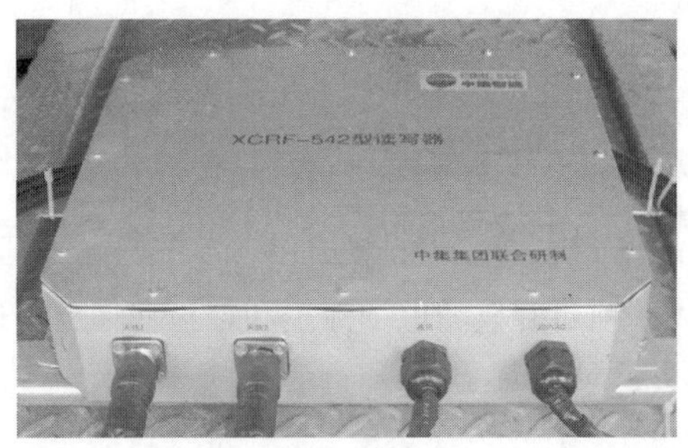

图 1　集装箱电子标签读写器

(2)设计出多种阅读器天线

应对集装箱堆场的多种流动作业机械，项目组开发了不同的阅读器天线(图 2)，并应用单阅读器多天线的设备连接方式，克服了移动机械上设备及天线安装位置要求苛刻的难题，成功实现了堆场移动机械的集装箱电子标签在作业中的读写操作。

图 2　标签读写器天线设计

(3)无源集装箱电子标签的设计

项目组在设计标签时考虑了标签的体积、安装方式，克服了集装箱金属表面对标签工作的影响，适应不同码头作业位置对标签数据读取的需要，如闸口、移动作业机械上、手持机等，避免标签在作业过程中被碰撞，标签可以长时间承受恶劣的、世界各地的多种作业环境等(图 3)。

4. 集装箱电子标签的综合示范应用

首次将无源电子标签系统、EDI 系统、集装箱码头信息管理系统、互联网数据管理平台等程序融为一体，实现了标签的综合应用。开展了大规模的应用试验活动，对集装箱进行环境适应性、功能性和流程性测试，首次利用无源集装箱电子标签对集装箱的运输状态进行跟踪，在长江航线上的重庆与上海间开展了集装箱电子标签技术的应用示范。

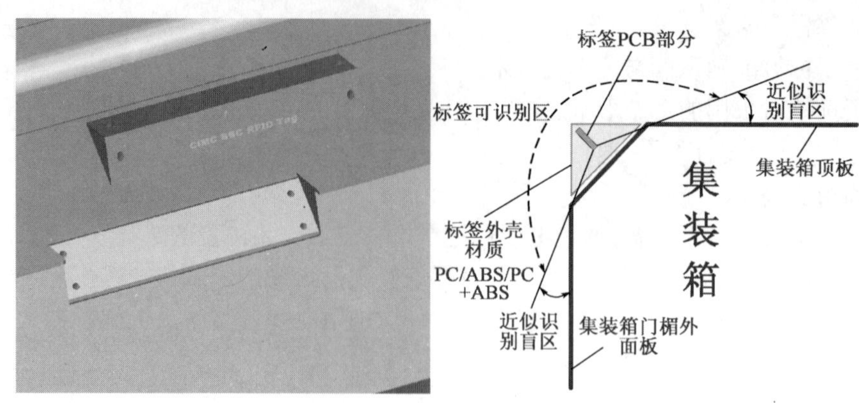

图 3　集装箱电子标签的设计

二、适用范围

集装箱运输过程中。

三、已应用情况

项目开发的电子标签和箱封在集装箱运输过程中得到了部分的试验应用，提出了集装箱电子标签标准草案。

四、效益分析

应用电子标签技术，可以简化作业手续、减少作业环节、有效减少通关时间、加快集装箱场地作业速度，使集装箱运输周转效率更高，同时减少因人为因素引起的操作差错，提高运输管理水平和综合运输物流效率，降低全社会物流成本和人工劳动强度，并且符合节能减排的环保要求。

163. 三峡枢纽区域运输组织模式及对策研究

成果所属专题编号：交科鉴字[2009]第 158 号

成果主要完成单位：交通部水运科学研究院、长江三峡通航管理局、武汉理工大学、大连海事大学
联系人：卢成
联系电话：010-62357745
通信地址：北京市海淀区西土城路 8 号水科院
E-mail：clu@wti.ac.cn
邮政编码：100088

一、主要技术内容

针对三峡船闸通过能力不足与日益增长的运输需求间的矛盾，以及三峡枢纽区域运输组织方式存在的问题，通过研究三峡枢纽区域运输需求、三峡枢纽通过能力、运输组织方式和相关政策，以期提高三峡枢纽综合通过能力，使三峡枢纽区域运输组织更加合理、协调和有序，形成了多项研究技术成果。

专题一：长江三峡枢纽区域水路客货运输量预测

分析了三峡枢纽区域经济社会及交通发展趋势，在研究三峡枢纽区域水路客货运输需求的基础上，运用数学模型法、弹性系数法和组合预测法对三峡枢纽区域 2015 年、2020 年、2030 年水路客、货运量进行了定量预测。

专题二：三峡枢纽区域运输组织方式研究

基于当前和未来航运限制条件，对三峡枢纽区域主要货类水路运输组织方式与船型进行了研究，考虑客货类特征、运输需求以及翻坝可行性等因素，提出三峡枢纽区域主要客货类经济合理的运输组织方式和三峡枢纽区域运输组织总体方案，运用 Arena 离散仿真平台，对三峡枢纽区域运输组织方式总体方案进行了验证。

专题三：三峡枢纽通过能力研究

结合通航实践，在对大量实际通航资料研究的基础上，提出了通过能力研究的技术路线，对三峡船闸通过能力、三峡升船机通过能力、葛洲坝船闸通过能力、翻坝设施通过能力四个方面进行了深入研究，分阶段量化了现阶段和未来 30 年内的三峡—葛洲坝枢纽综合通过能力。

专题四：三峡枢纽区域运输组织政策和实施条件研究

为了保障经济合理的运输组织方案能得以实现，满足三峡枢纽区域经济贸易发展对运输的需求，提出了三峡枢纽区域运输组织主要政策、辅助政策以及主要建设手段、辅助建设手段，结合相关实施主体对政策和建设手段的实施条件进行了研究。

二、适用范围

项目的研究可以有效地指导沿江航运企业调整运力，优化船队结构；指导相关港口企业进行合理布局，加快配套设施建设；指导港航管理部门加强行业规划和管理。项目提出的政策建议涉及船型标准化、船闸运行标准、滚装运输、产业布局、基础设施建设、枢纽管理模式等多个方面，可为相关部门出台政策措施提供重要参考。

三、已应用情况

“三峡枢纽综合通过能力”的主要研究结论已纳入国务院三峡工程专家组组织的“三峡工程论证及可行性研究结论的阶段性评估报告”。“长江三峡枢纽区域水路客货运输量预测”和“三峡枢纽综合通过能力”的主要研究成果已纳入国务院三峡办组织的“三峡工程后续工作规划”。政策建议中，船型标准化政策、开展船闸运行标准研究、加强信息化建设 3 项已启动实施。解决三峡—葛洲坝两坝间的通航问题、加大长江航道基础设施建设 2 项已列入和正在列入国家近两年的投资建设计划。

四、效益分析

项目实施将促进三峡枢纽区域以及沿长江中西部地区的水路运输结构向着更为经济的运输结构转变，进而加速推进川江的船舶标准化进程，优化中西部地区的资源配置，从长远发展的角度，解决三峡枢纽区域综合通过能力不足的问题，更好地发挥长江黄金水道的作用，促进地区经济发展。

164. 新港四号路地道轻轨托换技术设计施工监控成套技术研究

成果所属专题编号：津 20100635

成果主要完成单位：天津滨海新区投资控股有限公司、天津市市政工程设计研究院、中国铁道科学研究院、中铁十八局集团第五工程有限公司、泰达建设集团奥亚工程管理有限公司

联系人：黄思勇

联系电话：022-66239012（手机：13821111352）

通信地址：天津市和平区营口道 239 号

E-mail：tjxg@163.com

邮政编码：300051

一、主要技术内容

本课题以天津市滨海新区中央大道新港四号路地道轻轨托换工程为研究背景，对轻轨托换工程的结构特点、受力性能进行了研究，尤其对托换结构体系的设计、施工、监控成套技术进行了系统性研究。

该托换工程是国内外首次采用超静定结构同时对运营中的轻轨桥梁 2 根墩柱进行基础托换的工程。

该项目主要具有以下 6 个方面的技术特点：

(1)托换结构力学模型复杂，托换荷载的调整和位移控制难度大；

(2)两根墩柱的受力特点相差较大，且位于曲线上，托换结构受力性能复杂；

(3)桩基托换轴力大，轻轨线路不设加固措施，列车不中断运营，施工风险大；

(4)变形控制要求高，要求施工始终在可调和可控的状态下进行；

(5)地层均为软土，地下水位高，摩擦桩，桩长达到 90m，沉降控制困难，桩基施工在高架桥下，净空不足 7m，一旦桩基质量不合格，将无补桩空间；

(6)监测周期长，要求监测系统自动化水平高。

主要研究内容：

(1)多工况下多次超静定复杂托换结构体系在施工荷载、温度效应、列车动荷载等共同作用下的受力与变形规律研究；

(2)轻轨桥梁墩柱托换施工对轻轨列车的行车安全影响研究；

(3)列车动荷载对托换施工的影响研究；

(4)大直径钻孔灌注桩、墩—梁结点、列车动载作用下混凝土浇筑、托换施工过程中荷载转换以及托换桩与托换大梁固结等关键施工技术研究；

(5)监控方案的制订和合理控制标准的确定。

二、适用范围

(1)采用超静定结构同时对运营中的轻轨桥梁基础进行托换；

(2)对大吨位轴力基础进行桩基托换。

三、已应用情况

本课题的研究成果在新港四号路地道轻轨桥梁墩柱托换工程中全部得到了应用。

(1)复杂的托换结构体系设计。采用复杂结构体系一次性托换两个受力性能不同的桥梁墩柱，节省用地约 10 545.5m^2，降低工程造价约 5 548 万元。本工程的实施为托换工程提供了一个新的成功范例，对复杂托换工程设计方案的应用具有积极的借鉴意义，具有良好的社会效益、重大理论意义和节约工程造价。

(2)基于施工时变力学原理进行施工过程模拟。对比分析了数值模拟与监测结果，计算分析的托换结构体系应力、变形等结果与实际监测吻合很好。

(3)严谨的信息化施工方案制订和应用。提出了“设计—施工—监控—信息反馈—分析预测—方案调整”的信息化施工方案，制订了一整套详细的施工工艺，将设计、施工、监控有机结合，依据“信息流”实现了互动与统一，确保在整个实施过程中托换结构和被托换的轻轨桥梁结构的可控性、安全性和可靠性。

(4)精细化施工工艺与质量保证措施的研究和应用。针对轻轨桥梁墩柱托换施工的特殊性，主要对大直径钻孔灌注桩施工、动载作用下混凝土施工、托换施工过程中荷载转换及托换桩与托换大梁固结施工等关键施工技术和质量保障措施进行了系统研究，并进行了大量的试验。依据试验结果和监测数据，科学合理地制订施工方案，精心施工，确保了施工质量。

(5)多层次、全方位的监控系统与控制指标的建立和应用。多层次全方位的监测数据为有效分析和合理决策提供了依据,合理的控制指标对施工的顺利进行和安全保障起到了保驾护航作用。

(6)监测数据自动处理技术的研发和应用。在施工监控中引入无线数据传输技术,开发了数据处理软件,实现了数据自动采集、自动传输、自动储存、自动处理、实时采集。

本课题的研究成果,不仅很好地指导了津滨轻轨托换工程的施工,节约了工程造价,而且归纳提出了多方面经验与结论,为复杂托换结构的应用和推广提供了宝贵经验和实践指导。

四、应用效益

1. 经济效益

新港四号路地道原设计方案是将地道分为 4 个分离的箱体分别从津滨轻轨高架桥 4 跨间下穿。对津滨轻轨采用托换工艺后,使得地道可采用整幅式单箱双室框架结构,避免了单向 4 个车道需在 2 个箱室内通过。在满足城市总体规划的前提下,提高了道路的使用功能和行驶舒适性。符合滨海新区高起点、高标准和高定位的要求。托换方案较原设计方案,主体结构混凝土节省 15 573m^3;主体结构钢筋节省 2 546t;支护结构混凝土节省 11 300m^3;支护结构钢筋节省 1 514t;地基处理节省 23 009m^3;土方开挖节省 446 907m^3;节约工程造价约 5 548 万元。

2. 社会效益

近年来,随着国民经济的持续发展,为了解决城市交通压力,世界各地大量兴建城市轨道交通和地下隧道工程。大多数城市在规划建设时前瞻性不够,致使城市布局不合理,经常发生既有建筑物基础与轨道交通或地下隧道相互冲突的情况,需要在不影响既有建筑物正常使用的前提下,将其基础进行置换、移位,以满足新建轨道交通或地下隧道的使用功能。本工程的实施为托换工程提供了一个新的成功范例,对复杂托换工程设计方案的选取和应用具有积极的借鉴意义,为工程技术人员开阔了思路,对于优化线形设计方案,保护文物与环境等方面,具有良好的社会效益、重大理论意义和工程价值。

3. 环境效益

采用托换方案后,地道可采用整幅式单箱双室框架结构,避免了单向 4 个车道需在 2 个箱室内通过。在满足城市总体规划的前提下,提高了道路的使用功能和行驶舒适性,并使得工程总体景观效果大大改善,符合滨海新区高起点、高标准和高定位的要求。

结合本课题的研究,共发表论文十二篇。论文分别为《天津滨海新区超长钻孔灌注桩原位试验研究》,岩土工程学报,2008(2);《Active pier underpinning of Jin-bin light rail bridge in Tianjin》,Proceedings of 5th ISEC, Las Vegas,USA, 22~25, September, 2009;《津滨轻轨桥墩主动托换体系时变过程分析》,铁道标准设计,2009(5);《数据无线传输技术在津滨轻轨桥墩托换中的应用》,铁道工程学报,2009(11);《超静定主动桩基托换体系变形控制分析》,铁道建筑,2008(11);《桩基主动托换技术进展》,铁道建筑,2009(4);《桩基托换后津滨轻轨高架桥动力性能分析》,现代城市轨道交通,2008(5);《桩基托换抬梁时钢轨受力计算分析》,现代城市轨道交通,2008(1);《桩基托换时津滨轻轨列车通过安全性能的测试研究》,石家庄铁道学院学报,2008(3);《天津津滨轻轨桥墩主动托换信息化施工》,城市道桥与防洪,2008(7);《振弦式传感器在桩基托换施工监测中的应用》,现代城市轨道交通,2007(6);《津滨轻轨桥墩主动托换过程中的振动测试研究》,特种结构,2009(2)。

165. 山区高速公路危险路段交通安全设施系统的研究

成果所属课题编号:交科鉴字[2010]第 112 号

成果主要完成单位:云南省公路开发投资有限责任公司、云南蒙新高速公路建设指挥部、北京中路安交通科技有限公司、云南省交通规划设计研究院

联系人:张鹂

联系电话：15925227402

通信地址：云南省昆明市西山区安瑞路 101 号

E-mail：keyanzx2009@163.com

邮政编码：650032

一、主要技术内容

1. 山区高速公路危险路段安全预评估技术的研究

对山区高速公路长大下坡路段货车运行特性和事故机理进行调研分析，确定了山区高速公路危险路段安全预评估技术指标，根据车辆制动器吸收热能与道路线形之间的关系，结合制动失灵事故的特征，构建山区高速公路长大下坡路段车辆制动失控概率和事故预测模型，并依据此模型对蒙新高速公路连续长大下坡路段进行了安全预评估。

2. 长下坡路段制动失灵车辆专用减速带的研究

从制动失灵车辆专用减速带的减速机理、减速带的结构形式、材料选择、减速效果、乘员舒适度、施工工艺等多个角度进行系统研究，采取有限元模拟计算及实车运行试验相结合的方式，对制动失灵车辆专用减速带的结构进行研究，由此确定减速带的最终结构形式。

3. 消能减速护栏的研究

对长大下坡路段的车辆组成情况进行调研，结合消能减速护栏的特殊功能研究其防撞和减速两种使用功能下的碰撞条件，从护栏的结构强度、景观效果、施工工艺、维修养护方法等方面，采取有限元模拟计算及实车运行试验相结合的方式，确定护栏的结构形式。

4. 网索避险车道的研究

调查了山区高速公路长大下坡路段制动失灵事故特征，根据相关数据确定避险车道的防护条件，在此防护条件下，以模型试验和实车试验为手段，对网索式避险车道的阻尼器结构进行了重点分析研究，并依据此结论对网索式避险车道的结构组成进行研究，进而得出合理的网索式避险车道的结构形式。

5. 编写《连续长下坡路段安全保障系统设计与施工指南》

通过对本项目研究成果的总结分析，综合考虑长大下坡路段的车辆运行特征，结合依托工程实践编写连续长下坡路段安全保障系统设计与施工指南。

二、适用范围

本项目的研究成果对于我国山区高速公路连续长大下坡路段综合安全治理具有普遍的适用性，可对山区高速公路连续长大下坡路段进行预评估，确定不同路段的安全技术水平，合理设置安全设施，提供了三种适用于长大下坡路段的新型安全设施，不仅能够提高应用路段的安全防护技术水平，而且节约工程建设成本，效果良好，经济效益和社会效益显著，具有广泛的推广应用前景。

三、已应用情况

本项目研究成果已经在云南蒙自～新街高速公路长下坡路段得到应用，具体如下：

(1)采用安全评估模型结论，进行了长下坡路段安全设施的设计与施工；

(2)K22＋320～K60＋600 路段长下坡路段下坡方向桥梁段全部采用本课题科研成果消能减速护栏，累计设置长度 30 332.18m；

(3)在主线桩号 K57＋549 处设置一处网索式避险车道；

(4)在主线桩号 K57＋549 处网索式避险车道过渡段内试用 18m 长的长下坡路段制动失灵车辆专用减速带。

四、应用效益

根据课题在云南蒙新高速公路实际运用的情况，消能减速护栏施工节约材料费用 400 万元；制动失

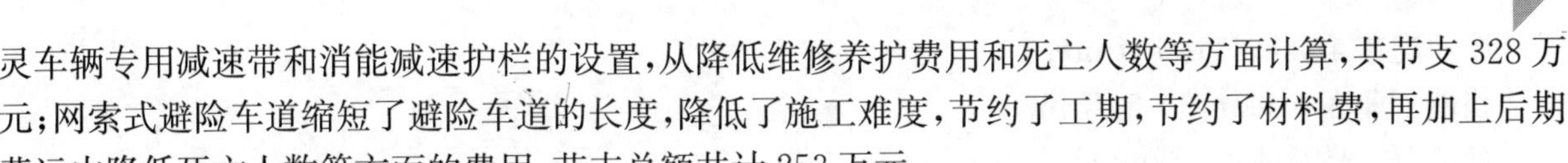

灵车辆专用减速带和消能减速护栏的设置，从降低维修养护费用和死亡人数等方面计算，共节支 328 万元；网索式避险车道缩短了避险车道的长度，降低了施工难度，节约了工期，节约了材料费，再加上后期营运中降低死亡人数等方面的费用，节支总额共计 253 万元。

166. 滨海新区集疏港道路重载交通对路面结构的影响及对策研究

成果所属专题编号：津 20100635

成果主要完成单位：天津市市政工程设计研究院，长安大学

联系人：王新岐

联系电话：022-66239012（手机：13821158299）

通信地址：天津市和平区营口道 239 号

E-mail：tjw2mz@126.com

邮政编码：300051

一、主要技术内容

课题从重载给道路带来的影响出发，对滨海新区集疏港重载交通及轴载进行全面调查，对现有道路病害进行分析，结合大量实体工程，从设计参数确定、土基改良加固、路基路面结构材料改善、新型路面结构组合优化、限超治超管理措施制定等方面对软基重载道路耐久性进行研究。课题解决的主要技术问题如下：

（1）对集疏港重载交通及轴载进行调查，对重轴载进行界定，研究重载道路交通参数及轴载换算指数，提出新的轴载换算方法及超限系数。

（2）对重载条件下路基工作区深度进行研究，提出重载道路设计参数。

（3）对无机结合料加固土强度、水稳定性等路用性能进行研究，推荐适合重载的路基处理方法。

（4）对粒化物 PR PLAST. S 改善沥青混凝土路用性能进行研究，提出通过改善材料抵抗重载交通的技术方法。

（5）对沥青稳定碎石基层（ATB）路用性能及配合比进行研究，提出适合重载软基的新型路面结构及材料配合比。

（6）研究重载交通沥青路面结构组合，确定滨海新区沥青路面典型结构及重载沥青路面典型结构。

课题所确定的一种软基重载交通路面典型结构、重载交通路基路面综合处理技术，使路面结构综合回弹模量提高 100%～200%；弯沉降低 50%～80%；综合造价可节省 12%～27.8%。

二、适用范围

本课题适用于重载、超载较严重的道路工程领域，为重载道路工程设计、施工、管理提供技术支持，已应用并将继续应用于滨海新区道路工程中，应用于总里程 580km 的“八纵十四横”骨架路网中、九大功能区 980km^2 片区道路工程中。将进一步推广到全国类似重载道路，将大大改善道路的使用质量，延长道路的使用寿命。

三、已应用情况

课题研究成果在滨海新区及类似软基重载地区得到广泛应用，已使用道路面积 1 333.92 万 m^2。

九大街改造 3.4km，11.6 万 m^2；

空客 A3207.8km，21.8 万 m^2；

南港路 3.2km，8.96 万 m^2；

集疏港一期 3.6km，21.8 万 m^2；

津汕高速 46km,117.6 万 m^2；
临港工业区 8.9km,16.1 万 m^2；
塘沽海洋高新区 10.2km,18.4 万 m^2；
胡家园 5.2km,12.5 万 m^2；
西中环 28km,84 万 m^2；
112 线工程 78.2km,257.4 万 m^2；
中新生态城 8.5km 里,20.4 万 m^2；
海滨大道 96km,326.4 万 m^2；
津滨高速 27km,97.2 万 m^2；
塘承高速 56km,184.8 万 m^2；
津宁高速 36km,118.8 万 m^2；
轻纺城 6.8km,16.32 万 m^2。

课题研究解决了"重载、软基"道路设计难题,已应用并将继续应用于滨海新区道路工程中,应用于总里程 580km 的"八纵十四横"骨架路网中、九大功能区 980km^2 片区道路工程中,每年将节省投资 1.6 亿元。将进一步推广到上海、广东、福建、浙江等类似软基、重载地区,将大大改善道路的使用质量,延长道路的使用寿命,将节省投资 2 000 万元。

四、应用效益

已使用道路 1 333.92 万 m^2,共节省投资 21 130.4 万元,使用道路断面不同,每平方米节省费用 10.1～17.6 元。

2008 年节支总额 3 186.2 万元,具体如下：
九大街 11.6 万 m^2×17.6 元/m^2＝203.5 万元；
空客 A320 21.8 万 m^2×12.7 元/m^2＝277.4 万元；
南港路改造 8.9 万 m^2×17.6 元/m^2＝157.6 万元；
集疏港一期 21.8 万 m^2×17.6 元/m^2＝383.0 万元；
津汕高速 117.6 万 m^2×15.1 元/m^2＝1775.8 万元；
临港工业区 16.0 万 m^2×12.7 元/m^2＝203.5 万元；
海洋高新区 18.4 万 m^2×10.1 元/m^2＝185.4 万元。
2009 年节支总额 5 697.2 万元,具体如下：
胡家园 12.5 万 m^2×10.1 元/m^2＝126.1 万元；
中新生态城 20.4 万 m^2×10.1 元/m^2＝206 万元；
112 线高速 257.4 万 m^2×15.1 元/m^2＝3 886.7 万元；
西中环快速路 84 万 m^2×17.6 元/m^2＝1 478.4 万元。
2010 年节支总额 12 247 万元,具体如下：
海滨大道 326.4 万 m^2×17.6 元/m^2＝5 744.6 万元；
津滨高速 97.2 万 m^2×17.6 元/m^2＝1 710.7 万元；
塘承高速 184.8 万 m^2×15.1 元/m^2＝2 790.5 万元；
津宁高速 118.8 万 m^2×15.1 元/m^2＝1 793.9 万元；
轻纺城 16.32 万 m^2×12.7 元/m^2＝207.3 万元。

课题取得如下社会效益：

(1)解决了"重载、软基"给道路建设带来的综合问题,避免了现有道路"当年修,来年坏"所造成的社会影响。

(2)利用既有资源,保护环境,变废为宝,体现了绿色、低碳、生态、经济节能的思想。

(3)促进了道路行业的进步,实现了道路工程建设划时代变革。

(4)为行业规范的出台准备了条件,为大面积推广准备了条件。

(5)使道路设计系统化,使道路管理技术化、程序化。

167. 河流水流泥沙运动数值模拟技术研究

成果所属专题编号:交科鉴字[2009]第134号

成果主要完成单位:交通运输部天津水运工程科学研究所、重庆交通大学、长沙理工大学

联系人:张明进

联系电话:022-59812345转415

通信地址:天津市塘沽区新港2号路2618号

E-mail:zhang_mingjin@vip.sina.com

邮政编码:300456

一、主要技术内容

本项目属于水运工程领域应用基础类科研项目,是2006年度交通部西部交通建设科技项目。项目立足于河流水动力和泥沙模拟技术研究,开发了通用、可视化的河流平面二维水沙计算软件和河流三维水流泥沙数学模型。

1. 河流平面二维水流泥沙数学模型软件TK-2DC的开发

TK-2DC软件适用于模拟河流平面二维水流泥沙运动,模型控制方程为拟合坐标系下平面二维 k-ε 紊流和相关泥沙运动方程模式。该软件集前、后处理、求解器于一体,是完整的软件体系。

本项目在平面二维水流泥沙计算程序软件化的基础上,对TK-2DC软件的计算核心部分进行了并行程序的开发,基于MPI协议开发的并行程序具有很好的可扩展性、可移植性和效率高等特点。

2. 三维水沙数学模型开发研究

三维水沙模拟着眼于开发实用的河流三维水沙数学模型,提高数学模型回答工程水沙问题的能力。项目最终建立的三维河道水流泥沙数学模型在以下几个方面具有创新性:

(1)平面上采用三角形和四边形混合的非结构化网格系统,能够较好地逼近河道复杂的边界和工程建筑物边界;

(2)在河道三维模型中首次采用外模态和内模态相结合的计算模式,克服自由表面跟踪巨大的计算量;

(3)采用各向异性的紊流模型,在平面上(x,y方向)的紊动黏性系数采用大涡模型,垂向上紊动黏性系数采用 k-ε 模型;

(4)首次引用空气动力学中的Osher格式,在计算间断解时也能稳定,解决了河床变化剧烈的地方水流计算易发散的难题。

二、适用范围

TK-2DC软件适用于模拟河流平面二维水流泥沙运动,模型控制方程为拟合坐标系下平面二维 k-ε 紊流和相关泥沙运动方程模式。

三维水沙模拟着眼于开发实用的河流三维水沙数学模型,提高数学模型回答工程水沙问题的能力。

三、已应用情况

本项目主要研究成果在长江中下游航道整治中的多个项目中得到了应用,满足了项目的需要。

1. 长江中游戴家洲河段航道整治

数学模型应用 TK-2DC 软件，进行了该河段整治方案的数学模型研究，包括整体方案与一期工程方案效果分析，该河段最终确定的一期工程为戴家洲洲头的鱼骨坝方案，数学模型就鱼骨坝坝头位置、高度、工程效果等都进行了深入的分析研究，为该河段整治工程方案的确立提供了依据。目前该河段工程设计方案已经实施完毕，工程效果较好。

2. 长江中游牯牛沙水道航道整治

本项目应用 TK-2DC 软件，进行了整治方案的数学模型研究和相关认识性计算，最终确定右岸布置三条丁坝的方案可以满足航道整治要求，数学模型为工程整治方案的确定提供了依据。

3. 长江下游江心洲—乌江河段航道治理

本项目应用 TK-2DC 软件，进行了整治方案的数学模型研究和相关计算，最终确定在牛屯河边滩建 3 条护滩带，为本工程的一期工程实施方案。

四、应用效益

本项目属基础类科研课题，项目成果已应用于长江航道整治和维护项目，项目研究成果为长江多个航道浅区节约了疏浚成本，经长江航道局测算，2007 年和 2009 年疏浚成本各节约了 200 万元；2008 年疏浚成本节约了 350 万元，同时本项目数学模型计算节约了物理模型试验的成本，约 50 万元。2007～2009 年总计节约疏浚成本 800 万元。

本项目成果主要包括二维水流泥沙数值模拟软件 TK-2DC 和一套三维水沙模拟模块，这些成果均会在水利水运工程规划、设计、建设等方面发挥巨大作用，会产生一定的经济效益和巨大的社会效益。

168. 山区支挡结构的研究

成果所属专题编号：交科鉴字[2008]第 123 号

成果主要完成单位：云南省交通规划设计研究院(原云南省公路规划勘察设计院)、中国铁道科学研究院、云南水麻高速公路建设指挥部、云南思小高速公路建设指挥部

联系人：陈华

联系电话：0871-3127453(手机：13577168449)

通信地址：昆明市拓东路石家巷 9 号

E-mail：sunbird_ch@126. com

邮政编码：650011

一、主要技术内容

项目以云南水(富)麻(柳弯)、思(茅)小(勐养)两条高速公路为依托工程，针对高于 12m 的路堤轻型支挡结构，选择现浇式锚索桩板墙、分离式锚索桩板墙、加筋土挡墙、锚定板挡墙 4 种结构形式 9 个试验工点进行深入系统研究，主要技术内容如下。

(1)首次研发了小截面整体现浇锚索桩板墙，桩的截面尺寸为 0. 4m×0. 6m，板厚 0. 25m。发展了分离式锚索桩板墙，原大截面桩的尺寸可以减小到 0. 6m×0. 8m。

(2)根据实测数据分析结果，研究了锚索桩板墙的各种受力模式，提出了相应的设计计算方法，即在填土工况，引入土压力倍数和土压力倍数衰减率的概念，把土压力看做动态外力，桩嵌固段看做弹性地基梁；在锚索张拉工况，桩被视为集中力作用下的弹性地基梁；在运营工况，桩被视为在汽车荷载、锚索、土压力作用下弹性地基梁。该方法充分考虑了桩、锚索及填土的相互作用和变形协调的特点。

(3)研究了锚索桩板墙的内力和位移变化规律,提出了其最佳受力状态及相应的合理设计高度。

(4)根据原型试验,对土工格栅加筋土挡墙基底应力、拉筋应变、墙背破裂面和沉降等分析,建立了相应的土压力计算模型,成功地实现了 19.7m 的单级高度,发展了土工格栅加筋土挡墙技术。

(5)提出了锚定板挡墙新的结构形式,改用桩基础取代 U 槽扩大浅基础、现浇肋柱取代预制拼装肋柱、高强度低松弛预应力钢绞线取代钢拉杆,成功地实现了 14m 的单级高度,拓展了其适用范围。

(6)反演分析作用在锚定板挡墙上土压力分布模式,建立了其土压力计算模型和结构内力计算方法。

(7)总结了高轻型支挡结构的施工工艺及施工质量检验标准等成套施工控制技术,编制了相应的设计施工指南。

(8)提供了各种病害类型的调查分析方法以及该类结构的技术安全状况的评价方法和标准及各种病害的整治措施。

(9)首次研发了能够实现结构设计、构造通用图自动化生成的设计计算软件系统,编制了可供设计参考的通用图集。

二、适用范围

课题研究集工程地质学、土力学、土木工程学、计算机科学与技术等多学科于一体,系统解决了山区高速公路中高路堤支挡结构技术中存在的设计与施工关键问题,项目所取得的设计计算理论、设计计算软件和施工工艺指南等研究成果的实用性较强,将为在类似条件下建设高大支挡结构提供设计、施工指导,为我国大量山区高路堤的支挡提供了方法和途径,具有较大的理论研究价值和实践使用价值,为推进我国高填方支挡技术的发展发挥了重大作用,推进我国支挡技术的发展水平跃上新的台阶。

三、已应用情况

项目研究成果成功推广应用在云南广(南)砚(山)、云南保(山)龙(陵)、广州梅(州)河(源)、粤赣等多条高速公路的高路堤支挡结构工程中,节约工程投资上亿元,具有显著的经济效益。

四、效益分析

项目研究成果在依托工程中的成功应用表明,高轻型支挡结构方案与路堤放缓边坡、重力式挡墙、桥梁方案比较,不仅结构新颖、技术先进、节约投资,同时该结构还具有抗震性好、占用地少、施工周期短、消耗废方多等优点,比较适应山区横坡陡峻的地形、地质情况下对路基进行支挡建设,尤其在工程造价方面具有显著优势。预应力锚索桩板墙较桥梁节约 30%,加筋土挡墙较桥梁节约 50%,锚定板挡墙较桥梁节约 60%;依托的实体工程较原桥梁设计方案节约总造价约 2 000 多万元,是项目研究经费的 4 倍。随着山区公路建设的进一步深入,该项目的研究成果必将得到更加广泛的推广应用,进一步创造良好的社会经济效益。

169. 三峡库区固体废弃物修筑农村公路技术

成果所属专题编号:交科鉴字[2010]第 140 号

成果主要完成单位:重庆市公路局、重庆大学、重庆交通大学、重庆市智翔铺道技术工程有限公司、重庆市交通规划勘察设计院

联系人:王庆珍

联系电话:023-89186733(手机:13983195217)

通信地址:重庆市渝北区新牌坊二路 147 号

E-mail:cqgljxxc@163.com
邮政编码:401147

一、主要技术内容

本项目充分利用库区工业固体废弃物,在保证农村公路建设质量和性能的前提下,以降低库区农村公路建设成本为目标,同时减轻库区环境保护压力,支持三峡工程建设,促进库区的交通、经济和社会发展具有重大的实用价值。

(1)基于PLS水化机理,首次系统研究了硫化床固硫灰、湿排粉煤灰、磷石膏、电解锰渣等工业固体废弃物的性能,并对其进行改性研究,为其在三峡库区农村公路建设中的资源化利用奠定了良好的基础。

(2)研发了PLS固体废弃物混凝土,揭示了PLS混凝土的路用特性,首次将固体废弃物组合的PLS混凝土应用于农村公路路面工程,实际工程应用表明,PLS混凝土能适应低交通量的农村公路使用要求。

(3)通过有限元计算与拟合分析,创造性地得到了标准轴载作用下PLS混凝土路面荷载应力和温度应力等计算公式;通过理论计算与试验路验证,提出了适宜于三峡库区交通水平、地质及气候条件的PLS混凝土路面典型结构,并给出了不同典型路面结构最大限载的建议。

(4)针对PLS混凝土的特点,提出了一套简单实用的PLS混凝土路面施工工艺与质量控制方法。

(5)编制了《三峡库区固体废弃物农村公路路面设计施工技术指南》,并已成功应用于三峡库区农村公路建设,取得了显著的经济效益和社会效益。

二、适用范围

库区农村公路路面面层。

三、已应用情况

项目分别在重庆市长寿区渡舟镇,涪陵区李渡等地共计完成总长超过30km的试验路示范工程,目前使用状况良好。

四、效益分析

与C30水泥混凝土相比,施工期间水泥高掺量PLS混凝土材料造价比C30水泥混凝土平均节约25%,经核算本项目修筑的30km的试验路,总计节约成本超过100万元,而在当前在水泥价格不断上涨的情况下,推广应用200km试验路可节约投资近2 000万元,因此项目开发的PLS混凝土经济效益十分明显。

本项目铺筑的30km试验路共计节约水泥3 580t,消纳废弃物近8 000t,按推广应用200km试验路计,可节约水泥近5万t,相当于减少向大气排放5万t的CO_2,同时可消纳废弃物近7万t,节约了废弃物处理占地,因此本项目环境效益同样显著。

170.广东省高速公路环境友好型建设技术研究

成果所属专题编号:粤科成登字20110062

成果主要完成单位:广东省长大公路工程有限公司
联系人:方建勤
联系电话:13609636104
通信地址:广东省广州市广州大道中942号

E-mail:fjq.700617@163.com
邮政编码:510620

一、主要技术内容

课题依托广梧高速公路建设工程,从构建环境友好型社会的高度,深入分析研究公路建设给沿线自然环境和社会环境造成的影响,从制度、组织、管理及技术等层面提出环境友好型广梧高速公路的建设对策,为华南地区乃至全国环境友好型公路建设进行有益探索。项目的主要目的:一是研究确定环境友好型高速公路的指标体系与标准,为交通行业评价环境友好型高速公路提供技术支持;二是研究提出广梧高速公路环境友好功能实现途径,并进行关键技术应用,指导建设全省乃至华南地区的环境友好型高速公路,为建设环境友好型交通行业积累经验;研究构建广梧高速公路危险化学品事故应急反应体系,提出生态安全防范对策。

二、适用范围

环境友好型公路内涵及建设理念可以作为我国今后公路建设的指导方针予以贯彻。高速公路环境友好度评价指标体系不仅能够作为公路建设环境控制指标,还可用于开展广东省及华南地区环境友好型高速公路建设工程评选,对全国公路环境友好工程评选也有很强的借鉴作用。基于环境友好的高速公路勘察设计、公路建设中生态环境保护与恢复、高液限土改良利用等技术,以及环境友好建设对策等研究成果处于同类研究的领先水平,均可在公路建设中大力推广应用。

三、已应用情况

(1)广梧高速公路沿线分布大量高液限土,在第18合同段(K117+250～K136+071),运用本课题研究成果,避免弃方1 382 801m^3。

(2)云浮市政府运用本课题研究成果,对云浮市在两型社会的落实、其他行业的环境友好建设提供了很好的借鉴和参考;课题提出的植物资源保护技术、乡土植物利用技术为云浮市荒山绿化、采石场的恢复和绿化等提供了非常好的技术指导。

(3)扬州至滁州公路南京段采用本课题开发的高液限土改良技术,对桂子山北侧部分路段进行处理,对保证质量、缩短工期、节约造价都将产生良好的效益,节约经费约150万元。

四、效益分析

1.经济效益

本课题在公路建设中植物资源保护、表土资源保护、乡土植物利用、高液限土改良利用等方面取得的成果,应用于公路建设的具体实践之中,使以往公路建设中废弃的资源得到了循环利用,发挥了巨大的经济效益。基于环境友好的勘察设计技术使公路主体工程得到了最大限度的优化,使建设资金得到科学合理的使用,发挥了良好的经济效益。环境友好型公路建设对策措施使公路在建设过程中始终沿着资源节约、环境友好的方向发展,在经济上取得了明显成效。

2.社会效益

本课题通过研究提出了环境友好型高速公路的内涵、建设理念,构建了广东省高速公路环境友好度评价指标体系,为今后的公路建设指出了发展方向,为环境友好型社会的构建作出了贡献。

3.环境效益

本课题旨在实现公路建设中的环境友好,高速公路环境友好度评价指标体系研究明确了公路建设中要考虑的环境要素,使开展公路环境保护有了目标和方向。通过本课题研究并把成果应用于依托工程建设,最大限度地降低了公路建设给沿线生态环境和社会环境带来的不利影响,环境效益显著,成效突出。

171. 复杂条件大跨度公路桥隧工程建设与管理技术研究及应用

成果鉴定编号:粤交科鉴字[2010]24号

成果主要完成单位:广州珠江黄埔大桥建设有限公司、广东省长大公路工程有限公司、北京交通大学、同济大学、华南理工大学、中交第一公路勘察设计研究院有限公司、中南大学、武昌船舶重工有限责任公司、中铁大桥局集团有限公司、中交公路规划设计院有限公司

联系人:王勇

联系电话:020-34755288转86605(手机:13631478679)

通信地址:广州市番禺区化龙镇复甦路2号之十,广州珠江黄埔大桥建设有限公司

E-mail:6484070@qq.com

邮政编码:511434

一、主要技术内容

课题依托广州珠江黄埔大桥工程,开发了隧道建设过程中的动态数字化管理、公路建设管理信息系统两个平台,提出了考虑施工过程的大跨度隧道设计荷载计算、公路建设管理执行控制、改进地下连续墙与内衬厚度的设计等理论,研发了大跨径钢箱梁斜拉桥上部结构施工监控、大跨径钢箱梁悬索桥的施工与控制、大跨度隧道施工与控制、公路建设“CPFI”管理、大跨度移动模架设计、制造与施工五项成套技术。具体创新性成果如下:

(1)首次提出了考虑施工过程的大跨隧道围岩压力计算理论和方法,解决了大跨隧道设计关键技术难题;开发了大跨度隧道LED照明节能技术和阻燃沥青路面减灾技术,实现了大跨隧道低碳运营。

(2)提出了软弱地层大跨扁平隧道直立双侧壁法施工技术和开挖断面封闭的双控指标;提出了减振幅度达30%的大跨隧道硬岩钻爆法施工技术,大大地降低了施工安全风险。

(3)首次提出了塔区主梁弹性限位索与阻尼器相结合的大跨度独塔斜拉桥支撑体系;首次利用大变幅步履式吊机实现了复杂条件下大跨独塔斜拉桥全桥钢箱梁的吊装;提出了基于可靠度理论的大跨度斜拉桥施工监控方法;研制并应用了世界最大跨度移动模架系统。

(4)开发了无抗风缆和下压装置的锚道体系,形成了大跨度悬索桥上部结构快速施工和高精度控制成套技术;改进了锚碇超大直径深基础地下连续墙设计方法,形成了具有自主知识产权的“抓、冲、铣”工法;首创超宽钢箱梁顶板小横向加筋板的设计方法和超宽钢箱梁高精度制造控制方法。

(5)创建了公路建设执行控制管理技术体系,开发了公路建设信息化管理系统和隧道数字化管理平台,实现了工程建造技术与管理技术的无缝衔接。

二、适用范围

本项成果主要应用于复杂条件下大跨度桥隧工程的管理与建设,课题依托广州珠江黄埔大桥工程,是实现工程建设目标的重要技术保障。

通过系统深入的研究和开发,在复杂条件大跨度公路桥隧工程建设管理技术、设计理论、施工和控制技术等方面形成了成套技术体系,有效服务了工程,对大跨度公路隧道及桥梁的建设起到了示范引领作用。

三、已应用情况

研究获得发明专利8项、实用新型专利6项,软件著作权1项,国家工法1项、省部级工法2项,出版专著8部,发表代表性论文27篇,获广东省、湖南省科学技术一等奖3项,中国公路学会科学技术特

等奖1项、一等奖2项，组织召开2007年全国桥梁学术会议。研究成果达到国际领先水平。

成果已成功应用于国道主干线广州绕城公路东段项目建设，产生了4.022 6亿元的直接经济效益，已推广应用于福州机场高速公路金鸡山隧道、胶州湾海底隧道、南京长江第四大桥、鄂东长江公路大桥和广州交通投资集团所属部分工程等多项重大工程建设项目，具有显著的社会经济效益和推广应用前景。

四、效益分析

国道主干线广州绕城公路东段项目从2003～2008年建设过程中利用总体研究成果节约工程投资4.022 6亿元。推广应用至国内多项重点工程建设，产生明显的经济效益，按推广应用项目折合计算经济效益：2008年约19 300万元，2009年约24 730万元，2010年约43 420万元。

总体技术应用于修建我国首座双洞八车道公路长隧道、最大跨度独塔斜拉桥以及世界最宽整体式钢箱梁悬索桥，确保了国道主干线广州绕城公路东段项目按期建成，对完善国家和广东省公路网建设，促进广东经济的发展具有重大的意义。另外，成果已在胶州湾海底隧道、广梧高速公路隧道群、南京长江第四大桥等众多重大工程的建设实践中应用，对我国公路建设及管理水平的提高起到带动作用，并将推动公路及相关行业的技术发展。

172.基于线阵CCD成像的交通信息采集技术

成果所属专题编号：赣交科鉴字(2009)第32号
成果主要完成单位：江西赣粤高速公路股份有限公司、江西方兴科技有限公司、长安大学
联系人：吴昌华
联系电话：0791-6519937(手机：13907098732)
通信地址：南昌市洪城路508号
E-mail：wchh@jxfxkj.com
邮政编码：330025

一、主要技术内容

“基于线阵CCD成像的交通信息采集技术”是将先进的计算机处理技术、图像信息处理技术、电子自动控制技术及数据通信传输技术有效地综合运用于整个交通管理体系中。利用线阵CCD成像连续快速采集通过检测断面的车辆的线阵图像，并从该线阵图像获取关于车辆速度、占有率和流量等各种交通参数和交通事件描述信息，对高速公路上的每一辆机动车的车辆特征图像进行连续全天候实时记录，计算机根据摄像机所抓拍的图像进行车辆车牌全自动识别，并能进行车辆动态布控和超时违章报警，通过互联网将各个监控点信息远程共享。与传统的视频检测方法相比，可以实现高的检测精度、稳定性和实时性。

主要技术性能指标：

(1)构建基于线阵CCD相机和激光补光光源的运动车辆存在、瞬时速度和流量的检测试验平台，并进行现场实验研究。其中，线阵CCD摄像机的帧速率大于1000帧/s，分辨率大于1 024线，补光激光源采用900nm红外线激光源，发射功率小于1W；

(2)基于CCD成像的“交通信息采集与事件检测”试验系统，可以实时监测通过车辆的瞬时速度；可以对通过车辆进行统计分类；可以实时检测交通流的流量、占有率等参数；可以实时检测所在区域的交通事件，并可以实现很高的检测精度；

(3)提出的线阵CCD成像的自动控制算法，可以解决车辆阴影和晚上车灯干扰的问题；

(4)提出的线阵图像序列处理分析的各种算法，包括车辆目标分割、基于断面线阵图像数据相关匹

配的车辆瞬时速度测量算法等；

(5)开发的线阵CCD成像硬件和数据处理的硬件电路系统，主要包括高速线阵CCD控制电路设计、激光源补光装置的同步控制电路、线阵CCD实时采集和线阵图像剪影硬件计算电路、基于DSP和FPGA的实时控制和数据处理硬件模块。

二、适用范围

本项目的研究可望开发一种高性能的交通参数采集和交通事件检测技术，相比传统的视频检测技术，其可以实现高的检测精度、高的稳定性和高的实时性，这些优点正是在交通实际应用中所最为需要的。本项目的研究结果可以很好地用于交通量调查统计、公安“卡口”系统中的车辆测速和图像抓拍触发、公路监控系统中的交通信息采集和公路及特殊路段(桥梁、隧道)的交通事件自动检测等目的，并有助于解决目前存在的许多实际问题，该技术的推广和应用将同时为使用单位节约大量的人力和物力，大幅度的提高桥梁交通流量检测的速度和精度，具有十分重要的社会意义和经济效益。

三、已应用情况

本项目开发的基于线阵CCD的交通信息采集技术已成功应用于江西南昌某高速公路上交通信息的采集。采集的内容包括车辆的车型、车牌号码、行驶方向、车速、路经时间等各种参数。

通过实际的交通信息采集，我们看到新开发的基于线阵CCD交通信息采集技术产生了如下的社会效益：

(1)为快速纠正交通违章行为，起了重大的作用。特别是超速车辆大大减少，据历史统计数据显示该高速路上80％的交通事故由车辆超速引起，该采集技术使用后因超速引起的交通事故由80％下降到了20％。

(2)为交通规划、交通管理、道路养护部门提供重要的数据和执行依据；

(3)为快速侦破交通事故逃逸和机动车盗抢案件提供重要的技术手段和证据；

(4)提高了公路交通管理部门的工作效率。

四、效益分析

本项目开发成功的基于线阵CCD交通信息采集技术，属于高技术产品，很容易实现批量化和产业化。此外，长安大学多年来在我国交通行业树立起来的高科技优势，又为该研究成果的转化及产业化提供了技术保障。

本项目完成后能形成年产200套的生产能力，按每套产品销售价格20万元计算，年产值可达到4 000万元。形成批量后，每套产品的生产、制造及销售环节的总成本可控制在10万元以下，按这样计算，年利润可达到2 000万元。

173.江西省高速公路服务区VI系统及餐厅、超市室内空间设计研究

成果所属专题编号：赣交科教字[2009]51号

成果主要完成单位：江西赣粤高速公路股份有限公司、南昌航空大学

联系人：黎凯

联系电话：0791-6139502

通信地址：南昌市西湖区朝阳洲中路367号

E-mail：lizzywind81@126.com

邮政编码：330025

一、主要技术内容

使江西省的高速公路服务区的整体视觉形象清晰，便于过往驾乘人员记忆和理解，加深对我省高速公路服务水平的认识，使服务区起到宣传我省形象的窗口作用，同时在某种程度上降低我省高速公路服务区建设的成本。

二、适用范围

高速公路服务区。

三、已应用情况

彭湖高速公路服务区。

四、效益分析

把研究成果（尤其是标志）加以实施，使在高速公路行驶的驾驶员能更清晰地看见服务区。在进入服务区后，驾乘人员能强烈感受到是江西的高速公路服务区。同时可使江西省的高速公路服务区的视觉形象更加统一、清晰，提高我省高速公路服务区的服务质量、经营能力和管理水平。便于过往驾乘人员记忆和理解，加深对我省高速公路服务水平的认识，使服务区起到宣传我省形象的窗口作用。

174. 盐渍土地区公路桥涵及构造物防腐蚀技术研究

成果所属专题编号：2003 318 795 52

成果主要完成单位：青海省公路科研勘测设计院、同济大学

联系人：徐安花

联系电话：0971-6183309（手机：13519745525）

通信地址：青海省西宁市五四大街 68 号

E-mail：xh6155288@sina.com

邮政编码：810008

一、主要技术内容

在我国西部盐渍土地区，一般未设置防护隔离措施的水泥混凝土构件，仅仅 1～2 年时间，露出地面的部分就会发生开裂、露石、露筋、胀裂等现象，水泥混凝土中的钢筋锈蚀，不可能满足 15 年的使用寿命，有关部门每年耗费大量的人力、物力、财力进行治理，但效果都不理想，造成了巨大的经济损失。这使得盐渍土地区的公路服务能力严重滞后于非盐渍土地区。另外，伴随着西部大开发的进行，西部地区的交通需求也在不断增大，还需要修筑大量公路，就会因为遭受盐类腐蚀而发生严重的早期破坏，使得道路的服务水平下降。

研究盐渍土地区公路构筑物的防腐技术，改善和提高盐渍土地区道路等级，防止和减少病害的发生，不仅势在必行，而且具有较高的社会经济价值。目前，工程界对盐渍土的腐蚀性质处治技术还不成熟，措施还不够，对盐渍土地区公路构筑物腐蚀机理的认识仍然不够深入，通过本课题研究水泥混凝土在盐渍土地区腐蚀损坏的机理（氯盐和硫酸盐的腐蚀破坏作用），以及对盐渍土地区公路桥涵及构造物防腐蚀材料的研究（防腐蚀材料设计与试验、以氯盐为主和硫酸盐为主的防护措施研究、桥涵及构造物材料的设计方法和施工工艺），结合盐渍土的腐蚀特点，自主研发了防腐专用的混凝土、砂浆、涂料；硅灰、磨细矿渣粉、粉煤灰三掺，并掺加了混合乳液的抗腐蚀混凝土；具有养护、保护一体化的混凝土防腐保护混合涂料；首次采用了快速扩散方法测定了涂层的硫酸根离子扩散系数，提出了预测涂层对混凝土

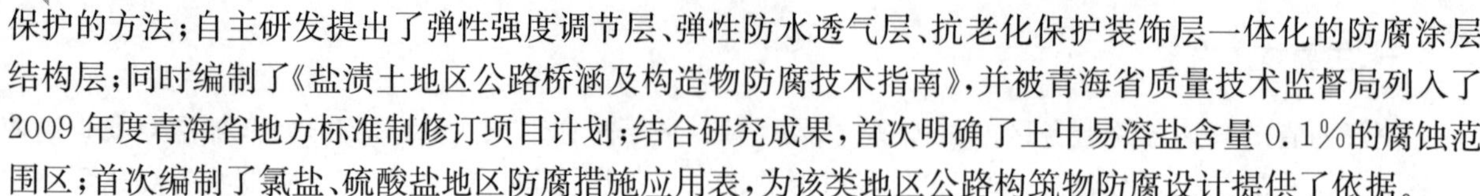

保护的方法;自主研发提出了弹性强度调节层、弹性防水透气层、抗老化保护装饰层一体化的防腐涂层结构层;同时编制了《盐渍土地区公路桥涵及构造物防腐技术指南》,并被青海省质量技术监督局列入了2009年度青海省地方标准制修订项目计划;结合研究成果,首次明确了土中易溶盐含量0.1%的腐蚀范围区;首次编制了氯盐、硫酸盐地区防腐措施应用表,为该类地区公路构筑物防腐设计提供了依据。

二、适用范围

本研究课题的研究成果适用于其他盐渍土地区的公路建设与养护中,为盐渍土地区修筑公路及构筑物工程的防腐蚀措施提供可靠的技术保证,通过研究形成的抗腐蚀技术以及研发的材料适用于盐渍土地区公路桥涵等构造物的建设、维修等情况,应用前景广阔。

三、已应用情况

项目研究成果已应用于国道215线察尔汗盐湖至格尔木段、国道315线德令哈至大柴旦段和省道210线冷湖至乌图美仁公路马海叉口至涩北气田段盐渍土地段,共有涵洞200多道,如按每道涵洞节约成本4.6万元计算,共计节约综合成本920万元。如果对于桥梁及其他构造物使用该项技术,则节约成本更为可观。

四、应用效益

盐渍土地区公路桥涵及相关构筑物腐蚀严重,已成为制约该地区道路整体使用寿命、经济发展的重大因素之一。本研究课题可为盐渍土地区公路桥涵的相关构筑物及所有使用水泥与钢筋混凝土的土建工程的防腐提供可靠的技术保证,其研究出的盐渍土地区公路桥涵及相关构筑物的防腐混凝土及防腐涂料,可明显增加水泥混凝土的耐腐蚀能力,延长公路工程使用寿命、保证工程质量、降低工程综合成本等,具有较好的社会和经济效益。本研究成果在盐渍土地区的公路建设与养护中要推广应用,使其提高混凝土的强度、延长使用时间。

175.彩色改性乳化沥青微表处应用技术的研究

成果所属专题标号:晋科鉴字[2009]第096号

成果主要完成单位:山西省交通科学研究院、山西喜跃发路桥建筑材料有限公司
联系人:杜素军
联系电话:0351-7635127(手机:13934206078)
通信地址:山西省太原市许坦西街36号
E-mail:dsj1977511@sina.com
邮政编码:030006

一、主要研究内容

灰色路面和黑色路面在我国和其他国家的交通史上占据了相当长的历史,也是道路建设色彩的主旋律。随着科技的发展,城市道路的可辨识性对人们的行为正在产生重要影响。彩色路面可以通过色彩变化划分不同性质的区间,这对交通安全非常有利。而彩色路面使用的材料、级配、结构和工艺都与普通沥青混合料大致相同,其技术性能能满足各种载荷与气候条件的要求。

彩色改性乳化沥青微表处应用技术在满足普通路用要求的情况下,能通过色彩变化对路面进行划分,并起到警示、缓解疲劳、提高亮度、美化街道空间环境的效果。为确保实际应用效果,项目在研制过程中,结合进口浅色树脂乳液的性能检测及红外谱图分析结果,发现其与乳化沥青的性能和结构均相似,可作为制作彩色改性乳化沥青的基料。并通过彩色改性乳化沥青制作工艺研究,最终确定在树脂乳

液中加入星型液体SBS、颜料等制作成彩色SBS改性乳化沥青。然后利用该彩色SBS改性乳化沥青、彩色石料等进行彩色微表处混合料路用性能、配合比设计方法、原路面预处理工艺。具体施工方法既可通过摊铺机摊铺，也可通过人工对混合料拌和后冷法摊铺。

采用阴离子树脂乳液、颜料等制作彩色稀浆混合料，并进行人工摊铺的技术研究，弥补了机械施工不能完成小面积罩面作业的缺陷。整个微表处罩面厚度在3～10mm之间，该方案挥发性有机物质仅为0.94g/L，环保性能好。施工季节长，并可夜间施工，减少了白天施工对交通的影响。

二、适用范围

彩色改性乳化沥青按照集料不同粒径，路面不同承受载荷的要求，可分为CSWB-Ⅰ型、CSWB-Ⅱ型、CSWB-Ⅲ型。

CSWB-Ⅰ型(摊铺厚度3～6mm)，适用于医院、学校、公园、居民区等景观场所及非机动车领域的罩面。

CSWB-Ⅱ型(摊铺厚度4～7mm)，适用于自行车道、人行横道等轻载交通道路罩面。

CSWB-Ⅲ型(摊铺厚度8～10mm)，适用于城市公交车道、机场跑道、停机坪、机场接送旅客和货物区、高速公路交叉口、转弯处、坡道等需醒目提示的区间罩面。

三、已应用情况

2007年10月。彩色改性乳化沥青在北京市紫竹院路机动车公交车道铺筑了Ⅲ型彩色沥青路面4 800m^2。

2007年11月，彩色改性乳化沥青在高速公路太原长风收费广场，使用稀浆封层车，铺筑了Ⅲ型彩色沥青路面3 200m^2。

2008年北京奥运会前夕，彩色改性乳化沥青在北京首都机场铺筑了MS-2型彩色路面，罩面厚度6cm，施工总面积7 012m^2。

截至2009年，彩色改性乳化沥青微表处应用技术在全国8个省市进行了实体工程铺筑，总施工面积526 236m^2，直接产生经济效益14 364.10万元。平均每平方米造价134元，效益270元。对比树脂类彩色路面造价每平方米节约46元，成本节约34.3%以上。

检测结果表明，应用彩色改性乳化沥青微表处应用技术铺筑的彩色路面，至今使用效果良好。集料黏附性≥5级，渗水系数≤10ml/min，微表处颜色被遮盖、磨损面积不超过10%，路面平整度均匀一致，各项技术指标均满足设计要求。经过施工期至今的观测表明，彩色微表处路面划分交通区间、提示警示作用明显，颜色鲜艳持久，对路面行车没有影响。在竣工后连续观测2年，路面无开裂。

四、效益分析

2007年，在紫竹院路机动车公交车道和山西省高速公路太原长风收费站采用了彩色微表处技术。将原有行车区间进行划分，起到了警示分流，提醒车速的所用。实施后的实践表明，彩色微表处技术是一种经济有效地施工应用方案，有效地解决了公路及其他方案中划分交通区间，合理控制车流量，控制车速的问题。两个方案共花费107万元，与以往树脂类彩色路面方案相比，节约工程费约34万元。

176.内齿形高剪切胶体磨的研究

成果所属专题编号：晋科鉴字[2010]第431号

成果主要完成单位：山西省交通科学研究院

联系人：于小鹏

联系电话：0351-7073816(手机：13111007621)

通信地址：山西省太原市小店区学府街79号
E-mail：yxp-21@sohu.com
邮政编码：030006

一、主要技术内容

本项目研制的具有“一次性剪切完成”和“连续式生产”功能的胶体磨，可生产SBS、EMA、EVA、PE等改性剂的改性沥青和乳化沥青，较一般胶体磨的多次循环工艺，能有效地节省电能及热能，减低生产成本，物料计量准确，操作简便。

本课题研发的胶体磨具有改性沥青制作一次剪切完成的突出特点，在各部件相互连接、计量和操作方面更简捷，同时降低该设备的生产成本。为国内市场和我们自产成套设备提供性价比更高的配套主机。

主要技术参数及性能指标如下。

作业原理：	内齿啮合高剪切作业型
动盘转速：	3 000r/min
驱动功率：	132kW/380V
额定产量：	40t/h(一次性剪切聚合物成功)
冷却和润滑原理：	独立四腔
聚合物(改性剂)掺量范围：	3%～12%
泵动效应：	20m
动、静磨盘间隙调节原理：	机械式磨盘间隙调整(1.4～4.4mm)
整机质量：	850kg
外形尺寸(长×宽×高)：	1 800mm×650mm×780mm

二、适用范围

采用改性沥青，提高沥青路面的高温抗车辙能力，改善沥青与集料的粘附性，提高沥青与集料之间的黏结力。随着公路建设事业的发展，生产改性沥青的设备数量需求巨大，而其中的关键设备胶体磨也将会有广阔的应用前景。

本项目研究成功后，能为市场提供具有“一次性剪切完成”和“连续式生产”功能的国产胶体磨，即可生产SBS、EMA、EVA、PE及废橡胶粉改性沥青和乳化沥青，又比普通的多次循环工艺节省大量电能及热能，减低生产成本。初步估计，仅生产时的用电量即可降低50%以上，生产周期可缩短1/3～1/2。

同时，我们也将是本项目研究成果的直接受益者，降低了生产成本，增加了利润；也使我们的改性沥青成套设备、乳化沥青设备等更有市场竞争力。

成果完成后，将直接用于我院生产的改性沥青成套设备上，同时向全国同类产业进行推广和销售。

三、已应用情况

2010年，我公司承担了山西省高陵高速公路第一标段和第二标段建设工程的SBS改性沥青生产任务。

用山西省交通科学研究院研发的40t/h内齿形高剪切胶体磨，并采购了以该磨为主体的连续式改性沥青成套设备。该设备9月底安装调试完成，10月初投入生产，至11月初成功地完成了生产6000tSBS高质量改性沥青的任务量，产品质量完全符合标准要求，保证了高陵高速公路第一标段和第二标段的施工进度。

四、效益分析

改性沥青在我国才刚刚起步，目前用量比例还很小，以目前国际学术界认为先进国家的改性沥青用量应达公路沥青用量10%计算，我国每年的公路用改性沥青数量将达打3 000万～5 000万t左右。每年在用的设备应相应达到至少1 000～1 500台，但目前我国的相应设备保有率不足300台，改性沥青设备将有很好的市场前景。而其中的关键设备胶体磨更有着广阔的应用前景。

本项目研究成功后，能为市场提供具有"一次性剪切完成"和"连续式生产"功能的国产胶体磨，即可生产SBS、SBR、EMA、EVA、PE及废橡胶粉改性沥青和乳化沥青，又比国产磨的多次循环工艺节省大量电能及热能，减低生产成本。初步估计，仅生产时的用电量即可降低50%以上，生产周期可缩短1/3～1/2。

同时，我们也将是本项目研究成果的直接受益者，使用内齿形高剪切胶体磨的设备，降低了生产成本，增加了利润；也使我们的改性沥青成套设备、乳化沥青设备等更有市场竞争力。成果完成后，将直接用于我院生产的改性沥青成套设备上，同时向全国改性沥青生产企业进行推广和销售。

177. 中国中心城市交通可持续发展模式与对策研究

成果所属专题编号：2006-332-221-280

成果主要完成单位：交通运输部科学研究院、北京市交通委员会、成都市交通委员会、深圳市交通运输委员会

联系人：张好智

联系电话：58278598(手机：13520455457)

通信地址：北京市朝阳区惠新里240号

E-mail：haozhizhang7@126.com

一、内容简介

项目主要围绕综合交通管理体制与机制、城市交通规划与土地利用、城市公共交通财政政策、城乡客运一体化、出租汽车经营管理和城市交通的节能减排6个方面的重大问题开展以下研究工作：

(1)开展中心城市交通可持续发展水平现状调研，分析其可持续发展存在的问题和发展趋势；

(2)总结国外交通可持续发展的经验；

(3)提出中国中心城市交通可持续评价指标体系，对典型中心城市的交通可持续发展状况进行试评价；

(4)分析了产生上述6个问题的体制、政策、经济等方面深层次原因，并提出相关的发展模式；

(5)提出中心城市交通可持续发展的目标、理念、原则和推荐模式以及对策建议；

(6)选取北京、成都、深圳开展了交通可持续发展模式和对策措施示范研究。

二、适用范围

本项目结合我国中心城市交通的实际需求特点，分析城市交通发展规律，破解城市交通发展难题，推动先进的城市交通理念在我国的实施，提出中心城市交通可持续发展的模式和对策措施。课题研究成果对于全国各城市政府和交通主管部门有关城市客运可持续发展理念的提升、政策的完善、规划的制订具有指导作用，对政府决策与管理具有重要的参考借鉴意义。同时，对世界其他国家城市交通的可持续发展具有重要示范意义。

三、已应用情况

本项目是属于管理与决策支持类软科学研究项目，研究成果得到了广泛的应用和推广，产生了较大的影响力，具体包括：

(1)研究成果得到国务院参事的高度重视，依据该研究成果，向国务院提出了"关于把公交优先发展

战略落到实处的建议”(图 1)，得到国务院温家宝总理、李克强、张德江副总理和马凯秘书长的批示。遵循中央领导的指示，国家发改委牵头，交通运输部、住房与城乡建设部等部门参加，就有关建议开展深入调研，并将成果报国务院。

(2)《深化中心城市交通行政管理体制改革研究》成果已于 2008 年 12 月由交通运输部向全国发布，推动了中心城市交通行政管理体制改革进程(图 2)。

关于把公交优先发展战略落到实处的建议

马凯国务委员并报温家宝总理：

城市公共交通是与亿万群众生产、生活息息相关的社会公益性事业，涉及民生和关系城市功能正常发挥的重大问题，是政府应当提供的基础性公共产品之一。为了切实把“公交优先”发展战略落到实处，使公共交通成为民众出行的优先选择，我们通过调查，就我国城市公共交通发展的现状、存在的主要问题及对策建议报告如下。

一、城市公共交通发展的基本状况

党中央、国务院高度重视城市公共交通发展，提出了“公交

图 1　关于把公交优先发展战略落到实处的建议

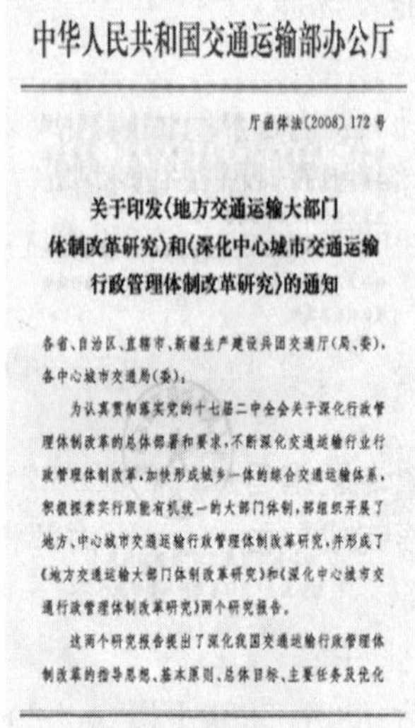

中华人民共和国交通运输部办公厅

厅函体法〔2008〕172 号

关于印发《地方交通运输大部门体制改革研究》和《深化中心城市交通运输行政管理体制改革研究》的通知

各省、自治区、直辖市、新疆生产建设兵团交通厅(局、委)，各中心城市交通局(委)：

为认真贯彻落实党的十七届二中全会关于深化行政管理体制改革的总体部署和要求，不断深化交通运输行业行政管理体制改革，加快形成城乡一体的综合交通运输体系，积极探索实行职能有机统一的大部门体制，部组织开展了地方、中心城市交通运输行政管理体制改革研究，并形成了《地方交通运输大部门体制改革研究》和《深化中心城市交通行政管理体制改革研究》两个研究报告。

这两个研究报告提出了深化我国交通运输行政管理体制改革的指导思想、基本原则、总体目标、主要任务及优化

图 2　交通运输部通知

(3)研究成果为民建中央在 2010 年全国政协十一届三次会议上提出“关于完善公交优先发展的财政扶持政策建议”提案提供了技术支撑(图 3)。

(4)研究成果为交通运输部道路运输司编写“城市公共交通‘十二五’发展规划纲要”和“关于进一步推进城市公共交通优先发展的意见”提供了重要的决策支持。

(5)研究成果为交通运输部道路运输司编写《世界主要城市公共交通》书稿提供了重要的技术支撑(图 4)。

民建中央《关于完善城市公共交通优先发展的财政扶持政策建议》

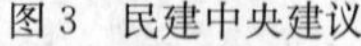

图 3　民建中央建议

图 4　《世界主要城市公共交通》图书

(6)依据项目研究成果，在北京、成都、深圳市分别开展“优先发展公共交通和实施交通需求管理”示范试点，“推进交通行政管理体制改革，推进城市可持续行政能力建设”示范试点，以及“深圳市可持续交通综合实施方案”示范试点(图 5)，取得了良好成效，推动了项目成果的应用与转化。

四、社会经济效益分析

选择北京、成都、深圳等城市，研究成果分别在优先发展公共交通、交通需求管理、交通行政管理体制改革、可持续交通发展等工作实践中进行了示范应用，取得显著的社会经济效益和示范推广作用。

北京市交通发展呈现出快速机动化的趋势，交通设施投资和建设的速度赶不上交通需求增长的速度，随着交通供给的增加也进一步刺激了交通需求的增长，交通形势十分严峻。为保障2008年奥运会的顺利召开，北京市在全市范围实施了交通需求管理措施，实施机动车单双号限行措施，封存部分公务用车，按车牌尾号每周停驶一天(法定节假日和公休日除外)等措施。

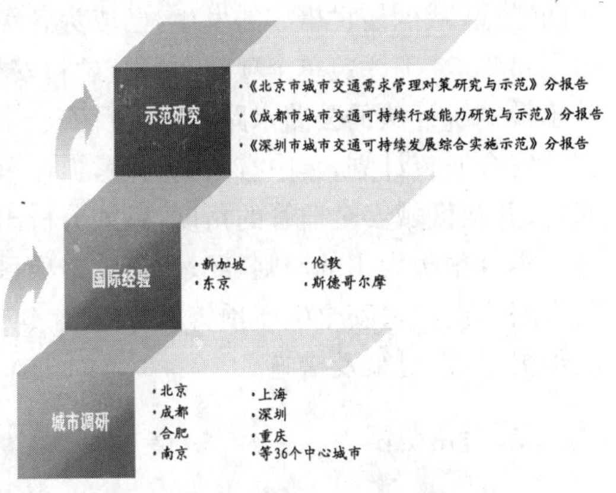

图5　示范研究、国际经验、城市调研

经检测结果表明，交通流量明显下降，车速明显上升，道路交通状况明显改善。据1.2万辆浮动车采集的五环路内车辆运行速度数据分析，奥运会期间工作日早、晚高峰路网平均速度分别为30.2km/h、25.2km/h，与机动车限行前7月1日至7月19日工作日速度相比，分别提高28.5%、24.1%。其中，工作日早、晚高峰快速路平均速度为45.0km/h、37.1km/h，提高了29.7%、29.1%。

成都市在2006年成立统筹城乡运输管理的市交通委员会，鉴于成都市城市交通管理中存在的问题，本项目提出交通行政管理体制改革和构建“一城一交”的大交通管理体制模式。成都市经过改革取得了明显的成效，大交通的管理体制和“一城一交”的管理模式基本形成，政企分开基本到位，综合交通的优势不断发挥。但综合交通体制改革仍不够彻底，部门间协调困难等问题依然存在，本项目针对成都市进一步深化城市交通管理体制改革的步骤又提出多方面建议，进一步整合城市交通管理职能，理顺交通建设管理关系，实现交通综合执法的统一管理，完善大交通的综合管理体制。

深圳市的发展目标是成为区域性国际化城市，这必将使得深圳市将成为区域内人流、物流、资金流和信息流的主要集散地，没有发达的、现代化、可持续发展的综合交通系统则不可能支撑城市的大发展。但目前深圳发展面临着“四个难以为继”(一是土地、空间难以为继；二是能源、水资源难以为继；三是实现万亿GDP需要更多劳动力投入，而城市已经不堪人口重负，难以为继；四是环境承载力难以为继)。为此，为了实现深圳综合交通的可持续发展，实现深圳建设现代化国际城市的总体目标，本项目从管理体制、基础建设、公共交通、交通环境、智能交通等多个方面对深圳交通进行了综合研究，并提出了相应的实施方案和行动计划，为构建国际化、一体化、数字化的综合交通体系提供了决策支撑。

178. 西部地区公路水路建设项目安全生产的评价与预警预报技术研究

成果所属专题编号：2007 318 221 22

成果主要完成单位：交通运输部科学研究院，重庆市交通委员会基本建设工程质量和安全监督站，吉林省高等级公路建设局，长江重庆航道工程局，重庆市高速公路发展有限公司渝东分公司，重庆交通大学

联系人：田建

联系电话：010-58278205(手机：13810467051)

通信地址：北京市朝阳区惠新里240号

E-mail：tianjiandxx@163.com

邮政编码：100029

一、内容简介

随着我国交通基础设施建设规模的进一步扩大，公路水路工程建设呈现项目多、分布广、摊子大、情况复杂、差异性大的特点，而我国公路水路工程安全生产监督机构安全监管人员相对较少，如何能对公路建设项目安全状态进行科学评价，划分项目的安全等级，实施分类管理，突出监管重点，及早采取有效

预防措施，减少伤亡事故的发生，已成为各级交通主管部门迫切需要解决的问题。经过研究，本项目提出了科学、准确评定单个项目和区域项目安全生产状态的方法，构建了安全生产评价指标体系，建立了基于模糊统计法的公路水路建设项目安全生产综合评价模型。对项目安全状态的横向比较，便于及时调整安全监督计划，集中有限的力量，抓住重点监督项目；明确分析出各项目安全生产管理中的缺陷与问题，并从区域安全监管的角度，系统分析出区域公路水路建设项目安全生产中普遍存在的共性问题。

本着预防为主的原则，经过研究，本项目还提出了公路水路建设项目安全生产预警指标，确定了公路水路建设项目安全生产预警工作流程，建立了对策库，并针对项目可能的不同警情及警度，提出相应的预警手段、对策及措施。

二、适用范围

安全评价与预警技术适用于在建公路水路建设项目，能够支撑开展项目层面和区域层面的安全评价与预警工作，为安全生产监督机构及工程建设单位提供科学、合理的技术手段。

三、已应用情况

主要从项目和区域两个层面选择示范工程进行案例研究示范应用。

在项目层面上，以图们至珲春高速公路建设项目、渝宜高速公路奉云项目、寸滩码头二期工程为例进行应用示范。

在区域层面上，选择重庆市14个公路水路在建项目，具体项目见表1，进行安全评估和等级划分，便于监管部门实施差别化管理。

重庆市14个公路水路建设项目 表1

序　号	项目名称	类　型	分布区域
1	奉云项目	高速公路	东北部
2	巫奉项目	高速公路	东北部
3	彭武项目	高速公路	东南部
4	黔彭项目	高速公路	东南部
5	洪酉项目	高速公路	东南部
6	武隆羊角乌江大桥	独立特大桥	中部
7	涪江二桥	独立特大桥	中部
8	长江长寿特大桥	独立特大桥	中部
9	南涪公路	地方公路	中部
10	武务公路	地方公路	南部
11	涪陵港	码头工程	中部
12	草街航电枢纽工程	航电枢纽	中部
13	寸滩码头二期工程	码头工程	中部
14	江津码头	码头工程	中部

四、效益分析

研究成果有效指导了依托工程的安全生产管理工作，一定程度上改善了安全生产状况。

通过重庆市在建公路水路建设项目的应用示范，为安全监管机构实施差别化管理提供了理论与技术基础，便于抓住安全工作重心，使重庆市公路水路建设安全生产整体形势得到明显好转。

通过图们至珲春高速建设项目、渝宜高速奉云项目、寸滩码头二期工程等依托工程应用示范，对项目安全生产进行指导，保障项目在施工期安全生产状况不断好转，其中，图们至珲春高速建设项目和寸滩码头二期工程还实现了施工期安全生产零死亡（见图1和图2）。

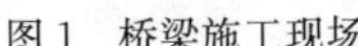
图1　桥梁施工现场

图2　隧道施工现场

179.公路水路区域运输量统计指标构建研究

成果所属专题编号：2007-352-221-140
成果主要完成单位：交通运输部科学研究院
联系人：杨新征
联系电话：010-65293186（手机：13911592796）
通信地址：北京市朝阳区惠新里240号
E-mail：yangxinzheng@catsic.com
邮政编码：100029

一、主要技术内容

针对目前运输统计工作中区域性、结构性运输量统计指标缺乏的实际问题，开展本项研究，在理顺不同统计口径和不同含义运输量统计指标的同时，为编制运输量统计调查实施方案奠定理论基础。主要工作包括：

（1）系统研究区域运输量统计指标，明确具体指标名称、含义、统计范围与口径以及设计该指标表征的意义，解决当前区域运输量统计指标缺失问题。

（2）理顺区域运输量、通道承载量与工具运输量间的关系，研究细化的运输量结构指标，系统构建公路、水路运输量统计指标体系，形成运输量统计指标标准，避免实际工作中混用，指导运输量统计实践。

二、适用范围

公路水路区域运输量统计指标研究，解决了当前我国交通运输统计中的区域性、结构性运输量统计指标缺乏的实际问题，指导部省各级开展交通运输统计工作。

研究成果理顺了区域运输量、通道承载量与工具运输量的统计口径与应用范围，方便交通行业管理者以及社会公众理解与使用交通行业统计数据。

三、已应用情况

2008年交通运输部组织开展了全国范围内的公路水路运输量专项调查，项目研究成果直接指导了专项调查实施方案的编制，并编制形成全国第一张31个省份公路、水路旅客、货物区域间发送量统计表格。

2008年，交通运输部组织开展了交通行业统计指标修订工作，项目研究成果直接应用到交通行业统计指标修订成果中，形成行业运输量统计指标规范，并在全国范围内开展统计培训工作，使交通运输统计工作人员熟悉掌握运输量统计指标概念、含义和口径。

四、应用效益

项目研究提出的区域运输量统计指标，明确了指标含义、统计范围与口径，从根本上解决了反映区域运输生产统计指标缺乏的实际问题，填补了国内空白。

系统搭建的公路水路运输量统计指标体系，理清了区域运输量、工具运输量、通道承载量的概念，统一了运输量统计认识，规范了公路水路运输量统计指标的使用，指导运输量统计实践工作。

180. 交通行业科技统计体系研究

成果所属专题编号：2007-352-221-050

成果主要完成单位：交通运输部科学研究院

联系人：王涛

联系电话：010-58278558（手机：15300298790）

通信地址：北京市朝阳区惠新里240号

E-mail：wangtao@catsic.com

邮政编码：100029

一、主要技术内容

长期以来，交通行业未形成专门的科技统计体系，一直执行科技部的科研开发机构统计制度，难以满足行业管理需求。本项目在充分研究国内外科技统计体系现状、我国交通科技统计体系现状及需求基础上，以需求为导向，以便于管理为目的，以解决当前交通行业科技统计所存在的问题为切入点，研究构建了适应交通行业管理需求、项目统计与机构统计相结合的交通行业科技统计体系，构建了符合行业特点、可操作性强的交通科技统计指标体系，研究编制了《交通科技统计报表制度》，并提出了交通科技统计实施方案。在此基础上，根据所构建的交通科技统计报表制度，研发了交通科技统计信息管理平台，以便于统计数据填写和报送，实现快捷数据分析。

二、适用范围

本项目研究成果适用于公路水路交通运输行业建立和完善科技统计体系。通过本项目研究成果的实施，可为交通运输部科技司提供全面、客观、准确的基础数据信息，为其开展行业科技发展现状分析，制定科学合理的行业科技发展政策和发展规划提供有力支撑。

三、已应用情况

2007年11月，交通运输部科技司（原交通部科技教育司）组织13个单位开展试点工作。

2008年6月，《交通科技统计报表制度》获国家统计局批准（国统制[2008]56号）。

2008年9月，交通运输部科技司（原交通部科技教育司）组织在全国范围内正式开始全面实施，并要求补报2006～2007年度数据。

截至目前，已经成功开展了2006～2010年6个年度交通科技统计工作，获取了整个“十一五”期间交通科技统计数据，为总结“十一五”交通行业科技工作，编制“十二五”科技发展规划提供了有力支撑。

实施结果充分证明，《交通科技统计报表制度》指标体系科学，实施方案合理，能够体现交通行业科技研发特点，具有较强的可操作性；《交通科技统计信息管理平台》功能丰富，能够适应交通科技统计报

表制度不断变化的需求。

四、效益分析

本项目研究成果效益主要体现在社会效益方面。

一是在完善统计指标体系基础上构建了《交通科技统计报表制度》，统计指标充分体现了交通行业特点，更加满足交通运输部科技司对行业科技管理的数据需求，为分析行业科技发展现状，制定行业科技发展政策及编制行业科技发展规划奠定了数据基础。

二是形成了统计数据上报渠道，优化了统计流程，保证了统计数据能够及时上报。

三是开发了统计配套软件，实现了统计数据自动审核、自动汇总、查询分析、报表定制等统计功能，不仅降低了基层填报人员及数据审核人员工作量，而且使报表修订更加快捷，数据查询分析更加方便。

五、创新点及获奖情况

通过本项研究，建立了机构统计和项目统计相结合的交通科技统计调查制度，不仅具有一定的创新性，而且以此为基础构建的交通科技统计体系，打破了过去没有行业科技统计的制约，解决了以往依靠科技部门统计报表缺乏行业特点、统计范围窄、统计数据缺乏稳定性和可比性等问题。

所研发的交通科技统计信息管理平台不仅具有数据填报功能，还集成了数据审核、综合查询分析、报表定制扩充等功能，提高了统计数据的准确性和应用性，统计指标和统计报表增减的便捷性。

2009 年，本项目研究成果获得中国公路学会科学技术二等奖。

181.动力重夯法处理地基(填方)研究

成果所属专题编号:桂科鉴字[2009]第 42 号

成果主要完成单位:广西壮族自治区交通基建管理局

联系人:黄世武

联系电话:13907818908

通信地址:广西南宁市滨湖路 66 号

E-mail:huangsw1968@163.com

邮政编码:530021

一、主要技术内容

本项目主要是着力解决高速公路的某些填筑工程因碾压不充分而出现的工后沉降和不均匀沉降而带来的如“桥头跳车”现象之类的质量问题，通过研制新型机械来克服现有大型压路机在狭窄的工作场地功效受限制的难题，有效发现是否存在碾压不充分或施工单位是否偷工减料的情况，并及时予以补救，确保广西的高速公路建成通车后达到行车安全、舒适。

主要技术经济指标如下：

(1)计算与测试相结合表明，对于土质符合要求并且压实度达到 90%以上的填方，用锤底面积为 0.282m^2的锤，以 10.36t · m 的冲击能量，能使该处填方竖向 3m 以内的深度、横向 2m 以内范围均受到影响，路基压实度提高值约为 2%～4%；同时，在公路结构物附近作业，该冲击能量不致损害结构物。

(2)单点夯坑夯击凹下去的实际深度，若超过一定程度以上，可判断该填筑工程存在偷工减料问题：或是土质出现了明显变化，或是出现漏压。

(3)按现行价格计算，每立方米填方处理费用约需 6～8 元，效率接近压路机，比灌浆、打碎石桩等方法费用低出几倍以上，方法简单，施工简便，经济实用。

二、适用范围

本项目适用范围属于建筑业和交通运输业。有限能量动力重夯法和有限能量动力重夯机械填补了对填方进行补强加固的物理措施的现有空白，有效解决公路“三背”填土路堤“桥头跳车”的问题，有限能量动力重夯机械在工地的使用，对不按规范操作的施工单位和人员能产生一定的威慑作用，能够及时发现偷工减料的问题；同时能立即对偷工减料的工程进行补救，在质量管理上，具有特别重要的价值；有限能量动力重夯机械性价比高，使用方便，安全可靠，是一项有较好的应用前景和较大市场潜力的工程机械，进行市场化生产，能发挥出较好的经济与社会效益。

三、已应用情况

自1999～2009年，在广西宜州至柳州、合浦至山口、南宁至坛洛、平乐至钟山、南宁(坛洛)至百色高速公路上进行施工应用，处理地基(填方)面积累计超过18万m^2。

四、应用效益

该成果2002～2008年在宜柳高速、南坛高速、百罗高速、平钟高速和南百高速公路应用，若通车第一年有10%的桥、涵、墙背需采用灌浆处理，每处处理范围为28×6×15×2=5 040m^3，每立方米灌浆法与本课题方法的费用相差50元，则每处处理费为25.2万元。则：宜柳高速节约开支60×10%×25.2万元；南坛高速节约开支59×10%×25.2万元；百罗高速节约开支51×10%×25.2万元，平钟高速节约开支12×10%×25.2万元；南百高速节约开支20×10%×25.2万元(折算成20座涵洞)。合计节约509万元。

社会效益有以下两个方面。

1.避免三背附近的道路出现持久的伤痕

若三背出现较大的不均匀沉降，就会引起路面出现错台，从而造成“桥头跳车”现象出现，不得不进行处理。而在通车后处治，成本是巨大的，同时也难以根治，道路因此出现持久的伤痕，维护经费需要不断地、长期地开支。采用本课题方法，有效避免该事件出现，质量意义和社会效益尤其明显。

2.建设零缺陷和营运零伤亡的意义

在以人为本的今天，追求的是建设零缺陷和营运零伤亡。由于现有机械功效的降低和偷工减料行为的存在，建设难以实现零缺陷；由于严重的“桥头跳车”对安全、行驶舒适性危害极大，营运难免不出现伤亡或不舒适。本课题成果能抑制、降低它们的出现率。

182.废黄河口海岸侵蚀与建港关键技术研究

成果所属专题编号：中水协鉴字[2010]第04号

成果主要完成单位：水利部、交通运输部、国家能源局南京水利科学研究院

联系人：陆培东

联系电话：025-85829337(手机：13601467496)

通信地址：南京市鼓楼区虎踞关34号河口楼403

E-mail：pdlu@nhri.cn；peidonglu@163.com

邮政编码：210024

一、主要技术内容

废黄河口海岸侵蚀演变过程和侵蚀机理研究，系统阐明了废黄河口海岸的性质，科学论证了海床侵蚀下限，开发建立了废黄河口海岸“动力—泥沙—地形”系统演化预测模型，预测了海岸侵蚀平衡剖面形

态，确定了与海岸侵蚀动态及复杂动力泥沙环境相适应的建港途径和港口建设方案，系统开展了海洋动力作用下混凝土联锁排新型护底结构的稳定性和海床冲刷对护底稳定性影响的试验研究，形成了侵蚀性海岸港口工程冲刷防护研究与设计的成套技术，为废黄河口侵蚀性海岸海港资源开发及滨海港的规划与建设提供了重要的技术支撑。

二、使用范围

本研究成果应用于海岸工程和港口工程领域，着重解决废黄河口海岸能否建港、怎样建港和侵蚀性海岸港口工程冲刷防护等关键技术问题，重点研究以下5方面内容：

(1)量化海岸侵蚀的历史过程，全面认识海岸近期的侵蚀特征，系统阐明目前的海岸性质；

(2)揭示海岸侵蚀机理，探明海岸侵蚀的控制性动力，确定海床侵蚀下限；

(3)预测海岸侵蚀平衡剖面形态和将来的侵蚀发展过程；

(4)探索与海岸侵蚀防护有机结合和与复杂动力泥沙环境相适应的港口建设方案；

(5)侵蚀性海岸港口工程冲刷防护的新技术。

三、已应用情况

在废黄河口侵蚀性海岸滨海港总体规划中的应用，开创了我国侵蚀性海岸海港开发的新局面。研究成果已在1997年《江苏滨海港总体规划》和2007年《盐城港滨海港区总体规划(修编)》中应用，上述规划是我国首例典型侵蚀性海岸的海港规划，已分别于1997年和2007年通过审查，并正式列入港口行业规划。

在滨海港起步工程和LNG项目论证中的应用，结束了废黄河口海岸有海无港的历史，并为LNG项目引进提供了基础。

滨海港10万吨级港口可研、设计和施工中的应用，直接指导了废黄河口侵蚀性海岸大型海港建设。研究成果全面应用于滨海港10万吨级港口工程可行性论证、初步设计、施工图设计和现场施工。此项工程已于2008年2月通过行业审核及江苏省发改委核准，2008年10月完成工程招投标，2008年12月18日开工建设。

四、效益分析

本项研究关于废黄河口海岸性质、侵蚀下限、侵蚀平衡剖面、海岸“动力—泥沙—地形”系统演化预测模型、侧向口门的有掩护挖入式港口布置、侵蚀性海岸港口工程冲刷防护研究与设计的成套技术等创新成果，为认识与开发侵蚀性海岸港口资源提供了理论指导，为侵蚀性海岸建港的研究与实践提供了借鉴，具有重要的推广应用价值。

183.高速公路附属区污水处理工程及工艺研究

成果所属专题编号：鄂交科鉴字[2010]第0209号

成果主要完成单位：湖北省公路管理局科研所、长安大学、湖北省京珠高速公路管理处

联系人：徐亮

联系电话：027-83461373(手机：18971616989)

通信地址：武汉市建设大道384号

E-mail：liang-xu@163.com

邮政编码：430030

一、主要技术内容

本研究首次提出采用多点进水A/O工艺对水质水量波动大、氨氮含量高的高速公路附属区污水进

行处理。经该工艺处理后的高速公路附属区污水水质达到了《城市污水再生利用 城市杂用水水质》(GB/T 18920—2002)的要求，解决了高速公路附属区污水处理出水水质氨氮超标的难题。本课题中对提出工艺的出水进行深度处理，并对产生的剩余污泥进行污泥干化，这两种技术的运用对附属区的水资源利用和附属区污水处理设施的污泥处理问题提出了一种新的解决途径。

本课题研究提出的多点进水 A/O 工艺具有耐冲击负荷、处理水量灵活、处理效率高、运行稳定、管理方便、投资和运行成本低等特点，适用于高速公路附属区的污水处理。

二、适用范围

本工艺主要应用于高速公路附属区的污水处理，也可以应用到小流量的城市污水处理。

三、已应用情况

京珠高速东西湖服务区污水处理能力为 $500m^3/d$，对东西两侧服务区产生的污水收集后在服务区西区的污水处理系统集中处理。在进水水质波动的情况下，对污染物仍保持了较高的去除率，且运行效果稳定，出水水质达到了《城市污水再生利用 城市杂用水水质》(GB/T 8920—2002)的要求。

该系统投入使用至今减少污水排放量约 10.8 万 t/年，大大削减了附属区向周围环境中排放的污染物量，削减的 CODcr、BOD_5、SS 和 NH_3-N 的排放量分别为：76.7t、41.0t、14.22t、8.8t。

目前，服务区平均污水在 $400m^3/d$ 左右，该污水处理系统主要运行成本包括电费、职工工资、药剂费和管理费总计 5.16 万元，平均处理费用为 0.86 元/t，小于常规的生活污水处理成本。

四、效益分析

1. 直接经济效益

本课题研究提出的多点进水 A/O 工艺具有耐冲击负荷、处理水量灵活、处理效率高、运行稳定、管理方便、投资和运行成本低等特点。将该工艺应用到某高速公路服务区的污水处理中直接经济效益大约在 38 万元/年左右，减少污水排放量约 17 万 t/年左右。

2. 社会效益

污水回用可以有效减少清洁水的使用量，“少用”即意味着“少排”，无论“少用”还是“少排”，都能有效地减少水体污染物的排放量。污水回用技术在减少污染物排放量的同时也树立了保护水资源的环境保护意识和合理开发使用水资源的公共意识。本项目推广中水回用，将污水处理站的达标水作为附属区的冲厕和绿化用，一方面培养了人们节约用水的观念，另一方面可有效减少水资源的消耗量，符合建设“资源节约型、环境友好型”社会的要求。中水回用工程的启动，能够创造出良好的生态环境，为建立生态附属区打下基础。中水回用灵活运用了循环经济的原理，与目前世界提倡的“清洁生产”、“源头削减”和“废物减量化”等环境保护战略措施是一致的，有利于推动经济建设。

184. 海事卫星通信 BGAN 便携终端天线

成果所属专题编号：大科鉴字[2009]第 28 号

成果主要完成单位：大连海事大学

联系人：房少军

联系电话：13190104934

通信地址：大连海事大学信息科学技术学院

E-mail：fangshj@dlmu.edu.cn

邮政编码：116026

一、主要技术内容

对称共面波导馈电在展宽天线带宽已应用很多，而且取得了较好的效果。而非对称共面波导比对称共面波导具有更大的优化空间，在提高天线阻抗匹配、增大带宽上更具优势。课题组成功地将非对称共面波导馈电引入天线设计，带宽和驻波比均明显改善。为了改善天线的圆极化性能，最终天线设计还综合采用了以下技术：利用叠层单元天线结构连续旋转组阵技术提高阻抗带宽和圆极化带宽；各阵元采用不等幅功率分配激励以消除辐射零点；通过封闭式带状线功分网络结构抑制寄生辐射对方向性的影响。最终研制的 BGAN 便携移动终端天线具体性能指标参数如下：

频率范围：　1.525～1.559GHz(接收)；1.626 5～1.660 5GHz(发射)

电压驻波比：　工作频带内 VSWR <1.3∶1

频率带宽：　>200MHz　(VSWR<1.5)

天线增益：　14.1dBi

极化方式：　RHCP

空域轴比：　>21°(Axis Ratio<3dB)

接入方式：　50Ω 同轴 MCX—J 电缆

尺寸：　22cm×29cm

净质量：　约 200g

二、适用范围

本项目研制的天线可以应用于第四代海事卫星通信便携终端设备。目前主要是针对美国休斯公司生产的海事卫星便携终端 Hughes 9201 型号的设备，该设备已经配有天线，本项目天线可以作为该设备的室外天线使用。本项目研制的天线也可以用于其他便携终端。另外，本项目组可以根据不同的要求设计并加工海事卫星通信便携终端天线。

三、已应用情况

本项目研制的海事卫星通信 BGAN 终端天线已经在北京天瑞宇通科贸发展有限公司等企业投入生产，并实际应用。

采用打电话和上网两种方式对应用效果进行了测试，测试结果如表 1。

工程试验测试数据对比　　表 1

<table>
<tr><th rowspan="2">天　线</th><th rowspan="2">试验方式</th><th colspan="5">试验次数</th><th rowspan="2">平均值</th></tr>
<tr><th>1</th><th>2</th><th>3</th><th>4</th><th>5</th></tr>
<tr><td rowspan="2">国外天线</td><td>Standard (kb/s)</td><td>55.8</td><td>93.7</td><td>80.7</td><td>106.5</td><td>70.4</td><td>81.42</td></tr>
<tr><td>上传文件 (kb/s)</td><td colspan="3">500</td><td colspan="3">耗时 4min5s</td></tr>
<tr><td rowspan="2">本项目天线</td><td>Standard (kb/s)</td><td>189.8</td><td>227.3</td><td>272.4</td><td>63.1</td><td>111.9</td><td>172.9</td></tr>
<tr><td>上传文件 (kb/s)</td><td colspan="3">500</td><td colspan="3">耗时 4min23s</td></tr>
</table>

测试结果表明本项目研制天线在电话通话和上网两方面均取得了满意的结果，天线性能可以与国外进口天线相媲美。

四、效益分析

本项目研制海事卫星通信便携终端天线，打破了国外在该产品上的垄断地位，具有重要的社会和国际影响。

凭借 BGAN 业务的低资费、小终端和高带宽的优势，未来第四代海事卫星通信的发展将收回被地面移动通信抢占的失地。BGAN 的业务价格相对的大幅下降，已使卫星通信更具备平民化价格趋势，市场前景广阔。按照 BGAN 的市场需求估计，未来几年在国内该设备的需求量将达到十几万套。就天线部分而言，目前进口价格 8 000 元人民币。本项目研制的海事卫星终端天线按每个 5 000 元人民币计，总产值也将达 5 亿元人民币之多。

本项目技术转让费 80 万元人民币。